स्वतंत्र भारत की विदेश नीति

स्वतंत्र भारत की विदेश नीति

कुसुम वाजपेयी

इशिका पब्लिशिंग हाउस
जयपुर दिल्ली

इशिका पब्लिशिंग हाउस

ए -25, "गणेश सदन", गली न. 4, आदर्श बस्ती,
बी.एल. हाउस के पास, टोंक फाटक,
जयपुर-302018 (राजस्थान) भारत
फोन : 0141-2761280, Mob. 9887532741
Email: ishikapublishinghouse@yahoo.in

दिल्ली कार्यालय : 102, प्रथम मंजिल, 'सत्यम हाउस'
4324/3, अंसारी रोड़, दरियागंज, नई दिल्ली - 110 002
फोन : 011-45652440

ISBN: 9788189471460

टाइपसेटिंग : बी.एस. कम्प्यूटर्स, जयपुर

मुद्रक : थॉमसन प्रेस, नई दिल्ली

प्रस्तावना

भारत एक धर्मनिरपेक्ष लोकतांत्रिक देश है। परन्तु इस देश पर लम्बी अवधि तक ब्रिटिश साम्राज्य का शासन रहा। ईस्ट इण्डिया कम्पनी भारत में व्यापार के लिए आयी था लेकिन उसने सम्पूर्ण देश पर अपना आधिपत्य स्थापित कर लिया। ब्रिटिश शासन से मुक्ति काफी संघर्ष व विद्रोह के बाद मिली। 15 अगस्त 1947 को स्वतंत्रता मिलने के दिन से ही भारत अपनी विदेशी नीति का निर्धारण करने लगा। भारत की स्वतंत्रता से एशिया में एक नये अध्याय का सूत्रपात हुआ एवं विश्व राजनीति पर इसका व्यापक प्रभाव पड़ा। विश्व के सभी देश अपनी विदेश नीति का निर्माण राष्ट्रीय हित को ध्यान में रखकर करते हैं, इसलिये विदेश नीति को राष्ट्रीय हित के संदर्भ में देखा जाना चाहिए क्योंकि विदेश नीति का उद्देश्य राष्ट्रीय हितों की रक्षा करना है।

भारतीय विदेश नीति के कुछ प्रमुख उद्देश्यों को निम्न प्रकार प्रस्तुत किया गया है—अंतर्राष्ट्रीय नीति और सुरक्षा के लिए हरसंभव प्रयत्न करना, राष्ट्र की समृद्धि एवं विकास, भारतीय विदेश नीति के मुख्य उद्देश्य हैं। भारत को दक्षिण एशिया में शक्ति के रूप में स्थापित करना तथा एशिया को महाशक्ति के रूप में उभारना, अंतर्राष्ट्रीय विवादों को मध्यस्थता द्वारा निपटाए जाने की नीति को प्रत्येक संभव तरीके से प्रोत्साहन देना, अंतर्राष्ट्रीय कानून के प्रति और विभिन्न राष्ट्रों के पारस्परिक सम्बन्धों में संधियों के पालन के प्रति आस्था बनाए रखना, सभी राज्यों और राष्ट्रों के बीच परस्पर सम्मानपूर्ण सम्बन्ध बनाए रखना, उपनिवेशवाद/साम्राज्यवाद एवं जातिगत भेद-भाव के खिलाफ संघर्ष करना एवं विश्वशांति के लिए जनमत तैयार करना, अफ्रीकी, एशियाई देशों के साथ सहयोग एवं परस्पर सहमति को बढ़ावा देना, सभी प्रकार के उपनिवेशवाद का विरोध करना, सैनिक

गुटबंदियों और सैनिक समझौतों से अपने आपको अलग रखना तथा ऐसी गुटबंदी को निरुत्साहित करना, उपनिवेशवाद, जातिवाद और साम्राज्यवाद से पीड़ित लोगों की सहायता करना, हर प्रकार की साम्राज्यवादी भावना को निरुत्साहित करना, गुटनिरपेक्ष आन्दोलन एवं ग्रुप ऑफ-77 को नेतृत्व प्रदान करना, संयुक्त राष्ट्रसंघ में अपनी भूमिका को व्यापक बनाना, नाभिकीय एवं आणविक हथियारों के निर्माण एवं उपयोग का विरोध करना, निःशस्त्रीकरण की दिशा में किए गए प्रयासों को प्रोत्साहित करना, क्षेत्रीय सहयोग की वृद्धि करना और नई अंतर्राष्ट्रीय व्यवस्था को बढ़ावा देना।

कुसुम वाजपेयी

अनुक्रमणिका

1

भारत की विदेश नीति
(India's Foreign Policy : Introduction)

भारत एक धर्मनिरपेक्ष लोकतांत्रिक देश है। परन्तु इस देश पर लम्बी अवधि तक ब्रिटिश साम्राज्य का शासन रहा। ईस्ट इण्डिया कम्पनी भारत में व्यापार के लिए आयी थी लेकिन उसने सम्पूर्ण देश पर अपना आधिपत्य स्थापित कर लिया। ब्रिटिश शासन से मुक्ति काफी संघर्ष व विद्रोह के बाद मिली। 15 अगस्त 1947 को स्वतंत्रता मिलने के दिन से ही भारत अपनी विदेशी नीति का निर्धारण करने लगा। भारत की स्वतंत्रता से एशिया गें एक नये अध्याय का सूत्रपात हुआ एवं विश्व राजनीति पर इसका व्यापक प्रभाव पड़ा।

ब्रिटिश शासन के समय भी भारत विश्व राजनीति में भागीदार बना एवं स्वतंत्रता प्राप्ति के बाद तो भारत सरकार अपनी इच्छानुसार विदेश नीति का निर्धारण करने लगा।

भारत की अन्तर्राष्ट्रीय पहचान

प्राचीनकाल से ही भारत दुनिया के कई राष्ट्रों से जुड़ा रहा है लेकिन अंग्रेजी शासन के बाद भारत की स्वतंत्र पहचान अन्तर्राष्ट्रीय स्तर पर खत्म हो गयी और ब्रिटिश साम्राज्य का उपनिवेश बनकर रह गया। स्वतन्त्र रूप से वह न तो किसी देश के साथ कोई सन्धि कर सकता था और न किसी अन्तर्राष्ट्रीय सम्मेलन या संगठन में भाग ले सकता था। ऐसे अवसरों पर अन्तर्राष्ट्रीय क्षेत्र में भारत का प्रतिनिधित्व ब्रिटिश सरकार किया करती थी। भारत का अपना कोई स्वतन्त्र अन्तर्राष्ट्रीय व्यक्तित्व नहीं था।

अंग्रेजी साम्राज्य का स्वरूप काफी विशाल हो गया था, इसके अन्तर्गत कनाडा, आस्ट्रेलिया, दक्षिण अफ्रीका आदि कुछ स्वशासी डोमिनियनें भी थीं। उन्नीसवीं शताब्दी तक उनकी अन्तर्राष्ट्रीय स्थिति भी भारत के समान ही थी। उनके लिये विश्व के अन्य देशों से सम्बन्ध बनाना लगभग असम्भव था। चूँकि वे स्वशासित उपनिवेश थे, अतएव नीति-निर्धारण के सम्बन्ध में ब्रिटिश सरकार ने उनसे सलाह-मशविरा करने का फैसला किया था। इसके लिए प्रथम औपनिवेशिक सम्मेलन 1887 में संपन्न हुआ। भारत को इस सम्मेलन में हिस्सा लेने का अधिकार नहीं मिला। इसी तरह 1897 ई., 1902, 1905 और 1907 में भी औपनिवेशिक सम्मेलन हुए, जिसमें भारत लगभग उपेक्षित ही रहा।

सन् 1914 में प्रथम विश्वयुद्ध शुरू हो गया जिसमें ब्रिटेन की भारत ने मदद की। इसी तरह की सहायता उसे अन्य स्वशासी उपनिवेशों से भी मिली। ये उपनिवेश अब इस बात की माँग करने लगे कि वे ब्रिटेन की अपार सहायता कर रहे हैं और इसलिए युद्धोपरान्त विश्व के पुनर्निर्माण के काम में हिस्सा बँटाने के लिए उन्हें भी अधिकार मिलना चाहिए। जिसके फलस्वरूप 1917 में द्वितीय औपनिवेशिक सम्मेलन आयोजित किया गया। भारतीय जनता ने यह माँग की कि 1917 के औपनिवेशिक सम्मेलन में भाग लेने के लिए उन्हें भी अधिकार मिले। इस माँग को भारतीय सरकार का समर्थन भी प्राप्त था। भारत के युद्ध-प्रयासों को देखकर इस माँग की उपेक्षा नहीं की जा सकती थी और 1917 के औपनिवेशिक सम्मेलन में भारत को शामिल होने की बात स्वीकार कर ली गयी। इस तरह पहली बार भारत एक अन्तर्राष्ट्रीय संगठन का सदस्य बना 1907 में ही औपनिवेशिक सम्मेलन का नाम बदलकर ''इम्पीरियल कान्फ्रेंस'' रख दिया गया जो बाद में ''ब्रिटिश कामनवेल्थ'' के नाम से विख्यात हुआ।

ब्रिटिश कामनवेल्थ की सदस्यता ने भारत के लिए अन्तर्राष्ट्रीय राजनीति में प्रत्यक्ष रूप से भाग लेने के लिए रास्ता खोल दिया। सन् 1917 की इम्पीरियल कान्फ्रेंस ने निर्णय किया कि कान्फ्रेंस के प्रत्येक राज्य को शांति सम्मेलन में भाग लेने दिया जाए। पेरिस के शान्ति-सम्मेलन में राष्ट्रपति विल्सन और फ्रांसीसी प्रधानमंत्री क्लिमेंटो ने पहले इस प्रस्ताव का विरोध किया क्योंकि स्वशासी डोमिमियन तथा भारत पूर्ण स्वतन्त्र न थे और किसी भी अन्तर्राष्ट्रीय सम्मेलन में वही देश शामिल हो सकता है जो पूर्ण रूप से स्वतन्त्र हो। लेकिन कनाडा ने इस पर जोर दिया कि यदि कम युद्ध प्रयास करने वाले बेल्जियम और सर्बिया आदि देशों को प्रतिनिधित्व मिल सकता है तो शान्ति-प्रयास करने वाले कनाडा, आस्ट्रेलिया, भारत आदि देशों को प्रतिनिधित्व क्यों नहीं मिलेगा। ब्रिटिश सरकार ने इस माँग का समर्थन किया और 1919 के पेरिस शान्ति-सम्मेलन में स्वशासी ब्रिटिश उपनिवेश के साथ भारत को भी स्थान मिल गया। अन्तर्राष्ट्रीय सम्मेलन में भारत का स्वतन्त्र रूप से भाग लेना इसके लिये काफी गौरव की बात थी। यह अवसर इसे पहली बार मिला था। पेरिस का शान्ति-सम्मेलन भारत के अन्तर्राष्ट्रीय व्यक्तित्त्व के विकास में एक महत्त्वपूर्ण स्तम्भ था।

पेरिस में जब शान्ति सम्मेलन का आयोजन हुआ तो उसमें भारतीय प्रतिनिधियों को भी स्थान मिला और उन्होंने स्वतन्त्र रूप से वर्साय की संधि तथा अन्य शान्ति-संधियों पर हस्ताक्षर किए। चूँकि राष्ट्रसंघ का विधान वर्साय-संधि तथा अन्य शान्ति-संधियों का अभिन्न हिस्सा था, इसलिए इन संधियों के हस्ताक्षरकर्ता होने के नाते भारत अपने आप राष्ट्रसंघ का सदस्य हो गया। राष्ट्रसंघ के सभी सदस्यों में केवल भारत ही ऐसा देश था जो पूर्ण स्वतंत्र राज्य नहीं था, फिर भी राष्ट्रसंघ की सदस्यता ने उसे अन्तर्राष्ट्रीय विधि के अन्तर्गत "अन्तर्राष्ट्रीय व्यक्ति" बना दिया। इसके पश्चात् भारत युद्धोत्तर काल के प्रत्येक अन्तर्राष्ट्रीय सम्मेलनों में भाग लेने लगा और स्वतन्त्र रूप से उसने कई संधि-समझौते पर हस्ताक्षर भी किये। संक्षेप में यह कहा जा सकता है कि भारत अन्य देशों में कूटनीतिक दखल देने लगा। परतन्त्र होते हुये भी भारत ने अन्तर्राष्ट्रीय व्यक्तित्व हासिल कर लिया। इसी कारण जब 1945 में संयुक्त राष्ट्रसंघ की स्थापना हुई तो भारत ने स्वतन्त्र रूप से हस्ताक्षर किये और उसका एक प्रारम्भिक सदस्य बना। ब्रिटिश काल के दौरान ही भारत संयुक्त राष्ट्रसंघ का सदस्य बन गया।

भारत की विदेश नीति का विकास

भारतीय विदेश नीति में शुरू से ही गतिशीलता रही है। जैसे-जैसे भारत के राष्ट्रीय हितों में अंतर्राष्ट्रीय परिस्थितियों के परिप्रेक्ष्य में परिवर्तन आया, विदेश नीति का स्वरूप भी बदलता गया। पं. नेहरू के समय भारत 'तटस्थता' और 'गुटनिरपेक्षता' को अत्यधिक महत्त्व देता था तो श्रीमती इंदिरा गाँधी के समय भारत ने सोवियत संघ से संधि करना उचित समझा। राजीव गाँधी ने श्रीलंका में भारतीय शांति सेना भेजकर विदेश नीति को नवीन आयाम प्रदान किया। पी.वी. नरसिम्हा राव ने नैतिकता तथा मूल्यों पर आधारित नीति पर अधिक बल न देकर आर्थिक पहलू को प्राथमिकता दी।

भारतीय विदेश नीति के उद्भव का कोई प्रामाणिक तथ्य प्राप्त नहीं है। उसका वास्तविक मूल्यांकन करने के लिए भारतीय विदेश नीति के विकास पर दृष्टिपात करना जरूरी है। रिचार्ड ने लिखा है कि भारत की विदेश नीति की गतिशीलता को समझने के लिए ऐतिहासिक तत्त्वों का सावधानीपूर्वक विवेचन आवश्यक है। भारतीय विदेश नीति का विकास चार कालों में हुआ है जिन्हें क्रमिक रूप में निम्न प्रकार प्रस्तुत किया गया है–

1. **प्रथम चरण–अंतर्राष्ट्रीय चेतना का विकास (1885-1919)**–भारत पर ब्रिटेन का शासन था जो यूरोप महाद्वीप से आये थे। यह अनुभूति ही प्रबुद्ध भारतीयों के मन में इंग्लैण्ड और उसके आस-पास के देशों के प्रति उत्सुकता जागृत करने के लिए पर्याप्त थी और जब हमें यह पता चला कि भारत में कोई भी सुधार लंदन की स्वीकृति के बिना नहीं हो सकता तो लंदन के प्रति भारत की उत्सुकता मजबूरी बन गयी।

राजा राममोहन राय–भारतीय पुनर्जागरण का पिता राजा राममोहन राय को ही

कहा जाता है। इन्होंने भारत से सती प्रथा मिटाने के लिए काफी प्रयास किये। इसके लिए इन्हें इंग्लैण्ड तक जाना पड़ा—संयोग से वहाँ उनकी विद्वता, उनकी प्रतिभा और समाज सुधार के प्रति उनकी पकड़ से ब्रिटेन के लोग उन पर मंत्रमुग्ध हो गए। इंग्लैण्ड में राजा राममोहन राय की इतनी धाक जमी कि जब वे प्रेस की स्वतंत्रता सम्बन्धी प्रतिवेदन देने पहुँचे तो **सदरलैंड** के शब्दों में —"स्त्री, पुरुष और बच्चों की भीड़ राजा को देखने के लिए दौड़ती। कई व्यक्ति उनसे हाथ मिलाने का आग्रह करते। कई महिलाओं ने उनका आलिंगन करना चाहा। उनका मार्ग साफ करने के लिए पुलिस की मदद की जरूरत पड़ी।" बैन्थम जो प्रसिद्ध विद्वान थे उन्होंने उनका गुणगान करते हुए लिखा है—"राजा राममोहन राय मानवता की सेवा के क्षेत्र में अत्यंत प्रशंसनीय और प्रिय सहयोगी हैं।" जब राजा राममोहन राय के बारे में यह विचार प्रकट किये जा रहे थे तो ऐसी स्थिति में इंग्लैंड के प्रति भारतीयों की उत्सुकता बढ़नी स्वाभाविक थी।

स्वामी विवेकानंद—प्रसिद्ध दार्शनिक स्वामी विवेकानन्द ने रामकृष्ण मिशन की स्थापना की है। ये सन् 1993 के शिकागो विश्वधर्म सम्मेलन में भारत की तरफ से एक युवा संन्यासी के रूप में शामिल हुये। सम्मेलन के पहले ही दिन उन्होंने संपूर्ण श्रोताओं को मंत्रमुग्ध कर दिया। समाचार पत्र **न्यूयार्क टाइम्स** ने स्वामी जी के बारे में लिखा—"भारत के इस संन्यासी को सुनने के बाद हमें प्रतीत होता है कि हम कितने मूर्ख हैं कि उस देश के व्यक्तियों का धर्म परिवर्तन करने के लिए इस देश से पादरी भेजते हैं।" अमेरिका में स्वामी विवेकानन्द का बहुत आदर सत्कार किया गया। वे जापान और इंग्लैण्ड भी गए। वहाँ भी उन्होंने भारतीय सभ्यता, संस्कृति और धर्म का प्रचार किया। उनकी विजयी विश्व यात्रा से जहाँ विश्व के उन राज्यों की रुचि भारत में बढ़ी। वहीं भारत में भी उन देशों के प्रति अधिक जानकारी प्राप्त करने की उत्सुकता बढ़ी लौटकर स्वामी विवेकानंद ने भारतीयों को विश्व में हो रही वैज्ञानिक और भौतिक विकास से अवगत कराया। ज्ञान के इस दोतरफा आदान-प्रदान ने भारत में एक नवीन अन्तर्राष्ट्रीय चेतना का संचार किया।

अधिक दिनों तक विदेशी सत्ता का कष्ट झेलते रहने के कारण भारतीय यह समझते थे कि पश्चिम देशों के लोग जन्मजात श्रेष्ठ और अजेय हैं। परंतु कुछ घटनाएँ ऐसी घटीं जिसने यह मिथ्या धारणा भी भंग कर दी और भारत ने अंतर्राष्ट्रीय राजनीति में रुचि विकसित किया।

सन् 1894 में इटली और एबीसीनिया (इथोपिया) में युद्ध हुआ। इस युद्ध में एबीसीनिया के काले लोगों ने इटली की गोरी सेनाओं को पराजित किया।

सन् 1905 में जापान और रूस के बीच भीषण युद्ध छिड़ गया जिसमें रूस को पराजय का सामना करना पड़ा। पीले लोगों द्वारा यह गोरे लोगों की भारी पराजय थी। रूस की पराजय से पश्चिमी देशों की अजेयता का भ्रम टूट गया। **रवीन्द्रनाथ टैगोर ने**

लिखा है–"जापान के उदाहरण ने संपूर्ण एशिया को बल प्रदान किया। हमने यह अनुभव किया है कि हममें जीवन और शक्ति है केवल मृत भावना को हटाने की जरूरत है।" जापान की विजय ने नवयुवकों में इतना उत्साह भरा कि नेहरू जो उस समय 16 वर्ष के थे, जापान से पढ़ने के लिए अनेक पुस्तकों का क्रय कर स्वदेश लाये।

1914 में प्रथम विश्वयुद्ध आरंभ हुआ। यद्यपि यह युद्ध यूरोपीय राष्ट्रों द्वारा यूरोप में ही लड़ा गया, तथापि भारत ने ब्रिटिश उपनिवेश होने के कारण युद्ध में ब्रिटेन की बहुत सहायता की। महात्मा गाँधी ने भारत में इस बात का प्रचार किया कि हमें युद्ध में अंग्रेजों की मदद करनी चाहिए। दिसंबर, 1914 में मद्रास में काँग्रेस के अधिवेशन में एक प्रस्ताव पारित करके ब्रिटिश सम्राट के प्रति भारतीयों की वफादारी प्रकट की गई और शासन को यथासम्भव समस्त सहायतायें उपलब्ध कराने का आश्वासन दिया गया।

भारतीय सेनाओं ने अंग्रेजों की ओर से युद्ध में भाग लिया। लगभग दस लाख भारतीय सैनिक यूरोप में लड़े तथा भारत की ओर से डेढ़ लाख पौण्ड की आर्थिक मदद भी दी गई। भारतीय राजाओं ने भी अपनी वफादारी व्यक्त करने के लिए धन-जन से अंग्रेजों की सहायता की।

इसी युद्ध ने भारतीयों में विश्व राजनीति के प्रति रुचि जगाई। उनके सैनिक भाई यूरोप में लड़ रहे थे। मित्र राष्ट्रों ने वचन दिया कि उनकी लड़ाई 'प्रजातंत्र को सुरक्षित बनाने' के लिए की जा रही है। राष्ट्रपति वुडरो विल्सन ने जो सिद्धांत प्रतिपादित किये थे, उनमें पराधीन राष्ट्रों के लिए 'आत्मनिर्णय' का अधिकार महत्त्वपूर्ण था। इसलिए विश्वयुद्ध की संपूर्ण अवधि में भारत के लोग और भारत के नेता युद्ध की प्रगति तथा युद्ध के परिणामों की ओर बड़ी बेसब्री से देखते रहे। विश्व राजनीति में वे विशेष रुचि लेने लगे।

रूस का साम्यवाद आंदोलन–जिस समय पूरा विश्व प्रथम विश्वयुद्ध की चपेट में था, उसी समय सोवियत रूस में साम्यवादियों ने जार का तख्ता पलट दिया। 1917 में रूस में महान क्रांति हुई। कुछ माह बाद लेनिन के नेतृत्व में बोलशेविकों ने मैनसेविकों से सत्ता हथिया ली। साम्यवादी क्रान्ति के द्वारा सामंतवाद को खत्म करके समतावादी समाज बनाने की संकल्पना की गयी। रूसी क्रांति ने भारतीय बुद्धिजीवियों के मन में रोमांचक भावनाएँ पैदा कीं। सोवियत क्रांति से संपूर्ण भारत स्पंदित होने लगा। उत्साहित जवाहरलाल नेहरू ने **'विश्व इतिहास की झलक'** में लिखा कि, "यह क्रांति खुद भी एक जबरदस्त घटना थी जो संसार के इतिहास में बेजोड़ है।" हालाँकि अपने देश की यह पहली ही क्रांति थी, मगर अन्य देशों के लिए एक चुनौती और सम्पूर्ण विश्व के क्रांतिकारियों के लिए उदाहरण बन गई।

2. भारतीय विदेश नीति के विकास का द्वितीय चरण (1918-1927)–प्रथम

विश्वयुद्ध तक भारतीय जनमानस दुनिया की घटनाओं से वाकिफ हो चुके थे। युद्ध समाप्त होने के पश्चात् अंतर्राष्ट्रीय घटनाओं के बारे में भारतीय नेताओं की पकड़ मजबूत होने लगी थी और वे स्पष्ट शब्दों में अपना विचार प्रकट करने लगे थे। विश्व के अन्य देशों से वापस आये भारतीय कांग्रेस में बढ़-चढ़ कर शामिल होने लगे और कांग्रेस के प्रस्तावों में विश्व की घटनाओं के सम्बन्ध में विचार प्रकट किये जाने लगे। कांग्रेस की विदेश नीति विकसित होने लगी।

प्रथम विश्वयुद्ध खत्म होने के बाद पेरिस में आयोजित शांतिवार्ता में भारत को भी प्रतिनिधित्व दिया गया परंतु भारत की ओर से जो लोग प्रतिनिधित्व करने गए वे भारतीय नेता नहीं थे। इस वार्ता में कांग्रेस लोकमान्य तिलक, महात्मा गाँधी और हसन इमाम को भेजना चाहती थी। लेकिन भेजे गए भारतीय सचिव मांग्टेग्यू, इससे बड़ा रोष उत्पन्न हुआ।

भारत के लोग ब्रिटिशों के इस व्यवहार से बहुत क्रुद्ध हो गये थे। इस अवसर पर लोकमान्य तिलक ने पेरिस शांति सम्मेलन के अध्यक्ष क्लेमंशो को एक पत्र लिखा, जो एक ऐतिहासिक पत्र था। इसमें प्रथम बार भारत की विदेश नीति के सम्बन्ध में लिखित रूप से अपना मत व्यक्त किया गया था। इसीलिए इस पत्र को भारतीय विदेश नीति के एक महत्त्वपूर्ण दस्तावेज की संज्ञा दी गयी। **लोकमान्य तिलक** ने लिखा—"सभी दृष्टियों से भारत एक सम्मानयुक्त और स्वावलंबी राष्ट्र है और संसार के किसी देश की भूमि पर कोई दावा नहीं है। अपने विशाल भू-भाग, अपरिमित साधन और अपार जनसंख्या के आधार पर भारत विश्व की महान शक्ति बनने की आकांक्षा रखता है। इस परिस्थिति में पूर्वी गोलार्द्ध में शांति बनाए रखने के काम में एक महत्त्वपूर्ण भूमिका अदा कर सकता है, प्रस्तावित राष्ट्रसंघ का प्रबल समर्थक हो सकता है।" इस पत्र में तिलक ने यह भी लिखा कि युद्ध के समय यह वायदा किया गया था कि उपनिवेशों को आत्मनिर्णय का अधिकार दिया जाएगा।

लोकमान्य तिलक के पत्र ने कई बातें स्पष्ट कर दीं। इससे स्पष्ट हो गया कि अंग्रेजों द्वारा संचालित भारत की विदेश नीति भारतीय जनता की इच्छाओं का प्रतिनिधित्व नहीं करती थी। भारतीय जनता की विदेश नीति का प्रतिनिधित्व कांग्रेस करती है। यहीं सें कांग्रेस की विदेश नीति शुरू हुई जो बाद में स्वतंत्र भारत में भी बरकरार रही।

अमेरिकी सीनेट में भारत के आत्मनिर्णय का प्रश्न—पेरिस के शांति सम्मेलन में राष्ट्रसंघ नामक एक संगठन बनाये जाने का प्रस्ताव पास हुआ। राष्ट्रसंघ को स्थापित करने का प्रमुख उद्देश्य पूरी दुनिया में शान्ति स्थापित करना था। अमेरिका भी वर्साय की संधि पर हस्ताक्षर करने वाले देशों में से एक था, परंतु अमेरिकी संविधान के अनुसार अमेरिकी राष्ट्रपति द्वारा की गई प्रत्येक संधि पर सीनेट की पुष्टि आवश्यक थी। अतः वर्साय की संधि पर भी सीनेट में वाद-विवाद हुआ।

अमेरिकी राष्ट्रपति वुडरों विल्सन ने युद्धोपरान्त भारत को आत्मनिर्णय का अधिकार

देने की बात कही थी क्योंकि इस संधि में भारत के लिए आत्मनिर्णय का प्रावधान नहीं किया गया था, इसलिए भारतीयों में इस पर स्वाभाविक रूप से रोष था। कांग्रेस ने कहा कि अमेरिका की सीनेट में भी वर्साय की संधि पर बहस के समय यह बात उठाई जाये। अतः अमेरिका में रहने वाले भारतीयों को इस बारे में लिखा गया। उन्होंने अमेरिकी सीनेटरों से संपर्क स्थापित किया। 29 अगस्त, 1919 को अमेरिका के सीनेटर डडले फील्ड मेलोन ने कहा कि सीनेट की विदेशी मामलों की समिति के वायदे को संधि में स्थान नहीं दिया गया है, इसलिए वर्साय संधि को अस्वीकार कर दिया जाये। उन्होंने भारत को तत्काल स्वतन्त्रता प्रदान करने पर बल दिया।

अमेरिकी सीनेट में भारतीय स्वतंत्रता का प्रश्न उठाया गया, इसी से स्पष्ट है कि कांग्रेस विदेश नीति के प्रति कितनी जागरूक थी। विदेश नीति के क्षेत्र में कांग्रेस के द्वारा चलाया गया यह कूटनीतिक अभियान सफलता प्राप्त करने वाला प्रथम अभियान बना।

राष्ट्रसंघ में भारत—प्रथम विश्वयुद्ध समाप्त हो जाने के बाद सन् 1919 में वर्साय सन्धि के अनुरूप राष्ट्रसंघ गठित कर दिया गया, जिसकी सदस्यता भारत को भी प्राप्त हुई। राष्ट्रसंघ में भारत का प्रतिनिधित्व करने के लिए जिन लोगों को चुना गया वे वास्तव में भारतीय मानस का नहीं, ब्रिटिश हितों का प्रतिनिधित्व करते थे। इस प्रतिनिधिमण्डल का नेतृत्व एक अंग्रेज करता था। दो अन्य सदस्य भी प्रतिनिधिमंडल में होते थे। वे भारतीय थे, परंतु वे भारत की गोरी सरकार द्वारा मनोनीत किये जाते थे। इसलिए लगातार 1922 से 1927 तक भारत के केन्द्रीय विधानमंडल में यह माँग की जाती रही कि राष्ट्रसंघ में जाने वाले भारतीय प्रतिनिधिमण्डल की बागडोर किसी भारतीय के हाथ में हो। अंत में 1929 में कांग्रेस की बात मानी गई और एक भारतीय मुहम्मद हबीबुल्ला को राष्ट्रसंघ में भारतीय प्रतिनिधिमंडल का नेता बनाया गया, जो ब्रिटिश सरकार के प्रतिनिधि भी थे इसलिए राष्ट्रसंघ में वही विचार व्यक्त करते थे, जो ब्रिटिश सरकार चाहती थी। जैसे 1932 में जापान ने चीन पर आक्रमण किया। भारत में कांग्रेस की सहानुभूति चीन के साथ थी, लेकिन राष्ट्रसंघ में भारतीय प्रतिनिधि अंग्रेजों के इशारों पर जापान का समर्थन कर रहे थे जिसका कांग्रेस ने घोर विरोध किया।

3. भारतीय विदेश नीति के विकास का तृतीय चरण (1927-1936)—इस समय तक कांग्रेस की विदेश नीति सम्बन्धी गतिविधियों का केन्द्र भारत ही था, परंतु विदेश नीति के विकास के तीसरे चरण में भारत ने विश्वमंच पर भी प्रवेश कियी। कांग्रेस में पं. जवाहरलाल नेहरू को शुरुआत में ही शीर्ष पंक्ति में जगह मिला। आरंभ से ही विश्व राजनीति में उन्हें गहरी रुचि थी और इस क्षेत्र में वे अत्यंत सक्रिय भी थे। दूरदर्शी सोच उन्हें हर कदम पर कामयाब बनाती थी।

10 फरवरी, 1927 को ब्रुसेल्स में साम्राज्य विरोधी संघ ने विश्व के पददलित राष्ट्रों का एक सम्मेलन आयोजित किया, जिसमें भारतीय कांग्रेस के प्रतिनिधि के रूप में पं.

जवाहरलाल नेहरू ने हिस्सा लिया। इस सम्मेलन में 175 प्रतिनिधिमंडलों ने भाग लिया था। सम्मलेन के पीछे जो शक्तियाँ काम कर रही थीं, उनमें मुख्य थे ब्रिटेन का श्रमिक दल तथा जर्मनी, रूस व पश्चिमी यूरोपीय देशों के साम्यवादी दल। इस सम्मेलन में पं. जवाहरलाल नेहरू ने बड़ी खूबसूरती से और बहुत प्रभावशाली ढंग से भारत का प्रतिनिधित्व किया और अपना विचार इस प्रकार दिया—"हमारे लिए भारत की स्वतंत्रता जरूरी है, लेकिन हमारी स्वंतत्रता आपके लिए भी कम महत्त्वपूर्ण नहीं है। हमारी पराधीनता आपकी स्वतंत्रता के लिए सबसे बड़ी बाधा है। अतः हम आपसे अनुरोध करते हैं कि आप हमारी मदद कीजिए। इसमें आपका भी हित है।"

पंडित जवाहरलाल नेहरू ने ब्रुसेल्स सम्मेलन में भारत का जोरदार प्रतिनिधित्व तो किया ही साथ ही उन्होंने विश्व के अनेक महत्त्वपूर्ण नेताओं से व्यक्तिगत सम्बन्ध भी बनाए। बाद में जब पं. नेहरू भारत के प्रधानमंत्री बने और विदेश नीति का संचालन किया, तो ये सम्बंध बहुत उपयोगी साबित हुआ। ब्रुसेल्स सम्मेलन के बाद विश्व में कई छोटे-छोटे अंतर्राष्ट्रीय सम्मलेन हुए, जिसमें भारत को भी स्थान मिला। ये थे—1928 का हालैण्ड का विश्व युवक शांति सम्मेलन, 1928 का ब्रुसेल्स का श्रम और समाज अंतर्राष्ट्रीय सम्मेलन, 1929 का टोकियो का विश्व मंच, इससे उसके दृष्टिकोण और संपर्क विस्तृत होते गए।

नेहरू जी ने चीन के अलावा और भी कई देशों की यात्रा की जिनमें मिस्र और श्रीलंका प्रमुख थे। वे एशियाई देशों की समस्याओं के प्रति इतने संवेदनशील थे कि उन्होंने एशियाई राष्ट्रों का एक संघ तक बनाने की कल्पना की। एशियाई देशों के प्रति बढ़ती हुई सद्भावना के परिणामस्वरूप भारत ने मिस्र, सीरिया, फिलीस्तीन, इराक और चीन के राष्ट्रवादी नेताओं को उनके स्वतंत्रता संग्राम की सफलता के प्रति शुभकामनाएँ भेजीं। श्री नेहरू ने कहा—"भविष्य में विश्व राजनीति में भारत सहित एशिया एक महत्त्वपूर्ण भूमिका अदा करेगा।"

स्वतंत्र भारत में सैनिक गठबंधन के विरोध की जड़ें राष्ट्रीय आन्दोलन के इसी चरण में मिलती हैं। मई, 1929 में नेहरू ने कांग्रेस से कहा कि वह जनता को इस सम्बन्ध में शिक्षित करें कि ब्रिटेन, रूस और चीन के विरुद्ध युद्ध करने वाला है। श्री नेहरू ने अमेरिका से सावधान रहने की भी बात कही क्योंकि ब्रिटेन और अमेरिका मिलकर संपूर्ण विश्व पर प्रभुत्व स्थापित करना चाहते थे 1929 में कांग्रेस का अध्यक्ष बनने के बाद नेहरू ने एक भाषण में विश्व में बढ़ते हुए शस्त्रीकरण के प्रति चेतावनी दी।

सन् 1930 में कांग्रेस द्वारा विदेश नीति से संबंधित एक अलग विभाग बनाया गया, जिसके संचालक पं. जवाहरलाल नेहरू थे। इसके बाद कांग्रेस ने अंतर्राष्ट्रीय समस्याओं पर अपनी स्वतंत्र प्रतिक्रियायें व्यक्त करना शुरू कर दिया। 1931 में जब जापान ने चीन पर आक्रमण किया तो उसने जापान की निंदा की। 1930 में ही युद्ध विरोधी प्रस्ताव पारित किये जाने लगे और यह स्पष्ट कर दिया गया कि किसी भी साम्राज्यवादी युद्ध से भारत

का कोई सरोकार नहीं रहेगा। 1935 में कांग्रेस ने फॉसीवाद और नाजीवाद के प्रति विरोध प्रकट किया। समय-समय पर कांग्रेस विभिन्न युद्धों का विरोध भी करता रहा। 1935 में इटली द्वारा अबीसीनिया पर आक्रमण के विरोध में कांग्रेस में 1936 के लखनऊ अधिवेशन में एक प्रस्ताव पारित करके अबीसीनिया के प्रति सहानुभूति व्यक्त की गई। जब हिटलर ने 1938 में चेकोस्लोवाकिया पर आक्रमण किया तो कांग्रेस ने आक्रमण की निंदा करते हुए म्युनिख समझौते की आलोचना की। कांग्रेस के हरीपुर अधिवेशन में घोषित किया गया कि, ''भारतवासी अपने पड़ोसी एवं अन्य देशों के साथ शांति और मित्रता से रहना चाहते हैं। अपनी स्वतंत्रता अंतर्राष्ट्रीय सहयोग एवं सद्भावना के आधार पर ही अपनी शक्ति बढ़ाना चाहते हैं। स्वतंत्र भारत ही सदैव निःशस्त्रीकरण एवं सामूहिक सुरक्षा का समर्थक रहेगा। अन्तर्राष्ट्रीय विवादों को समाप्त करने के लिये यह आवश्यक है कि विश्व के देशों में परस्पर सहयोग स्थापित हो। यदि विश्वशांति की स्थापना करनी है तो साम्राज्यवाद एवं एक राष्ट्र द्वारा दूसरे राष्ट्र का शोषण समाप्त करना ही होगा''। द्वितीय विश्वयुद्ध के समय कांग्रेस ने ब्रिटेन को मदद करने से मना कर दिया, परंतु फिर भी भारतीय लोकमत के विरुद्ध ब्रिटिश सरकार ने भारत को युद्ध में शामिल घोषित कर दिया। संक्षेप में, भारतीय स्वाधीनता से पूर्व वैदेशिक मुद्दों पर कांग्रेस के दृष्टिकोण से भारत की विदेश नीति की पृष्ठभूमि को समझना आसान है।

भारतीय विदेश नीति के प्रमुख कारक

डॉ. वी. पी. दत्त का भारतीय विदेश नीति के बारे में मत है कि—"ऐतिहासिक परंपराओं, भौगोलिक स्थिति और भूतकालीन अनुभव भारतीय विदेश नीति के निर्माण में प्रभावी तत्त्व रहे हैं।" भारतीय विदेश नीति का निर्धारण करने वाले प्रमुख तत्त्व निम्नलिखित है।

1. भौगोलिक तत्त्व—विदेश नीति के निर्धारण में भौगोलिक परिस्थितियों का अत्यधिक प्रभाव पड़ता है। **के. एम. पणिक्कर** के अनुसार—''जब नीतियों का लक्ष्य प्रादेशिक सुरक्षा होती है तो उनका निर्धारण मुख्य रूप से भौगोलिक तत्त्व से हुआ करता है।'' उन्होंने यह भी लिखा है कि ''यह समझना कठिन नहीं है कि भूगोल का सुरक्षा से कितना गहरा सम्बन्ध है। चूँकि हर देश की भौगोलिक विशेषताओं में मूलतः कोई बदलाव नहीं आया इसलिये प्रत्येक देश की वैदेशिक नीति के कुछ स्थाई पहलू होते हैं। वास्तव में, यह कहना उचित होगा कि वैदेशिक नीति भूगोल द्वारा निर्धारित होती है।'' इस बारे में डॉ. एयर्स महोदय का मानना है कि ''समझौते तोड़े जा सकते हैं, संधियाँ भी एकतरफा समाप्त की जा सकती हैं, परंतु भूगोल अपने शिकार को कसकर पकड़े रहता है।''

पणिक्कर और एयर्स के विचार भारतीय परिप्रेक्ष्य में उपयुक्त प्रतीत होते हैं। भारत की विदेश नीति के निर्धारण में भारत की भौगोलिक परिस्थिति का बहुत अधिक प्रभाव रहा है। सभी भारतीय सीमाओं पर खतरे की आशंका थी। भारत उत्तर में साम्यवादी गुट के दो प्रमुख देशों–सोवियत संघ और चीन के बिल्कुल समीप है। भारत के एक ओर पाकिस्तान है तो दूसरी ओर उसकी सीमा समुद्रों से घिरी है जो चिंता का मुख्य विषय था। इस स्थिति में अगर भारत साम्यवादी गुट में सम्मिलित हो जाता तो इसकी समुद्री सीमा पर खतरा उत्पन्न हो जाता क्योंकि पश्चिमी गुट का अपनी नौशक्ति के कारण हिंद महासागर पर दबदबा था। यदि भारत पश्चिमी गुट में सम्मिलित होता तो उत्तरी सीमा पर साम्यवादी राष्ट्र उसके लिए स्थाई खतरा बन जाते थे। इन भौगोलिक परिस्थितियों में सीमा सुरक्षित बनाए रखने के लिए ब्रिटेन से मैत्री सम्बन्ध बनाए रखने और उत्तर में अपनी स्थिति सुरक्षित रखने के लिए साम्यवादी देशों से भी समायोजन स्थापित करने की दिशा में प्रयासरत रहे।

2. आपसी गुटबंदी–भारत की आजादी के समय विश्व दो गुटों में विभाजित था–अमेरिका और सोवियत संघ। इन दोनों गुटों में मनमुटाव काफी बढ़ गया, जो आगे चलकर 'शीतयुद्ध' के रूप में परिवर्तित हो गया। शीतयुद्ध की इस राजनीति में भारत क्या करता? भारत ने गुटों से पृथक् रहना ही ठीक समझा क्योंकि वह दोनों गुटों के बीच सेतुबंध का कार्य करना चाहता था। भारत द्वारा पृथकता की नीति अपनाने का प्रधान कारण यही है कि गुटों में से किसी के भी साथ न बंधने से भारत को कोई नुकसान नहीं है। उनका हित दोनों गुटों के मध्य तनाव में कमी होने में निहित है। क्योंकि एक विश्वयुद्ध भारतीय अर्थव्यवस्था को अस्त-व्यस्त कर देगा और उसका आर्थिक स्वर्णयुग की प्राप्ति का स्वप्न छिन्न-भिन्न हो जाएगा। असंलग्नता की स्थिति उसे दोनों गुटों के मध्य मध्यस्थता का कार्य, अंतर्राष्ट्रीय तनाव को कम करने में सहायता देने के योग्य बनाती है। इस प्रकार यह कहा जा सकता है कि आपसी गुटबन्दी का भी विदेश नीति के निर्माण में महती भूमिका है।

3. विचारधाराओं का प्रभाव–भारत में समय-समय पर विविध प्रकार की विचारधारायें प्रतिपादित हुईं जो देश की विदेश नीति के निर्धारण में शांति और अहिंसा पर आधारित गाँधीवादी विचारधारा का भी प्रभाव रहा है। इस विचारधारा से प्रभावित होकर ही संविधान के अनुच्छेद 51 में राज्य नीति कि निर्देशक तत्त्वों के अंतर्गत विश्वशांति की चर्चा की गई। **हडसन** के अनुसार, ''गाँधी के शांतिवाद ने देश को यह भरोसा दिलाया कि विश्वशांति 'समझौतों' से ही स्थापित हो सकती है, न कि रक्षात्मक संगठन बनाने से। भारत का यह कर्तव्य है कि वह विरोधी पक्षों से अलग रहे और उनमें मध्यस्थता का कार्य करे।''

भारत में प्राचीन समय से लेकर आज तक कई महापुरुषों की विचारधारायें सामने आईं जो विदेश नीति के निर्धारण में सहयोगी रहीं। बुद्ध द्वारा प्रतिपादित तथा अशोक द्वारा प्रचारित अहिंसा की संकल्पना और अकबर व शिवाजी द्वारा प्रदर्शित सहिष्णुता की भावना ने भारत की विदेश नीति को प्रभावित किया है। भारतीय विदेश नीति अरविंद, टैगोर तथा एम.एन.राय के मानवतावादी विचारों को भी प्रतिबिंबित करती है। भारतीय झंडे में अशोक चक्र देश की शान्तिप्रियता का द्योतक है।

4. आर्थिक तत्त्व–भारतीय अर्थव्यवस्था में विश्व में व्याप्त अशांति ने काफी रुकावट उत्पन्न की। भारत की आर्थिक उन्नति तभी संभव थी जब अंतर्राष्ट्रीय शांति बनी रहे। भारत का अधिकतर व्यापार पश्चिमी देशों के साथ होता था। भारत अपने विकास के लिए अधिकतम विदेशी सहायता का भी इच्छुक था, इस दृष्टि से भारत के लिए सभी देशों के साथ मित्रता का बर्ताव रखना आवश्यक था और वह किसी भी एक गुट के साथ बँध नहीं सकता था। भारत को गुटबंदी से पृथक् रहने के फलस्वरूप दोनों गुटों से मदद मिलती रही जो भारत के लिए अच्छा रहा। **जे. बंदोपाध्याय** ने अपनी पुस्तक **''दि मेकिंग ऑफ इंडियास फारेन पालिसी''** में भारतीय विदेश नीति के आर्थिक आयाम बताये हैं, जिसके तीन प्रमुख सूचक हैं, सुरक्षा, विदेशी सहायता तथा अंतर्राष्ट्रीय व्यापार।

5. सैन्य शक्ति–भारत प्रारंभ में अपनी सुरक्षा के लिए दूसरे देशों के ऊपर आश्रित था। भारत की दुर्बल सैनिक स्थिति उसे इस बात के लिए बाध्य करती रही है कि विश्व की सभी महत्त्वपूर्ण शक्तियों के साथ मैत्री बनाई रखी जाये। शुरू से ही भारत राष्ट्रमंडल का सदस्य बना रहा। वास्तविकता तो यह थी कि भारत की सैन्य शक्ति में इंग्लैण्ड की भूमिका अधिक थी।

6. पंडित नेहरू का व्यक्तित्व–पं. नेहरू के व्यक्तित्व की छाप विदेश नीति के हर पहलू में झलकती है। वे साम्राज्यवाद, उपनिवेशवाद व फॉसीवाद के विरोधी थे, वे सभी अंतर्राष्ट्रीय विवादों को शांतिपूर्ण उपायों से सुलझाने के समर्थक थे। वे महाशक्तियों के आपसी संघर्ष से भारत को दूर रखने की नीति पर चलते थे, अपने इन्हीं विचारों के अनुरूप उन्होंने भारत की विदेश नीति को ढाला और आज इसका जो रूप है वह पंडित नेहरू के विचारों का ही मूर्तरूप है।

पंडित जवाहरलाल नेहरू जी के प्रधानमंत्रित्व काल में भारत की विदेश नीति को लोग नेहरू नीति के नाम से सम्बोधित करते थे। इस संदर्भ में प्रो. सच्चदानंद मूर्ति ने लिखा है कि यदि देश का नेतृत्व पं. नेहरू के हाथ में नहीं होता तो दूसरे प्रकार की विदेश नीति की पर्याप्त संभावना थी। जैसा कि कुछ दूसरे दक्षिण पूर्व एशियाई देशों और पाकिस्तान के उदाहरण से भी स्पष्ट है, जिनकी विदेश नीतियाँ कुछ अलग प्रकार की थीं। जहाँ तक विदेश नीति के निर्माण में दूसरे नेताओं के प्रभाव का सवाल है, **एस. के पाटिल** ने लिखा

था कि "नेहरू हमारी सबसे बड़ी संपत्ति हैं क्योंकि वह एक वटवृक्ष की भाँति हैं जिसकी छाया में लाखों आश्रय लेते हैं, तथापि यह हमारा सबसे बड़ा उत्तरदायित्व है, क्योंकि वटवृक्ष की छाया में कोई चीज पैदा नहीं होती।"

7. राष्ट्रीय हित—राष्ट्रीय सुरक्षा में विदेश नीति का व्यापक योगदान रहा है। पं. नेहरू ने संविधान सभा में स्पष्ट कहा था कि "किसी भी देश की विदेश नीति की आधारशिला उसके राष्ट्रीय हित की सुरक्षा होती है और भारत की विदेश नीति का भी ध्येय यही है।" लेकिन भारत के राष्ट्रीय हित का निर्धारण एक जटिल कार्य है। भारत के राष्ट्रीय हित दो प्रकार के हैं—स्थायी राष्ट्रहित, जैसे देश की अखंडता और सुरक्षा तथा अस्थायी राष्ट्रीय हित खाद्यान्न, विदेशी पूँजी, तकनीकी विकास आदि। यदा-कदा भारत की विदेश नीति में विरोधाभास दिखाई देता है, यह इस बात को सिद्ध करता है कि भारत की विदेश नीति में राष्ट्रीय हितों का सबसे बड़ा स्थान है। राष्ट्रीय हितों के संदर्भ में ही भारत ने पश्चिमी एशिया संकट में इजराइल के बजाय अरब राष्ट्रों का हमेशा समर्थन किया। गुटनिरपेक्ष होते हुए भी 9 अगस्त 1971 को सोवियत संघ के साथ एक 20 वर्षीय संधि की। भारत की विदेश नीति दूसरे राष्ट्रों के आंतरिक मामलों में दखल न देने पर बल देती है, परंतु अपने राष्ट्रीय हितों को ध्यान में रखते हुए भारत ने अफगानिस्तान में सोवियत हस्तक्षेप की भर्त्सना नहीं की। भारत ने संयुक्त राष्ट्रसंघ के 14 जनवरी 1990 के उस प्रस्ताव पर मतदान में भाग ही नहीं लिया जिसमें अफगानिस्तान से विदेशी सेनाओं के तत्काल बिना शर्त और पूर्ण वापसी की बात कही गई थी। भारत ने 5 जून 1987 को मानवीय आधार पर श्रीलंका में जाफना की पीड़ित जनता के लिए हवाई मार्ग से राहत सामग्री पहुँचाई। आजादी के बाद के इतिहास में यह प्रथम अवसर था जब भारत ने किसी राष्ट्र की अंतर्राष्ट्रीय सीमा का उल्लंघन किया।

8. सामाजिक परम्पराएँ—भारत में परम्पराओं को प्राचीन काल से ही महत्त्व दिया जाता रहा है। प्राचीनकाल से ही भारत की नीति शांतिप्रिय रही है। भारत ने किसी भी राष्ट्र पर प्रभुत्व स्थापित करने का प्रयास नहीं किया। भारत की यह परंपरा देश की विदेश नीति में देखी जा सकती है।

भारत में हिन्दू धर्म की बहुलता है। यहाँ की हिंदू सभ्यता का चरित्र और उसकी विशेषताएँ, जैसे—शांति, समन्वय और सहिष्णुता की भावनायें हमारी विदेश नीति का बहुत बड़ा आधार हैं। 200 वर्षों के अंग्रेजी शासन का भी हमारी विदेश नीति के निर्धारण में योगदान रहा है। देश में संसदीय प्रणाली, उदारवाद, अंग्रेजी भाषा का प्रयोग, प्रशासनिक ढांचा आदि इसके प्रमाण हैं। ब्रिटिश साम्राज्यवाद का कटु अनुभव इसके मूल में है। पाकिस्तान के साथ शत्रुतापूर्ण सम्बन्ध एवं दक्षिण-पूर्व एशियाई राष्ट्रों के साथ सांस्कृतिक

व आध्यात्मिक सम्बन्ध भी ऐतिहासिक अनुभवों के परिणाम हैं। भारत का शांतिवाद भारतीय दर्शन की सहिष्णुता, उदारता और मानवतावादी दृष्टि पर आधारित है। भारत प्रारंभ से ही शांति का पक्षधर रहा है। चीन और पाकिस्तान के आक्रमणों का सामना करते हुए भी भारत ने उनके प्रति सहिष्णुता और मित्रता का हाथ बढ़ाया है। जातीय रंगभेद की नीति का विरोध भारतीय मानववतावादी विचार से प्रभावित है। पंचशील के सिद्धांतों पर गाँधी की अहिंसा और बुद्ध के अष्टमार्ग का प्रभाव है।

9. आंतरिक शक्तियों और दबावों का प्रभाव—जब सम्पूर्ण राष्ट्र एकता के एक डोर से बंधा होता है तो राष्ट्र की विदेश नीति भी अधिक स्पष्ट सुदृढ़ और प्रभावशाली होती है, परंतु जब राष्ट्र आंतरिक फूट (मतभेदों) के कारण विभाजित होता है और राजनीतिक अस्थिरता पाई जाती है तो विदेश नीति प्रायः कमजोर और दिशाहीन हो जाती है। भारत की विदेश नीति भी इसका अपवाद नहीं है। जब भारत आजाद हुआ तो इसकी आर्थिक व सैन्य स्थिति कुछ खास नहीं थी। फिर भी इसने 19 वर्षों तक विश्व राजनीति में काफी योगदान दिया।

भारतीय विदेश नीति के प्रमुख उद्देश्य

भारत विदेश नीति के निर्धारण में पं. नेहरू का महत्त्वपूर्ण योगदान रहा है। भारत की विदेश नीति की रूपरेखा स्पष्ट करते हुए श्री जवाहरलाल नेहरू ने सितंबर 1946 में एक प्रेस कांफ्रेस में बोला था कि—"वैदेशिक सम्बन्धों के क्षेत्र में भारत एक स्वतंत्र नीति का अनुसरण करेगा और गुटों की खींचतान से दूर रहते हुए संसार के सभी पराधीन राष्ट्रों को आत्मनिर्णय का अधिकार दिलाने तथा जातीय भेद-भाव की नीति का दृढ़तापूर्वक उन्मूलन का प्रयत्न करेगा। साथ ही वह दुनिया के शांतिप्रिय राष्ट्रों के साथ मिलकर अंतर्राष्ट्रीय सहयोग और सद्भावना के प्रसार के लिए भी निरंतर प्रयत्नशील रहेगा।" नेहरू का यह वक्तव्य वर्तमान समय में भी भारतीय विदेश नीति की आधारशिला है। भारत की विदेश नीति की मूल बातों का समावेश हमारे संविधान के अनुच्छेद 51 में कर दिया गया, इस अनुच्छेद में शामिल कुछ प्रमुख बातें इस प्रकार हैं—(1) राज्य अंतर्राष्ट्रीय शांति और सुरक्षा को बढ़ावा देगा, (2) राज्य राष्ट्रों के मध्य न्याय और सम्मानपूर्वक सम्बन्धों को बनाए रखने का प्रयास करेगा, (3) राज्य अंतर्राष्ट्रीय झगड़ों को पंच फैसलों द्वारा निपटाने की पद्धति को बढ़ावा देगा।

विश्व के सभी देश अपनी विदेश नीति का निर्माण राष्ट्रीय हित को ध्यान में रखकर करता है, इसलिये विदेश नीति को राष्ट्रीय हित के संदर्भ में देखा जाना चाहिए क्योंकि विदेश नीति का उद्देश्य राष्ट्रीय हितों की रक्षा करना है। भारतीय विदेश नीति के कुछ प्रमुख उद्देश्यों को निम्न प्रकार प्रस्तुत किया गया है—अंतर्राष्ट्रीय नीति और सुरक्षा के लिए हरसंभव प्रयत्न करना, राष्ट्र की समृद्धि एवं विकास, भारतीय विदेश नीति का मुख्य उद्देश्य है, भारत को

दक्षिण एशिया में शक्ति के रूप में स्थापित करना तथा एशिया को महाशक्ति के रूप में उभारना, अंतर्राष्ट्रीय विवादों को मध्यस्थता द्वारा निपटाए जाने की नीति को प्रत्येक संभव तरीके से प्रोत्साहन देना, अंतर्राष्ट्रीय कानून के प्रति और विभिन्न राष्ट्रों के पारस्परिक सम्बन्धों में संधियों के पालन के प्रति आस्था बनाए रखना, सभी राज्यों और राष्ट्रों के बीच परस्पर सम्मानपूर्ण सम्बन्ध बनाए रखना, उपनिवेशवाद/साम्राज्यवाद एवं जातिगत भेद-भाव के खिलाफ संघर्ष करना एवं विश्वशांति के लिए जनमत तैयार करना, अफ्रीकी, एशियाई देशों के साथ सहयोग एवं परस्पर सहमति को बढ़ावा देना, सभी प्रकार के उपनिवेशवाद का विरोध करना, सैनिक गुटबंदियों और सैनिक समझौतों से अपने आपको अलग रखना तथा ऐसी गुटबंदी को निरुत्साहित करना, उपनिवेशवाद, जातिवाद और साम्राज्यवाद से पीड़ित लोगों की सहायता करना, हर प्रकार की साम्राज्यवादी भावना को निरुत्साहित करना, गुटनिरपेक्ष आन्दोलन एवं ग्रुप ऑफ-77 को नेतृत्व प्रदान करना, संयुक्त राष्ट्रसंघ में अपनी भूमिका को व्यापक बनाना, नाभिकीय एवं आणविक हथियारों के निर्माण एवं उपयोग का विरोध करना, निःशस्त्रीकरण की दिशा में किए गए प्रयासों को प्रोत्साहित करना, क्षेत्रीय सहयोग की वृद्धि करना और नई अंतर्राष्ट्रीय व्यवस्था को बढ़ावा देना।

विदेश नीति के सन्दर्भ में प्रस्तुत उपरोक्त उद्देश्यों का अध्ययन करने से यह स्पष्ट हो जाता है कि भारत की विदेश नीति में मैत्रीपूर्ण सम्बन्ध, शांति एवं समानता के सिद्धांतों को सर्वाधिक महत्त्व दिया गया है। भारत ने सभी के साथ सहयोग एवं सद्भावना की नीति पर चलने का निश्चय किया है। इसी परिप्रेक्ष्य में भारत की विदेश नीति के प्रमुख निर्माता पंडित जवाहरलाल नेहरू ने भारत की विदेश नीति के तीन आधार स्तंभ बनाए—शांति, मित्रता और समानता। ये तीनों आधार स्तंभ आज भी मौजूद हैं।

भारतीय विदेश नीति के प्रमुख सिद्धांत

15 अगस्त 1947 को भारत ब्रिटिश साम्राज्य से स्वतंत्र हुआ था लेकिन अन्तरिम सरकार का गठन सितम्बर 1946 में ही कर दिया गया था। इसी समय से ही भारतीय विदेश नीति विकसित होने लगी। पं. नेहरू ने स्पष्ट कहा कि स्वतंत्र भारत अंतर्राष्ट्रीय क्षेत्र में एक स्वतंत्र नीति को अपनाएगा और किसी गुट में सम्मिलित नहीं होगा। भारत संसार के किसी भी भाग में उपनिवेशवाद और प्रजातीय विभेद का विरोध करेगा और विश्वशांति के समर्थक देशों के साथ सहयोग करेगा। पं. नेहरू ने अंतर्राष्ट्रीय सहयोग बढ़ाने बल दिया। स्वतंत्र भारत की विदेश नीति का विश्लेषण करने पर प्रमुख सिद्धांत दृष्टिगत होते है जो निम्नलिखित हैं—

1. विश्व शांति की दृष्टिकोण से विदेश नीति—भारत प्रारंभ से ही शांति का पक्षधर रहा है तथा इसकी विदेश नीति सदैव ही विश्वशांति की समर्थक रही है। भारत

ने प्रारंभ से ही ये महसूस किया है कि युद्ध और संघर्ष नवोदित भारत के आर्थिक और राजनीतिक विकास को बाधित करने वाला है। अगस्त 1954 में पणिक्कर ने कहा था—"भारत को इस बात की बड़ी चिंता है कि उसकी प्रगति को सामान्य रूप से मानव जाति की उन्नति को संकट में डालने वाला कोई युद्ध न हो।" 1956 में दुनिया में घटित घटनाओं के कारण भारत की आर्थिक स्थिति कमजोर हो गयी। ऐसी स्थिति में शान्ति की नीति अपनाते हुये तत्कालीन प्रधानमन्त्री पं. नेहरू ने कहा कि "हमारी पहली नीति तो यह होनी चाहिए कि हम ऐसी भीषण आपत्ति को घटित होने से रोकें, दूसरी नीति इससे बचने की होनी चाहिए और तीसरी नीति भी स्थिति बचाने की होनी चाहिए और यदि युद्ध छिड़ जाये तो हम उसे रोकने में समर्थ हो सकें। अतः अंतर्राष्ट्रीय विवादों के निपटारे के लिए भारत शांतिमय साधनों, द्विपक्षीय या त्रिपक्षीय वार्ताओं व समझौतों, मध्यस्थता, पंचनिर्णय या विवेचन आदि पर बल देता है। जैसे—भारत-पाकिस्तान के बीच नदियों के पानी को लेकर चल रहे विवाद का निपटारा 1960 में 'सिंधु-जल संधि' द्वारा हल किया गया। कच्छ के प्रश्न को लेकर जब 1965 में पाकिस्तान ने भारत पर हमला किया तो भारत ने समस्या के शांतिपूर्ण हल के लिए त्रिसदस्यीय ट्रिब्यूनल स्थापित करना स्वीकार कर लिया और ट्रिब्यूनल द्वारा दिये गये निर्णय को मान लिया। 1966 में ताशकंद समझौते में भी भारत ने पाकिस्तान को वे क्षेत्र लौटा दिये जो भारत की सुरक्षा के लिए आवश्यक थे। 1971 के युद्ध के बाद भी भारत ने पाकिस्तान के प्रति सद्भावना का पक्ष अपनाया और 1992 में शिमला में द्विपक्षीय वार्ताओं पर बल दिया। अप्रैल 1974 के त्रिपक्षीय समझौते द्वारा युद्धबंदियों को भी लौटा दिया, जिन पर बांग्लादेश अमानुषिक हत्याओं के मुकदमें चलाना चाहता था। यह शांतिपूर्ण सहजीवन की नीति का ही प्रतीक है कि भारत ने राष्ट्रीय हितों के बलिदान पर भी सितंबर 1977 के फरक्का समझौते द्वारा पानी की कमी वाले दिनों में बांग्लादेश को गंगा का अधिक पानी देना स्वीकार कर लिया।"

भारत का शान्तिप्रिय व्यवहार विश्व के सभी देशों के लिये एक समान रहा है। इसने अन्य पड़ोसी देशों के साथ भी विवादों का निपटारा शांतिमय साधनों से किया। श्रीलंका से चल रहे विवादों को शांतिमय तरीकों से हल किया गया। श्रीलंका में रहने वाले भारतीयों के सम्बन्ध में 1954, 1964 और 1974 में समझौते हुए। 1987 के राजीव-जयवर्द्धने समझौते के अंतर्गत भारतीय शांतिसेना को भारत ने श्रीलंका भेजा। बांग्लादेश के साथ भी सीमा सम्बन्धी मतभेदों का पारस्परिक समझौतों द्वारा हल किया गया। गंगा पानी के बंटवारे के लिए भारत और बांग्लादेश में 29 सितंबर 1977 को फरक्का समझौता हुआ। भारत और चीन के मध्य भी समय-समय पर विवाद होता रहा है। जिसमें भारत शान्ति की नीति अपनाई।

भारत की शान्तिप्रिय नीति ने उसे विश्व स्तर पर काफी सफलता दिलाई है। इसे शुरू से ही विश्वशांति के लिए तथा शस्त्रीकरण के लिए आवश्यक मानता रहता है। यही

कारण है कि जब 1963 में आणविक परीक्षण निषेध संधि हुई तो भारत वह पहला देश था जिसने अविलंब इस संधि पर हस्ताक्षर कर दिये। परंतु भारत ने 1968 की परमाणु अप्रसार संधि पर हस्ताक्षर करने से मना कर दिया क्योंकि अमेरिका इसके द्वारा विश्व में परमाणु शक्ति पर अपना एकाधिकार स्थापित करना चाहता है और छोटे और अल्पविकसित राष्ट्रों को अपनी दया पर निर्भर बनाना चाहता है। निःसंदेह 1974 एवं 1998 में भारत ने अणुशक्ति का परीक्षण किया, परंतु इसका प्रयोजन शांति की स्थापना था।

2. गुटनिरपेक्षता की नीति—भारत ने विश्व की राजनीति में हमेशा गुटनिरपेक्षता की नीति अपनाई है। इसे भारतीय विदेश नीति का सारतत्त्व कहा जाता है। गुटनिरपेक्षता गुटों की पूर्व उपस्थिति का संकेत देती है। जब भारत स्वाधीन हुआ तो उसने पाया कि विश्व की राजनीति दो विरोधी गुटों में विभाजित है। एक गुट का नेता संयुक्त राज्य अमेरिका और दूसरे का सोवियत संघ था। विश्व के अधिकांश राष्ट्र दो विरोधी खेमों में विभाजित हो गये और शीतयुद्ध आरंभ हो गया। शीतयुद्ध का क्षेत्र विस्तृत होने लगा और इसके साथ-साथ एक तीसरे महासमर की तैयारी होने लगी। स्वतंत्र भारत के लिए यह एक विकट समस्या थी कि इस स्थिति में वह क्या करे? ऐसी स्थिति में भारत या तो दोनों में से किसी एक का साथ पकड़ सकता था अथवा दोनों से पृथक् रह सकता था। भारत के नीति निर्धारक कहने लगे कि वे संसार के किसी भी गुट में शामिल नहीं होंगे। गुटबंदी में सम्मिलित होना भारत के लिए किसी भी दृष्टि से उचित नहीं होता। अंतर्राष्ट्रीय राजनीति के सभी सवालों पर वे गुटनिरपेक्षता की नीति का अवलम्बन करेंगे।

भारत के दोनों गुटों से पृथक् रहने की नीति को गुटनिरपेक्षता की नीति कहा जाता है।

इस नीति से भारत की किसी भी गुट में न शामिल होने की नीति स्पष्ट हो जाती है, किंतु अलग रहते हुए भी उनसे मैत्री सम्बन्ध बनाए रखने की चेष्टा करेगा और उनकी बिना शर्त सहायता से अपने विकास में तत्पर रहेगा। भारत की गुटनिरपेक्षता एक विधेयात्मक, सक्रिय और रचनात्मक नीति है। जिसका उद्देश्य दो विरोधी गुटों के मध्य सामंजस्य बनाना है। असंलग्नता की यह नीति सैनिक गुटों से अपने आपको दूर रखती है, किन्तु पड़ोसी व अन्य राष्ट्रों के बीच अन्य सब प्रकार के सहयोग को प्रोत्साहन देती है। यह गुटनिरपेक्षता की नीति सकारात्मकता की नीति पर ही जोर देती है।

गुटनिरपेक्षता ऐसी नीति है जो विश्व में स्वतंत्र नीति का गमन करती है और हर समस्या पर अपने विचार प्रकट करने और सोचने के लिए स्वतंत्र समझती है। यह किन्हीं पूर्वाग्रहों के आधार पर कार्य नहीं करती। यह समस्याओं पर वस्तुनिष्ठ दृष्टिकोण अपनाती है।

भारत की गुटनिपेक्षता का आसान अर्थ सिर्फ यह है कि इन दोनों शक्तिशाली गुटों द्वारा उत्पन्न समस्याओं में हम समान्यतया किसी का भी पक्ष लेना नहीं चाहते और अंतर्राष्ट्रीय विवादों से कोई सरोकार नहीं रखना चाहते।

3. दो देशों के मध्य समायोजन स्थापित करने की नीति—भारत ने प्रारंभ से ही दो विवादित देशों के बीच मध्यस्थ की भूमिका निभायी है। अपनी गुटनिरपेक्ष नीति के कारण भारत ने दोनों गुटों के मध्य सामंजस्य स्थापित करने की दिशा में एक कड़ी का काम किया है। दोनों गुटों के मुकाबले में भारत की आर्थिक स्थिति और सैनिक स्थिति काफी कमजोर रही है, किंतु गुटों में शक्ति संतुलन होने के कारण उन दोनों के बीच विभिन्न अंतर्राष्ट्रीय विवादों के समाधान में मध्यस्थता का कार्य करने की दृष्टि से भारत की स्थिति बहुत उपयुक्त रही है। अपनी इस स्थिति के कारण अब तक उसने कोरिया, हिन्द चीन, कांगों आदि समस्याओं के समाधान में महत्त्वपूर्ण भूमिका निभायी है और दोनों गुटों के मध्य विद्यमान दूरी को समाप्त कर विश्व में अशान्ति उत्पन्न होने की आशंका दूर की है।

4. मैत्री और सह-अस्तित्त्व की नीति—भारत सदा से विश्व में परस्पर विरोधी विचारधाराओं में सह-अस्तित्त्व की भावना उत्पन्न करने के लिये प्रयास करता आया है। यदि सह-अस्तित्त्व को स्वीकार नहीं किया जाता तो आणविक शस्त्रों से समूची दुनिया का ही विनाश हो जाएगा। इसी वजह से भारत ने अधिक से अधिक राष्ट्रों के साथ मैत्री संधियाँ और व्यावहारिक समझौते किए। इन संधियों में—भारत-नेपाल संधि, भारत-इराक मैत्री, भारत-जापान शांति संधि, भारत-मिस्र शांति संधि, भारत-सोवियत मैत्री संधि, भारत-बांग्लादेश मैत्री संधि उल्लेखनीय हैं। पं. नेहरू का कथन है कि, "विश्व में आज अलगाव के लिए कोई स्थान नहीं है। हम दूसरों से अलग रहकर जिन्दा नहीं रह सकते। हमें या तो सहयोग करना चाहिए या युद्ध। हम शांति चाहते हैं। अपना वश चलते हम दूसरे राष्ट्र के साथ लड़ाई नहीं चाहते" काफी महत्त्वपूर्ण था।

5. साधनों की पवित्रता की नीति—भारत नैतिक क्रियाओं को अपनाने पर बल दिया है। भारत साधनों की पवित्रता में विश्वास रखता है। भारत की विदेश नीति महात्मा गाँधी के इस मत से बहुत प्रभावित है न कि केवल उद्देश्य वरन् उसकी प्राप्ति के साधन भी पवित्र होने चाहिएँ। यद्यपि उनके सत्य और अहिंसा के साधनों को पूरी तरह नहीं स्वीकार किया जा सकता है, फिर भी भारत ने अहिंसा की राह पर चलते हुये विश्व स्तर की समस्याओं व विवादों को दूर करने पर बल दिया है। स्वयं भारतीय संविधान में कहा गया है—

(1) अंतर्राष्ट्रीय शांति और सुरक्षा कार्य रखने का प्रयास करना।

(2) राष्ट्रों के बीच न्यायपूर्ण और सम्मानपूर्ण सम्बन्धों को बनाए रखना।

(3) संगठित लोगों के, एक दूसरे से व्यवहारों में अंतर्राष्ट्रीय विधि और संधि के बंधनों के प्रति आदर बढ़ाना।

(4) अंतर्राष्ट्रीय विवादों की मध्यस्थता द्वारा निपटाने का प्रयास करेगा।

अगर इनमें भारत का विश्वास न होता तो 1965 का 'ताशकंद समझौता' एवं 1972 का 'शिमला समझौता' कभी नहीं होता। भारत ने न केवल पाकिस्तान के युद्धबंदी ही लौटा दिये अपितु युद्ध में जीती हुई भूमि भी लौटा दी। भारत हथियारों का प्रयोग केवल आत्मरक्षा में ही करना उपयुक्त मानता है। भारत की यही धारणा रही है कि साध्य को अच्छा बनाने के लिये सर्वप्रथम साधन को अच्छा बनाना चाहिए।

6. साम्राज्यवाद और प्रजातीय विभेद का विरोध—भारत साम्राज्यवाद का प्रमुख विरोधी है क्योंकि वह इसका शिकार हो चुका है। प्रजातीय विभेद के कारण भी अंतर्राष्ट्रीय वातावरण दूषित होता है और जो युद्ध के कारण उत्पन्न होते हैं। अतएव भारत इन दोनों का विरोध करता रहा है, 'इसी वजह से विश्व में जहाँ कहीं भी राष्ट्रवादी आन्दोलन विदेशी दासता से मुक्ति पाने के लिए हुए, भारत ने खुलकर उनका समर्थन किया। द्वितीय विश्वयुद्ध के पश्चात् हॉलैण्ड ने इण्डोनेशिया पर अधिकार करने का प्रयत्न किया जिसका भारत ने घोर विरोध किया। इसके लिए उसने एशियाई देशों को संगठित किया और संयुक्त राष्ट्रसंघ में इस मामले को प्रस्तुत किया। 1956 में इंग्लैण्ड और फ्रांस ने स्वेज नहर पर कब्जा करने के लिए मिस्र पर हमला कर दिया। भारत ने इसका भी विरोध किया। इसी प्रकार भारत ने लीबिया, ट्यूनीशिया, मोरक्को, मलाया, अल्जीरिया आदि देशों के स्वतंत्रता संग्राम का पूरा समर्थन किया। पश्चिमी एशिया में भारत ने डॉलर साम्राज्यवाद का सर्वदा विरोध किया और अरब राष्ट्रों का साथ दिया। भारत फिलीस्तीन की जनता को अपने अधिकार दिलाने के लिए सर्वदा प्रयत्नशील रहा है। हिन्द चीन (वियतनाम, कंपूचिया, लाओस) में अमेरिकी हस्तक्षेप का भारत ने सर्वदा विरोध किया है। बांग्लादेश को पाकिस्तान की अत्याचारी नीति से मुक्ति भारत ने ही दिलायी, जिससे बांग्लादेश स्वतंत्र राष्ट्र बना। भारत संयुक्त राष्ट्र संघ में उपनिवेशवाद के खिलाफ आवाज उठाता रहा है। संयुक्त राष्ट्र संघ की न्यास परिषद् में भी भारत ने सक्रिय भूमिका निभाई और इस बात पर बल दिया कि स्वशासन न करने वाले प्रदेशों का शासन चार्टर के सिद्धांतों के अनुरूप किया जाना चाहिए। दक्षिण अफ्रीका और रोडेशिया की गोरी सरकार काली चमड़ी वाले लोगों पर प्रजाति के आधार पर अत्याचार करती थी। भारत ने पूरी ताकत के साथ इसका जमकर विरोध किया। संयुक्त राष्ट्र संघ में भारत बराबर यह प्रश्न उठाता रहा है। भारत की प्रजाति विभेद के प्रति विरोध का अनुमान इस बात से भी लगाया जा सकता है कि इस सन्दर्भ में उसने दक्षिणी अफ्रीका के साथ अपने सम्बन्ध भी विच्छेद कर लिए।

7. पंचशील सिद्धांतो पर बल देने वाली नीति—भारत हमेशा से अहिंसा का पुजारी रहा है और इन बातों को 'पंचशील' के पाँच सिद्धांतों का प्रतिपादन कर भारत ने सत्य सिद्ध कर दिया है। 1954 ई. के बाद से भारत की विदेश नीति को 'पंचशील' के सिद्धांतों ने एक नई दिशा दी। 'पंचशील' से तात्पर्य है—आचरण के पाँच सिद्धान्त। जिस प्रकार बौद्ध धर्म में ये व्रत एक व्यक्ति के लिए होता है उसी प्रकार आधुनिक पंचशील के सिद्धान्तों के द्वारा राष्ट्रों के लिए एक दूसरे के साथ आचरण के सम्बन्ध में निश्चित किये गए। इन सिद्धान्तों के नाम निम्न प्रकार दिये गये हैं—अनाक्रमण की नीति, एक-दूसरे की प्रादेशिक अखण्डता और सर्वोच्च सत्ता के लिए पारंपरिक सम्मान की भावना, समानता एवं पारस्परिक लाभ, एक दूसरे के आंतरिक मामलों में अहस्तक्षेप और शांतिपूर्ण सह-अस्तित्त्व।

यदि विश्व स्तर पर देखा जाय तो पंचशील के इन सिद्धांतों को सर्वप्रथम 29 अप्रैल 1954 को तिब्बत के सम्बन्ध में भारत और चीन के बीच हुए एक समझौते में प्रतिपादित किया गया था। 28 जून 1954 को चीन के प्रधानमंत्री चाऊ-एन-लाई तथा भारत के प्रधानमंत्री नेहरू ने 'पंचशील' में अपने विश्वास की पुनरावृत्ति की। एशिया के प्रायः सभी देशों ने 'पंचशील' के सिद्धांतों को अपनाया। अप्रैल 1955 में "बाण्डुग सम्मेलन" में 'पंचशील' के सिद्धांतों को पुनः विस्तृत रूप दिया गया। "बाण्डुग सम्मेलन" के बाद विश्व के अधिसंख्य राष्ट्रों ने 'पंचशील' सिद्धांत को मान्यता दी। सन् 1955 में ऑस्ट्रिया, सोवियत संघ, पोलैण्ड, संयुक्त राज्य अमेरिका और आस्ट्रेलिया ने भी पंचशील को मान्यता दी। 14 दिसंबर 1959 को 82 राष्ट्रों की संयुक्त राष्ट्र महासभा ने भारत द्वारा प्रस्तुत किए गये 'पंचशील' के प्रस्ताव को स्वीकार कर लिया। इस प्रकार 'पंचशील' के प्रति सभी देशों में विश्वास जगा और यह विश्व स्तर पर स्वीकृति कर ली गयी। 'पंचशील' के सिद्धांत अंतर्राष्ट्रीय सम्बन्धों के लिए निःसंदेह आदर्श भूमिका का निर्माण करते हैं। 'पंचशील' के सिद्धांत आपसी विश्वासों के सिद्धांत हैं। पं. नेहरू ने स्पष्ट कहा था कि "यदि इन सिद्धान्तों को सभी देश मान्यता दें तो आधुनिक विश्व की अनेक समस्याओं का निदान हो जायेगा। 'पंचशील' के सिद्धांत आदर्श हैं जिन्हें यथार्थ जीवन में उतारा जाना चाहिए। इनसे हमें नैतिक शक्ति मिलती है जो न्याय व आक्रमण का प्रतिकार करने में सहायक है।

8. एशियाई-अफ्रीकी—भारत अपनी विदेश नीति में साम्राज्यवाद से मुक्त देशों की स्वतन्त्रता को कायम रखने पर बल दिया है। उसकी यह इच्छा भी रही है कि ये देश पारस्परिक सहयोग द्वारा अपना आर्थिक और तकनीकी विकास करें। एशियाई-अफ्रीकी एकता को ठोस रूप देने के लिए भारत द्वारा मार्च 1947 में दिल्ली में एक एशियाई सम्मेलन बुलाया गया। दूसरा सम्मेलन इण्डोनेशिया के नगर बाण्डुग में अफ्रोशियाई राष्ट्रों ने भाग

लिया जिसमें उपनिवेशवाद का विरोध किया गया, पंचशील के सिद्धान्तों में आस्था व्यक्त करते हुए उनका विस्तार किया गया और एक दूसरे के साथ सहयोग के वचन दिये। भारत की पहल के कारण संयुक्त राष्ट्र संघ में एशियाई-अफ्रीकी एकता की स्थिति मजबूत हुई और यह स्पष्ट हुआ कि अंतर्राष्ट्रीय संगठन को शक्तिशाली देश अपने नियन्त्रण में नहीं कर सकते।

9. संयुक्त राष्ट्र संघ को समर्थित नीति—संयुक्त राष्ट्र संघ की स्थापना के समय से ही भारत इसका सदस्य है। भारत संयुक्त राष्ट्र संघ को विश्व शांति स्थापित करने वाला एक देश मानता है। भारत के लिए संघ राष्ट्रीय हितों की पूर्ति का एक प्रमुख प्रभावशाली एवं उचित मार्ग है। भारत ने संयुक्त राष्ट्र संघ के विभिन्न अंगों और विशेष अभिकरणों में सक्रिय रूप से भाग लेकर महत्त्वपूर्ण कार्य किये हैं। संयुक्त राष्ट्र के नियमों का भारत ने हमेशा पालन किया है। कोरिया और हिन्द चीन में शांति स्थापित करने के लिए भारत ने संघ की मदद की। भारत ने संयुक्त राष्ट्र के आह्वान पर अपनी सेना कांगों भेजकर शांति स्थापना की। भारत ने 1968 में 'अंकटाड' का द्वितीय सम्मेलन बुलाया जो संयुक्त राष्ट्र संघ के प्रति उसकी निष्ठा को दर्शाता है। भारत के बी.एन. राव ने अंतर्राष्ट्रीय न्यायालय में न्यायाधीश के रूप में कार्य किया और डॉ. राधाकृष्णन यूनेस्को के सर्वोच्च पद पर रहे। महासभा का सभापतित्त्व भारत के विजयलक्ष्मी पंडित संभाल चुकी हैं। भारत ने क्रोशिया और बोस्निया हर्जेगोविना में हुए संघर्षों का अंत कराने के उद्देश्य से सुरक्षा परिषद् के प्रस्तावों का पूरी तरह से समर्थन किया। यूगोस्लाविया में भारतीय ले. जनरल सतीश नाम्बियार के नेतृत्व में संयुक्त राष्ट्र ऑपरेशन हुआ जिसकी दुनियाभर में तारीफ हुई। भारत ने सोमालिया को मानवीय सहायता तत्काल भेजने में संयुक्त राष्ट्र की शांति स्थापना की कार्यवाही में मदद की थी। पंडित नेहरू ने स्वीकार किया था कि "हम संयुक्त राष्ट्रसंघ के बिना आधुनिक विश्व की कल्पना नहीं कर सकते।" वर्तमान समय में भी संयुक्त राष्ट्र संघ में भारत का अटूट विश्वास है और उसकी यह नीति है कि दुनिया के अंतर्राष्ट्रीय विवादों को सुलझाने में विश्व संस्था का अधिकाधिक प्रयोग किया जाये, आज भी विद्यमान है।

तटस्थ विदेश नीति

युद्धोत्तर विश्व-राजनीति—युद्धोत्तर काल के समय पूरा विश्व दो गुटों में विभाजित था। एक गुट का नेता संयुक्त राज्य अमेरिका और दूसरे का सोवियत संघ था। द्वितीय विश्वयुद्ध की समाप्ति के बाद दोनों गुटों में शीत युद्ध शुरू हो गया। इसी शीत-युद्ध ने अन्तर्राष्ट्रीय राजनीति को बुरी तरह प्रभावित किया। यूरोप और एशिया के अधिकांश राष्ट्र इस गुटबन्दी में फँस गये और वे खुले तौर पर एक दूसरे का सहयोग करने लगे।

शीत-युद्ध के साथ ही तृतीय विश्वयुद्ध की तैयारी शुरू हो गई। एक-से-एक भयानक शस्त्र बनने लगे। सैनिक संगठनों का निर्माण हुआ। कुछ ही दिनों में इन दोनों गुटों के मध्य युद्ध होना अनिवार्य प्रतीत होने लगा।

"भारत तटस्थ रहेगा"—भारत जब स्वतंत्र हुआ तो उस समय दुनिया की स्थिति काफी खराब थी और भारत के सामने इस परिस्थिति का मुकाबला करने की समस्या आ खड़ी हुई। स्वतन्त्र भारत के लिए यह एक विकट समस्या थी कि इस स्थिति में वह क्या करे। ऐसी परिस्थिति में भारत के समक्ष दो रास्ते थे—या तो किसी एक गुट के साथ मिलकर संसार के संघर्ष क्षेत्र को और व्यापक करने में अपना योग दे या गुटबन्दियों से अलग रहकर दो विरोधी गुटों में मेल-मिलाप करने का प्रयत्न करे। इसलिए आरंभ से ही भारत के नीति-निर्धारक कहने लगे कि वे संसार के किसी भी गुट में सम्मिलित नहीं होंगे। अन्तर्राष्ट्रीय राजनीति के सभी प्रश्नों पर वे तटस्थता की नीति का अवलम्बन करेंगे और उनकी वास्तविकता पर ध्यान रखते हुए स्वतन्त्र रूप से काम करेंगे।

भारत के लिए तत्कालीन परिस्थिति में यह नीति बहुत जटिल थी। जैसे-जैसे दोनों गुटों का मतभेद गहरा होता गया वैसे-वैसे उनके द्वारा यह प्रयास होने लगा कि किसी भी तरह संसार के उन राष्ट्रों को, जो अपने को तटस्थ कहते हैं, अपने गुट में शामिल कर लिया जाय और इसके लिए उनके द्वारा (विशेषकर अमेरिकी गुट द्वारा) कूटनीतिक धमकियाँ देना, आर्थिक सहायता देने से मना करना और अन्य तरीकों से दबाव डालने का कार्य शुरू हुआ। लेकिन भारत पर ये सभी प्रयास बेअसर हुए। जब अमेरिका द्वारा इस प्रकार का दबाव असहाय हो गया तो 4 दिसम्बर, 1947 में भारतीय संविधान परिषद् में बोलते हुए पं. नेहरू ने कहा—"हम लोगों ने दोनों में किसी भी गुट में शामिल न होकर गुटबन्दियों से अलग रहने का प्रयास किया है, लेकिन पंडित नेहरू ने बिल्कुल स्पष्ट कर दिया कि चाहे इसका परिणाम जो भी हो वे अपनी तटस्थ और स्वतन्त्र नीति का त्याग नहीं कर सकते हैं, क्योंकि भारत का हित इसी नीति का अवलम्बन करने में है।

इस नीति के मूल में निम्नलिखित तीन बातें प्रमुख थीं—

(i) वर्षों के साम्राज्यवादी शोषण के पश्चात् भारत आजाद हुआ था और उसके सामने सबसे महत्त्वपूर्ण सवाल देश के आर्थिक पुनर्निर्माण का था। यह कार्य शान्ति के वातावरण में ही हो सकता था, अतएव भारत के लिए तटस्थता की नीति का अवलम्बन अनिवार्य था

(ii) गौरवपूर्ण भारतीय राष्ट्रीयता और प्रत्येक क्षेत्र में पूर्ण स्वतन्त्र रहने की उत्कृट अभिलाषा तटस्थ और स्वतन्त्र विदेश-नीति के अवलम्बन में दूसरा प्रेरक तत्त्व था।

(iii) भारत के लिये स्वतन्त्रता से बढ़कर बहुमूल्य कोई अन्य चीज न थी। अन्तर्राष्ट्रीय क्षेत्र में किसी गुट में सम्मिलित होने से इसकी स्वतन्त्रता को खतरा था। भारत

यह अनुभव करता था कि विश्व-राजनीति में बिल्कुल स्वतन्त्र रूप से भाग लेने का उसे पूर्ण अधिकार है। अर्थात् अन्तर्राष्ट्रीय क्षेत्र में भारत अपना कोई निर्णय इसलिए नहीं ले सकता कि यह गुट अथवा वह गुट ऐसा चाहता है, उसके निर्णयों का आधार वही होगा जिसे वह ठीक समझता है और वह उसके राष्ट्रीय हित में है। यदि भारत किसी गुट में शामिल हो जाता तो उसकी वह स्वतन्त्रता खत्म हो जाती।

भारतीय संसद में जब किसी सदस्य ने यह सुझाव पेश किया कि भारत को अपनी असंलग्नता की नीति का परित्याग कर देना चाहिए तो पंडित नेहरू ने इसका उत्तर इस प्रकार दिया—"किसी गुट में सम्मिलित होने का अर्थ क्या है? इसका केवल एक ही अर्थ है—किसी एक विशेष प्रश्न पर आप अपने विचार का परित्याग कर दें और दूसरे को खुश करने तथा उसकी सहमति प्राप्त करने के लिए उसके विचारों को स्वीकार कर लें।" भारत के लिए ऐसी स्थिति असहाय थी। वह अन्तर्राष्ट्रीय क्षेत्र में पूर्ण स्वतन्त्र रहना चाहता था जो किसी गुट में शामिल होने के बाद सम्भव नहीं था।

भारत किसी गुट में इसलिए भी शामिल नहीं हुआ क्योंकि अगर वह स्वतन्त्र विदेश-नीति का अवलम्बन करते हुए सभी अन्तर्राष्ट्रीय प्रश्नों पर निष्पक्ष रूप से अपना निर्णय लेगा तो दोनों गुट उसके विचारों का आदर करेंगे और अन्तर्राष्ट्रीय तनाव में कमी होगी तथा भारत की दुनिया में प्रतिष्ठा बढ़ेगी। यदि विश्व-राजनीति में कभी गतिरोध उत्पन्न हो जाय तो उसको दूर करने के लिए कुछ ऐसे राष्ट्रों की आवश्यकता होगी जो कोई रास्ता निकाल सके। गुटों में शामिल देशों के लिये यह सब एक मुश्किल कार्य था क्योंकि उनकी तरफ से कोई मान्य प्रस्ताव भी आएगा तो विरोधी गुट उसको शक की निगाहों से देखेगा और अन्ततः उसको नामंजूर कर देगा। अन्तर्राष्ट्रीय गतिरोध को मिटाने तथा इस तरह विश्व-शान्ति का पथ प्रशस्त करने के उद्देश्य से भी भारत ने असंलग्नता की नीति को स्वीकार किया। बाद की अन्तर्राष्ट्रीय घटनाओं ने इस अनुमान को बहुत हद तक सही साबित किया है। युद्धोत्तर काल में भारत ने अनेक अन्तर्राष्ट्रीय विवादों को दूर करने में महत्त्वपूर्ण भूमिका निभाई है।

भारत की परिस्थिति भी असंलग्नता की नीति के पूर्ण अनुकूल थी। सन् 1947 में एशिया की स्थिति यूरोप से बहुत अलग थी। यूरोप में राष्ट्रों के बीच कटुता और मनमुटाव की एक लम्बी परम्परा थी जिससे यूरोप के राष्ट्र अन्तर्राष्ट्रीय क्षेत्र में तटस्थ नीति का अनुसरण नहीं कर पाते थे। लेकिन एशिया के देशों में ऐसी बात नहीं थी। स्वतन्त्र राष्ट्र के रूप में जब भारत का उदय हुआ तो उस समय दुनिया के किसी भी देश के साथ उसकी शत्रुता न थी और न ही दुनिया के किसी भाग में उसका अन्यायपूर्ण स्वार्थ ही था। इस पृष्ठाधार में वह संसार के प्रत्येक देश का मित्र बन सकता था और विश्व-शान्ति की मंजिल तक पहुँचने में सबके साथ सहयोग कर सकता था।

असंलग्नता का आशय—भारत ने जब यह निर्णय किया कि विश्व के किसी भी

गुट में शामिल नहीं होगा तो इस निर्णय पर काफी विवाद हुआ, इस विवाद का एक कारण यह है कि कभी-कभी स्वयं इसके निर्धारक भी इसकी व्याख्या स्पष्ट शब्दों में नहीं कर पाते। इस नीति को तटस्थ विदेश-नीति, स्वतन्त्र विदेश-नीति, गुटबन्दियों से पृथक् रहने की नीति, शांति-नीति, असंलग्नता की नीति आदि नामों से पुकारा जाता है। इस प्रकार के विविध नामकरणों से इसके सम्बन्ध में भ्रम की स्थिति बहुत विस्तृत हो गई है। भारतीय विदेश-नीति की तटस्थता उचित नहीं है, क्योंकि तटस्थता एक निषेधात्मक विचार है। वह किसी पक्ष में शामिल नहीं होती तथा वह पूर्णरूप से पार्थक्यवादी होती है। पंडित नेहरू ने असंलग्नता के बारे में कहा था, "यह कदापि नहीं है कि वह संसार की राजनीति से अपने-आप को अलग रखे और न इसका अर्थ कोई शांतिवाद से है क्योंकि प्रत्येक राष्ट्र को युद्ध की सम्भावना को ध्यान में रखकर काम करना पड़ता है। भारत की नीति सकारात्मक एवं गतिशील है। वह दोनों गुटों से अलग रहकर दोनों के साथ एक समान व्यवहार चाहती है। वह इन दोनों गुटों में किसी के साथ किसी तरह की संधियाँ करके खुद को उलझाना नहीं चाहता। परन्तु आवश्यकता पड़ने पर भारत की नीति चुपचाप बैठकर तमाशा देखने वाली नहीं है। शान्ति और सुरक्षा को देखते हुए भारत किसी भी गुट का समर्थन कर सकता है। लेकिन भारत उन शक्तियों से अपने को दूर रखता है, जिनकी नीति से शांति और सुरक्षा को खतरे में पड़ने की सम्भावना है। पंडित नेहरू संयुक्त राज्य अमेरिका की सीनेट में बोलते हुए कहा—"जहाँ स्वतन्त्रता के लिए खतरा उपस्थित हो, न्याय को धमकी दी जाती हो, अथवा जहाँ आक्रमण होता है वहाँ न तो हम तटस्थ रह सकते हैं और न तटस्थ रहेंगे।"

असंलग्नता की नीति का प्रयोग—भारत द्वारा असंलग्नता की नीति के प्रयोग के तीन वर्गों में रखकर समझा जा सकता है—(i) 1947 से 1950 तक, कोरिया-युद्ध से द्वितीय भारतीय निर्वाचन 1957 तक तथा (ii) कोरिया-युद्ध 1957 से 1962 के भारत-चीन युद्ध तथा 1962 से आज तक। इन सभी वर्गों में घटी घटनाओं पर विस्तृत रूप में निम्न प्रकार से प्रकाश डाला गया है—

1947 से 1950 का काल—स्वाधीनता के बाद भारत की नीति अमेरिकी या पश्चिमी गुट की ओर थोड़ी झुकी हुई थी, अर्थात् अन्तर्राष्ट्रीय मामलों में वह पश्चिमी गुट का अपेक्षाकृत अधिक पक्ष कई कारणों से लेती थी। सर्वप्रथम, सुरक्षा के मामले में हम पश्चिमी गुटों पर पूरी तरह आश्रित थे। भारतीय सेना का संगठन ब्रिटिश पद्धति के आधार पर हुआ था और इसलिए हम ब्रिटेन के साथ इस मामले में पूरी तरह सम्बद्ध थे। इसके अतिरिक्त भारत की समुद्र तटीय सीमा की रक्षा के लिए भी हम ब्रिटेन पर ही निर्भर थे। द्वितीय, भारत के शिक्षित वर्ग पर पश्चिमी देशों का अत्यधिक प्रभाव था। हमारी शिक्षा-पद्धति पश्चिमी ढाँचे पर बनी थी। इस पद्धति में शिक्षित लोगों की सहानुभूति स्वभावतः ब्रिटेन और पश्चिमी गुट के साथ थी। लेकिन सबसे प्रमुख कारण आर्थिक था।

पहले से ही हमारा व्यापारिक सम्बन्ध केवल पश्चिमी देशों से था। स्वतन्त्रता-प्राप्ति के पश्चात् हम आर्थिक दृष्टि से पश्चिमी गुट पर और अधिक आश्रित हो गये। आर्थिक पुनर्निर्माण के लिए भारत को विदेशी सहायता की आवश्यकता थी। यह सहायता मुख्यतः ब्रिटेन और संयुक्त राज्य अमेरिका से प्राप्त हो सकती थी। उस समय सोवियत संघ आर्थिक और सैनिक दृष्टिकोण से स्वयं एक शक्तिहीन राज्य था। इस सब परिस्थितियों को देखते हुये भारत की असंलग्नता की नीति पर पक्षपात का दाग लग गया क्योंकि इसका झुकाव पश्चिमी देशों की तरफ ज्यादा हो गया था।

भारतीय असंलग्नता की नीति को निष्पक्ष न होने का प्रमुख उदाहरण पूर्वी जर्मनी के प्रति भारतीय नीति है। विभाजित जर्मनी में एक को (पश्चिमी जर्मनी) जो पश्चिमी गुट से सम्बन्ध था उसको कूटनीतिक मान्यता प्रदान करना और दूसरे (पूर्वी जर्मनी) को तर्कसंगत नहीं प्रतीत होता है। पूर्वी जर्मनी को यह कहकर भारत ने मान्यता नहीं दी कि ऐसा करना जर्मनी के विभाजन को स्वीकार कर लेना होगा, जबकि भारत ऐसा नहीं चाहता था।

कोरिया युद्ध शुरू होने के पश्चात् भारत ने जो रुख अपनाया उसे इस उदाहरण द्वारा समझा जा सकता है। कोरिया युद्ध संयुक्त राज्य अमेरिका और अन्य पश्चिमी देशों की तरह भारत ने भी उत्तरी कोरिया को आक्रामक घोषित किया था, यद्यपि पश्चिमी देशों ने आज तक अपने कथन के समर्थन में विश्वसनीय प्रमाण प्रस्तुत नहीं किये हैं। यह बहुत सम्भव है कि दक्षिण कोरिया ने ही उत्तर कोरिया पर आक्रमण किया हो, क्योंकि **श्री करुणाकर** गुप्त ने भी कुछ इसी प्रकार का संकेत दिया है–''भारत का निर्णय श्री कोन्डापी की रिपोर्ट पर आधारित था और यह रिपोर्ट उसके व्यक्तिगत विचारों से अत्यधिक प्रभावित थी।'' इस तरह अन्य कई अन्तर्राष्ट्रीय घटनाओं में भी भारत पश्चिमी देशों के साथ सम्बद्ध रहा।

1950 से 1957 का समय–सन् 1950 के बाद भारत ने कुछ विशेष कारणों से सोवियत संघ के प्रति अपने रुख में परिवर्तन किया। 1953 में स्टालिन की मृत्यु के पश्चात् सोवियत व्यवस्था में कई उदार तत्त्वों का समावेश हुआ। इसके पहले सामरिक दृष्टिकोण से भी सोवियत संघ कुछ शक्तिशाली हुआ। इस समय तक अणु बम का निर्माण सोवियत संघ में हो चुका था। स्टालिन के मरने के बाद सोवियत नीति में परिवर्तन आया। इस प्रकार जहाँ एक ओर अनेक कारणों से सोवियत संघ और भारत का सम्बन्ध बढ़ रहा था, वहीं दूसरी ओर अमेरिका के साथ भारत के सम्बन्ध में कटुता आने लगी थी। इसका एक कारण था। सन् 1954 में अमेरिका और पाकिस्तान के बीच सैनिक संधि। अमेरिका ने भारतीय विरोध को नजरअंदाज कर पाकिस्तान को अस्त्र-शस्त्र दिया जिसकी भारत में तीव्र आलोचना हुआ। इसी तरह की प्रतिक्रिया गोवा की समस्या के प्रति अमेरिकी रवैये को लेकर हुई। विदेश सचिव जॉन फास्टर डलेस ने सार्वजनिक तौर पर गोवा में पुर्तगाल का

समर्थन किया। एक ओर अमेरिका का ऐसा रुख होता गया और दूसरी तरफ भारत को सोवियत संघ से मदद मिलता रहा। दो देशों के बीच इस बढ़ती हुई मित्रता को पं. नेहरू और ख्रुश्चेव के भ्रमणों ने और भी मजबूत बनाया। भारतीय विदेश नीति के इस काल के उत्तरार्द्ध (1955) पं. नेहरू ने रूस की यात्रा की और उसी वर्ष ख्रुश्चेव भारत आये।

भारत और सोवियत संघ के सम्बन्ध मजबूत हो गये जिससे रूस ने भारत को आर्थिक सहयोग देना शुरू कर दिया। सोवियत संघ के सहयोग से भिलाई में इस्पात का एक कारखाना स्थापित हुआ। यह काल दो महत्त्वपूर्ण अन्तर्राष्ट्रीय घटनाओं के लिए भी प्रसिद्ध है। स्वेज नहर के राष्ट्रीयकरण को लेकर मिस्र पर ब्रिटेन और फ्रांस आक्रमणकारियों को हटाने के लिए भारत ने सोवियत संघ के साथ सहयोग किया। शुरुआत में हंगरी समस्या पर भारत की नीति भी सोवियत संघ समर्थक थी।

1957 से 1962 तक—सन् 1959 में द्वितीय निर्वाचन के बाद भारत की नीति दुबारा सोवियत संघ से दूर हटकर पश्चिमी गुट की ओर अधिक झुक गई। इसके कई कारण थे। सर्वप्रथम, चुनाव ने यह प्रकट कर दिया कि भारत में कम्युनिस्टों का प्रभाव अधिक हो रहा है। भारत के एक राज्य केरल में इस पार्टी की सरकार भी बनी। इसका भी मुख्य कारण था 1957 का आर्थिक संकट, देश में खाद्यान्न और विदेशी मुद्रा की कमी तथा द्वितीय पंचवर्षीय योजना में मूल्यों का बढ़ना। नेहरू के मंत्रिमंडल में अमेरिकी सहानुभूति रखने वाले अधिक सदस्य आ गये थे। इसी प्रकार के कुछ और भी कारण थे जो नेहरू जी को संयुक्त राज्य अमेरिका जाने के लिये मजबूर कर दिया जिससे भारतीय नीति में बदलाव होने लगा। इस परिवर्तन का प्रथम सबूत हंगरी की समस्या पर भारतीय रुख का बदलना था। शुरू में भारत ने इस मामले में सोवियत संघ का समर्थन किया, लेकिन बाद में भारत सोवियत संघ का विरोध करने लगा। इसके अतिरिक्त, पश्चिमी राष्ट्रों के साथ मेल बढ़ाने का एक अन्य परिणाम यह हुआ कि भारत उसके साम्राज्यवादी गुनाहों को स्वीकार करता चले। इसलिए पश्चिमी एशिया और पूर्वी एशिया में अब भारत पश्चिमी साम्राज्यवाद का विरोध बन्द जबान से करने लगा। वियतनाम संकट के सम्बन्ध में भी भारत तटस्थ नीति नहीं अपना सका।

भारत-चीन युद्ध और असंलग्नता की नीति की अग्निपरीक्षा—सन् 1962 में चीन ने भारत पर आक्रमण कर दिया। ऐसी स्थिति में भारत की असंलग्ता की नीति खतरे में पड़ गयी। चीन और भारत के बीच युद्ध शुरू होने पर देश के कई क्षेत्रों से इस बात की माँग होने लगी कि असंलग्नता की नीति पूर्णतया असफल हो चुकी है और देश के हित में इसका शीघ्र परित्याग होना चाहिये। इस तरह की माँग स्वतन्त्र पार्टी, जनसंघ और इससे सम्बन्धित प्रतिक्रियावादी दलों द्वारा ही नहीं हुई, वरन् कुछ जिम्मेवार एवं निष्पक्ष नागरिकों ने भी की। परन्तु अक्टूबर, 1962 को रेडियो से देश के नाम सन्देश देते हुए पं. जवाहरलाल नेहरू ने स्पष्ट कर दिया कि भारत अपनी असंलग्नता की नीति का

अनुसरण करता रहेगा। इसके बाद चीन का आक्रमण जारी रहा तथा नेफा में भारत को हार का सामना करना पड़ा। युद्ध की स्थिति अत्यन्त गम्भीर हो गयी और भारत की सुरक्षा खतरे में पड़ गयी। इस स्थिति में भारत सरकार ने पश्चिमी राष्ट्रों से सैनिक सहायता की अपील की। अमेरिका और ब्रिटेन ने भारत को सहायता देने का निर्णय किया और इन देशों से बहुत बड़ी मात्रा में शस्त्रास्त्र भारत भेजे गये। इस अवसर पर असंलग्नता की नीति के विरोधियों को एक मौका और मिला। लोग दुनिया को दो विरोधी गुटों में बंटा हुआ मानने लगे और भारत ने साम्यवादी गुट के एक प्रमुख सदस्य चीन के साथ युद्ध की स्थिति में उसका मुकाबला करने के लिये उसने उसके विरोधी अमेरिकी गुट से सैनिक सहायता ली है। इस स्थिति में असंलग्नता की नीति कहाँ रही? भारत को अब अपनी स्थिति का पुनर्निर्धारण कर लेना चाहिये। चीनी आक्रमण से उत्पन्न स्थिति में न तो यह असंलग्नता नीति का अवलम्बन कर सकता है और न अमेरिकी सहायता स्वीकार करने के बाद इसका दावा ही कर सकता है। इस तरह असंलग्नता की नीति पर तत्कालीन प्रधान मन्त्री पं. जवाहर लाल नेहरू चीनी हमले से काफी दुखी हुए। 25 अक्टूबर, 1962 को बोलते हुए उन्होंने कहा कि "चीन के आक्रमण से हमारी आँखें एकाएक खुल गयी हैं; अभी भारत वास्तविक तथ्य की ओर नहीं देख रहा था और अपने ही द्वारा निर्मित एक कृत्रिम वातावरण में रह रहा था।" इस वक्तव्य के बाद यह सन्देह किया जाने लगा कि प्रधान मंत्री ने असंलग्नता की नीति की असफलता की ओर संकेत किया है और शायद भारत नयी परिस्थिति में इस नीति का परित्याग कर दे। घाना, संयुक्त अरब गणराज्य, श्रीलंका आदि तटस्थ राज्यों से यही उम्मीद की जा रही थी कि वे इस विवाद में अपने साथी असंलग्न देश भारत का समर्थन करेंगे परन्तु ऐसा कुछ भी नहीं हुआ, वे सिर्फ मध्यस्थ बनकर ही रह गये। जो भारत के लिये अनुकूल नहीं था। ऐसा प्रतीत हुआ कि असंलग्नता की नीति बिल्कुल खोखली है और इससे राष्ट्र का हित सधने वाला नहीं है, लेकिन प्रधान मंत्री पण्डित नेहरू को अपने दर्शन और अपनी इस नीति में अटूट विश्वास था। वे अपने इस विश्वास से कभी नहीं डिगे और बराबर कहते रहे कि असंलग्नता की नीति ही देश के लिए सर्वोत्तम है। प्रधान मंत्री ने अपना इरादा अस्पष्ट कर दिया कि वे इस नीति को किसी भी कीमत पर नहीं छोड़ेंगे। यद्यपि उनका कहना था कि भारत के हक में यह नीति सर्वोत्तम है और वे इसी पर चलेंगे। 1962 से निरन्तर असंलग्नता की नीति की परीक्षा हो रही है। समय ही बतलायेगा कि यह नीति कहाँ तक सफल रही और कब तक कायम रहेगी। लेकिन असंलग्नता के विरोधियों को यह कह देना अनुचित नहीं होगा। पहली बात तो यह है कि इस नीति का परित्याग करके जिस गुट में वे भारत को शामिल करना चाहते थे उसके विदेश सचिव डीन रस्क ने स्वयं ही कहा था कि वर्तमान परिस्थिति में असंलग्नता की नीति भारत के लिए सर्वोत्तम है। ब्रिटिश प्रधानमन्त्री मैकमिलन ने भी भारत की असंलग्नता की नीति को उचित ठहराया। दूसरी बात यह है कि असंलग्नता की नीति को छोड़ कर अमेरिकी

गुट में शामिल हो जाने के फलस्वरूप भारत-चीन सीमा संघर्ष का भाग बन जाता जिससे इस समस्या का समाधान लंबी अवधि में भी नहीं हो पाता। अमेरिकी गुट में शामिल हो जाने से ही यदि भारत अपने खोये हुए प्रान्तों को प्राप्त कर ले तो इन पंक्तियों का लेखक भी इस नीति का समर्थन करने के लिए तैयार है। इतिहास इस बात का गवाह है कि अमेरिका के समर्थन के बावजूद आज तक न तो कोरिया का एकीकरण हो सका है, और न ही इन्हीं सब बातों को ध्यान में रखकर पंडित नेहरू ने स्पष्ट कर दिया कि भारत अपनी रक्षा के लिए सभी मित्र राज्यों से सहायता लेगा, परन्तु असंलग्नता की नीति को नहीं छोड़ेगा।

असंलग्नता की नीति पर भारत इसलिए कायम रहा क्योंकि विश्व के दोनों गुटों में आन्तरिक मतभेद था और गुटबन्दियों में दरारें पड़ने लगी थीं। फ्रांसीसी राष्ट्रपति चार्ल्स दगाल की नीति के कारण अटलान्टिक गुट में घोर मतभेद उत्पन्न हो गया। उन्होंने सार्वजनिक तौर पर अमेरिका पर आरोप लगाया है कि वह अटलान्टिक गुट पर अपना प्रभुत्व कायम रखना चाहता है जिससे नाटो राष्ट्रों की स्वतन्त्रता पर खतरा उत्पन्न हो गया है। जब फ्रांस तथा अन्य यूरोपीय राज्यों के साथ अमेरिका का यह व्यवहार है तो भारत के साथ उसका कैसा व्यवहार होता यह सोचने की बात है। यही बात साम्यवादी गुट के साथ भी थी। ऐसी परिस्थिति के गुटबन्दियों का भविष्य ही असुरक्षित हो गया। आश्चर्य नहीं कि कुछ दिनों में यह मतभेद इतना उग्र रूप धारण कर ले कि उसका अन्त ही हो जाय। जब गुटों का ही भविष्य अन्धकारमय है तो असंलग्नता की नीति को त्याग कर किसी गुट में सम्मिलित होना नुकसानदायक ही है।

सन् 1963 में मास्को ने भारत और चीन के मध्य की सीमा को लेकर भारत का प्रत्यक्ष समर्थन किया जो कि अन्तर्राष्ट्रीय स्तर पर एक महत्त्वपूर्ण घटना मानी जा सकती है। यह समर्थन चाहे जिन कारणों से मिला हो, किन्तु भारत की असंलग्नता की नीति की यह एक शानदार सफलता मानी जाती है। भारत, चीन के आक्रमण के पश्चात् देश और विदेश में भारत की असंलग्नता की नीति की जो कटु आलोचना हो रही थी, उसका यह एक करारा जवाब था।

1965 का भारत-पाकिस्तान युद्ध और असंलग्नता की नीति—चीन के पश्चात् सितम्बर, 1965 में पाकिस्तान ने भारत पर आक्रमण कर दिया। इस युद्ध को शुरू होने पर भारत की असंलग्नता की नीति एक बार फिर खतरे में पड़ गयी। भारत और पाकिस्तान के युद्ध ने असंलग्नता की नीति की शक्ति को एक बार और सिद्ध कर दिया। पाकिस्तान 'सिएटो' और 'सेंटो' दो सैनिक गुटों का सदस्य था और उसने कहा कि भारत ने उस पर आक्रमण किया है। पश्चिमी गुट के प्रमुख प्रवक्ता के रूप में ब्रिटिश प्रधान मंत्री ने इस घटना को भारत का पाकिस्तान पर आक्रमण नहीं माना। इस युद्ध में पाकिस्तान अन्तर्राष्ट्रीय स्तर पर अलग-थलग पड़ गया। तुर्की और ईरान चाहकर भी

उसका समर्थन या सहयोग नहीं कर सके। इस युद्ध में पाकिस्तान के दृष्टिकोण ने यह सिद्ध कर दिया कि राष्ट्रीय सुरक्षा के लिए गुटों में शामिल होने की नीति गलत है। बात यहीं तक सीमित नहीं रही। पाकिस्तान के बहुत बड़े समर्थक संयुक्त राज्य अमेरिका ने भारत और पाकिस्तान दोनों पर आर्थिक प्रतिबन्ध लगा दिये और यह घोषणा की कि जब तक दोनों पक्ष युद्ध बन्द नहीं कर देते, तब तक उन्हें किसी तरह की सैनिक सहायता नहीं दी जायेगी। इस प्रकार एक साथी राज्य तथा एक असंलग्न राज्य को एक ही श्रेणी में रखा गया। गुटों में शामिल होने से यदि पाकिस्तान को लाभ नहीं हुआ तो भारत को क्या लाभ होता। संकट के समय में भारत को कई क्षेत्रों से समर्थन मिला और युद्ध के समय उसकी कूटनीतिक स्थिति किसी तरह कमजोर नहीं हुई। सुरक्षा-परिषद् में युद्ध से उत्पन्न समस्या पर बहस के दौरान सोवियत संघ से पर्याप्त सहायता मिली। यह असंलग्नता की नीति का ही परिणाम था। भारत-पाकिस्तान युद्ध ने असंलग्नता की नीति की श्रेष्ठता को अन्तिम रूप से सिद्ध कर दिया। यही कारण है कि पाकिस्तान में भी अब असंलग्नता की नीति को अपनाने की चर्चा चल पड़ी है। पाकिस्तान के शासक भी समझने लगे हैं कि गुटों में शामिल होने की नीति से कोई लाभ होने वाला नहीं है। इस स्थिति में भारत के लिए इस नीति का परित्याग राजनीतिक और कूटनीतिक आत्महत्या के अतिरिक्त और कुछ नहीं होगा, जो कि इसके हित में नहीं है।

पंडित नेहरू की देन—भारत में असंलग्नता की नीति का सृजन नेहरू जी ने ही किया था और उन्होंने ही इसे विश्व स्तर तक पहुँचाया। नेहरू जी के प्रधानमंत्रित्व काल में यह नीति काफी सफल रही। जहाँ तक विश्व में प्रतिष्ठा का सवाल है, इस सम्बन्ध में कोई मतभेद नहीं कि प्रधान मंत्री नेहरू के काल में देश ने अन्तर्राष्ट्रीय समाज में अपने लिए पर्याप्त प्रतिष्ठा प्राप्त की। साम्यवादी दुनिया और पश्चिमी जगत दोनों ही भारत की असंलग्नता नीति का आदर करता रहा जिससे भारत सरकार के प्रतिनिधियों को उचित सम्मान मिला। एशिया और अफ्रीका में बहुत लोग नेहरू और उनकी सरकार को शोषित मानवता का प्रवक्ता मानते थे और राजनीतिक पराधीनता एवं उपनिवेशवाद के अत्याचार के विरुद्ध संघर्ष में उनसे सहयोग की अपेक्षा करते थे। नेहरू की नीति के कटु आलोचक भी इस बात को स्वीकार करते है कि जब तक नेहरू जीवित रहे तब तक संसार में उनके मुकाबले का अन्तर्राष्ट्रीय ख्याति और प्रतिष्ठा प्राप्त व्यक्ति दूसरा नहीं था। नेहरू की विदेश-नीति ने राष्ट्रीय प्रतिष्ठा में वृद्धि की अथवा उनके व्यक्तित्त्व के कारण राष्ट्र को यह सम्मान प्राप्त हुआ। विश्व के किसी भी देश की विदेश-नीति के साथ विदेश मंत्री का व्यक्तित्त्व घनिष्ठ रूप से जुड़ा रहता है और उन्हें अलग-अलग कर उस पर विचार करना असम्भव है।

नेहरू का निधन और असंलग्नता की नीति—पंडित नेहरू असंलग्नता की नीति में अटूट आस्था रखते थे। 27 मई, 1964 को जब उनकी मृत्यु हो गई तो उस समय यह

आशंका व्यक्त की जाने लगी कि भारत अब असंलग्नता की नीति का अवलम्बन कर पायेगा या नहीं, लेकिन नेहरू के देहान्त के पश्चात् प्रधानमंत्री पद पर आसीन होते ही भारत के प्रधान मंत्री लाल बाहदुर शास्त्री ने स्पष्ट रूप से यह घोषणा कर दी कि भारत के हक में असंलग्नता की नीति सर्वोत्तम है और वह उसी नीति के आधार पर अपनी विदेश-नीति का निर्धारण करता रहेगा। शास्त्री जी का यह निर्णय बहुत सही रहा। इसी वजह से शास्त्री जी के बाद प्रधानमन्त्री के पद पर आरूढ़ हुई श्रीमती इंदिरा गांधी ने भी असलंग्नता की नीति पर बल दिया।

असंलग्नता की वर्तमान स्थिति—वर्तमान समय में असंलग्नता की नीति में प्रतिदिन परिवर्तन हो रहे हैं। इस बदलाव का प्रमुख कारण राजनीतिक गुटों द्वारा नरम रवैया अपनाना है। जहाँ तक वर्तमान भारतीय नीति का प्रश्न है, आजकल वह कठिन आर्थिक स्थिति के दबाव में पड़कर संयुक्त राज्य अमेरिका की ओर अधिक झुक रहा है। इस विचार के मानने वालों का कहना है कि रुपया के अवमूल्यन (जून, 1966) का सरकारी निर्णय अमेरिकी दबाव का ही परिणाम था और भी कई दृष्टियों से भारत सरकार को विवश होकर अमेरिका के प्रभाव में जाने के लक्षण दृष्टिगोचर होने लगे थे। लेकिन इनको असंलग्नता की नीति का परित्याग समझना अनुचित है।

असंलग्नता की नीति की समाप्ति—सन् 1964 के बाद अन्तर्राष्ट्रीय स्तर पर राजनीतिक गुटबन्दी का पतन होने लगा, फलस्वरूप असंलग्नता की नीति भी महत्त्वहीन हो गयी। 1971 के मध्य में दो प्रमुख अन्तर्राष्ट्रीय घटनाएँ घटीं—अमेरिका द्वारा चीन के साथ सामान्य सम्बन्ध कायम करने के लिए राष्ट्रपति निक्सन द्वारा चीन यात्रा की घोषणा तथा बांग्ला देश की उथल-पुथल। इन दोनों घटनाओं ने भारतीय विदेश नीति को बहुत अधिक प्रभावित किया। भारत की विदेश नीति चीन की कमजोर अन्तर्राष्ट्रीय स्थिति पर आश्रित थी। अब चीन-अमेरिका मिलाप से यह अनुमान लगाया जाने लगा कि चीन की तत्कालीन स्थिति में कुछ बदलाव आयेगा। इसलिए भारत को अपनी नीति पर पुनर्विचार करना था। इसी बीच पूर्व पाकिस्तान में गृह-युद्ध छिड़ा और स्वतन्त्र बांग्ला देश की स्थापना हुई। भारत की सहानभूति बांग्ला देश के साथ थी। पश्चिमी पाकिस्तान की सेना ने बांग्ला देश के निवासियों पर घोर अत्याचार किये और बड़े पैमाने पर नर-संहार किये। अन्य देश बांग्ला देश का पक्ष लेकर पश्चिमी पाकिस्तान के तानाशाहों पर दबाव डालकर बांग्ला देश की समस्या के समाधान में उनकी मदद की। भारत हर दिशा से उपेक्षित ही रहा उसे किसी क्षेत्र से सहयोग नहीं मिला। उल्टे पाकिस्तान ने धमकी दी कि वह भारत के विरुद्ध युद्ध छेड़ देगा। पाकिस्तान को चीन तथा अमेरिका के समर्थन का आश्वासन भी था। एक ऐसी स्थिति पैदा हो गयी जब एक दूसरा भारत-पाकिस्तान युद्ध अवश्यम्भावी प्रतीत होने लगा। भारत ने स्वयं को अकेला महसूस कर अपनी विदेश नीति में कुछ बदलाव करने का निर्णय किया जो उसकी सुरक्षा के लिए जरूरी भी था।

विश्व शांति का प्रभाव

वर्तमान समय में विश्व के कई देशों के पास आणुविक शक्ति है। ऐसे में यह बहुत जरूरी हो जाता है कि अन्तर्राष्ट्रीय स्तर पर शान्ति स्थापित करने का प्रयास किया जाय। अर्द्धविकसित और पिछड़े हुए देशों की उन्नति और विकास के लिए तो शान्ति का वातावरण अनिवार्य ही है। जिस समय भारत आजाद हुआ उस समय ब्रिटिश साम्राज्यवाद के शोषण के फलस्वरूप उसकी आर्थिक स्थिति डाँवाडोल थी। भारत को दुनिया में अमनचैन का कायम रहना आवश्यक प्रतीत हो रहा था। इसके अभाव में भारत का आर्थिक विकास संभव नहीं था। इस स्थिति में विश्व-शान्ति को बनाये रखना भारतीय विदेश-नीति का मूलाधार हो गया। 25 अगस्त, 1954 को **पणिक्कर** ने कहा था–"यदि समय मिले तो भारत के लिए स्वयमेव, अपने ढंग से विश्व-शक्ति बनाने का पूरा मौका है। भारत को इस बात की काफी चिन्ता है। उसकी प्रगति को तथा सामान्य रूप से मानव-जाति की उन्नति को संकट में डालने वाला कोई युद्ध न हो।" फिर 12 जून, 1952 को सम्भावित तृतीय विश्व-युद्ध के सम्बन्ध में अपनी शान्तिवादी नीति को घोषणा करते हुए **नेहरू** ने कहा था–"हमारी पहली नीति तो यह होनी चाहिए कि हम ऐसी भीषण आपत्ति को घटित होने से रोकें, दूसरी नीति इससे बचने की होनी चाहिए और तीसरी नीति ऐसी स्थिति बनाने की होनी चाहिए कि यदि युद्ध छिड़ जाये तो हम इसे रोकने में समर्थ हो सकें। मैं यह चाहता हूँ कि एशिया में ऐसे देशों का क्षेत्र अधिक विस्तृत हो जो यह निश्चय करें कि चाहे कुछ हो, वे युद्ध में शामिल न हों, अन्य प्रदेशों में होनें वाले युद्ध के क्षेत्र भी सीमित करें, अपने प्रदेश की रक्षा करें और दूसरों के प्रदेशों को सुरक्षित बनाने का भी प्रयास करें।"

स्वाधीन होने के बाद भारत की विदेश नीति दुनिया भर में शांति स्थापना को अधिक महत्व दिया है और भारत इसके लिए यथासम्भव हर प्रकार की सहायता देने के लिये तैयार था। भारत ने इस तरह अपनी विदेश-नीति का निर्धारण करना शुरू किया जिससे विश्व की शान्ति सुरक्षित बनी रहे। इसी उद्देश्य से प्रेरित होकर भारत किसी सैनिक गुट में शामिल नहीं हुआ। भारत को इसमें सम्मिलित करने का प्रयत्न असफल हो गया।

विश्व शान्ति को सबसे बड़ा खतरा उस समय होता है जब विश्व के विभिन्न देश अपनी शस्त्रागार को मजबूत बनाने में संलग्न हो जाते हैं। एक पीढ़ी के भीतर ही दुनिया को दो विश्वयुद्ध का दंश झेलना पड़ा। अतएव द्वितीय विश्व युद्ध के बाद निरस्त्रीकरण के लिए अनेक प्रयास किये जाने लगे। भारत ने इसमें अपना सक्रिय योगदान दिया। भारत शुरू से ही विश्व-शांति के लिए निरस्त्रीकरण को आवश्यक मानता है। यही कारण है कि जब अगस्त, 1963 में आणविक परीक्षण रोक सन्धि हुई तो भारत ने बिना देरी किये इस सन्धि पर हस्ताक्षर कर दिया।

भारत ने युद्ध की आशंका होने पर मध्यस्थ की भूमिका अदा कर विनाश होने से बचाया है। युद्धोत्तर काल में संसार के दो विरोधी गुटों में तनातनी बढ़ी और कई बार उनको लेकर विश्व-युद्ध छिड़ने की सम्भावना भी बनी। ऐसे कई अवसरों पर भारत ने दोनों गुटों के मध्यस्थ की भूमिका निभाकर सर्वनाश से बचाया है। दो अवसरों पर निश्चित रूप से भारत ने तृतीय विश्व-युद्ध के दावानल को प्रज्वलित होने से रोका और दोनों पक्षों में शान्ति के दूत का कार्य किया। यह अवसर उस समय उत्पन्न हुआ था जब कोरिया और हिन्द चीन के मध्य संघर्ष हुआ था।

कोरिया—कोरिया की समस्याओं के प्रति भारत बहुत गंभीर रहा था। सन् 1947 में जब संयुक्त राष्ट्रसंघ से इसके लिए अस्थायी U.N.T.C.O.K. बनाया तो भारत भी इसका एक सदस्य मनोनीत हुआ। कुछ ही दिनों पश्चात् भारत को इस आयोग का अध्यक्ष बना दिया गया। कोरियाई आयोग के सदस्य के रूप में भारतीय प्रतिनिधि के. पी. एस. मेनन ने अनेक उल्लेखनीय कार्य किये। इसी बीच जून, 1950 में कोरिया का युद्ध आरंभ हुआ। कुछ अन्य पश्चिमी देशों के साथ भारत ने भी उत्तर कोरिया को आक्रामक मान लिया। भारत के लिए कोरिया युद्ध के दो पहलू थे—प्रथम उत्तर कोरिया ने दक्षिण कोरिया पर आयोजित ढंग से आक्रमण किया है और सैनिक कार्रवाई से इस आक्रमण को रोकना चाहिए। दूसरा पहलू यह था कि कोरिया-युद्ध को विश्व-युद्ध में परिणत होने की सम्भावना थी। इसलिए संयुक्त राष्ट्रसंघ की सैनिक कार्रवाई का समर्थन करने के बाद भारत ने इस युद्ध को समाप्त करने का पूरा प्रयास किया। अपने इस उद्देश्य की पूर्ति के लिए भारत कोरिया के युद्ध में मध्यस्थता का कार्य करने लगा जो भारत की शान्तिप्रियता का एक उदाहरण भी है। 7 जुलाई, 1950 को पं. नेहरू ने नयी दिल्ली से एक वक्तव्य जारी किया जिसमें उन्होंने कोरियाई युद्ध के प्रति भारत के रवैये को स्पष्ट किया। उस समय चीन में भारत के राजदूत के.एम. पणिक्कर थे और वक्त की विकट सम्भावनाओं को भलीभाँति समझ रहे थे। युद्ध रोकने के लिए अपनी प्रेरणा से पं. नेहरू ने मार्शल स्टालिन और अमेरिकी विदेश सचिव डीन अकेसन को पत्र लिखे। स्टालिन ने पं. नेहरू के प्रस्तावों का स्वागत किया। लेकिन अमेरिका ने नेहरू के इस पत्र को हास्यात्पद बताकर अस्वीकार कर दिया। ऐसे में यह पत्राचार लगभग असफल ही रहे।

भारत द्वारा अपनाये गये शान्ति के तरीके सार्थक न होने पर उसने इस बात पर जोर देना आरंभ किया कि संयुक्त राष्ट्रसंघ की सेनाएँ उत्तरी कोरिया की सेना को दक्षिण कोरिया से भगाकर दोनों की सीमा 38° अक्षांश पर रुक जाये, उससे आगे न बढ़े। नेहरू को अपने पीकिंग स्थित राजदूत से यह सूचना मिल चुकी थी कि यदि 38° अक्षांश से उत्तर में संयुक्त राष्ट्र की सेना बढ़ी तो चीन इसमें अवश्य हस्तक्षेप करेगा। इससे कोरिया युद्ध को और भी जटिल बनने की सम्भावना थी, इसलिए भारत ने बराबर यह चेतावनी

दी कि संयुक्त राष्ट्र की सेना 38° अक्षांश से आगे न बढ़े। यदि यह बात मान ली जाती तो कोरिया का युद्ध बहुत जल्द समाप्त हो गया होता और इतने जन-धन का संहार न होता। लेकिन संयुक्त राज्य अमेरिका की सेना भारत की सलाह को नजरअंदाज कर उत्तरी कोरिया में आगे बढ़ने लगी। इस पर चीन ने हस्तक्षेप किया। संयुक्त राष्ट्र सुरक्षा परिषद् में चीन को आक्रामक घोषित करने का एक प्रस्ताव रखा। भारत ने इस प्रस्ताव का कड़ा विरोध किया। इसके बावजूद प्रस्ताव पारित हो गया। इसके बाद राष्ट्रपति ट्रूमैन ने कोरिया में अणुबम का प्रयोग करने की धमकी दी। इससे अन्तर्राष्ट्रीय तनाव बहुत बढ़ा। 5 दिसम्बर, 1950 को भारत ने अरब एशियाई गुट के कुछ राज्यों के साथ मिलकर शांति के लिये अपील की। फिर जून, 1951 में भारत ने युद्ध बन्द करने तथा विराम सन्धि करने का एक प्रस्ताव रखा, पर यह भी स्वीकार नहीं हुआ। यद्यपि भारत ने जो नीति अपनाई उससे कोरिया का युद्ध विश्वयुद्ध का रूप नहीं ले सका।

जब दोनों पक्ष युद्ध से तंग आ गये तो पानमुन जोन में विराम सन्धि के लिए वार्ता शुरू हुई। लेकिन पानमुन जोन की सन्धि-वार्ता ने एक विकट रूप धारण कर लिया। विराम सन्धि 575 बैठकों के पश्चात् संभव हुई परन्तु संघर्ष खत्म नहीं हुआ। इसमें युद्धबन्दियों के प्रत्यावर्तन का प्रश्न सबसे कठिन था। संयुक्त राष्ट्रसंघ द्वारा युद्ध में बन्दी बनाये गये कुछ सैनिक चीन और उत्तर कोरिया वापस जाना नहीं चाहते थे। लेकिन रूस और चीन उन्हें वापस लौटाने पर तुले हुए थे। इस समस्या के समाधान के लिए भारत ने कई सुझाव दिए परन्तु सोवियत संघ ने मानने से इंकार कर दिया। दोनों पक्षों ने मार्च, 1953 में भारतीय प्रस्ताव से मिलता-जुलता एक प्रस्ताव स्वीकार किया था।

इस प्रस्ताव के अनुसार पाँच तटस्थ देशों—भारत, स्विट्ज़रलैंड, स्वीडेन, पोलैंड, चेकोस्लोवाकिया—का एक आयोग नियुक्त किया गया। जिसका उद्देश्य स्वदेश लौटने के लिये अनिच्छुक बन्दियों की समस्या का हल करना था। इस आयोग का अध्यक्ष भारत को बनाया गया। जनरल थिमैया की अध्यक्षता में भारतीय सैनिकों ने बन्दियों को स्वदेश लौटाने का काम बड़ी सावधानी के साथ किया। इस काम को पूरा करने में भारतीय सैनिकों ने अद्भुत कौशल शक्ति का परिचय दिया एवं बहुत परेशानी के बाद पूछताछ का काम संपन्न हुआ। संयुक्त राज्य अमेरिका के राष्ट्रपति आइजनहावर ने कोरिया में भारत की संरक्षक सेना द्वारा किये गये शान्ति-कार्य और मध्यस्थता की सराहना करते हुए कहा—"अभी हाल के कार्यों में किसी अन्य सेना ने कोरिया में भारतीय फौजों की अपेक्षा अधिक नाजुक और कठिन कार्य नहीं किया है। इन अफसरों तथा सैनिकों का कार्य भारतीय सेना की उच्चतम ख्याति के अनुरूप था। वे उच्चतम प्रशंसा के पात्र हैं।" नेहरू ने 1950 ई. में शांति स्थापना का काम किया जिसके लिए स्टालिन ने भूरि प्रशंसा की।

हिन्द-चीन—1884 ई. में फ्रांस का हिन्द-चीन पर अधिकार हो गया। द्वितीय विश्व-युद्ध के समय जापान ने इस क्षेत्र पर आधिपत्य स्थापित कर लिया। 1945 ई. में जापान के हारने

के पश्चात् फ्रांसीसी अधिकार कायम होने के लक्षण दृष्टिगत होने लगे थे। युद्ध के समय इस देश में साम्यवादी आंदोलन और अधिक बढ़ गया। 1945 में साम्यवादी नेता डॉ. हो ची मिन्ह के नेतृत्व में वियतनाम गणराज्य की स्थापना हो गयी। फ्रांस ने इसको मान्यता भी दे दी। हिन्द चीन के शेष हिस्सों पर स्थानीय राजाओं का शासन-प्रशासन में संरक्षण बना रहा। ऐसी स्थिति में डॉ. हो ची मिन्ह और फ्रांसीसी साम्राज्यवाद के बीच संघर्ष का होना आवश्यक हो गया। हिन्द-चीन के प्रश्न को लेकर, 19 दिसम्बर, 1946 को इन दोनों शक्तियों में युद्ध छिड़ गया। डॉ. हो ची मिन्ह सरकार को सोवियत संघ और चीन से मान्यता मिल गयी। अमेरिकी सरकार ने बाओं दाई की वियतनाम सरकार (जिसको फ्रांस ने स्वतन्त्र कर दिया था) को मान लिया। सन् 1954 हिन्द चीन के युद्ध ने गम्भीर रूप धारण कर लिया। 7 मई को डीन बीन फू की लड़ाई में फ्रांसीसियों को बुरी तरह पराजित होना पड़ा। साम्यवाद की इस प्रगति को रोकने के लिए अमेरिका उछल-कूद मचाने लगा। वह हिन्द-चीन युद्ध में फ्रांस का पक्ष लेकर हस्तक्षेप करना चाहता था। पर ब्रिटेन ने इसका समर्थन नहीं किया। फ्रांस में उस समय एक उदारवादी सरकार थी। उसने हो ची मिन्ह के साथ समझौता कर लेना उचित समझा। 26 अप्रैल से 21 जुलाई 1954 ई. तक हुए जेनेवा सम्मेलन में इस समस्या पर विचार प्रारम्भ हुआ।

दोनों देशों के बीच समझौता कराने की भारत ने भरपूर कोशिश की। 24 अप्रैल, 1954 को नेहरू ने हिन्द-चीन की समस्या के शान्तिपूर्ण समाधान के लिये जेनेवा सम्मेलन के विचारार्थ छः प्रस्ताव रखे। जेनेवा सम्मेलन के निर्णयों पर इस प्रस्ताव का पर्याप्त प्रभाव पड़ा यद्यपि भारत को जेनेवा सम्मेलन में शामिल नहीं किया गया, फिर भी भारतीय राजदूत वी.के. कृष्णमेनन उस समय जेनेवा में उपस्थित रहे और उन्होंने बीच-बचाव करने की भरपूर कोशिश की। जेनेवा सम्मेलन के प्रयासों के फलस्वरूप हिन्दी-चीन में युद्ध बन्द करने का समझौता हो गया। लेकिन अभी वहाँ की राजनीतिक समस्याओं का समाधान बाकी था। इस कार्य को पूरा करने के लिये तीन सदस्यों का (भारत, पोलैंड तथा कनाडा) एक शान्ति आयोग स्थापित हुआ। भारत को इस आयोग का अध्यक्ष बनाया गया जो शान्ति स्थापना के प्रयासों में भारत की महत्त्वपूर्ण भूमिका को बतलाता है।

पंचशील के पाँच सिद्धान्तों का प्रतिपादन भी भारत की शांतिप्रियता का द्योतक है। 1954ई. के बाद से भारत की वैदेशिक नीति को पंचशील के सिद्धांतों ने एक नयी दिशा प्रदान की जिसे भारत की विदेश-नीति की आधारशिला माना जाता है।

पंचशील

पंचशील शब्द का प्रयोग सर्वप्रथम गौतम बुद्ध ने किया था जो उनके द्वारा चलाये गये बौद्ध धर्म का एक पारिभाषित शब्द है। बौद्ध धर्म स्वीकार कर जो व्यक्ति भिक्षु बनता था उसको पाँच व्रतों का पालन करना पड़ता था यह पंचशील कहलाता था। इसका शाब्दिक

अर्थ है "आचरण के पाँच सिद्धान्त।" जिस प्रकार बौद्ध धर्म में व्रत एक व्यक्ति के लिये होते थे, उसी प्रकार आधुनिक पंचशील के सिद्धांत के द्वारा राष्ट्रों के लिये दूसरे के साथ आचरण के सम्बन्ध निर्धारित किये गये हैं। उन सिद्धांतों का संक्षिप्त विवेचन इस प्रकार है—

सभी देशों को प्रत्येक की प्रादेशिक अखण्डता और सम्प्रभुता का सम्मान करना चाहिए, कोई राज्य दूसरे राज्य पर आक्रमण न करे और दूसरों की राष्ट्रीय सीमाओं का अतिक्रमण न करे। किसी राष्ट्र की सीमा को कोई दूसरा भंग न करे, कोई भी राष्ट्र एक दूसरे के आन्तरिक मामले में हस्तक्षेप न करे, प्रत्येक राष्ट्र एक दूसरे के साथ समानता का व्यवहार करें तथा पारस्परिक हित में सहयोग करें। अर्थात् सभी देश समान हैं, कोई न बड़ा है और न कोई छोटा। सबको इसी सिद्धान्त के आधार पर आचरण करना चाहिये तथा सभी राष्ट्र शाँतिपूर्ण सहजीवन के सिद्धान्त में विश्वास करें तथा सिद्धान्त के आधार पर एक दूसरे के साथ शांतिपूर्वक रहें तथा अपनी अलग सत्ता एवं स्वतन्त्रता रखें।

विश्व के सम्पूर्ण भागों मे विभिन्न सामाजिक तथा राजनैतिक व्यवस्था विद्यमान है। बाद में चीन के प्रधान मंत्री श्री चाऊ एन-लाई जब जून 1954 ई. में दिल्ली आये तो भारत और चीन के प्रधानमंत्रियों का एक संयुक्त बयान जारी किया गया जिसमें पंचशील के सिद्धान्त में उनके विश्वास को दुहराया गया। इस वक्तव्य में कहा गया था—

"चीन और भारत ने दोनों के सम्बन्धों के संचालन के लिए इन पाँच सिद्धांतों के पालन का निश्चय किया है। वे एशिया तथा दुनिया के अन्य देशों के साथ अपने सम्बन्धों में भी इसका अनुसरण करेंगे। यदि इसका प्रयोग न केवल विभिन्न देशों में अपितु सामान्य रूप से अन्तर्राष्ट्रीय सम्बन्धों में भी किया जाय, तो इससे शान्ति एवं सुरक्षा का एक सुदृढ़ आधार बनेगा और संदेह के जगह पर विश्वास पैदा होगा।"

सम्पूर्ण दुनिया में विभिन्न राजनैतिक तथा सामाजिक व्यवस्था ही पायी जाती है। यदि उपर्युक्त सिद्धान्तों को स्वीकार किया जाय और इनका अनुपालन किया जाय, या दूसरे देश में कोई हस्तक्षेप न हो तो ये विभिन्नताएँ शान्ति को बरकरार रखेगी। प्रत्येक राष्ट्र को प्रादेशिक अखण्डता, सर्वोच्च सत्ता और अनाक्रमण का आश्वासन मिल जाने पर विभिन्न देशों में शान्तिपूर्ण सह-अस्तित्त्व बना रहेगा और मित्रतापूर्ण सम्बन्ध बढ़ेंगे। जिससे पूरी दुनिया में शान्ति का वातावरण विद्यमान रहेगा।

शान्तिपूर्ण सहजीवन—वैश्विक सम्बन्ध के क्षेत्र में पंचशील के सिद्धांत का महत्त्वपूर्ण स्थान है। अतएव इसकी कुछ और अधिक विवेचना आवश्यक है। इसका पहला सिद्धान्त यह कहता है कि संसार के सभी राष्ट्रों को एक-दूसरे की प्रादेशिक अखंडता और सम्प्रभुता का सम्मान करना चाहिए। इस तरह यह साम्राज्यवाद तथा उपनिवेशवाद की जड़ पर प्रहार करता है। इसके द्वारा यह अर्थ स्पष्ट होता है कि किसी भी राज्य को अपने से कम शक्तिशाली राज्यों पर राजनीतिक या सैनिक शर्तें नहीं थोपनी चाहिएँ तथा प्रादेशिक

और आर्थिक साम्राज्यवाद के सिद्धान्तों का परित्याग कर देना चाहिए। इन सिद्धान्तों के आधार पर यह भी कहा जा सकता है कि दूसरे राष्ट्रों से विशेष आर्थिक अधिकार और सुविधाएँ प्राप्त करना, विद्रोहात्मक कार्यवाहियों को प्रोत्साहन देना, दुर्बल, कठपुतली सरकारों की स्थापना करना तथा किसी भी राज्य में किसी दल विशेष को आर्थिक सहायता देना, सभी देशों की सर्वोच्च सत्ता का पूरा ध्यान रखा जाय तो साम्राज्यवाद का स्वयं ही अन्त हो जायगा। इससे देश के मामले में हस्तक्षेप की नीति व अनुक्रमण की नीति द्वारा हम वैश्विक संघर्ष को सीमित करने का संकेत है। पंचशील के चौथे सिद्धांत का अनुसरण किया गया तो कोई भी राज्य चाहे छोटा हो या बड़ा, एक दूसरे के साथ समानता के सिद्धांत और पारस्परिक लाभ पर बल दिया गया है। यदि सभी राष्ट्र एक दूसरे के साथ सहयोग करें तो पिछड़े हुए देशों की दरिद्रता और सब प्रकार के अभावों को दूर किया जा सकता है।

शांतिपूर्ण सहजीवन पंचशील के सिद्धांत में सबसे महत्त्वपूर्ण है। आज संसार में तरह-तरह की राजनीतिक, आर्थिक और सामाजिक पद्धतियाँ प्रचलित हैं जिनमें सर्वाधिक महत्त्वपूर्ण साम्राज्यवाद और पूँजीवाद हैं। इनको लेकर संसार दो विरोधी गुटों में बँट गया। और इससे अन्तर्राष्ट्रीय तनातनी बढ़ गयी। आणविक आयुधों के इस युग में तृतीय विश्व युद्ध की सम्भावना बढ़ गयी। पूँजीवादी देश समाजवाद को जड़-मूल से उखाड़ फेंकना चाहते हैं और समाजवादी देश पूँजीवाद को खत्म करने पर उतारू हैं। ऐसी स्थिति में शान्तिपूर्ण सहजीवन के सिद्धांत को अपना कर हम दुनिया को युद्ध और विनाश से बचा सकते हैं। यदि यह मान लिया जाय कि पूँजीवाद और समाजवाद दोनों किसी-न-किसी रूप में रहेंगे तो बहुत सी समस्याओं का हल हो जायेगा। यदि हम ऐसा नहीं मानें तो यह वास्तविकता से मुँह मोड़ना होगा। पूँजीवादी देश साम्यवादी देशों के इस अधिकार को मान लें कि उन्हें अपने देश में किसी तरह रहने का अधिकार है और साथ ही पूँजीवादी राष्ट्र को भी समाजवादी एवं पूँजीवादी प्रणालियों, विचारधाराओं तथा आर्थिक, राजनीतिक एवं सामाजिक संगठनों में जमीन-आसमान का भेद है तो भी वे विश्व-शान्ति के हित में परस्पर मिलकर रह सकते हैं। इन सिद्धांतों को अपनाकर हम प्रत्येक प्रकार के संघर्षों को टाल सकते हैं, शान्तिपूर्ण जीवन जी सकते हैं। शान्तिपूर्ण सहजीवन का यही तात्पर्य है। शान्तिपूर्ण सहजीवन में ही आज विश्व और मानवता की आशा निहित है। पंचशील का पाँचवाँ सिद्धान्त इस बात पर बल देता है कि विभिन्न देशों के संगठनों में मौलिक भेद होने पर भी इन्हें एक-दूसरे के उन्मूलन का प्रयत्न नहीं करना चाहिए, बल्कि एक-दूसरे के साथ शान्तिपूर्वक रहने के सिद्धांत का पालन करना चाहिए।

पंचशील सिद्धांत का मूल्यांकन—पंचशील सिद्धांत ऊँचे आदर्शों की कोरी घोषणा मात्र कहा है और इसकी तुलना 1917 ई. में पवित्र संघ तथा 1927 ई. के कैलाग ब्रियाँ पैक्ट से की गयी है। कहा जाता है कि पंचशील एक ऐसी घोषणा है जिसको पालन कराने

के लिए न तो कोई संस्था है और न कोई व्यवस्था। इसलिए इसको अनुपयोगी और व्यर्थ समझा जाता है, क्योंकि इसके सारे सिद्धान्त संयुक्त राष्ट्रसंघ के चार्टर में शामिल है। पंचशील के सिद्धांतों की यथास्थिति का पोषक और कम्युनिस्टों से प्रेरित सिद्धांत होने का भी आरोप लगाया गया है, आदि। इन आपत्तियों की चर्चा करते हुए जवाब के तौर पर 29 दिसम्बर, 1954 को पंडित नेहरू ने लोकसभा में कहा था—"लोगों ने पंचशील का विरोध किया है। वे कहते हैं आप यह कैसे विश्वास करते हैं कि इन सिद्धान्तों का पालन किया जायगा। निःसन्देह यदि आप किसी बात पर विश्वास नहीं कर सकते तो इसकी चर्चा करने और उसके बारे में लिखने से कोई लाभ नहीं है और फिर आपके लिए कोई दूसरी बात शेष नहीं रह जाती सिवाय इसके आप अकेले रहें और लड़ कर दूसरे को परास्त करें—इसके अतिरिक्त अन्य कोई रास्ता नहीं है। यह दूसरे पक्ष के वचन पर विश्वास करने का प्रश्न नहीं है अपितु ऐसी परिस्थितियाँ उत्पन्न करने का सवाल है जिसमें दूसरा पक्ष अपने वचन को भंग न कर सके। यह सम्भव है कि दूसरा पक्ष अपने वचन को भंग करे और यह भी सम्भव है कि वह अपने को अधिक विषम परिस्थितियों में प्राप्त करे। यदि विश्व के विभिन्न देश पारस्परिक सम्बन्धों के लिए इन पाँच सिद्धान्तों को बार-बार दुहराते हैं तो उसके लिए एक वातावरण उपस्थित करते हैं।"

पंचशील सिद्धांत पर सैद्धान्तिक रूप से किसी भी देश को आपत्ति नहीं है। लेकिन व्यावहारिक राजनीति की दृष्टि से और विशेषकर भारत-चीन सम्बन्ध की पृष्ठभूमि में हुए समझौते के समय इसकी व्यावहारिकता पर स्पष्ट हुआ था। इसके द्वारा भारत ने तिब्बत में चीन की सर्वोच्च सत्ता को मंजूर किया जिससे तिब्बत की स्वतंत्रता का हरण हो गया। इस कारण भारत में शुरू से ही कुछ लोगों द्वारा इसकी कटु आलोचना होती रही। जैसे-पंचशील के अभ्युदय के वक्त आचार्य कृपलानी ने कहा था—"यह महान् सिद्धान्त पापपूर्ण परिस्थितियों की उपज है, क्योंकि यह आध्यात्मिक और सांस्कृतिक रूप से हमारे साथ सम्बद्ध एक प्राचीन राष्ट्र के विनाश पर हमारी स्वीकृति पाने के लिए प्रतिपादन किया गया था।" आचार्य कृपलानी की पंचशील सिद्धांत के सम्बन्ध में दी गयी उपरोक्त उक्ति सत्य नहीं प्रतीत होती है। क्योंकि तिब्बत के प्रति भारत की यह नीति गलत नहीं थी, लेकिन 1962 के अक्टूबर में चीन ने भारत पर आक्रमण करके जिस प्रकार का व्यवहार किया उसके परिणामस्वरूप पंचशील का नामोनिशान मिट गया है। इसके उदार सिद्धान्तों का उल्लंघन इसके आदि प्रवर्त्तक एक राष्ट्र (चीन) के द्वारा हुआ और इस कारण पंचशील में लोगों की आस्था अब नहीं रह गयी है। इसे भारतीय विदेश-नीति की असफलता के रूप में चिन्हित किया जा सकता है।

साम्राज्यवाद और प्रजातीय विभेद का विरोध

आजादी से पूर्व भारत ब्रिटेन का उपनिवेश होने के कारण वह साम्राज्यवाद के

दुष्परिणामों को भलीभाँति जानता है। साम्राज्यवाद का विरोध करना स्वाभाविक था। भारत साम्राज्यवाद का विरोधी इसलिये भी था कि वह इसको शान्ति का बहुत बड़ा दुश्मन मानता था। प्रजातीय विभेद के कारण भी अन्तर्राष्ट्रीय वातावरण दूषित होता है और युद्ध के कारण पैदा होता है। अतएव भारत इन दोनों का विरोध करता रहा। यह भारतीय विदेश नीति का एक मुख्य तत्त्व रहा। यही कारण है कि विश्व में जहाँ कहीं भी राष्ट्रवादी आन्दोलन विदेशी सत्ता से मुक्ति पाने के लिये हुए हैं। भारत ने खुल कर उनका सहयोग किया। इसी प्रकार जब हालैण्ड ने द्वितीय विश्व युद्ध के पश्चात् इण्डोनेशिया पर पुनः कब्जा करना चाहा तो भारत ने उसका खुलकर विरोध किया। इसके लिए उसने एशियाई देशों को संगठित किया, संयुक्त राष्ट्रसंघ में इस मामले को प्रस्तुत किया और अन्य कई उपायों का अवलम्बन करके हालैंड को बाध्य किया कि वह फिर कभी इण्डोनेशिया पर अपना अधिपत्य जमाने का प्रयास न करे। इण्डोनेशिया की स्वतन्त्रता के लिए भारत ने जो प्रयास किये वे सचमुच सत्य हैं। इस कारण इण्डोनेशिया के नागरिक डा. सुकर्णो के बाद जवाहर लाल नेहरू को अपना दूसरा जनक मानते हैं।

1956 ई. में इंग्लैंड और फ्रांस ने मिलकर मिस्र पर हमला कर दिया। वे स्वेज नहर को हड़पना चाहते थे। इस प्रकार की साम्राज्यवादी नीति भारत के असंतोष का कारण बनी। परिणामतः पूरे देश में इस नीति के प्रति विद्रोह की भावना भड़क उठी। सम्पूर्ण भारत में मिस्र के सहयोग के प्रति सकारात्मक दृष्टिकोण का प्रादुर्भाव हुआ। इसी प्रकार भारत ने लीबिया, ट्यूनीसिया, मोरक्को, मलाया, अल्जीरिया आदि राष्ट्रों के स्वतन्त्रता-संग्राम का पूरा समर्थन किया। जब संयुक्त राज्य अमेरिका द्वारा क्यूबा पर आधिपत्य जमाने का प्रयास किया तो भारत ने उसका घोर विरोध किया। इतना ही नहीं, संयुक्त राष्ट्रसंघ में भारत सक्रिय रूप से भाग लेता रहा है। उसने संरक्षित प्रश्न के सम्बन्ध में संयुक्त राष्ट्रसंघ के पूर्ण नियंत्रण और संरक्षण का समर्थन किया। इस समय चार्टर सिद्धांतों को इतनी प्रमुखता दी जाने लगी कि जो प्रदेश स्वशासन नहीं कर रहे थे उन्हें यह निर्देश दिया गया कि उन प्रदेशों का शासन इसी चार्टर के अनुसार किया जाय। इसमें कोई सन्देह नहीं कि साम्राज्यवाद को जड़ से उखाड़ने में भारत का बहुमूल्य योगदान रहा है।

यद्यपि इस समय प्रजातांत्रिक व्यवस्था स्थापित हो गयी है। परन्तु कुछ देशों में रंगभेद की नीति इस समय पूरी तरह समाप्त नहीं हुई है। अमेरिका में नीग्रो लोगों को तंग किया जाता है। दक्षिण अफ्रीका की गोरी सरकार काले चमड़े वाले आदिवासियों और भारतीयों पर प्रजाति के आधार पर घोर अत्याचार करती थी। जिसका भारत हमेशा से विरोध किया है। संयुक्त राष्ट्रसंघ में भारत बराबर यह सवाल उठाता रहा है। इसको दुनिया के प्रगतिशील राष्ट्रों का समर्थन भी मिलता रहा है। दक्षिण भारतीयों के साथ भारत का कूटनीति विच्छेद इसी का परिणाम रहा।

1975 के पश्चात् भारतीय नीति—सन् 1957 के बाद भारत अपनी उपनिवेशवादी विचारधारा का त्याग करना शुरू कर दिया था। जिस दौर में अल्जीरिया के राष्ट्रवादी फ्रांसीसी साम्राज्यवाद के खिलाफ अपना राष्ट्रीय आन्दोलन चला रहे थे, उस समय उन लोगों ने एक "अन्तरिम अल्जीरिया सरकार" की स्थापना कर ली थी। उस समय यह प्रयास किया जा रहा था कि इस सरकार को एशियाई देश मान्यता प्रदान कर दे। चीन, मिस्र आदि देशों ने इस सरकार को मान्यता प्रदान कर दी और अल्जीरिया की इस सरकार ने भारत सरकार ने भी अनुरोध किया कि वह उसे मान्यता दे दें। भारत के अधिकतर लोग भी चाहते थे कि भारत सरकार इसको मान्यता प्रदान कर दे, लेकिन फ्रांस को नाराज नहीं करने की भावना से प्रेरित होकर भारत ने ऐसा करने से मना कर दिया जिससे अफ्रीकी देशों में भारत की लोकप्रियता कम हो गई और चीन ने इसका लाभ उठा लिया।

यद्यपि भारत उपनिवेशवादी विचारधारा का प्रबल विरोधी था कालान्तर में धीरे-धीरे वह इसका पक्षधर हो गया। पहले भारत उपनिवेशवाद को विश्व की सभी समस्याओं की जड़ मानता था उसने बड़े ही खुले स्वर में इसकी आलोचना की। लेकिन 1961 ई. से भारतीय विदेश नीति ने इस उग्रता को परित्याग कर दिया। इसका संकेत सितम्बर 1961 में हुए तटस्थ राज्यों के बेलग्रेड सम्मेलन में मिला। सम्मेलन में बोलते हुए चीन के समर्थक इण्डोनेशियाई राष्ट्रपति सुकर्णो ने कहा—

"विश्व का वर्तमान जनमत हमसे यह अपेक्षा रखता है कि हम यह विश्वास करें कि अन्तर्राष्ट्रीय तनाव और संघर्ष का वास्तविक स्रोत महाशक्तियों का सैद्धान्तिक मतभेद है। मैं इसे गलत मानता हूँ। वर्तमान में यदि कोई संघर्ष है तो वह स्वतन्त्रता और न्याय की नवीन शक्ति तथा उपनिवेशवाद की प्राचीन शक्ति में है।"

स्पष्ट है कि डॉ. सुकर्णो ने उपनिवेश का वह प्रमुख आधार माना जिसके कारण विभिन्न प्रकार की समस्याएँ व मतभेद पैदा हुये। इसके विपरीत उसी सम्मेलन में पंडित नेहरू ने उपनिवेशवाद के विरोध को प्राथमिकता न देकर शान्ति की समस्या को महत्त्व दिया। उन्होंने स्पष्ट किया कि साम्राज्यवाद, उपनिवेशवाद, प्रजातीय विभेदवाद और इस तरह की सभी अन्य बातें अन्तर्राष्ट्रीय संकटों के सामने नगण्य हैं। अफ्रीका के प्रतिनिधियों और उसकी जनता को सम्भवतः नेहरू के विचार पसन्द नहीं आये क्योंकि पराधीन व्यक्ति के लिए शान्तिपूर्ण सुखमय संसार का कोई महत्त्व नहीं है। उन्होंने स्वतन्त्रता को इतना महत्त्वपूर्ण व प्रभावी माना कि सम्पूर्ण नीतियों को इसके अभाव में अपूर्ण माना।

इस विश्लेषण से यह मानना कि भारत ने उपनिवेशावाद का विरोध करना छोड़ दिया है, गलत होगा। सिद्धान्त के रूप में उपनिवेशवाद के विरोध भारतीय विदेश-नीति का मुख्य तत्त्व बना हुआ है यद्यपि इस पर पहले की अपेक्षा अब कम बल दिया जाता है।

एशियाई-अफ्रीकी राष्ट्रों का संगठन

दिल्ली का एशियाई सम्मेलन—भारत की यह एक प्राचीन व महत्त्वपूर्ण धारणा रही है कि यह एशियाई देशों के साथ सकारात्मक व्यवहार का पक्षधार रहता है। स्वतन्त्रता पूर्ण भी यह देश एशियाई देशों को एक साथ रखने के लिये भी प्रयत्नशील था। पंडित नेहरू के प्रोत्साहन से इण्डिया कौंसिल ऑफ वर्ल्ड अफैयर्स ने मार्च 1947 को दिल्ली में एक एशियाई सम्मेलन का आयोजन किया। यद्यपि यह सम्मेलन व्यक्तिगत स्तर पर हुआ था, लेकिन इसमें एशिया के प्रायः सभी राष्ट्रों के राष्ट्रवादी नेता शामिल हुई थे और यह ऐसा प्रथम प्रयास था जिसमें एशियाई देशों की एकजुटता को प्रर्याप्त स्थान दिया गया और इसमें भारत ने मुख्य भूमिका अदा की सम्मेलन ने उपनिवेशवाद और प्रजातीय विभेद का घोर विरोध किया। चूँकि भारत स्वयं उपनिवेशवाद विरोधी था इसलिए यदि किसी भी एशियाई देश को उपनिवेशवाद के साथ व उसके संरक्षण की बात होती थी तो उसका विरोध समस्त एशियाई राष्ट्रों में एक साथ होता था लेकिन जैसा कि नेहरू ने कहा था—"इस सम्मेलन के बारे में सबसे महत्त्वपूर्ण बात यह है कि इस प्रकार का एक सम्मेलन हुआ। सम्मेलन ने एक स्वर से यह विचार व्यक्त किया कि एशिया से उपनिवेशवाद का शीघ्रातिशीघ्र अन्त होना चाहिये, उसके अन्त का मार्ग प्रशस्त कर दिया।" इसके बाद जब भी किसी साम्राज्यवादी देश ने एशिया के किसी राष्ट्र पर उपनिवेशवाद लादने का प्रयत्न किया तो सम्पूर्ण एशिया में एक स्वर में विरोध जताया उदाहरणार्थ—इंडोनेशिया पर डच साम्राज्य के साथ ऐसी ही बात हुई। जब दिसम्बर 1948 में हालैंड की सरकार ने इंडोनेशियाई गणराज्य को पुनः अपना उपनिवेश बनाने का प्रयास किया तो एक दूसरा एशियाई सम्मेलन आवश्यक हो गया।

फ्रांसीसियों व डचों का इण्डोनेशिया पर आक्रमण समस्त एशियाई देशों की गरिमा व व्यवस्था का विरोध था। इसको ध्यान में रखते हुए जनवरी 1949 में नयी दिल्ली में इस तरह के एक सम्मेलन का आयोजन हुआ जिसमें एशिया के पन्द्रह देश तथा आस्ट्रेलिया और न्यूजीलैंड शामिल हुए। नई दिल्ली के इस प्रभावी सम्मेलन में भारत के हस्तक्षेप द्वारा डच साम्राज्यवाद की पुनर्स्थापना की कोशिश को खत्म कर दिया गया।

बांडुंग सम्मेलन—दिल्ली एशियाई सम्मेलन में इण्डोनेशिया की समस्या विचार-विमर्श के पश्चात् इसमें बहुत से बदलाव हुए। इस सफलता ने इस तथ्य को सिद्ध कर दिया कि यदि एशिया के राज्य एक दूसरे के साथ सहयोग करते रहे तो उनकी अधिकांश समस्याओं का समाधान हो सकता है। अतएव उसी समय से एक दूसरे सम्मेलन आयोजित करने की आवश्यकता का अहसास होने लगा। इसी समय जनवरी, 1954 में श्रीलंका के प्रधान मंत्री सर जॉन कोटेलवाला का भारत आगमन हुआ और उनके सुझाव पर बर्मा, श्रीलंका, भारत हिन्देशिया तथा पाकिस्तान के प्रधान मन्त्रियों का एक सम्मेलन 28 अप्रैल, 1954 को कोलम्बो में हुआ। यह स्पष्ट किया गया कि एशिया एवं अफ्रीकी देशों

का सम्मेलन समस्या का समाधान करने में मदद करेगा। इस सम्मेलन के स्वरूप पर विचार करने के लिए इन पाँचों राष्ट्रों के प्रधान मन्त्रियों का एक और सम्मेलन 28 दिसम्बर, 1954 को बोगीर में हुआ। यहाँ इंडोनेशिया के नगर बांडुंग में एक सम्मेलन बुलाने का निर्णय किया गया।

बांडुंग सम्मेलन का आयोजन 18 अप्रैल 1955 को किया गया। इसमें में भी उपनिवेशिक व्यवस्था का विरोध इतना अधिक हुआ कि पंचशील के सिद्धांतों को व्यापकता प्रदान करना पड़ा। उसमें पाँच सिद्धांतों के अनुरूप आचरण करने का वचन दिया गया। एशिया और अफ्रीका के राष्ट्रों ने परस्पर सहयोग का शपथ लिया और इस प्रकार ''बांडुंग के वातावरण'' का प्रादुर्भाव हुआ। बांडुंग सम्मेलन को आशातीत सफलता मिली। इसमें पं. जवाहर लाल नेहरू ने महत्त्वपूर्ण भूमिका अदा की।

इस प्रकार आजाद भारत ने एशियाई-अफ्रीकी देशों को संगठित करने का प्रयास किया ताकि एशिया-अफ्रीका से पश्चिम साम्राज्यवाद को समाप्त किया जाए तथा उनका आर्थिक विकास हो। एशियाई-अफ्रीका देशों को संगठित करने के भारतीय प्रयास का एक और महत्त्वपूर्ण परिणाम निकला, संयुक्त राष्ट्रसंघ में एशियाई-अफ्रीकी देशों का एक गुट तैयार हो गया है जिसने संयुक्त राष्ट्रसंघ के स्वरूप को बहुत हद तक परिवर्तित कर दिया। एशियाई व अफ्रीकी देशों का गुट एक ऐसा है जिसकी उपेक्षा करके किसी भी निर्णय को प्राथमिकता नहीं दी जा सकती।

1960ई. से चीन भारत पर यह आरोप लगाता रहा है कि भारत अफ्रीकी-एशियाई संगठन में फूट पैदा करने की नीति का सहारा ले रहा है। यह आरोप निराधार और गलत है। वास्तविक तथ्य यह है कि चीन स्वयं अफ्रीकी-एशियाई संगठन के मंच को अपने प्रचार का प्रमुख स्थल बनाने का प्रयास करता आ रहा है और जब भारत इसका विरोध करता है तो चीन उसके खिलाफ आरोप लगाने लगता है। अफ्रीकी-एशियाई संगठन की भावना में भारत का अटूट विश्वास है और यह उसकी विदेश-नीति का एक प्रमुख तत्त्व है। भारत का अफ्रीका-एशियाई देशों के सम्मेलनों में भागीदारी निभाने का प्रमुख कारण बांडुंग सम्मेलन में भाग लेना है।

बेलग्रेड और दारेस्सलाम सम्मेलन तथा भारत—मिस्र की राजधानी काहिरा में सम्मेलन के उपरांत तटस्थ राज्यों का किसी भी प्रकार का कोई सम्मेलन नहीं किया गया, परिणामतः इस प्रकार का सम्मेलन अति आवश्यक प्रतीत होता था। इसी को स्पष्ट करते हुए जुलाई 1969 में पचास तटस्थ देशों का सम्मेलन बेलग्रेड में हुआ। इसमें हिस्सा लेने के लिए भारत की ओर से विदेश सचिव त्रिलोकीनाथ कौल को भेजा गया। बेलग्रेड सम्मेलन में यह सवाल उठा कि किन-किन राज्यों को तटस्थ माना जाये। कुछ प्रतिनिधिमण्डलों ने निरपेक्ष राष्ट्रों की परिभाषा बदलने का प्रयत्न किया लेकिन भारत ने इसका प्रतिरोध किया। भारतीय प्रतिनिधि का कहना था कि गुट-निरपेक्षता के बुनियादी सिद्धान्तों में कोई भी

परिवर्तन नहीं हुआ है जिससे निरपेक्षता का स्वरूप ही बदल जाए। सम्मेलन की वैधता व पारदर्शिता बनाये रखने के उद्देश्य से भारत ने सम्मेलन को पाँच आधार सिद्धांत प्रेषित किये।

बेलग्रेड सम्मेलन के बाद गुटनिरपेक्ष राज्यों का दूसरा सम्मेलन दारेस्सलाम में अप्रैल 1970 में हुआ। इसका प्रयोजन एक बृहत् शिखर सम्मेलन की तैयारी करना था। अनेक पेचीदे सवालों पर विचार-विमर्श के बाद यह निश्चय किया गया कि गुट-निरपेक्ष देशों का शिखर सम्मेलन जाम्बिया की राजधानी लुसाका में हो।

लुसाका सम्मेलन में भारत की भूमिका—लुसाका में 8 सितम्बर 1970 में 63 देशों का जो सम्मेलन हुआ उसका प्रमुख लक्ष्य गुटनिरपेक्ष देशों की आर्थिक समस्या, उपनिवेशवाद एवं प्रजातिवाद स्तर पर समस्या-समाधान पर दृष्टिकोणों से विचार किये गए। भारत सरकार आरंभ में यह सम्मेलन बुलाने के विरोध में रही। पहले तो उसने कई सालों तक टाल-मटोल की, फिर जब देखा कि अधिकांश गुट-निरपेक्ष देश यह चाहते हैं कि सम्मेलन हो तो भारत भी अनमने मन से राजी हुआ। लेकिन भारत में यह सम्मेलन आयोजित करने से इंकार कर दिया। इस में गुट-निरपेक्षता के आधार तीन देश रहे हैं-- भारत, यूगोस्लाविया और संयुक्त अरब गणराज्य। प्रथम सम्मेलन यूगोस्लाविया की राजधानी बेलग्रेड में हुआ था, दूसरा सम्मेलन संयुक्त अरब गणराज्य की राजधानी काहिरा में। इसलिए तीसरा शिखर सम्मेलन भारत की राजधानी दिल्ली में होना चाहिए था और इस बात पर अनेक राष्ट्रों द्वारा बल दिया गया लेकिन सम्मेलन टालने के उद्देश्य से भारत ने आयोजित करने से मना कर दिया। भारत सरकार की यह धारणा थी कि यदि पाकिस्तान इस गुट निरपेक्ष सम्मेलन में अनुपस्थित हो जाये तो वह इस बैठक में सफलता अर्जित कर लेगा। संयोगवश यह धारणा सफल हुई।

बेलग्रेड में आयोजित प्रथम शिखर सम्मेलन में भारत की तरफ से नेहरू ने भाग लिया था। इसलिए सभी यही समझते थे कि लुसाका सम्मेलन में भी नेहरू की भूमिका बनी रहेगी। लेकिन काहिरा में 1964 में हुए दूसरे शिखर सम्मेलन में लाल बहादुर शास्त्री कई कारणों से हिस्सा नहीं ले पाये थे और सबसे बड़ा कारण था, 1962 के भारत-चीन युद्ध में हमारी इज्जत पर आयी आँच। लेकिन तृतीय शिखर सम्मेलन पर प्रधान मंत्री इन्दिरा गाँधी का प्रभाव छाया रहा। उन्होंने तटस्थ देशों की इस सम्मेलन पर अपना प्रभाव डाला। यह एक ऐसा सम्मेलन था कि इसमें भारतीय प्रतिनिधिमण्डल के सदस्य पूरी तरह से प्रभावी रहे। सम्मेलन से पूर्व हुई परराष्ट्रमन्त्रियों की बैठक का प्रायः पूरा संचालन सरदार स्वर्णसिंह ने किया। वे राजनीतिक समिति के अध्यक्ष भी थे और सभी राजनीतिक समिति के अध्यक्ष भी सभी राजनीतिक फैसलों पर भारत की मुहर थी। भारतीय अधिकारी ही प्रस्तावों तथा घोषणा पत्रों तैयार किया था जिसे थोड़ा बहुत बदलाव के बाद स्वीकार किया गया।

लुसाका सम्मेलन भारतीय प्रतिनिधिमण्डल का अत्यधिक प्रभाव था। दिल्ली से रवाना होने से पूर्व सरदार स्वर्णसिंह ने दिल्ली में पत्रकारों को जो बताया था, ठीक वैसा ही हुआ।

इस प्रकार गुट-निरपेक्ष दुनिया में भारत ने पुनः चोटी का स्थान प्राप्त कर लिया। दूसरे शब्दों में कहा जा सकता है कि भारत-चीन युद्ध के समय अन्तर्राष्ट्रीय रंगमंच पर भारत ने जो खोया था, वह फिर प्राप्त कर लिया।

इस तरह से भारत ने एशियाई-अफ्रीकी राष्ट्रों को एक साथ लाने का पुरजोर प्रयास किया जो उसकी विदेश नीति की सार्थकता का परिचायक रहा। लेकिन यह आन्दोलन अब लुप्त-सा होता जा रहा है और इसको जीवित रखने के लिए भारतीय कूटनीति फिलहाल बिलकुल निष्क्रिय है। एशिया और अफ्रीका के देशों के संगठन का मुख्य आधार पश्चिमी साम्राज्यवाद का विरोध था और जैसे-जैसे उपनिवेशवाद समाप्त होता गया वैसे-वैसे संगठन की भावना भी कमजोर होती गयी। एशिया और अफ्रीका के देशों के अपने अलग-अलग हित और स्वार्थ हैं और इन हितों के बीच परस्पर संघर्ष का हो जाना स्वाभाविक है। एशिया के महान् देश, भारत और चीन अलग सुर अलाप रहे हैं। इसके कारण इस आन्दोलन को गहरा धक्का लगा। इसके अतिरिक्त एशियाई-अफ्रीकी देशों में संगठन की भावना कभी सुनिश्चित और स्पष्ट नहीं थी। अन्तर्राष्ट्रीय राजनीति का यह एक अस्थायी और क्षणभंगुर आन्दोलन था जिसका प्रयोग कुछ अंशों में उपनिवेशवाद के विरोध में किया गया। एशियाई एकता और संगठन के आन्दोलन को इससे अधिक महत्त्व नहीं दिया जा सकता है।

इसके अलावा भी इन समिति के अन्तर्गत सम्पूर्ण एशियाई राष्ट्रों को संगठित करने में भारत के द्वारा दिये गये योगदान काफी सराहनीय रहे हैं। भारत के अनुसार औद्योगिक क्षेत्र एवं जनसंख्या की दृष्टि से एशिया और अफ्रीका का पर्याप्त महत्त्व होना चाहिए और उनकी आवाज को प्रभावपूर्ण माना जाना चाहिए। भारत ने इन देशों की मैत्री अर्जित करने के लिए इनके आर्थिक विकास में यथासम्भव सहयोग दिया और उनके हित एवं प्रभाव को बढ़ाने के प्रत्येक अवसर का लाभ उठाया। जब कभी भी एशिया के लोगों के हितों को ठेस पहुँचायी जाती रही है अथवा उनकी आवाज को दबाया गया है तो भारत ने अपनी पूरी शक्ति से विरोध किया। यह भारत के लिए स्वाभाविक है। प्राचीन समय में भी हमारे देश की सभ्यता एवं संस्कृति ने एशियाई राष्ट्रों के उपर अपना प्रभाव छोड़ा था और खुद की विभिन्न क्षेत्रों के अन्तर्गत प्रभाव में आया था।

एशियाई राष्ट्रों को उनका समुचित सम्मान प्रदान करवाने में भारत हमेशा प्रयासरत रहा परन्तु उसने कभी भी इस महाद्वीप को अन्य महाद्वीपों के लोगों से पूरी तरह अलग रखना न चाहा और न दूसरों की तुलना में अनावश्यक सर्वोच्चता प्रदान करने का पक्ष लिया। भारत एशिया के लोगों को दूसरे महाद्वीपों के लोगों के समान महत्त्व एवं गौरव दिलाना चाहता था जिससे कि वह न्यायपूर्ण तरीके से एक दीर्घावधि से दूर रखे गये थे।

भारत और संयुक्त राष्ट्रसंघ

संयुक्त राष्ट्र संघ का सबसे बड़ा अनुगामी भारत है। इस सन्दर्भ में भारत के प्रथम प्रधानमन्त्री पं. जवाहर लाल नेहरू ने कहा है कि "हम संयुक्त राष्ट्रसंघ के बिना आधुनिक संसार की कल्पना नहीं कर सकते।" इस वैश्विक संगठन की स्थापना द्वितीय विश्व-युद्ध के पश्चात् विश्व में शांति स्थापित करने के लिए हुई थी। लेकिन जब संसार दो विरोधी गुटों में बँट गया तो संसार के कुछ प्रमुख देश संयुक्त राष्ट्रसंघ की उपेक्षा करने लगे। परंतु भारत हमेशा से संयुक्त राष्ट्र संघ के नियमों का पालन किया है। दुखी और सन्त्रप्त मानवता के परित्राण का यह एकमात्र स्रोत है। यदि इसकी उपेक्षा की गयी तो दुनिया महाविनाश के गर्त में गिर जायगा। संयुक्त राष्ट्र संघ के कार्यों में भारत बढ़चढ़ कर हिस्सा लेता है। संयुक्त राष्ट्रसंघ में भारत हमेशा अपने उच्च कोटि के राजनेता को अपना प्रतिनिधि बनाकर भेजता है जो इसके वाद-विवादों में भाग लेता है। भारत को भी सुरक्षा परिषद् की अस्थायी सदस्यता प्राप्त है। भारत की प्रतिनिधि के रूप में श्रीमती विजयलक्ष्मी पंडित साधारण सभा का सभापतित्व कर चुकी हैं। संयुक्त राष्ट्रसंघ का शायद ही कोई ऐसा अधिवेशन रहा हो जिसमें भारत ने कुछ प्रस्ताव न रखे हों संयुक्त राष्ट्रसंघ का समर्थन एवं मदद भारत् ने सबसे अधिक की है। शान्ति के रक्षार्थ, संयुक्त राष्ट्रसंघ के आदेश पर भारतीय सैनिक कोरिया, मिस्र कांगों आदि देशों में भेजे गये।

राष्ट्रसंघ को विश्वव्यापी बनाने में भारत का महत्त्वपूर्ण योगदान है। कोरिया-युद्ध के बाद संयुक्त राष्ट्रसंघ में नए राज्यों को संघ की सदस्यता प्रदान करने के प्रश्न पर गतिरोध पैदा हो गया था। सोवियत रूस और अमेरिकी गुट दोनों नये सदस्य बनाने का विरोध कर रहे थे। इस कारण संयुक्त राष्ट्रसंघ में नये स्वतन्त्र देशों का प्रवेश असम्भव हो गया। भारत ने इस गतिरोध को खत्म करने की भरपूर कोशिश की।। नवम्बर 1955 में जब मार्शल बुल्गानिन और ख्रुश्चेव भारत आये तो पंडित नेहरू ने उनसे इस समस्या पर बातचीत की और अन्त में यह तय हुआ कि अमेरिका सोवियत रूस द्वारा समर्थित देशों का विरोध न करे और इसी प्रकार सोवियत रूस की सदस्यता का प्रश्न वर्तमान समय में त्याग दिया जाए। 8 सितम्बर सन् 1955 को इस समझौते के आधार पर संघ की सामान्य सभा द्वारा एक प्रस्ताव पारित करके 18 नये देशों को संघ का सदस्य बनाने की पेशकश को। चीन ने वीटो अधिकार का उपयोग करके निरस्त करा दिया। इसके बाद सोवियत संघ ने भी वीटो का प्रयोग आरंभ किया। फिर एक कठिन परिस्थिति पैदा हो गयी। इसके समाधान में भारतीय प्रतिनिधि वी.के. कृष्णमेनन ने बड़े प्रयास किये जिससे नये राज्यों की सदस्यता का सवाल कुछ हद तक हल हो गया। इस प्रकार भारत ने इस जटिल अन्तर्राष्ट्रीय समस्या को हल करने में अपना सहयोग दिया।

संयुक्त राष्ट्र संघ से सम्बन्धित संस्थानों में भारत भी हिस्सा लेता रहा है। अन्तर्राष्ट्रीय श्रम संगठन तथा संयुक्त राष्ट्र आर्थिक, वैज्ञानिक एवं सांस्कृतिक संगठन के

कार्यों में उसकी विशेष रुचि रही है। इस प्रकार भारत संयुक्त राष्ट्रसंघ का प्रबल समर्थक है। यह भारतीय विदेश-नीति का महत्त्वपूर्ण पहलू है।

विगत वर्षों के अन्तर्गत भारतीय नेताओं ने संयुक्त राष्ट्र संघ की अनेक शाखाओं तथा उसकी विभिन्न आयोगों एवं विशेष समितियों में उत्साहपूर्वक भाग लेकर काफी ख्याति प्राप्त की है। इसके अतिरिक्त अन्तर्राष्ट्रीय न्यायालय में बी.एन. राव ने न्यायाधीश के पद पर कार्य किया। डॉ. राधाकृष्णन यूनेस्को के सर्वोच्च पद पर रह चुके हैं। अन्तर्राष्ट्रीय संगठनों में भारत का यह सम्मान भारतीय विदेश-नीति की सफलता का द्योतक है।

भारत संयुक्त राष्ट्र संघ के ऊपर काफी भरोसा रखता है और उसकी यह नीति है कि दुनिया के अन्तर्राष्ट्रीय विवादों को सुलझाने में इस विश्व-संस्था का अधिकाधिक प्रयोग किया जाय। संयुक्त राष्ट्रसंघ के प्रति भारत के अटूट विश्वास का प्रबल प्रमाण भारत-पाकिस्तान युद्ध के समय सुरक्षा-परिषद् के युद्ध-विराम प्रस्तावों का भारत द्वारा तत्काल स्वीकृति है। इस काल में एक महीने के अन्दर सुरक्षा-परिषद् की तीन बैठकें हुईं और प्रस्ताव पारित हुए। भारत ने इन सम्पूर्ण प्रस्तावों को मानने में कोई आना-कानी नहीं की। जहाँ पाकिस्तान ने इन प्रस्तावों को मानने में आनाकानी की वहाँ भारत युद्ध में विजयी होते हुए भी सुरक्षा-परिषद् के प्रस्तावों को सहर्ष स्वीकार करने में जरा भी संकोच का प्रदर्शन नहीं किया।

उपर्युक्त वर्णित तथ्यों के आधार पर हम कह सकते हैं कि हमारा देश प्रारम्भिक दौर से ही संयुक्त राष्ट्र संघ का साथ दिया है। इसी कारण वह 1966ई. के अन्त में दुबारा सुरक्षा-परिषद् का अस्थायी सदस्य चुना गया। विश्व राजनीति के क्षेत्र में यह उसकी एक बड़ी उपलब्धि मानी जायगी। इस चुनाव के फलस्वरूप 1 जनवरी, 1967ई. को भारत से सुरक्षा-परिषद् में अपना स्थान लिया। 1968ई. के फरवरी, अप्रैल में भारत ने नयी दिल्ली में अंकटाड' का द्वितीय सम्मेलन बुलाकर भी संघ के प्रति अपनी निष्ठा का प्रदर्शन किया।

2

भिन्न-भिन्न नेतृत्वकर्ताओं की विदेश नीति

(Foreign Policy of Different Indian Leadership)

सम्पूर्ण विश्व में भारत की विदेश नीति को अद्वितीय स्थान है क्योंकि भारत हमेशा शांति की नीति का पक्षधर है और पड़ोसी की कोशिश की है। भारत सन् 1947 में स्वाधीन हुआ, उस समय अनेक तरह की समस्याएँ विद्यमान थीं जिसके समाधान के लिए एक कुशल नेतृत्व की जरूरत थी। ऐसी विकट परिस्थिति में पंडित जवाहरलाल नेहरू को प्रधानमन्त्री बनाया गया।

भारतीय विदेश नीति (1947-1964)

(Indian Foreign Policy in Nehru Period (1947-1964))

पंडित जवाहर लाल नेहरू स्वतंत्र भारत के प्रथम प्रधानमन्त्री बने एवं इन्हीं के पास विदेश मन्त्री का कार्यभार भी था। इनके नेतृत्व में भारतीय विदेश नीति मुख्य रूप से निम्न दिशा में काम करने का प्रयत्न किया–

अस्वतन्त्र राष्ट्रों की स्वतन्त्रता के संघर्ष का समर्थन, जातीय भेद-भाव, रंगभेद का विरोध, सभी राष्ट्रों से मैत्री स्थापित करने का प्रयास, संयुक्त राष्ट्र से सक्रिय सहयोग, शान्ति स्थापना हेतु पश्चिमी गुट और साम्यवादी गुट के बीच सेतुबन्ध का प्रयास तथा राष्ट्रीय हितों की सुरक्षा का कार्य।

सम्पूर्ण विश्व से मैत्रीपूर्ण सम्बन्ध

भारतीय प्रधानमंत्री पं. जवाहरलाल नेहरू संसार के सम्पूर्ण राष्ट्रों से मित्रता बनाये रखने के लिए अत्यधिक प्रयासरत थे। द्वितीय विश्व युद्ध के बाद विश्व अमेरिका और

सोवियत रूस के नेतृत्व में दो विरोधी गुटों में विभाजित हो गया था। भारत ने दोनों में से किसी भी गुट से असंलग्न रह कर दोनों से ही मैत्री सम्बन्ध स्थापित करने का प्रयास किया। शुरू में दोनों ही विश्व शक्तियाँ भारतीय विदेश नीति के मूल सिद्धांतों को समझ नहीं सकीं। भारत को अमेरिका ने समाजवाद का दोस्त माना और रूस ने भारत को अमेरिका का मित्र कहा। इससे समय-समय पर गम्भीर मतभेद/भ्रान्तियाँ पनपती रहीं परन्तु दिसम्बर 1959 में अमेरिका के राष्ट्रपति आइजनहावर की भारत की यात्रा के बाद भारत और अमेरिका के सम्बन्धों में एक नया मोड़ आया। अमरीकन उप-राज्य सचिव डगलस डिल्लों ने 22 मार्च 1960 को सीनेट की विदेश सम्बन्धों की समिति के सामने कहा है कि भारत का आर्थिक विकास "अमरीकन विदेश नीति का एक मुख्य उद्देश्य बन गया है।"

भारत और रूस के बीच भी जून 1955 में नेहरू की रूस यात्रा और नवम्बर-दिसम्बर 1955 में खुश्चेव और बुल्गानिन की भारत यात्रा से भ्रान्तियाँ खत्म हो गईं। इस प्रकार भारत अमेरिकन तथा भारत-रूसी सम्बन्ध प्रगाढ़ होते गए।

भारत ने एशिया तथा अफ्रीका के नवीन देशों से मित्रता सम्बन्धों को और अधिक प्रभावशाली बनाया। इन राष्ट्रों ने भी भारत के समान असंलग्नता की नीति को अपनाया। इस प्रकार भारत 'तटस्थ विश्व ' का नेता स्वीकार किया जाने लगा। सन् 1962 तक वह निर्विवाद 'तटस्थ विश्व' का सर्वमान्य नेता था। भारत ने आरम्भ से एशियाई-अफ्रीका ऐक्य की वृद्धि को अपनी विदेश नीति का एक प्रधान लक्ष्य माना। सन् 1947 में नई दिल्ली में एशियाई-अफ्रीकी देशों का एक सम्मेलन आयोजित किया गया। इसी क्रम में 1955 ई. के बांडुंग सम्मेलन के आयोजन का श्रेय भी भारत को है। भारत ने सन् 1961 के पड़ोसी देशो के बेलग्रेड सम्मेलन में जमकर हिस्सा लिया। परन्तु 1962 ई. में चीन द्वारा भारत पर आक्रमण ने इस एकता के प्रतीक, तटस्थ विश्व के नेता के अन्तर्राष्ट्रीय विश्वास को गहरा आघात पहुँचाया। इससे न केवल भारत और चीन के सम्बन्ध कटु हुए अपितु इण्डोनेशिया आदि कुछ देशों ने चीन की शक्ति से भयभीत होकर भारत विरोधी दृष्टिकोण अपनाया।

राष्ट्रमण्डल की सदस्यता ग्रहण करके भारत ने ब्रिटेन तथा राष्ट्रमण्डल के अन्य सदस्यों से भी मित्रता की है, केवल कश्मीर समस्या के कारण पाकिस्तान से तथा रंगभेद नीति के कारण दक्षिण अफ्रीका से भारत के सम्बन्ध अच्छे नहीं रहे हैं।

संयुक्त राष्ट्रसंघ में योगदान

भारत के संविधान के 51वें अनुच्छेद के अन्तर्गत विश्व शान्ति तथा न्याय की अभिवृद्धि के जिन आदर्शों पर जोर दिया गया है, वे ऐसे आदर्श हैं, जिनकी प्राप्ति संयुक्त राष्ट्र का प्रधान लक्ष्य है। संयुक्त राष्ट्रसंघ की स्थापना का भारत ने जोरदार स्वागत किया था। अतः यह स्वाभाविक ही है कि भारत ने संयुक्त राष्ट्र को प्रभावशाली बनाने का प्रत्येक

सम्भव प्रयास किये। भारत ने 1945 ई. के सैन फ्रांसिस्को सम्मेलन में संयुक्त राष्ट्र चार्टर का प्रारूप बनाने में भाग लिया। संयुक्त राष्ट्रसंघ में प्रवेश भारत ने एक प्रारंभिक सदस्य के रूप में 30 अक्टूबर 1945 को किया। स्वतन्त्रता प्राप्ति के बाद भारत न केवल संयुक्त राष्ट्र का सदस्य बना रहा। अपितु वह उसके उन सभी संस्थाओं और विशिष्ट समितियों का भी सदस्य बन गया, जो संयुक्त राष्ट्र परिवार का अंग मानी जाती है।

भारत 1950-51 और 1967-68 के समय सुरक्षा परिषद का अस्थायी सदस्य था। अनेक बार आर्थिक और सामाजिक परिषद् का सदस्य रहा है। अनेक भारतीय संयुक्त राष्ट्र के सम्मानित पदों पर सुशोभित हो चुके हैं। श्रीमती विजय लक्ष्मी पण्डित संयुक्त राष्ट्र की महासभा के आठवें अधिवेशन की अध्यक्ष निर्वाचित हुई थीं। नवम्बर 1956 में आर. बी. सेन 4 वर्ष के लिए संयुक्त राष्ट्र खाद्य और कृषि संगठन के डायरेक्टर जनरल चुने गए। वे 1960 और 1963 ई. में पुनः इस पद पर निर्वाचित हुए थे। बी. एन. राव अन्तर्राष्ट्रीय न्यायालय के न्यायाधीश रहे। जगजीवन राम अन्तर्राष्ट्रीय श्रम संगठन के 33वें अधिवेशन के अध्यक्ष चुने गए थे। अन्तर्राष्ट्रीय मुद्रा कोष का अध्यक्ष चिन्तामणि देशमुख व यूनेस्को की कार्यसमिति का अध्यक्ष डॉ. राधाकृष्ण को बनाया गया था। डॉ. होमी. जे भाभा 1955 ई. में हुए आणविक शक्ति के शन्तिपूर्ण उपयोग सम्बन्धी प्रथम सम्मेलन के अध्यक्ष चुने गए थे। प्रोफेसर एम. एस. थेकर साइंस और टेक्नॉलोजी पर संयुक्त राष्ट्र सम्मेलन, जो कि 1962 में जेनेवा में आयोजित हुआ था, के अध्यक्ष थे। सन् 1964 में जेनेवा में हुए व्यापार और विकास पर संयुक्त राष्ट्र सम्मेलन में भारत ने भाग लिया और उसे व्यापार और विकास बोर्ड का एक सदस्य भी निर्वाचित किया गया।

संयुक्त राष्ट्र के कार्यों में भारत ने महत्त्वपूर्ण योगदान दिया है। उसने कोरिया में एक डाक्टर को समूह चिकित्सा सेवा के लिए भेजा था। गाजा में संकट के समय संयुक्त राष्ट्र सेना के रूप में अपनी सेना भेजी थी। कांगो में भी संयुक्त राष्ट्र सेना के लिए अपनी सैन्य टुकड़ियाँ भेजी थीं। भारत के जनरल के. एस. थिमैया साइप्रस में संयुक्त राष्ट्र सेना के कमांडर रहे थे। संयुक्त.राष्ट्र बाल आपातू कोष (यूनीसेफ) खाद्य और कृषि संगठन व विश्व स्वास्थ्य समूह के प्रादेशिक कार्यालय भारत में स्थित हैं। यू. एन. टेक्निकल असिस्टेंस बोर्ड, स्पेशल फंड, यू. एन. इनफार्मेशन सर्विस, अन्तर्राष्ट्रीय श्रम संघ, यूनेस्को और विश्व बैंक ने भी भारत में अपने-अपने कार्यालय स्थापित किए हैं।

भारत में अधिकांश संयुक्त राष्ट्र संगठनों के अन्तर्राष्ट्रीय सम्मेलन आयोजित किये गये हैं। फरवरी-अप्रैल, 1968 में नई दिल्ली में अंकटाड (यूनाइटेड नेशन्स कान्फ्रेंस आन ट्रेड एण्ड डेवलपमेण्ट) का द्वितीय सम्मेलन आयोजित हुआ था। भारत ने संयुक्त राष्ट्र की निःशस्त्रीकरण सम्बन्धी गतिविधियों में भी सक्रिय भाग लिया। वह संयुक्त-राष्ट्र की अठारह सदस्यों की निःशस्त्रीकरण समिति और 'यू. एन. कमेटी आन दि पीसफुल यूजेज आफॅ आउटर स्पेश' का सदस्य बना।

भारत के प्रधानमंत्री पं. जवाहरलाल नेहरू ने सन् 1961 में हुए महा सम्मेलन के अधिवेशन में अपने विचारों को प्रस्तुत करते हुए कहा था कि एक वर्ष अन्तर्राष्ट्रीय सहयोग के लिए दिया जाना चाहिए। उसके बाद भारत की पहल पर महासभा ने सन् 1965 को अन्तर्राष्ट्रीय सहयोग वर्ष घोषित कर दिया और उससे सम्बन्धित कार्यक्रम को तैयार करने के लिए भारत सहित 12 राष्ट्रों की एक समिति नियुक्त की थी। इस प्रकार भारत दाता और अदाता दोनों ही प्रकार से संयुक्त राष्ट्र प्राविधिक सहायता दे रहा है जिसकी कुल लागत 990 लाख डालर है, जिसमें भारत सरकार ने 730 लाख डालर संयुक्तराष्ट्र को अधिक प्रभावशाली बनाने के उद्देश्य से उसके पुनर्गठन में देता रहा है। अन्य सदस्यों के साथ भारत संयुक्त राष्ट्र के खर्च के भार में भागी बनता है, उसने सामान्य बजट विधियों के लिए भी उदारतापूर्वक धन दिया है।

पाश्चात्य गुट और साम्यवादी गुट के बीच मध्यस्थ की भूमिका

अन्तर्राष्ट्रीय शान्ति स्थापना हेतु पाश्चात्य गुट और समाजवादी गुट के मध्य खुले द्वन्द्व को नियंत्रित और दोनों गुटों के मध्य एक पुल अथवा सेतु की भाँति कार्य करना भारत की विदेश नीति का एक प्रमुख उद्देश्य रहा है। इसके लिए भारत ने संयुक्त राष्ट्र में एशियाई-अफ्रीकी राष्ट्रों में एक प्रभावशाली सहयोग का संगठन किया है। विशेषतः कोरिया, हिन्द-चीन, स्वेज नहर सम्बन्धी संकटों के समय शान्ति स्थापना के कार्य में भारत ने बहुत महत्त्वपूर्ण भूमिका का निर्वाह किया था।

स्वतन्त्रता के पश्चात् सन् 1950 में उत्तरी कोरिया द्वारा दक्षिणी कोरिया पर धावा बोलने पर एक भयँकर लड़ाई छिड़ गयी। इस लड़ाई में अमेरिका और कुछ अन्य राष्ट्रों की सेनाओं ने संयुक्त राष्ट्र के झण्डे के नीचे दक्षिणी कोरिया की ओर से युद्ध में हिस्सा लिया, जबकि रूस और साम्यवादी चीन उत्तरी कोरिया की सहायता कर रहे थे। सितम्बर 1950 तक संयुक्त राष्ट्रीय सेनाओं ने उत्तरी कोरिया की सेनाओं को कोरिया की विभाजक रेखा 38^0 अक्षांश को पार करने का अनुरोध किया था। यदि भारत के अनुरोध को स्वीकार कर लिया जाता तो कोरिया युद्ध उसी समय खत्म हो जाता परन्तु ऐसा सम्भव न हो सका। फलस्वरूप युद्ध में चीन की लाल सेना ने उत्तरी कोरिया के पक्ष में संघर्ष को और तेज कर दिया जिसमें दोनों ओर से अनगिनत सैनिकों की मृत्यु हो गयी। सन् 1953 के कोरिया युद्ध की समाप्ति का श्रेय भी भारत को जाता है। युद्ध में बनाये गये बन्दियों के प्रश्न को हल करने में भारत ने महत्त्वपूर्ण भूमिका निभायी थी। इस प्रश्न को हल करने के लिए 5 तटस्थ राष्ट्रों भारत, स्वीडन, पोलैण्ड, चैकोस्लोवाकिया और स्विट्जरलैण्ड का एक आयोग गठित किया गया था; भारत इस आयोग का अध्यक्ष था। भारत ने संयुक्त राष्ट्र को अधिक प्रभावशाली बनाने के उद्देश्य से 3 नवम्बर, 1950 के 'शान्ति के लिए एकता प्रस्ताव' का समर्थन किया।

सन् 1954 में हिन्द-चीन में शान्ति स्थापित करने के लिए भारत ने एक महत्त्वपूर्ण भूमिका निभायी। भारत ने चीन में बन्दी अमरीकन पाइलटों को मुक्त कराने में महत्त्वपूर्ण योगदान दिया था। इसी प्रकार 1956 ई. में स्वेज नहर संकट के समय भारत ने एंग्लो फ्रांसीसी इजराइली आक्रमण का अन्त कराके शान्ति स्थापित करने के संयुक्त राष्ट्र के प्रयासों में सक्रिय सहयोग किया था।

स्वतंत्रता आन्दोलन का समर्थन

भारत ने पराधीन राष्ट्रों की स्वतंत्रता संघर्ष में हमेशा सहयोग किया है जिससे साम्राज्यवाद और उपनिवेशवाद का अन्त हो और विश्व के पराधीन राष्ट्रों को स्वतन्त्रता प्राप्त हो। द्वितीय विश्व युद्ध के बाद भारत ने संयुक्त राष्ट्र में डचों द्वारा इण्डोनेशिया पर अपनी सत्ता की पुनःस्थापना के प्रयासों का घोर विरोध किया। उसने संयुक्त राष्ट्र में लीबिया, ट्यूनीशिया, मलाया, हिन्द-चीन, गोल्ड कोस्ट और अल्जीरिया आदि की स्वतन्त्रता का मजबूत समर्थन किया था। भारत साइप्रस के विभक्तिकरण के पक्ष में नहीं था।

प्रजातीय विभेद और रंगभेद का विरोध

भारत एक पंथ निरपेक्ष राष्ट्र है। यहाँ भिन्न-भिन्न समुदाय, जाति, वर्ग, रंग के लोग रहते हैं। अतः भारत जातीय भेदभाव व रंगभेद का विरोधी है। नवम्बर 1946 में संयुक्त राष्ट्र की महासभा के प्रथम अधिवेशन में ही भारत ने दक्षिण अफ्रीका की जातीय भेद-भाव की नीति की निन्दा करते हुए इस प्रश्न को उठाया था। संयुक्त राष्ट्र ने दक्षिण अफ्रीका की नीति की निन्दा करते हुए दक्षिण अफ्रीका के विरूद्ध आर्थिक प्रतिबन्धों के प्रयोग की व्यवस्था की थी। इस प्रकार भारत सम्पूर्ण विश्व के जातीय भेदभाव, रंगभेद के खिलाफ युद्ध कर रहा है।

राष्ट्रीय हितों की सुरक्षात्मक कार्य

देश एवं राष्ट्रीय कल्याणों की रक्षा करना भारत की विदेश नीति का एक महत्त्वपूर्ण उद्देश्य है। राष्ट्रीय हितों की रक्षा में तत्पर भारतीय विदेश नीति के समक्ष अनेक ऐसे मौके आए हैं जब अन्य राष्ट्रों के साथ उनके सम्बन्धों में तनाव और संघर्ष की स्थिति उत्पन्न हो गई विशेषतः पुर्तगाल, पाकिस्तान और चीन के साथ उनके सम्बन्ध कटु ही नहीं अपितु एक सीमा तक शत्रुतापूर्ण भी हो गए हैं। पुर्तगाल से भारत की शत्रुतावृत्ति का कारण गोआ, दमन और दीव प्रदेश थे। इन प्रदेशों पर पुर्तगाली उपायों के विफल हो जाने के बाद मजबूर होकर भारत ने दिसम्बर 1961 में इन उपनिवेशों को स्वतन्त्र कराने के लिए सैनिक कार्यवाही की थी। पाकिस्तान से कश्मीर विवाद के कारण तथा चीन से सीमा विवाद के कारण भारत से अभी भी शत्रुतावृत्ति बनी हुई है।

नेहरू की नीति का मूल्यांकन

भारत की विदेश नीति में विकसित विवाद इस बात को स्पष्ट करती है कि सन् 1947 से 1951 तक भारत का विदेशीय विश्वास में काफी वृद्धि हुई है। भारत ने दोनों गुटों से असंलग्न रहते हुए शीतयुद्ध को तेजी को कम करने का प्रयास किया। आरम्भ में दोनों गुटों ने भारत को सन्देह की दृष्टि से तौला लेकिन धीरे-धीरे उन्होंने भारत की शान्तिप्रियता को ग्रहण करना प्रारंभ कर दिया। सन् 1950 में कोरिया और 1654 में हिन्द चीन में दोनों पक्षों में समझौता कराने में भारत ने अत्यन्त महत्त्वपूर्ण भूमिका का निर्वाह किया। इसी बीच भारत, साम्यवादी चीन और पश्चिमी जगत के मध्य सम्पर्क का प्रधान माध्यम बन गया। सन् 1954 में भारत ने पंचशील की घोषणा की, जिसका विश्व के अनेक राष्ट्रों ने उत्साहपूर्ण स्वागत किया। इस घोषणा के बाद से भारत को शन्तिपूर्ण सह-अस्तित्व का प्रधान प्रवक्ता माना जाने लगा। 1955 के बांडुंग सम्मेलन में भारत को एशिया और अफ्रीका के असंलग्न राष्ट्रों के नेता के रूप में देखा जाने लगा। सन् 1956 तक भारत की प्रतिष्ठा अन्तर्राष्ट्रीय जगत में शिखर पर पहुँच गई थी। स्वेज नहर पर एंग्लो फ्रेंच आक्रमण के उसके तीव्र विरोध ने उसे एशिया और अफ्रीका में साम्राज्यवाद के तीव्र विरोधी और स्वाधीनता के मजबूत समर्थक के रूप में अत्यधिक लोकप्रिय बना दिया। पामर तथा परकिन्स ने सन् 1957 में कहा था कि, "भारत संयुक्त राष्ट्र में शक्तिशाली अफ्रीकी एशियाई वर्ग का प्रधान संगठनकर्ता था और अब उसका मान्यताप्राप्त नेता है।" परन्तु 1956 ई. के बाद आन्तरिक और अन्तर्राष्ट्रीय घटनाक्रम के कारण नेहरू को कुछ झुकना पड़ा। संयुक्त राष्ट्र में केवल रूस ही कश्मीर के सम्बन्ध में भारत का पक्षधर रह गया। इस कारण नेहरू हंगरी में रूसी हस्तक्षेप की आलोचना से वंचित रहे और इससे हमारे देश के समाजवाद को गहरी चोट पहुँची।

भारत की विदेश नीति में चीन से मित्रता को महत्व दिया गया था। सन् 1961 में बेलग्रेड सम्मेलन में निकटवर्ती राष्ट्रों ने भारत के प्रति उपेक्षापूर्ण दृष्टिकोण अपनाया, जिससे भारत की अन्तर्राष्ट्रीय प्रतिष्ठा को गहरा आघात लगा। दिसम्बर 1961 में भारत ने सैनिक कार्यवाही कर गोआ से पुर्तगाली साम्राज्यवादियों को सफलतापूर्वक भगा दिया। 1962 ई. में भारत पर चीनी आक्रमण ने भारतीय विदेश नीति को लगभग निष्क्रिय ही कर दिया। इस संकट की घड़ी में पड़ोसी देशों ने भारत की सहायता नहीं की।

सन् 1962 में चीन द्वारा किया गया भारत पर आक्रमण एक युगप्रवर्तक घटना थी। इस घटना के अत्यन्त दूरगामी परिणाम हुए। भारत पर आक्रमण करने में चीन के प्रमुख चार उद्देश्य इस प्रकार थे—वह भारत को भयभीत कर उस भारतीय भूमि पर वैधानिक अधिकार की मान्यता प्राप्त करना चाहता था, जिस पर उसने अवैधानिक रूप से अधिकार कर लिया था, चीन एशिया और अफ्रीका में भारत की बढ़ती हुई लोकप्रियता को खत्म

करके अपना नेतृत्व स्थापित करना चाहता था, चीन भारत के अन्तर्राष्ट्रीय विश्वास से ईर्ष्या करता था और वह उस विश्वास को नष्ट करने के लिए कृतसंकल्प था, चीन रूसी यूरोपियन साम्यवादी गुट के समानान्तर अपनी नजर में एक एशियाई साम्यवादी गुट की स्थापना करना चाहता था। भारत की गुट-निरपेक्ष नीति इसमें बाधक थी, अतः चीन ने भारत पर आक्रमण किया।

चीन उपर्युक्त वर्णित उद्देश्यों को पूर्ण करने में पूरी तरह असफल रहा लेकिन इससे हमारे राष्ट्र के मान-सम्मान पर गहरी चोट लगी, चीन ने भारत के एशियाई-अफ्रीकी राष्ट्रों के नेतृत्व को खत्म कर दिया। मिश्र, श्रीलंका, बर्मा आदि अनेक मुख्य नजदीकी राष्ट्रों ने भारत-चीन विवाद में भी तटस्थता का दृष्टिकोण अपनाया, इण्डोनेशिया आदि अनेक राष्ट्र चीन समर्थक बन गए। चीनी आक्रमण से भारत और रूस संबंध भी प्रभावित होने से अछूता नहीं रहा। नवम्बर 1962 के बाद भारत 'एशिया का नेता अथवा प्रवक्ता' नहीं रह गया। रूस की दृष्टि में भारत का महत्त्व गिर गया। जिसके कारण इन दोनों देशों के सम्बन्धों की भावनाएँ परिवर्तित हो गयीं और भारत-रूस में मित्रता स्थापित हो गयी।

सन् 1962 में चीन के द्वारा हुई हार ने भारत की अन्तर्राष्ट्रीय प्रतिष्ठा को उसके निम्नतम बिन्दु तक पहुँचा दिया। उसे एक कमजोर राष्ट्र समझा जाने लगा। इस प्रकार नेहरू युग में भारतीय विदेश नीति के इतिहास को दो भागों में बाँटा जा सकता है, पहला युग (1947 से 1962 तक) जिसमें भारत ने जवाहर लाल नेहरू के नेतृत्व में एक शान्तिप्रिय और विकासशील राष्ट्र के रूप में अन्तर्राष्ट्रीय प्रतिष्ठा प्राप्त की। दूसरा युग (1962 के चीनी आक्रमण से लेकर नेहरू की मृत्यु 27 मई 1964) जिसमें भारतीय विदेश नीति लगभग असफल हो गई।

परिणामस्वरूप हम कह सकते हैं कि भारत की विदेश नीति अतिशयोक्तिपूर्ण प्रशंसा और अनुचित निंदा दोनों का ही विषय रही है। इसके प्रशंसकों का मानना है कि भारतीय विदेश नीति ने भारत को अन्तर्राष्ट्रीय क्षेत्र में अभूतपूर्व प्रतिष्ठा और सम्मान प्रदान किया है। भारत शान्तिदूत, दोनों गुटों के बीच का पुल, तटस्थ विश्व का नेता स्वीकार किया जाता है। जवाहर लाल नेहरू ने कहा था—"भारत का विश्व में व्यापक प्रभाव दृष्टिगत होता है। आज यदि कोई व्यक्ति विश्व के किसी भाग में चला जाए तो वहाँ शान्ति के साथ भारत का जुड़ा नाम पाएगा।

दूसरी ओर आलोचक भारतीय विदेश नीति को असफल और अविवेकपूर्ण मानते हैं। प्रथम, यह अत्यधिक आदर्शवादी और भावना प्रधान है। शान्तिदूत की प्रतिष्ठा पाने हेतु हमने अपने राष्ट्रीय हितों की उपेक्षा की है। तिब्बत सम्बन्धी नीति भारतीय विदेश नीति की आदर्शवादिता और असफलता का ताजा उदाहरण है।

चक्रवर्ती राजगोपालाचारी आदि विभिन्न नीति विशेषज्ञों ने असंलग्नता की नीति को हमारे राष्ट्रीय हितों के प्रतिकूल माना है। उनका कहना है कि इस नीति के कारण विश्व

का एक भी राज्य हमारा स्थायी मित्र नहीं रह गया है। चीन और पाकिस्तान हमारे दो शक्तिशाली दुश्मन हैं।

तृतीय पाश्चात्य और समाजवादी ये दोनों गुटों ने असंलग्नता की नीति को संदेहात्मक दृष्टि से तौला है। पश्चिमी शक्तियों ने भारत पर प्रच्छन्न साम्यवादी होने का संदेह किया है। उनका कहना है कि तिब्बत में चीन और हंगरी में रूस के साम्राज्यवादी के प्रति दिल्ली की नीति अत्यन्त उदार रही है। इसके विपरीत साग्यवादियों ने भारत की 'पूँजीवादी' राष्ट्रों का पालतू कुत्ता, कहकर निन्दा की है। स्वयं भारतीय साम्यवादी दल ने मार्च 1948 में कहा था कि 'भारत की तटस्थता तो एंग्लो-अमेरिकन साम्राज्यवादियों के साथ सहयोग को छिपाने का आवरण मात्र है।'

चौथे, भारत की राष्ट्रमंडल की सदस्यता दास मनोवृत्ति की परिचायक है।

पाँचवें भारत की विदेशों से सहायता लेने की नीति से देश आर्थिक गुलामी शृंखलाओं में बंधता जा रहा है।

प्रमुख रूप से नेहरू के प्रधानमंत्रित्व अवधि के अन्तर्गत 1962 ई. की हार ने हमारे देश के अन्तर्राष्ट्रीय मान-सम्मान एवं प्रतिष्ठा को उसके निम्नतम बिन्दु तक पहुँचा दिया था। भारत को कमजोर राष्ट्र स्वीकार किया जाने लगा था।

भारतीय विदेश नीति (1964-1966)

लाल बहादुर शास्त्री 1964 से जनवरी 1966 तक भारत के प्रधानमन्त्री पद पर आसीन रहे। इस अवधि के दौरान वैदेशिक क्षेत्र में घटित घटना 'भारत-पाक युद्ध' थी। उन्होंने पाकिस्तानी आक्रमण का सफलतापूर्वक प्रतिरोध करके भारत को विजयी बनाया एवं अन्तर्राष्ट्रीय स्तर पर भारत को गौरवान्वित किया।

भारत-पाक युद्ध (1965)

पाकिस्तान ने सन् 1965 में भारत पर फिर से हमला किया। पहली बार अप्रैल, 1965 में कच्छ के रन में और दूसरी बार अगस्त-सितम्बर, 1965 में कश्मीर में। कच्छ में पाकिस्तान की सेना बुरी तरह पराजित होकर पीछे हट गई। 30 जून, 1965 को युद्ध विराम समझौता हो गया। उसके बाद भारत ने अपनी शान्तिप्रियता का परिचय दिया और कच्छ सम्बन्धी मतभेदों को एक अन्तर्राष्ट्रीय न्यायाधिकरण को सौंप दिया। परन्तु पाकिस्तान ने भारत की शन्तिप्रियता और सदाशयता को उसकी कायरता तथा कमजोरी समझने की भूल की। अगस्त 1965 में युद्ध विराम रेखा का उल्लघंन करके पाकिस्तान ने चोरी छिपे कश्मीर में घुसपैठियों के द्वारा हमला करना आरंभ कर दिया। इस पर भारतीय सेना ने मुँहतोड़ उत्तर दिया। पाकिस्तानी सेना तथा घुसपैठियों को पीछे धकेलते हुए हाजीपीर और टिथवाल के पाक अधिकृत क्षेत्रों को भी मुक्त करा लिया। सितम्बर 1965

को पाकिस्तानी सेना ने अन्तर्राष्ट्रीय सीमा का उल्लघंन कर छम्ब प्रदेश पर हमला कर दिया जिसके परिणामस्वरूप भारत की सेना को पश्चिमी पाकिस्तान के इलाकों में युद्ध प्रारंभ करना पड़ा। इस भयानक युद्ध में पाकिस्तान फिर बुरी तरह पराजित हो गया और अन्त में जाकर सुरक्षा परिषद् के 20 सितम्बर, 1965 के प्रस्ताव का पालन करते हुए दोनों पक्षों ने 22-23 सितम्बर 1965 की रात्रि के ब्रह्ममुहूर्त (3.30 बजे) में युद्धविराम कर दिया। इस समय भारतीय सेनाएँ विजय की बेला से गुजरती हुई लाहौर के पास पहुँच गई थीं।

पाकिस्तान की करतूत से भारत-पाक सम्बन्ध अच्छा नहीं हो पाया। अन्त में 10 जनवरी, 1966 को रूसी प्रधानमन्त्री कोसीगिन के प्रयासों से दोनों देशों के बीच ताशकन्द समझौता हो गया, जिसके द्वारा भारत के प्रधानमंत्री लालबहादुर शास्त्री और पाकिस्तान के राष्ट्रपति जनरल अयूब खां इस बात पर राजी हो गए कि "दोनों देशों के सभी सशस्त्र सैनिक 25 फरवरी 1966 के पहले उस स्थान पर वापस हो जाएँगे, जहाँ वे 5 अगस्त, 1965 के पूर्व थे तथा दोनों पक्ष युद्धविराम रेखा पर युद्ध विराम की शर्तों का पालन करेंगे।"

ताशकन्द समझौते की सर्वाधिक अवहेलना की गयी। आम तौर पर यह स्पष्ट कहा जा सकता है कि ताशकन्द समझौते द्वारा हमने पाया कम खोया अधिक है। ताशकन्द समझौता भारत की अपेक्षा पाकिस्तान के लिए लाभप्रद था। आचार्य कृपलानी का यह मानना है कि "लालबहादुर शास्त्री ने दबाव में आकर हस्ताक्षर किए थे।" एक बड़ी सीमा तक सही प्रतीत होता है, परन्तु यह भी स्वीकार करना पड़ता है कि ताशकन्द समझौते ने उस समय की एक महत्त्वपूर्ण जरूरत को पूरा किया था। यह जरूरत थी, "भारत और पाकिस्तान के बीच युद्ध स्थिति की समाप्ति (औपचारिक समाप्ति) यही इस समझौते की ठीक उपलब्धि थी। सम्भवतः अन्य किन्हीं शर्तों पर युद्ध स्थिति की समाप्ति सम्भव नहीं थी। कुछ लोगों के अनुसार ताशकन्द समझौते से उन्हें निराश होना पड़ा। ताशकन्द भावना चिरस्थायी नहीं हो सकी क्योंकि कुछ ही महीनों के बाद पाकिस्तान ने अपना भारत विरोधी प्रचार फिर शुरू कर दिया।

यह दो प्रमुख घटनाएँ लाल बहादुर शास्त्री के प्रधानमंत्रित्व अवधि के अन्तर्गत घटित हुईं। इस घटना ने संयुक्त राज्य अमेरिका और सोवियत रूस के मध्य तनाव कम करने में महत्त्वपूर्ण भूमिका निभाई। इस युद्ध में साम्यवादी चीन, पाकिस्तान के मुख्य समर्थक के रूप में दृष्टिगत हुआ। पाकिस्तान और चीन की बढ़ती हुई मैत्री के कारण रूस उसे चीन या अमेरिका की ओर झुकने से रोकने और अपने पक्ष में करने का प्रयास करने लगा जिसके कारण उसने कश्मीर के सम्बन्ध में भारत का पहले जैसा सशक्त समर्थन नहीं किया। इस विषय में यह मानना होगा कि ताशकन्द समझौता दो देशों के बीच शन्ति का समझौता नहीं, अपितु उनके (भारत और पाकिस्तान के) मामलों में तीसरे देश (रूस) द्वारा हस्तक्षेप का समझौता है।" यह समझौता भारत-पाकिस्तान के प्रति रूस के बदलते

हुए दृष्टिकोण का परिचायक भी था। रूस अभी तक कश्मीर को भारत का वैधानिक अंग स्वीकार करता आया था परन्तु अब वह धीरे-धीरे उसे एक विवादास्पद क्षेत्र मानने की ओर खिसकने लगा था। भारत सरकार रूस की पाकिस्तान के प्रति नीति के सन्दर्भ में अपनी विदेश नीति और व्यूह रचना का पुनगठन करने में बहुत सफल नहीं हुई। ताशकन्द में सम्भवतः पाकिस्तान को पराजित करके प्राप्त किए गए क्षेत्र को लौटाने के मूल्य के रूप में कश्मीर समस्या का अन्तिम समाधान प्राप्त किया जा सकता था। लेकिन भारत की कूटनीति ऐसा करने में प्रमुख रूप से सफल नहीं रही। भारत-पाक युद्ध का मूल्यांकन करने पर फिर भी यह अभिव्यक्त किया जा सकता है कि कुल मिला कर पाक आक्रमण भारत के लिए एक शुभ घटना रही, उसने देश को एकता के सूत्र में बाँध दिया तथा पाकिस्तान की सैनिक श्रेष्ठता के मिथ्या भ्रम का अन्त कर दिया था, और भारतीय सेना के मनोबल को ऊँचा कर दिया था। इसने भारत की धर्म निरपेक्षता की नीति की सफलता को भी सिद्ध कर दिया क्योंकि पाकिस्तान और पश्चिमी जगत की आशाओं के विपरीत कश्मीर सहित पूरे भारत के मुसलमानों ने भारत के प्रति पूर्ण निष्ठा प्रदर्शित की तथा पाकिस्तानी आक्रमण का प्रतिरोध करने में तन-मन-धन से मदद की।

तमिल प्रवासियों की समस्या (शास्त्री सिरीमावो संधि)

श्रीलंका में निर्वासित तमिल प्रवासियों की समस्या का समाधान करने में प्रधानमन्त्री शास्त्री की विदेश नीति कारगर साबित हुई। 24 अक्टूबर, 1964 को श्रीलंका की प्रधानमन्त्री श्रीमती सिरीमावो भंडारनायके और भारत के प्रधानमन्त्री लालबहादुर शास्त्री के मध्य तमिल प्रवासियों के सम्बन्ध में यह समझौता हुआ कि 9 लाख 75 हजार राज्यविहीन तमिल लोगों में से 3 लाख को नागरिकता दी जाएगी। 5 लाख 25 हजार लोगों को अपने स्वाभाविक विकसित परिवारों के साथ भारतीय नागरिकता प्रदान कर दी जाएगी। डेढ़ लाख लोगों का निर्णय भविष्य में होने वाले समझौतों पर निर्भर करेगा। भारत में नागरिकता प्राप्त व्यक्ति धीरे-धीरे पन्द्रह वर्षों में भारत आएँगे।

उपर्युक्त समझौता से तमिल प्रवासियों की समस्या का बहुत हद तक समाधान हो गया।

शास्त्री की विदेश नीति का मूल्यांकन

पाकिस्तान को 1965 ई. के युद्ध में करारी शिकस्त देने के बाद लालबहादुर शास्त्री लघु लौहपुरुष बन चुके थे। नेहरू की मृत्यु के बाद शीघ्र ही लालबहादुर शास्त्री ने निष्क्रियता के दायरे से भारत को निकाल कर अन्तर्राष्ट्रीय गौरव प्रदान करने का सफल प्रयास किया। भारत-पाक युद्ध में मिली विजय श्री ने उन्हें और भारत को पुनः अन्तर्राष्ट्रीय सम्बन्धों में सक्रिय रहने व अपने निकटतम पड़ोसियों (नेपाल, भूटान, श्रीलंका) से अच्छे सम्बन्ध बनाने में सफल कर दिया। सन् 1965 में प्रधानमन्त्री पं. जवाहरलाल नेहरू के निधन के

पश्चात् भारत खाद्य संकट के दौर से गुजर रहा था तब अमेरिका ने अपनी सहायता के मूल्य के रूप में भारत से अपनी वियतनाम सबंधी नीति के समर्थन की अपेक्षा की। जब भारत के लौहपुरुष (लालबहादुर शास्त्री) ने ऐसा नहीं किया तब संयुक्त राज्य अमेरिका के राष्ट्रपति जॉनसन ने उनको अपमानित करने के उद्देश्य से उनको दिया गया अमेरिका यात्रा का निमन्त्रण अप्रैल 1965 में वापस ले लिया, परन्तु शास्त्री जी परेशान नहीं हुए और कुछ ही समय बाद भारत-पाक आक्रमण में उन्होंने पाकिस्तान को मुँहतोड़ उत्तर दिया। उनकी सशक्त विदेश नीति ने भारत की अन्तर्राष्ट्रीय प्रतिष्ठा बढ़ा दी थी। भारत की विदेश नीति को शास्त्री जी ने पुनः उसी ऊँचाई पर पहुँचा दिया जहाँ वह नेहरू के स्वर्णिम काल (1947-1956) में थी।

भारतीय विदेश नीति (1966-1984)

जनवरी 1966 ई. के समझौते के पश्चात् भारत के प्रधानमन्त्री लालबहादुर शास्त्री की मृत्यु हो गयी। उसी के तत्काल बाद स्वर्गीय प. जवाहरलाल की सुपुत्री श्रीमती इन्दिरा गाँधी भारत की प्रधानमन्त्री बनीं। सन् 1977 के निर्वाचनों में कांग्रेस पराजित हो गई तथा पाँच पूर्ववर्ती राजनीतिक दलों-भारतीय लोकदल, जनसंघ, कांग्रेस संगठन, समाजवादी दल और लोकतान्त्रिक कांग्रेस के संयुक्त संगठन जनता दल ने सत्ता ग्रहण की, प्रधानमंत्री मोरारजी देसाई ने भारत का नेतृत्व किया। 28 जुलाई, 1979 को मोरारजी सरकार का पतन हो गया तथा प्रधानमंत्री चौधरी चरण सिंह की कार्यवाहक जनता (एस) सरकार प्रतिष्ठापित हुई। जनवरी 1980 में इन्दिरा कांग्रेस भारी बहुमत से विजयी हुई तथा इन्दिरा गाँधी पुनः भारत की प्रधानमंत्री बन गईं। 31 अक्तूबर, 1984 में इन्दिरा गाँधी की हत्या कर दी गई और उनके गौरवशाली नेतृत्व से भारत वंचित हो गया। जनवरी 1966 में इन्दिरा गाँधी के नेतृत्व में भारत ने अन्तर्राष्ट्रीय सम्बन्धों में अपनी मजबूत पहचान बनानी शुरू की थी और जल्दी ही भारत विश्व की नयी शक्ति (शान्ति के क्षेत्र में) बन कर उभरने लगा था। उनकी विदेश नीति ने नयी चुनौतियों को सार्थकता से स्वीकार किया और शानदार मंजिलें तय की थीं।

इन्दिरा की विदेश नीति का प्रथम चरण (1966-1977)

श्रीमती इन्दिरा गाँधी ने विभिन्न प्रकार के आने वाले संकटों का जमकर मुकाबला करते हुए अपने सराहनीय कौशल और राजनीतिक परिपक्वता का परिचय दिया परन्तु आन्तरिक और बाह्य समस्याएँ इतनी गम्भीर और व्यापक थीं कि उन्हें लगातार सतर्क रहना पड़ा। सन् 1971 में इन्दिरा गाँधी को बहुत गम्भीर चुनौती का सामना करना पड़ा। 1971 ई. के शुरू में कश्मीर में पाकिस्तान एजेन्टों ने एक भारतीय विमान का अपहरण करके हमारे समक्ष वैदेशिक मुश्किल उत्पन्न की और 1971 के अन्तिम दौर में भारत की पूर्वी

सरहद पर पाक शरणार्थी आक्रमण एक नवीन चुनौती बनकर भारत के सामने खड़ा हो गया। अमेरिका और चीन खुले तौर पर पाकिस्तान को मदद कर रहे थे; भारत ने अपने को कूटनीतिक रूप से मित्रविहीन स्थिति में पाया। इस संकट की बेला में इन्दिरा गाँधी ने असंलग्नता की वैचारिक निष्ठाओं की रक्षा करते हुए अद्वितीय साहस का परिचय दिया और 9 अगस्त, 1971 को सोवियत संघ के साथ 'शान्ति-मित्रता और सहयोग' की बीस वर्षीय सन्धि करके भारत को 'राजनयिक अकेलेपन' से मुक्ति दिला दिया।

पाकिस्तान ने 3 दिसम्बर 1971 को फिर से भारत के खिलाफ युद्ध छेड़ दिया लेकिन उपरोक्त सन्धि की वजह से सोवियत हस्तक्षेप की सम्भावना से पाकिस्तान के चीनी, अमेरिकी मित्र पाकिस्तान को कोई प्रभावशाली सहायता नहीं कर सके। जिससे 14 दिनों में ही भारत ने पाकिस्तान को पराजित कर दिया फलस्वरूप बांग्लादेशा उदय हुआ। इसका श्रेय श्रीमती इन्दिरा गाँधी के कुशल राजनय को है।

इस तरह सन् 1971 की अग्नि परीक्षा में श्रीमती गाँधी के सफल नेतृत्व में हमारा देश खरा साबित हुआ। अक्तूबर, 1971 में उन्होंने व्यक्त किया था - 'मैं कह चुकी हूँ कि विस्थापित अपने घरों को लौट जाएँगे। मैं ऐसी हालत पैदा करके दिखाऊँगी जिसमें सभी विस्थापित लौट सकें।'

इन्दिरा गांधी ने बांग्लादेश को मान्यता या खुली सहायता देने में जल्दबाजी न करके भारत के असमंजस ने पाकिस्तान को असमंजस में डाल दिया। मुक्तिवाहिनी की बढ़ती हुई शक्ति के कारण पाकिस्तान के समक्ष केवल दो विकल्प थे - प्रथम, पाकिस्तान शेख मुजीब से समझौता करे; द्वितीय, विदेशी दखल की उम्मीद में हमारे देश से युद्ध करे।

पाकिस्तान ने अन्य कई मार्ग का चयन किया लेकिन बुरी तरह मात खा गया। इस भारत-पाक युद्ध में भारत की विजय और बांग्लादेश के उदय ने कश्मीर पर पाकिस्तानी दावे के आधारभूत सिद्धान्त - 'दो राष्ट्रों के सिद्धान्तों' को गलत सिद्ध कर दिया। इस विजय प्राप्ति से भारत दक्षिण एशिया का सर्वोच्च शक्ति बन गया। इन्दिरा गाँधी की विदेश नीति सर्वाधिक सशक्त, सफल सिद्ध हुई। भारत-पाक युद्ध में निर्णायक सफलता प्राप्त हुई थी। अटल बिहारी वाजपेयी का कथन उपयुक्त है - 'विश्व के रंगमंच पर एक नवीन भारत का जन्म हो रहा है।'

सन् 1971 के पश्चात् भारत की प्रधानमन्त्री श्रीमती इन्दिरा गाँधी की विदेश नीति की कुछ प्रमुख विशेषताएँ इस प्रकार थीं—पड़ोसी देशों के साथ घनिष्ठ सम्बन्ध; पाकिस्तान से सम्बन्धों का सामान्यीकरण; चीन से तनाव शैथिल्य; व्यावहारिक असंलग्नतावाद; आर्थिक और सैनिक आत्मनिर्भरता पर जोर; भारत-सोवियत मैत्री; अमेरिका से नफरत भरी मुहब्बत।

आर्थिक और सैन्य आत्मनिर्भरता पर जोर

सन् 1962 में हुए चीन से भारत की हार ने भारत के राजनीति विशेषज्ञों को हृदयंगम

करा दिया कि एक राष्ट्र की अन्तर्राष्ट्रीय प्रतिष्ठा उसकी आन्तरिक सुदृढ़ता की देन होती है। इन्दिरा गाँधी ने इतिहास के इस अध्याय को पूर्ण रूप से स्वीकार किया था; अपने पिता जवाहरलाल नेहरू के समान उन्होंने भी आर्थिक आत्मनिर्भरता पर जोर दिया परन्तु साथ ही सैनिक शक्ति को भी उतना ही महत्त्वपूर्ण माना। मई, 1974 में भारत ने पोखरण में अपना पहला आणविक परीक्षण किया। 19 अप्रैल, 1975 को भारत ने अपना पहला भू-उपग्रह 'अंतरिक्ष में भेजा। इस प्रकार भारत विश्व की छठी आणविक शक्ति तथा नवीं अन्तरिक्ष शक्ति बन गया।

भारत-रूस संबंध

श्रीमती इन्दिरा गाँधी की विदेश नीति की दूसरी प्रमुख विशेषता भारत-सोवियत मैत्री थी। राष्ट्रीय और पर-राष्ट्रीय दोनों तत्वों ने इस मैत्री का मार्ग दर्शन किया था। 1969 की कांग्रेस के बंटवारे के समय इन्दिरा गाँधी को भारतीय साम्यवादी दल ने सक्रिय सहयोग दिया था, अतएव इन्दिरा गाँधी के नेतृत्व वाली कांग्रेस वामपंथ की ओर अधिक झुक रही थी। इससे भारत-सोवियत मैत्री के विकास में एक सीमा चिह्न सिद्ध हुआ। इस समय चीन और अमेरिका द्वारा पाकिस्तान के समर्थन से भारत अपने को एक चिन्ताजनक कूटनीतिक पार्थक्य की स्थिति में पा रहा था। इस प्रकार भारत और सोवियत 'शान्ति, मित्रता और सहयोग' की सन्धि के द्वारा दोनों ने आपस में एक-दूसरे को एक विश्वसनीय मित्र के रूप में पा लिया।

भारत-रूस संधि के प्रमुख तथ्य कुछ इस प्रकार थे -

1. दोनों राष्ट्र इस बात के लिखे वचनबद्ध हैं कि किसी अन्य देश को, जो दोनों पक्षों में से किसी एक के साथ सशस्त्र संघर्ष कर रहा हो, किसी प्रकार की सहायता नहीं देगा। दोनों में से किसी पक्ष पर आक्रमण होने पर विचार-विमर्श करेंगे ताकि ऐसे खतरे को समाप्त किया जा सके तथा अन्य देशों की शान्ति और सुरक्षा को सुनिश्चित करने के लिए समुचित प्रभावकारी कदम उठाए जाएँ।
2. कोई भी पक्ष किसी भी एक या एक से अधिक राज्यों के साथ कोई भी गुप्त या प्रकट दायित्व अपने ऊपर नहीं लेगा जो इस सन्धि के प्रतिकूल हों। प्रत्येक पक्ष यह भी घोषित करता है कि उसका किसी राज्य या राज्यों के साथ न कोई ऐसा वर्तमान दायित्व है और न वह भविष्य में ऐसा कोई दायित्व लेगा जिससे दूसरे पक्ष को किसी प्रकार की सैनिक हानि हो।
3. भारत और रूस शान्तिपूण सह-अस्तित्व और मदद से सिद्धांत में यकीन करता है। भारत और रूस इस तथ्य पर भी सहमत हैं कि वर्तमान परिस्थिति में विदेशी चुनौतियाँ एक दूसरे की मदद से ही सुलझाई जा सकती हैं, संघर्ष से नहीं। दोनों

देश संयुक्त राष्ट्र के घोषणा-पत्र के वर्णित उद्देश्यों और सिद्धान्तों में पूरी आस्था रखते हैं।

4. उपनिवेशवाद और रंगभेद व जातिवाद का भारत और रूस दोनों ही निंदा करते हैं।
5. दोनों देशों के बीच विद्यमान परम्परागत मित्रता के अनुसार प्रत्येक पक्ष निष्ठापूर्वक घोषित करता है कि वह किसी भी ऐसे गठबन्धन में; जो दूसरे पक्ष के विरुद्ध हो, न सम्मिलित होगा और न भाग लेगा। प्रत्येक पक्ष वचनवद्ध है कि वह दूसरे पक्ष पर किसी तरह का हमला नहीं करेगा एवं दूसरों को हानि नहीं पहुँचाएगा।
6. यह सन्धि सिर्फ 20 वर्ष के लिए थी। उसके बाद पाँच-पाँच वर्ष की अवधि के लिए अपने आप बढ़ती जाएगी जब तक कि कोई पक्ष सन्धि तोड़ने की इच्छा अभिव्यक्त नहीं करता। यदि कोई पक्ष सन्धि तोड़ना चाहेगा तो उसे अवधि-समाप्त होने से 12 महीने पहले दूसरे पक्ष को इसकी सूचना देनी होगी।

भारत और सोवियत सन्धि का दुनिया के अनेक राष्ट्रों ने सम्मान किया था और कहा गया कि मनौवैज्ञानिक रूप से इस सन्धि ने किसींगर राजनय से उत्पन्न वाशिंगटन-पीकिंग-पिंडी धुरी की सम्भावना के त्रास से भारतीय जन-मानस को मुक्त कर दिया तथा व्यवहारिक रूप में 'एक ठोस फायदा भारत सरकार को हुआ है कि पाकिस्तान से पाकिस्तान की शर्तों पर युद्ध और अनन्तर अमेरिका आदि की शर्तों पर समझौता करने से वह बच गई।' फिर भी यह सन्धि असंलग्नता की नीति के परित्याग की घोषणा थी कि यह एक 'घबराहट भरा कदम' था, जिससे भारत रूस पर अधिक निर्भर हो गया। यह भी कहा गया है कि, 'इस सन्धि ने भारत के हाथ बाँध दिए हैं। यह समान सन्धि नहीं है क्योंकि इस सन्धि से होने वाले सम्पूर्ण फायदे भारत को न होकर रूस को होंगे।

परन्तु ऐतिहासिक दृष्टि से यह फैसला भारत-रूस सन्धि के पक्ष में रहा है। इसमें सन्देह नहीं कि इस सन्धि से असंलग्नता की मूर्ति खण्डित हुई है; परन्तु असंलग्नता अपने आप कोई लक्ष्य नहीं है। वह एक साधन मात्र है, जिसे कभी भी बदला जा सकता है। राष्ट्रीय हित तथा पिछली घटनाओं ने ये सिद्ध कर दिया कि इस सन्धि ने भारत के राष्ट्रीय कल्याणों के संरक्षण में सराहनीय भूमिका निभायी है।

सन् 1971 की भारत सोवियत मित्रता सन्धि के बाद से इन दोनों देशों के मध्य मधुर सम्बन्ध रहे। 2 अक्टूबर, 1972 को भारत और सोवियत संघ ने वैज्ञानिक और तकनीकी सहयोग से एक समझौते पर हस्ताक्षर किए। आर्थिक क्षेत्र में सहयोग बढ़ाने के प्रयास भी किए गए। नवम्बर, 1973 में ब्रेझनेव भारत आए तथा दोनों देशों के बीच व्यापार, नियोजन और वाणिज्य दूतीय सम्बन्धी तीन समझौते किए गए। भारत-सोवियत की महान् उपलब्धि थी-19 अप्रैल, 1975 को भारत द्वारा सोवियत प्रक्षेपण यान के माध्यम से अपना पहला भू-उपग्रह 'आर्यभट्ट' को अंतरिक्ष में भेजना।

पड़ोसी राष्ट्रों से मैत्री सम्बन्ध

श्रीमती इन्दिरा गाँधी के प्रधानमंत्रित्व काल को भारत के अपने पड़ोसियों के साथ सम्बन्धों के पुनर्निर्माण और अन्तर्राष्ट्रीय प्रतिष्ठा की पुनः प्राप्ति का काल कहा जा सकता है। 1971 में पाकिस्तान और चीन के साथ हमारे सम्बन्ध शत्रुतापूर्ण थे। नेपाल, श्रीलंका, बर्मा और ईरान से अनेक विषयों पर मतभेद थे। 1971 में हमारी पूर्वी सीमा पर एक नये मित्र देश 'बांग्लादेश' का उदय हुआ।

1960 ई. में नेपाल के सम्बंधों में एक संदेह की भावना पैदा हो गई थी। इसी वर्ष नेपाल नरेश महेन्द्र ने कोइराला मन्त्रिमण्डल को बर्खास्त करके सत्ता अपने हाथ में केन्द्रित कर ली थी; लोकतांन्त्रिक राष्ट्र भारत में पड़ोसी राष्ट्र नेपाल की लोकतान्त्रिक व्यवस्था की समाप्ति ने अविश्वास और शंका को जन्म दिया। इस शंका को समाप्त करने हेतु 1976 ई. के प्रथम महीने में भारत के विदेश मन्त्री चव्हाण ने नेपाल की यात्रा की तथा अप्रैल, 1976 में नेपाली प्रधानमन्त्री डॉ. तुलसी गिरी ने भारत की यात्रा की। इसी बीच 23 मार्च, 1976 को भारत और श्रीलंका के मध्य एक समुद्री सीमा से सम्बन्धित सन्धि हुआ जिससे दोनों देशों के बीच संबंध सामान्य कर दिया। इसी प्रकार 24 मार्च, 1976 को भारत और बर्मा की सीमा को निर्धारित करने सम्बन्धी नक्शों पर हस्ताक्षर हुए। ईरान की पाकिस्तान के साथ मित्रता के कारण भारत और ईरान के सम्बन्ध भी अच्छे नहीं थे। परन्तु भारत-पाक शिमलाा समझौते के बाद ईरान और भारत के सम्बन्धों में भी सुधार हुआ है। श्रीमती इन्दिरा गाँधी ने मई 1974 में इरान का दौरा किया जिससे भारत ईरान सम्बन्ध मजबूत हुए। मई 1976 में ईरान के प्रधानमंत्री अमीर अब्बास हुबैदा की भारत यात्रा इस प्रसंग में अत्यधिक महत्त्वपूर्ण थी।

लेकिन भारत के अपने पड़ोसी राष्ट्रों के साथ बढ़ते हुए सद्भाव का एक अपवाद बांग्लादेश था। मार्च, 1972 में इन्दिरा गाँधी ने ढाका की यात्रा की तथा मित्रता और सहयोग की एक बीस वर्षीय सन्धि पर हस्ताक्षर हुए। अप्रैल, 1975 में फरक्का बाँध की उलझनकारी समस्या का निवारण भी किया गया; परन्तु 15 अगस्त, 1975 को बांग्लादेश में एक सैनिक क्रान्ति हुई। शेख मुजीबर्रहमान की हत्या कर दी गई। बांग्लादेश के नये शासकों ने एक भारत विरोधी दृष्टिकोण अपनाया। 20 अप्रैल, 1976 को बांग्लादेश-भारत सीमा पर गोलियाँ चलीं। बांग्लादेश ने फरक्का विकास का अन्तर्राष्ट्रीयकरण और राजनीतिकरण करने का प्रयास किया। जबकि यह एक सार रूप से द्विपक्षीय और आर्थिक विवाद है। नवम्बर, 1976 में बांग्लादेश में इस मामले को लेकर तीव्र क्षोभ व्याप्त हो गया और वह इस विवाद को संयुक्त राष्ट्र की महासभा में ले गया जहाँ संयुक्त राष्ट्र की राजनीतिक समिति ने यह कहा कि विवाद की समस्या को द्विपक्षीय स्तर पर हल किया जाना चाहिए।

भारत-पाक सम्बन्ध

सन् 1976 के दौरान श्रीमती इन्दिरा गाँधी के विदेश नीति की प्रमुख सफलता पाक के साथ साहचर्यो का सामान्यीकरण के रूप में प्रगट हुई। पाकिस्तान के साथ सम्बन्धों के सामान्यीकरण की प्रक्रिया 1972 में शिमला समझौते के साथ शुरू हो गई थी। इन्दिरा गाँधी और जुल्फिकार अली भुट्टो दोनों ने शिमला समझौते को भारत और पाकिस्तान के सम्बन्धों में एक नई शुरुआत कहा था। इस समझौते के अन्तर्गत भारत और पाकिस्तान दोनों राष्ट्रों में प्रेम सद्भावना का विकास प्रारंभ हुआ था। दोनों देशों ने एक-दूसरे की भूमि जिस पर उन्होंने युद्ध में कब्जा कर लिया था, खाली करना स्वीकार कर लिया था, परन्तु पाकिस्तानी युद्ध-बन्दियों, उनके मुकदमें और स्वदेश प्रत्यावर्तन के सम्बन्ध में एक भारत-पाक समझौता हुआ। पाकिस्तान ने बांग्लादेश को 22 फरवरी 1974 को मान्यता दे दी। सितम्बर, 1974 में दोनों देशों में संचार के साधनों और यात्रा सम्बन्धी सुविधाओं के सामान्यीकरण की प्रगति धीमी रही। 1976 में दोनों देशों के मध्य अनेक समझौते हूए, जिससे वायु सम्बन्ध, राजनयिक सम्बन्ध और रेल सम्बन्ध पुनः स्थापित हो गए और पाकिस्तानी विमानों की भारतीय भूमि के ऊपर उड़ानें जो फरवरी, 1971 में निषिद्ध कर दी गई थीं, 6 सितम्बर, 1965 को फिर से शुरू हो गईं। दिसम्बर 1971 में भारत के द्वारा बांग्लादेश को मान्यता देने के विरोध में पाकिस्तानी राष्ट्रपति याहिया खां ने भारत से कूटनीतिक सम्बन्ध तोड़ दिए थे; 24 जुलाई, 1976 को ये सम्बन्ध पुनः स्थापित हो गए।

चीन से सम्बन्ध

श्रीमती इंदिरा गाँधी की नीति की एक महत्त्वपूर्ण विशेषता चीन से सम्बन्ध सुधारने की प्रक्रिया का शुरुआत करना था। 1969 में चीन के साम्यवादी दल की नवीं कांग्रेस से इन्दिरा गाँधी ने तनाव शैथिल्य पर बल देना आरंभ किया। लगभग सात वर्षों के बाद 1976 में चीन में इस सम्बन्ध में सुगबुगाहट शुरू हुई; अप्रैल, 1976 में दोनों देश 14 वर्ष के बाद पुनः राजनयिक सम्बन्धों को राजदूत स्तर पर स्थापित करने को राजी हो गए।

व्यावहारिक असंलग्नवाद—पंडित नेहरू आदर्शात्मक असंलग्नवाद के समर्थक थे परन्तु इनकी सुपुत्री श्रीमती इन्दिरा गाँधी ने व्यावहारिक असंलग्नवाद पर जोर दिया। 16-20 अगस्त, 1976 को कोलम्बो शिखर सम्मेलन में इन्दिरा गाँधी असंलग्नवाद के व्यावहारिक पहलू के प्रवक्ता के रूप में सामने आईं। उन्होंने आर्थिक पक्ष को विशेष महत्व दिया। उनका कहना था कि नये विश्व-अर्थव्यवस्था की आवश्यकताओं के प्रति विकसित देशों का दृष्टिकोण अनुदार रहा है। अतः असंलग्न देशों को अपने आपको आर्थिक दृष्टि से शक्तिशाली बनाने के लिए आपस में सहयोग करना चाहिए।

भारतीय विदेश नीति (1977-1980)

इस काल की विदेश नीति को राष्ट्रीय सहमति की विदेश नीति अवधि कहा गया है। 1977 में हुए चुनावों में कांग्रेस बहुत बुरी तरह पराजित हो गयी। पाँच पूर्ववर्ती राजनीतिक दलों (भारतीय लोकदल, जनसंघ, कांग्रेस संगठन, समाजवादी दल और लोकतान्त्रिक कांग्रेस) के संयुक्त संगठन, 'जनता दल' ने सत्ता ग्रहण की। जनता सरकार की विदेश नीति इस तथ्य का उदाहरण है कि सत्ता में आने के बाद दलों और नेताओं की नीतियाँ किस प्रकार बदल जाती हैं। जनता सरकार में अटल बिहारी वाजपेयी को विदेश मन्त्री बनाया गया। जनसंघ इन्दिरा गाँधी की विदेश नीति का मुखर आलोचक रहा था। विशेष रूप से उनकी अरब-समर्थक और इजराइल विरोधी दृष्टिकोण का कटु आलोचक रहा था; परन्तु विदेश मंत्री अटल बिहारी वाजपेयी ने इस नीति में बहुत अधिक परिवर्तन नहीं किया। इसके विपरीत उन्होंने असंलग्नवाद सहित विदेश नीति की अधिकांश महत्त्वपूर्ण बातों को स्वीकार कर लिया। इस नीति को बाजपेयी ने बदलाव एवं परिवर्तन के साथ राष्ट्रीय सहमति की विदेश नीति की संज्ञा प्रदान की तथा असंलग्नता की नीति में निष्ठा प्रकट की परन्तु उनका विचार था कि इन्दिरा गाँधी की नीति सोवियत समर्थक थी और जनता सरकार का ध्येय सोवियत संघ से मैत्री रखते हुए भी अमेरिका से सम्बन्ध सुधार कर वास्तविक असंलग्नता को बनाये रखना है।

विदेशमंत्री अटल बिहारी वाजपेयी जी ने अपने पड़ोसी देशों के साथ मधुर सम्बन्ध बनाने की नीति को कायम रखा। प्रधानमंत्री मोरारजी देसाई और विदेश मन्त्री अटल बिहारी वाजपेयी ने अक्टूबर 1977 में सोवियत संघ की यात्रा की। 5 नवम्बर, 1977 को महत्त्वपूर्ण रियायतों के साथ बांग्लादेश से फरक्का समझौता पूरा किया। 1978 में अमेरिका के राष्ट्रपति कार्टर, ब्रिटिश प्रधामंत्री कलाधम, ईरान के शाह, अफगान राष्ट्रपति मोहम्मद दाउद, श्रीलंका के राष्टपति जयवर्द्धन तथा सिंगापुर के प्रधानमंत्री ली कुआन यू भारत आए। 17 फरवरी, 1978 को भारत-नेपाल के बीच व्यापार और पारगमन के सम्बन्ध में सन्धियाँ पूरी हुईं और इन दोनों राष्ट्रों के मध्य इस व्यापार के नियंत्रण की प्रक्रिया में मदद करने का समझौता हो गया। 14 अप्रैल, 1978 को सलाल जल विद्युत योजना के सम्बन्ध में भारत-पाक समझौता पूरा हुआ। 22 जून, 1978 को भारत, इण्डोनेशिया और थाईलैण्ड ने एक त्रिशक्ति समझौते पर हस्ताक्षर किए जिसके द्वारा अण्डमान सागर में समुद्री सतह के सम्बन्ध में स्थायी रूप से सीमा निर्धारण कर दिया गया। फरवरी, 1979 में अटल बिहारी वाजपेयी चीन की यात्रा पर गए परन्तु यह यात्रा असफल सिद्ध हुई। मार्च, 1979 में सोवियत प्रधानमंत्री कोसीगिन भारत यात्रा पर आए। जनता सरकार पश्चिमी एशिया में अरबों का सशक्त समर्थन करती रही।

जनता सरकार की विदेश नीति पर टिप्पणी करते हुए डॉ. वेदप्रताप वैदिक ने कहा कि 'राष्ट्रीय सहमति और निरन्तरता की अन्धे और लूले की जुगल जोड़ी' सदृश विदेश

नीति से किसी भी बड़ी उपलब्धि की आशा करना ही बेकार था। उनका मत था कि पड़ोसी देशों के साथ सम्बन्धों की दृष्टि से जनता शासन की विदेश नीति मधुरता के मायाजाल में फँसी रही। इस कारण भारत के साथ पाकिस्तान की प्रतिस्पर्धा समाप्त नहीं हुई और बांग्लादेश के भारत-विरोधी रवैये में कोई बदलाव नहीं आया और तमिलों की समस्या का भी कोई परिणाम नहीं निकला। अफगानिस्तान के साथ सम्बन्ध अनमनेपन की स्थिति को प्राप्त हो गए। नेपाल के सम्बन्ध में जनता शासन नरेशाभिमुख बना रहा जब कि वहाँ प्रजातन्त्र की माँग प्रबल थी। ईरान के. सम्बन्ध में जनता सरकार की विदेश नीति यह समझ ही नहीं सकी की सत्ता ईरान में समाप्ति पर है।

डॉ. वेद प्रताप वैदिक की अवधारणा के अनुसार–'असली गुट-निरपेक्षता का दावा करने के बावजूद न तो जनता सरकार रूस के साथ विशेष सम्बन्धों की अनिवार्यता से मुँह मोड़ सकी और न ही भारत-अमेरिका के बीच द्विपक्षीय राजनीतिक प्रश्नों पर स्पष्ट सहमति ही बना सकी। 'इसी प्रकार चीन के सम्बन्ध में जनता सरकार की विदेश नीति की कटु आलोचना करते हुए वेद प्रताप वैदिक ने लिखा है - 'चीन के साथ उसके सम्बन्ध ताकतवर बन कर ही सम्बन्ध सुधारे जा सकते हैं।' जनता सरकार तिब्बत की स्वतन्त्रता के सम्बन्ध में मौन बनी रही क्योंकि यह अपने आप में महत्त्वपूर्ण होने के साथ भारत की सुरक्षा की दृष्टि से भी महत्त्वपूर्ण है। वास्तविक रूप से इस सत्ताधारी सरकार की यह नीति अव्यधिक समस्याओं का समाधान करने में पूर्ण रूप से विफल रही।

भारतीय प्रधान मन्त्री मोरारजी देसाई ने चौधरी चरण सिंह को अपने मंत्रिमंडल से जून 1978 में बाहर कर दिया जिससे जनता सरकार सत्ता से हट गई। चौधरी चरण सिंह ने जनता (एस) सरकार का गठन किया और वे मोरारजी देसाई के स्थान पर कार्यवाहक जनता (एस) सरकार के प्रधानमंत्री बने (28 जुलाई, 1979)।

चौधरीचरण के प्रधानमंत्रित्व काल में (28 जुलाई, 1979-जनवरी, 1980) भारत की प्रतिष्ठा में कमी होती गयी। लुसाका राष्ट्रमण्डल सम्मेलन में भारत की कोई प्रतिष्ठा ही नहीं रही। इस प्रकार विदेश नीति के क्षेत्र में जनता सरकार का काल (1977 - 1980) को भारत की अन्तर्राष्ट्रीय प्रतिष्ठा की समाप्ति की अवधि कह सकते है। हमारा देश विदेशी सम्बन्धों में प्रभावहीनता की दशा में चला गया था।

इन्दिरा गाँधी का पुनः शासन

इन्दिरा गाँधी की विदेश नीति का द्वितीय काल (1980 - 1984)–1980 के लोकसभा चुनाव में कांग्रेस पार्टी को भारी बहुमत प्राप्त हुआ और दूसरी बार श्रीमती इन्दिरा गाँधी ने प्रधानमंत्री पद का कार्य भार संभाला। श्रीमती इन्दिरा गाँधी के प्रधानमंत्रित्व काल में हमारे देश भारत को पुनः अन्तर्राष्ट्रीय क्षेत्र में गौरवपूर्ण स्थान प्राप्त हुआ। इन्दिरा

गाँधी के इस द्वितीय काल (1980 - 1984) में वैदेशिक क्षेत्र में महत्त्वपूर्ण घटनाएँ निम्नलिखित थीं -

अफगानिस्तान में सोवियत हस्तक्षेप (भारत शीतयुद्ध के कगार पर)—1980 के शुरुआती समय में भारतीय नीति में गंभीर संकट का समय था। अफगानिस्तान में सोवियत संघ के हस्तक्षेप ने भारत को शीतयुद्ध के कगार पर पहुँचा दिया। क्योंकि अमेरिका ने घोषणा कर रखी थी कि यदि सोवियत संघ फारस की खाड़ी के क्षेत्र में घुसपैठ का प्रयास करेगा तो वह सैनिक हस्तक्षेप करेगा। भारतीय विदेश नीति के समक्ष यह संकट की स्थिति थी, भारत का राष्ट्रीय हित इस तथ्य में निहित है कि ऐसी परिस्थितियाँ उत्पन्न न हों जिनसे अमेरिका को पाकिस्तान को सैनिक सहायता देने का मौका मिले। जिसको पूर्ण करने में सोवियत संघ अपने को असमर्थ अनुभव कर रहा था। इससे भारत-सोवियत मैत्री भी मुश्किल में अनुभव की जाने लगी। श्रीमती इन्दिरा गाँधी ने इस संकटावधि के दौरान चतुर राजनीतिक कौशल का परिचय दिया। सोवियत संघ परम्परागत मैत्री के सन्दर्भ में उन्होंने अफगानिस्तान में सोवियत हस्तक्षेप की नीति को अपनी विदेश नीति में सन्तुलित कर लिया। भारतीय विदेश नीति भारत को शीतयुद्ध के कगार से बाहर निकाल ले जाने में सफल हो गई। सितम्बर, 1982 में इन्दिरा गाँधी ने सोवियत संघ की यात्रा की; संयुक्त विज्ञप्ति में दोनों देशों ने अधिकांश विषयों पर सहमति अभिव्यक्त की परन्तु अफगानिस्तान का उल्लेख नहीं किया। इस प्रकार इन्दिरा गाँधी ने अपनी दूरदर्शिता से सोवियत संघ के साथ मैत्री को भी सुदृढ़ता प्रदान की और भारत के राष्ट्रीय हितों की रक्षा भी करने में सफल रहीं।

हिन्द महासागर में महाशक्तियों की नौ-सैनिक प्रतिद्वन्द्विता

अमेरिका के फारस खाड़ी सिद्धान्त और अफगानिस्तान में सोवियत हस्तक्षेप ने हिन्द महासागर में महाशक्तियों की नौ-सेना प्रतिद्वन्द्वता को मौका दिया। भारत के राष्ट्रीय हितों के सन्दर्भ में इन्दिरा गाँधी की विदेश नीति के समक्ष यह दूसरी मुख्य समस्या थी। दिसम्बर, 1980 में अरब सागर में अमेरिका के 32 बड़े जहाज और उनकी सहायता के लिए 13 सहायक जहाज विद्यमान थे। इनमें से दो विमानवाहक भी थे। फ्रांस के 14, आस्ट्रेलिया का एक, ब्रिटेन के दो जहाज अरब सागर में थे। सोवियत संघ के 13 युद्धपोत और उनके 17 सहायक जहाज अरब सागर में थे। दोनों अतिशक्तियों की बढ़ती हुई नौ-सैनिक गतिविधियों से हिन्द महासागर में खतरा पैदा हो गया। इन्दिरा गाँधी ने महाशक्तियों की इस नौ-सैनिक प्रतिद्वन्द्विता का तीव्र विरोध किया। 1982 में उन्होंने इसे 'संकट का क्षेत्र' (जोन ऑफ पेरिल) कहना शुरू किया। प्रतिद्वन्द्विता को नियमित करने और देश हितों को प्रमुखता प्रदान करते हुए शान्ति हेतु पर्यत्न प्रारंभ किये गये तथा संकट एवं विपत्ति का मुकाबला करने में सफलता हासिल कीं।

पाकिस्तान के प्रति इन्दिरा गाँधी की विदेश नीति—1980 से 1984 के बीच में श्रीमती इन्दिरा गाँधी के सामने पाकिस्तान, चीन और अमेरिका की धुरी बहुत अधिक चिन्ता का विषय बनी हुई थी। पाकिस्तान का आणविक प्रोग्राम भी भारतीय विदेश नीति को व्यथित कर रहा था। पेट्रोल की लगातार बढ़ती हुई कीमतें भारत के लिए चिन्ता का कारण बनी हुई थीं। 1980 में इराकी-ईरानी युद्ध ने भारत में पेट्रोलियम समस्या को जटिल बना दिया था। देश की आन्तरिक समस्याओं ने भारतीय अर्थव्यवस्था को छिन्न-भिन्न कर दिया था, जिससे भारतीय विदेश नीति के समक्ष अनेक कठिन समस्याएँ (विदेशी मुद्रा, विदेशी ऋण, विदेशी व्यापार, आदि) पैदा हो गई थीं। अफगानिस्तान में सोवियत सैनिक हस्तक्षेप से उत्पन्न नव-शीतयुद्ध का ताप भारतीय विदेश नीति को संकटग्रस्त बना रहा था। भारत की विदेश नीति की जटिल समस्याओं से पाकिस्तान अत्यधिक फायदा लेना चाहता था और भारत को चतुर्दिक संकटों से ग्रस्त रखना उसकी विदेश नीति का मुख्य लक्ष्य बन गया था। इन्दिरा गाँधी ने इस मौके पर बड़े साहस का परिचय दिया। जून, 1981 में भारतीय विदेश मन्त्री नरसिम्हा राव की पाकिस्तान यात्रा ने भारत-पाक सम्बन्धों में गतिरोध उत्पन्न करने वाले तथ्यों पर प्रकाश डाला और इन्दिरा गाँधी ने इस विश्लेषण का लाभ उठाने का निश्चय करते हुए अपने राष्ट्रीय हितों तथा राष्ट्र की सुरक्षा के दायित्व को पूरा करने के लिए साहसिक कदम उठाए।

अमेरिका ने पाक को आधुनिक शस्त्र प्रदान किये जिसका काफी विरोध हुआ। सम्पूर्ण विश्व के समक्ष पाकिस्तान के 'इस्लामिक अणु बम' बनाने की योजना को प्रगट करते हुए भावी भारत-पाक युद्ध की आशंका को अभिव्यक्त किया गया।

भारत के सामने पड़ोसी पाक ने 1981 में युद्ध नहीं करने की सन्धि का प्रस्ताव रखा। परन्तु जब भारतीय विदेश नीति के पर्यवेक्षकों ने इसकी विवेचना की तो यह शान्ति प्रस्ताव कम परन्तु भावी युद्ध की भूमिका अधिक प्रतीत हुई। विदेश विभाग ने घोषणा की कि पाकिस्तान भारत के साथ 'अनाक्रमण और बल प्रयोग के त्याग' के सम्बन्ध में गारण्टी की एक व्यवस्था हेतु वार्ता करने के लिए प्रेरित है; इसी समय कहा गया कि अमेरिका ने पाक को तीन अरब बीस करोड़ डॉलर का मदद करने का ऐलान किया है। इस घोषणा के कुछ देर बाद भारतीय राजदूत नटवर सिंह को विदेश मन्त्रालय में बुला कर भारत के साथ वार्ता के इस प्रस्ताव की प्रति दे दी गई। इस तरह प्रारंभिक दौर से ही ऐसा अहसास होता था पाकिस्तानी प्रस्ताव का उद्देश्य पाकिस्तान को अमेरिकी शस्त्र सहायता के अमेरिकी आलोचकों को पाकिस्तान की सदाशयता का विश्वास दिलाना था। बाद की घटनाओं ने तो पाकिस्तानी प्रस्ताव में एक षड्यन्त्र की दुरभि सन्धि को प्रगट कर दिया था। जिया-उल-हक का 'युद्ध नहीं, समझौता' का प्रस्ताव भारत की विदेश नीति के भ्रमित करने के लिए था।

भारत ने पाकिस्तान के इस प्रस्ताव के उत्तर में यह स्पष्ट किया कि इस प्रकार

के समझौते में 1972 ई. के शिमला समझौते के सात सिद्धांतों को सम्मिलित किया जाना चाहिए। ये सिद्धान्त थे—कश्मीर के मुद्दों को समाप्त कर दे; गुटबन्दी से दूर रहने का वचन दे; आतंकवाद को पनाह न दे; पाकिस्तान सभी मामलों में द्विपक्षीयता के सिद्धान्त को स्वीकार करे; शस्त्रों की दौड़ को रोकने के लिए कदम उठाए; आणविक अस्त्रों का निर्माण नहीं करने का वचन दे; एक-दूसरे की प्रादेशिक अखण्डता का सम्मान करने की भारत की पहल का पारस्परिकता के आधार पर उत्तर दे।

जनवरी-फरवरी, 1982 में पाकिस्तान के विदेश मन्त्री आगा शाही जब भारत आए; भारत ने पाकिस्तान के साथ एक मित्रता सन्धि करने का प्रस्ताव रखा। पाकिस्तान को भारत की मित्रता सन्धि और भारत को पाकिस्तान के 'युद्ध नहीं समझौता' का प्रस्ताव स्वीकार्य नहीं हुआ। परन्तु दोनों देशों ने द्विपक्षीय सहयोग को बढ़ाने के लिए एक संयुक्त आयोग की स्थापना को स्वीकार किया। कुछ दिन बाद पाकिस्तान ने संयुक्त राष्ट्र मानव अधिकार आयोग के सामने कश्मीर के मामले को उठाकर और भारत में अकाली उग्रवादियों को भड़का कर दोनों राष्ट्रों में सौहार्द की भावना को विषाक्त बना दिया। पाकिस्तान के जनरल जिया-उल-हक छल-प्रपंच की राजनीति करते रहे। इन्होंने कभी-कभी प्रेम व सौहार्द की भावना और कभी-कभी शत्रुता की भावना को प्रदर्शित किया। इसी सन्दर्भ में इन्दिरा गांधी को भारत-पाक सम्बन्धों के सामान्यीकरण की चुनौती का सामना करना पड़ा। उन्होंने भारत-पाक सम्बन्धों को सौहार्दपूर्ण बनाने का पूरा प्रयास किया परन्तु अपने राष्ट्रीय हितों की बलि देकर नहीं। भारत की दृढ़ता का परिचय उनकी विदेश नीति का सारभूत अंग रहा।

भारत-अमेरिकी सम्बन्ध

अफगानिस्तान में सोवियत राष्ट्र के दखल देने से पाक को राजनीति के अन्तर्गत एक महत्त्वपूर्ण दर्जा मिल गया था। अमेरिका ने पाकिस्तान को अफगानिस्तान में सोवियत प्रभाव का प्रतिरोध करने का साधन मानते हुए उसे भारी सहायता देना शुरू कर दिया; इससे भारत के राष्ट्रीय हित असुरक्षित अनुभव किए जाने लगे और यह नयी पहल इन्दिरा गाँधी की विदेश नीति की कड़ी चुनौती प्रतीत होने लगी। भारत-अमेरिकी सम्बन्ध तनावपूर्ण स्थिति में पहुँच गए। क्योंकि भारत-पाकिस्तान की बढ़ती हुई शक्ति के सन्दर्भ में भारत एक और पाकिस्तानी आक्रमण की सम्भावना से आतंकित हो गया। सन् 1981 में ब्रिटिश प्रधानमंत्री मारग्रेट थैचर ने भारत यात्रा के दौरान यह प्रगट किया कि सोवियत संघ द्वारा अफगानिस्तान में हस्तक्षेप के कारण यह अमेरिकी सैन्य सहायता पाकिस्तान को उपलब्ध करायी जा रही है। उन्होंने अमेरिकी नीति का समर्थन किया, इससे भारत और भी चिन्तित हो गया। इसी समय अमेरिका ने भारत को यूरेनियम देने में आनाकानी की, इससे भारत-फ्रांसीसी समझौते के अन्तर्गत यह व्यवस्था की गई कि फ्रांस 'तारापुर' संयन्त्र के

लिए अमेरिका के स्थान पर परिष्कृत यूरेनियम देगा; इस समझौते के अन्तर्गत अमेरिका पूर्ण रूप से राजी था। इस समझौते से दोनों राष्ट्रों के मध्य उत्पन्न हुई शत्रुता में सुधार आया।

भारत और अमेरिका के सम्बन्धों में हिन्द महासागर में अमेरिका के द्वारा की गई गतिविधियों ने भी शत्रुता पैदा की थी। सन् 1981 में अमरीकन राष्ट्रपति रोनाल्ड रीगन की हिन्द महासागर सम्बन्धी नीति ने दोनों राष्ट्रों के बीच सौहार्द्रता समाप्त कर रखी थी। अपनी इस कटुता के कारण रीगन ने अन्तर्राष्ट्रीय मुद्रा कोष से भारत को ऋण मिलने में गतिरोध पैदा किया था। वह अफगानिस्तान में सोवियत हस्तक्षेप में भारत को आरोपित कर रहे थे। जुलाई-अगस्त, 1982 में भारत की प्रधान मंत्री श्रीमती इन्दिरा गाँधी ने अमेरिका का दौरा कर भारत-अमेरिका सम्बन्ध सामान्य करने की कोशिश की। इससे 1982-83 में भारत-अमेरिकी सम्बन्धों में सुधार का मार्ग प्रशस्त हुआ। 1983 ई. में तारापुर को पुर्जों की आपूर्ति के प्रश्न पर भी एक समझौता हो गया। इसका श्रेय इन्दिरा गाँधी की दृढ़ता, विवेक और उनकी न झुकने वाली साहसिकता को है।

असंलग्न शिखर वार्ता (1983)

असंलग्नतावादी की सातवाँ शिखर वार्ता 1983 में दिल्ली में संम्पन्न हुई। 17 मार्च, 1983 से 21 मार्च, 1983 तक हुए इस सम्मेलन में 101 राष्ट्रों ने भाग लिया था। इस सम्मेलन की सफलता का श्रेय श्रीमती इन्दिरा गाँधी की एकता, शक्ति, बुद्धिमत्ता और उद्देश्य की तेजस्वी, मेधावी प्रवृत्ति को दिया जा सकता है, जिससे भारत की अन्तर्राष्ट्रीय प्रतिष्ठा में वृद्धि हुई। उनकी सफल विदेश नीति की सार्थकता साफ हो गई थी। वे अगले तीन वर्षों के लिए असंलग्नवादी आन्दोलन की अध्यक्ष स्वीकार की गई थीं। परन्तु 31 अक्टूबर सन् 1984 को श्रीमती इन्दिरा गाँधी की निर्मम हत्या कर दी गई और भारत ने एक महान विभूति को खो दिया, जिसकी उपलब्धियों से भारत गौरवान्वित हुआ था; और अन्तर्राष्ट्रीय जगत में भारत की ऊँची हैसियत मानी जाने लगी थी तथा विश्व की महाशक्तियाँ उसकी ओर आशा भरी दृष्टि से देखने लगी थीं।

इंदिरा की नीति का मूल्यांकन

श्रीमती इंदिरा गाँधी की विदेश नीति बहुत सफल रहा था। 1962 ई. की पराजय से भारत की अन्तराष्ट्रीय प्रतिष्ठा को गहरा आघात लगा था, परन्तु 1971 में अमेरिकी-चीनी-पाकिस्तानी गठबन्धन को विफल करते हुए इन्दिरा गाँधी ने भारत-पाक युद्ध में विजय प्राप्त करके भारत को फिर अन्तर्राष्ट्रीय जगत का प्रतिष्ठित राष्ट्र बना दिया था। 1974 ई. में पोखरण में परमाणु परीक्षण हिन्दुस्तान की प्रतिष्ठा को समग्र विश्व में चमत्कृत कर दिया था। 1983 में इन्दिरा गाँधी के असंलग्नतावादी आन्दोलन की अध्यक्ष बन जाने

से भारत का अन्तर्राष्ट्रीय गौरव स्थापित हो गया था। इस प्रकार भारतीय विदेश नीति के कर्णधार के रूप में इन्दिरा गाँधी सफल रहीं।

राजीव गाँधी के नेतृत्व में विदेश नीति

31 अक्टूबर 1984 को श्रीमती इन्दिरा गाँधी की हत्या होने के बाद भारत की स्थिति कुछ डगमग हो गयी, परन्तु इन्दिरा गाँधी के सुपुत्र राजीव गाँधी ने इस डगमग कदम को सम्भालने में खरे उतरे। राजीव गाँधी की भारतीय विदेश नीति श्रीलंका के मुद्दों में बुरी तरह से डगमगा गयी थी, पर यही तथ्य उनकी विदेश-नीति का निष्कर्ष कभी नहीं बन सकता। अन्य बहुत मामलों में उन्होंने प्रभावशाली और महत्त्वपूर्ण भूमिका निभाई।

भारत के प्रधानमन्त्री राजीव गाँधी ने एक प्रकार से भारत की विदेश नीति क्षेत्र के अन्तर्गत "चलते रहो" की नीति का प्रयोग किया। विदेशों से अपने सम्बन्ध को प्रगाढ़ करने हेतु उन्होंने बिना भेद-भाव के छोटे-बड़े कई राष्ट्रों की यात्राएँ कीं। अनेक विश्व-मंचों पर अपनी उपस्थिति दर्ज कराकर, उन्होंने अपनी और अपने देश की लोकप्रियता में वृद्धि की। यह मानना पड़ेगा कि पं. नेहरू और श्रीमती इन्दिरा गाँधी की नीति को नहीं छोड़ते हुए भी भारतीय विदेश-नीति पर उन्होंने अपनी एक पृथक् और सराहनीय छाप छोड़ी। इस युवा प्रधानमन्त्री राजीव गाँधी की एक प्रमुख विशेषता यह थी कि वह लकीर के फ़कीर नहीं रहे। अपने नाना पं. नेहरू और माता इन्दिरा गाँधी के गढ़े मार्ग पर ही चलने की उनकी कोई विवशता नहीं लक्षित हुई। उनके प्रति सम्पूर्ण श्रद्धा के बावजूद यह नौजवान अपनी पहचान बनाने की शीघ्रता में था।

दक्षिण अफ्रीका में चल रही रंगभेद की लड़ाई अपनी चरम सीमा पर पहुँच चुकी थी। वहाँ के निवासी गोरे रंग वाले, काले रंग वालों से नफरत करने लगे। राजीव ने इस रंग-भेद के विरुद्ध खुलकर आवाज़ उठायी।

नामीबिया की स्वतन्त्रता का युद्ध इन्हीं के प्रधानमन्त्रित्व अवधि में चल रहा था और शनैः-शनैः विश्व के तमाम देश साम्राज्यवाद के चंगुल से मुक्त होकर स्वतन्त्र हो चुके थे। नामीबिया का स्वर कमज़ोर था, इसके समर्थक भी कम थे। राजीव गाँधी इस गुलाम देश का सशक्त स्वर बने और उन्होंने इसकी स्वतन्त्रता की ज़ोरदार वकालत की। आश्चर्य की बात थी कि नामीबिया दक्षिण अफ्रीका का ही उपनिवेश था।

'न्यूक्लियर' निःशस्त्रीकरण पर भी वह चुप नहीं रहे। खुलकर इसके पक्ष में बोलना उन्होंने भारत का धर्म समझा। यहाँ इन्दिरा गाँधी द्वारा गढ़ी ज़मीन का भी उपयोग हुआ। श्रीमती गाँधी ने पाँच महाद्वापों से छह देशों को मिलाकर निःशस्त्रीकरण सम्बन्धी एक संगठन का निर्माण किया था। ये छह देश थे-भारत, स्वीडन, अर्जेंटीना, मैक्सिको, तंजानिया और यूनान।

राजीव गाँधी जब प्रधानमंत्री पद पर आरूढ हुये तो इन देशों की शिखर वार्ता का

आयोजन किया। इस वार्ता का प्रमुख उद्देश्य निःशस्त्रीकरण की योजना बनाना था। इन देशों ने निःशस्त्रीकरण की एक कार्य-योजना ही तैयार कर दी। राजीव ने संयुक्त राष्ट्र संघ की सभा के अधिवेशन में इसे प्रस्तुत किया। इस योजना में 2010 तक सभी प्रकार के न्यूक्लियर शस्त्रों की समाप्ति का आह्वान किया गया।

दक्षिण अफ्रीका में रंगभेद नीति चरम पर थी जिससे राजीव गाँधी बहुत चिन्तित थे। पं. नेहरू ने 40 के दशक के अन्त में इसे संयुक्त राष्ट्र संघ में उठाया था। ऐसा करने वाले वे विश्व के प्रथम नेता थे। भारत ने उसी समय दक्षिण अफ्रीका के साथ राजनीतिक और व्यावसायिक सम्बन्ध तोड़ दिये थे। राजीव गाँधी ने राष्ट्रकुल में इस प्रश्न पर बहुमत हासिल करने में भी सफलता प्राप्त की। वे इंग्लैंड के प्रधानमन्त्री मिसेज थैचर को प्रभावित नहीं कर सके, फिर भी उन्होंने 'अफ्रीका-उपनिवेशवाद तथा रंग-भेद और आक्रमण' का विरोध करने हेतु कार्य फण्ड बनाने में सफलता प्राप्त की। यह कोष हरारे में 1986 ई. में आयोजित गुटनिरपेक्ष शिखर सम्मेलन में स्थापित किया गया। तीन सालों के पश्चात् जब बेलग्रेड में गुटनिरपेक्ष सम्मेलन आयोजित हुआ, उस समय तक इस कोष में राजीव गाँधी पचास करोड़ डॉलर जमा कर चुके थे। इस राशि को विकसित और विकासशील देशों ने मिलकर एकत्रित किया था। इसका उपयोग दक्षिण अफ्रीका की आर्थिक नाकेबन्दी के फलस्वरूप उसके सीमावर्ती देशों के नुकसान की भरपायी के लिए होना था।

प्रधानमन्त्री राजीव गाँधी ने 'स्वापो' जो नीमीबिया की स्वतन्त्रता के लिए संघर्ष करने वाली संस्था थी, को मान्यता प्रदान की।

1986 में अंकोला, तंजानिया, जांबिया, जिम्बाम्बे आदि राष्ट्रों की राजीव गाँधी ने यात्रा की। राजीव गाँधी के अथक प्रयास का ही फल था कि नामीबिया को 1990 में स्वतन्त्रता प्राप्त हुई, यद्यपि इसे देखने के लिए राजीव गाँधी जीवित नहीं थे, तथापि इस स्वतन्त्रता प्राप्ति में विश्व के अन्य नेताओं की अपेक्षा राजीव गाँधी का सबसे बड़ा योगदान था।

महाशक्तियों से सम्बन्ध

राजीव गाँधी के शासन काल में भारत के सम्बन्ध विश्व की महाशक्तियों से पूर्व की अपेक्षा बेहतर हुए। इसमें कोई विशेष परिवर्तन हुआ हो, ऐसी भी बात नहीं है। उनके आलोचक इस बात की आशंका प्रकट कर रहे थे कि वह अपने तकनीकी-प्रेम और मुक्त बाज़ार की नीतियों के कारण अमेरिका की ओर विशेष झुकाव दिखायेंगे, परन्तु ऐसा कुछ नहीं हुआ।

भारत के प्रधानमन्त्री राजीव गाँधी ने 1985 ई. में अमेरिका का दौरा किया और काफी सफलता हासिल किया, फिर भी अमेरिका का झुकाव भारत की ओर कम ही हुआ;

क्योंकि वह पाकिस्तान का घोर समर्थक था। दो नावों पर सवारी करना उसके लिए सम्भव नहीं था। अमेरिका, अफगानिस्तान में सोवियत संघ के विरुद्ध जो गुरिल्ला-युद्ध छिड़ा हुआ था, उसका समर्थक था। हिन्दुस्तान अमेरिका के इस रुख का समर्थन नहीं कर सकता था; क्योंकि उसे सोवियत संघ की मैत्री गँवानी पड़ती।

उन दिनों सोवियत संघ के गोर्बाच्योव और राजीव गाँधी के सम्बन्ध अत्यधिक घनिष्ठ एवं मधुर हो गये। यहाँ यह उल्लिखित किये बिना नहीं रहा जा सकता कि ये दोनों नेता पाँच वर्षों के मध्य आपस में आठ बार मिले।

राजीव की चीन यात्रा

सन् 1962 में चीन के द्वारा भारत पर किये गये आक्रमण से इन दोनों देशों के सम्बन्ध में काफी परिवर्तन हो गया था। एक-दूसरे के दुश्मन प्रायः दूसरे दुश्मन के मित्र होते हैं। अर्थात् शत्रु-शत्रु आपस में दोस्त होते हैं। अतः चीन और पाकिस्तान की मित्रता घनिष्ठ हो गयी थी। पं. नेहरू 1954 ई. में चीन गये और बहुत आशाओं के साथ लौटे थे। सबको विदित है कि चीन ने पंचशील के सिद्धान्त अपनाने का नाटक किया था और 'हिन्दी-चीनी भाई-भाई' का नारा बहुत ज़ोर-शोर से लगाया था। सन् 1962 के चीनी आक्रमण ने इस पर पानी फेर दिया। चीन की ओर मुँह करने का किसी भारतीय नेता ने प्रयास नहीं किया और न ही चीन के नेता ही भारत आये।

युवा प्रधानमन्त्री राजीव गाँधी ने चीन से हुए बिगाड़ को सुधारने का विचार बनाया। पाकिस्तान को चीनी सहायता प्राप्त होती रहे और कभी उससे युद्ध हो, तो चीन उसकी सहायता में उतर पड़े, राजीव गाँधी ऐसा नहीं चाहते थे।

राजीव गाँधी ने सन् 1988 में चीन का दौरा किया। 34 वर्षों बाद किसी भारतीय प्रधानमन्त्री का चीन की धरती पर स्वागत हुआ। देंग राजीव से हाथ मिलाते समय उनके हाथ को इतनी देर तक पकड़े रहे, जैसे वे उसे छोड़ना ही नहीं चाहते थे। टी.वी. सेटों पर यह चित्र विशेष रूप से दिखाया गया। देंग ने यह स्वीकार किया कि चीन ने भारत के साथ अमानवीय व्यवहार किया है, परन्तु राजीव गाँधी के प्रधानमंत्रित्व की अवधि में भारतीयों द्वारा इसको बुरा नहीं मानना चाहिए और इस दिशा में दोनों देशों को सार्थक पहल करनी चाहिए। राजीव की इस यात्रा से दोनों देशों के संबंध कुछ सामान्य हुए थे। इसके आलावा भी चीन-भारत के बीच व्यावसायिक क्षेत्र में काफी उन्नति हुई।

पड़ोसी राष्ट्रों से सम्बन्ध

राजीव गाँधी जब भारत के प्रधानमन्त्री पद पर आरूढ़ हुये तो उस समय भारत के अपने पड़ोसी राष्ट्र से अच्छे संबंध नहीं थे। बांग्लादेश, जो भारत का ही निर्माण था,

इस्लामी देशों की ओर अधिक जाने लगा और भारत से दूर होता गया और बाद में पानी के बँटवारे को लेकर भी विवाद बढ़ा।

नेपाल की सरकार ने भारतीय माल पर भारी कर लगा दिए। चीनी वस्तुओं पर उसने कर में कटौती की। इस पर्वतीय राज्य ने चीन से अपना सम्बन्ध गहरा किया और वहाँ से भारी संख्या में विमान-भेदी तोपें तथा विध्वंसक राइफलें प्राप्त कीं। बात यहाँ तक बढ़ी कि इस पड़ोसी देश ने भारतीय निवासियों से 'कार्य-परमिट' लेने को कहा। वह इस बात को भूल गया कि भारत में सैकड़ों-हजारों नहीं, लाखों नेपाली बिना किसी परमिट के कार्य करते आये हैं। राजीव ने नेपाल को औकात बताने के लिए 1989 में इसकी आर्थिक नाकेबन्दी कर दी, जिसके फलस्वरूप सितम्बर में नेपाल भारत से इस सम्बन्ध में वार्तालाप करने को तैयार हो गया।

पाकिस्तान में जब बेनजीर भुट्टो प्रधानमन्त्री बनीं तो यह उम्मीद जगी कि दोनों देशों में युवा और उदार विचार वाले प्रधानमन्त्रियों के कारण इनके बीच सम्बन्ध सुधरेंगे, किन्तु यह आशा फलवती नहीं हुई।

भारतीय प्रधानमन्त्री राजीव गाँधी ने पाकिस्तान की यात्रा की परन्तु इससे कुछ खास फायदा नहीं हुआ। कारण स्पष्ट था। बेनज़ीर भुट्टो हों या पाकिस्तान का कोई प्रधानमन्त्री, सभी को वहाँ के कट्टरपन्थियों के दबाव में रहना पड़ता है, जिससे सरकार स्थिर नहीं रह पाती है। बेनजीर भुट्टो के आश्वासन के साथ राजीव गाँधी भारत लौटे, किन्तु पाकिस्तान कश्मीर तथा पंजाब में आतंकवाद के विरुद्ध कभी नहीं गया अपितु आतंकवादियों की मदद ही करता रहा।

प्रधानमंत्री राजीव गाँधी ने कंपूचिया से वियतनाम की सैन्य बलों की वापसी में प्रमुख योगदान प्रदान किया। इन दोनों की बातचीत में भारत के प्रतिनिधियों ने भाग लेकर कंपूचिया की वकालत की। अन्ततः 1987 के जनवरी माह में वियतनाम ने कंपूचिया छोड़ने का मन बना लिया। उसकी इच्छा थी कि उसके सैनिकों के वहाँ से हटने के सम्बन्ध में एक कारगर रूप-रेखा बने। जब समझौता समीप आया, तो अमेरिका तथा चीन आड़े आ गये और उन्होंने भारत को पृथक् रखने का प्रयास किया। फिर भी फ्रांस की राजधानी पेरिस में 21 देशों का जो सम्मेलन हुआ उसके परिणामस्वरूप वियतनाम कंपूचिया छोड़कर चला गया। इस सन्दर्भ में राजीव गाँधी के द्वारा दिये गये योगदान प्रशंसनीय हैं।

राजीव गाँधी और गुटनिरपेक्षता

गुट निरपेक्षता को अत्यधिक प्रभावशाली बना कर इन्होंने राष्ट्र को एक नयी दिशा प्रदान की। उन्होंने सदा 'न्यूक्लियर निःशस्त्रीकरण' पर जोर दिया और इस मंच का प्रयोग भी इस लक्ष्य की प्राप्ति के लिए कुछ कम नहीं हुआ। आणुविक शक्ति को लेकर

विश्व में काफी भेद-भाव था। पाकिस्तान को परमाणु शक्ति से सम्पन्न करने के लिए विकसित राष्ट्र सब तरह की सहायता कर रहे थे और भारत पर आणुविक अप्रसार संधि पर हस्ताक्षर करने के लिए जोर दे रहे थे।

28 जनवरी 1985 में इस युवा प्रधानमन्त्री ने छः देशों की एक शिखर वार्ता सम्मेलन का आयोजन किया, जिसके अन्तर्गत स्वीडन, ग्रीस, तंजानिया, अर्जेंटीना तथा मैक्सिको और भारत को बुलाया। इस शिखर सम्मेलन के अन्तर्गत आणविक निःशस्त्रीकरण पर जोर दिया गया। भारत ने अपना पक्ष रखते हुए स्पष्ट किया कि पाकिस्तान को परिष्कृत अस्त्र प्रणाली प्रदान करने से भारत के लिए खतरा पैदा हो गया है। राजीव गाँधी के अनुसार शान्ति मानव जाति के अस्तित्व के लिए बहुत आवश्यक है। अपने पाँच वर्षों के कार्यकाल में ही वह परमाणु शीत युद्ध के भयावह परिणाम से बचने के संघर्ष में जैसे सम्पूर्ण मानवता की पुकार के प्रतीक बन गये। गुटनिरपेक्ष आन्दोलन को इनके कार्यकाल में एक नया आयाम मिला। यह भारत के लिए कम गौरव की बात नहीं कि भारत का प्रधानमन्त्री वर्ण-भेद के अत्याचार के विरुद्ध संघर्षरत काले लोगों का नेता बन गया।

अतः प्रमुख रूप से यह स्वीकार करना पड़ेगा कि इस नौजवान एवं युवा प्रधानमंत्री राजीव गाँधी का यह प्रखर व्यक्तित्व उन ताकतों, जिनमें अमेरिका भी सम्मिलित है, को अच्छा नहीं लगा। ये सभी भारत में अपने प्रभुत्व को स्थापित करना चाहते थे और इसके शोषण में विश्वास करते थे। इन्हें लग कि राजीव गाँधी के प्रधानमन्त्रित्व काल में भारत एक महत्त्वपूर्ण देश के रूप में उभरा है और अगर राजीव गाँधी भारत के प्रधानमंत्री बने रहे, तो वह दिन दूर नहीं, जब भारत विकसित राष्ट्रों की श्रेणी में अपने को स्थापित कर लेगा। अतः राजीव गाँधी की हत्या जो 29 मई, 1989 की रात में तमिलनाडु के पैरम्बदूर में हुई, उसके पीछे इन महाशक्तियों का हाथ भी हो सकता है, क्योंकि यह महाशक्तियाँ राजीव गाँधी को प्रमुख तौर पर विश्व के परिदृश्य से अलग कर देना चाहते थे।

राजीव गाँधी की सुरक्षा-नीति

राजीव गाँधी ने जब भारत की बागडोर अपने हाथ में ली तो उन्होंने देश को समृद्ध, सुदृढ़ एवं महाशक्ति बनाने का प्रयत्न किया। पाकिस्तान अथवा चीन किसी के भी मुकाबले के लिए सदैव तैयार रहना चाहते थे। उन्होंने देश की सैन्य-शक्ति बढ़ाने के लिए पर्याप्त प्रयास किया। इसके लिए उन्होंने विदेशों से भारी मात्रा में शस्त्रों का क्रय किया। सशस्त्र सेनाओं के आधुनिकीकरण पर उन्होंने पूरा जोर दिया, जिससे प्रतिरक्षा खर्च दोगुना हो गया। श्रीमती इन्दिरा गाँधी ने अपने प्रधानमन्त्री कार्य काल के अन्तर्गत 'निर्देशित मिसाइल विकास कार्यक्रम' आरम्भ किया था। राजीव गाँधी ने इसे आगे बढ़ाया। फलस्वरूप, दो कम दूरी वाले मिसाइल 'त्रिशूल' और मध्यम दूरी की मिसाइल 'अग्नि' का सफलतापूर्वक परीक्षण किया गया। इंग्लैंड से हवाई जहाज ढ़ोने वाला जहाज

क्रय किया गया और सोवियत संघ से न्यूक्लियर शक्ति सम्पन्न पनडुब्बी प्राप्त की। यह भी सच है कि राजीव के कार्यकाल में ही भारतीय लड़ाकू टैंकों में वृद्धि हुई, जिसका नाम 'अर्जुन' पड़ा। राजीव गाँधी के कार्यकाल में स्वीडन से 410 बोफोर्स तोपें खरीदी गई। जिसमें राजीव गाँधी पर घोटाला का आरोप लगाया।

1989 ई. के आम चुनाव में राजीव गाँधी पूरे देश का दौरा कर रहे थे और इनके विरोधियों ने इन पर भ्रष्टाचार का आरोप लगाया। बोफोर्स मामले के सम्बन्ध में इन्हीं के मन्त्रिमण्डल के वी.पी. सिंह ने विद्रोह स्थापित किया था परन्तु राजीव गाँधी की मृत्यु के पश्चात् भारतीय न्यायालय ने बोफोर्स भ्रष्टाचार से उन्हें बरी कर दिया था।

राजीव गाँधी की मानव बम द्वारा दुखद हत्या कर दी गई। परिणामतः समस्त राष्ट्र में एक विशेष प्रकार की विक्षुब्धता व्याप्त हो गयी। राजीव गाँधी की हत्या लिट्टे की एक आत्मघाती महिला ने पैरम्बदूर की विशाल जनसभा में फूलमाला पहनाने के बहाने की थी। इस षड्यन्त्र में लिट्टे के अलावा विश्व की महान् शक्तियों ने भाग नहीं लिया हो, यह नहीं कहा जा सकता।

नरसिम्हा शासनकाल की विदेश नीति

पी. वी. नरसिम्हा राव को जून 1991 में प्रधानमन्त्री बनाया गया। इन्होंने अपने कार्यकाल में भारत की विदेश नीति को अबाध गति से आगे बढ़ाया। भारत की जो विश्व-शान्ति व विकास की विदेश नीति वर्षों से चली आ रही थी उसे इन्होंने कायम रखा। उनके विदेश नीति को निम्नलिखित बिन्दुओं के तहत स्पष्ट किया जा सकता है।

1. गुट निरपेक्षता—जब पी. वी. नरसिंह राव प्रधानमन्त्री बने उस समय सोवियत संघ का विघटन तो नहीं हुआ था, पर शीतयुद्ध समाप्त हो चुका था। प्रधानमन्त्री राव ने इस बात को दोहराया कि भारत गुट निरपेक्षता की नीति पर पहले की तरह चलता रहेगा। टोकियो में 1992 में नरसिंह राव ने एक भाषण में कहा कि "गुट निरपेक्षता की विदेश नीति पर चलना आज पहले से भी अधिक प्रासंगिक हो गया है। गुट निरपेक्षता का मूल आधार राष्ट्रों की स्वतन्त्रता और उनके विकास का अधिकार है। चाहे गुटों की स्थिति कुछ भी क्यों न हो, चाहे किसी समय एक गुट हो या अनेक गुट, निरपेक्ष देशों की यह इच्छा है कि वे अपनी स्वतन्त्रता बनाये रखें और उसी के आधार पर किसी अन्य देश के साथ स्वयं अपने निर्णय कर सकें।"

नरसिंह राव ने यह जोर देकर कहा था कि अब किसी भी देश के प्रभुत्व का समय नहीं रह गया है। एम. एस. राजन का भी यह तर्क है कि चाहे संसार एकध्रुवीय, द्विध्रुवीय या बहुध्रुवीय कैसा भी हो छोटे और कमजोर देशों की विदेशी नीति के विकल्प के रूप में गुट निरपेक्षता सदा ही वैध और प्रासंगिक रहेगी। राजन का यह भी कहना है कि गुट

निरपेक्षता आन्दोलन आज भी उतना ही उपयोगी है जितना 1960 के दशक में था। ऐसा इसलिए है क्योंकि हम आज भी बड़ी शक्तियों के प्रभुत्व का शिकार हैं।

2. भारत की आणविक नीति—भारत सदैव से CTBT पर हस्ताक्षर करने के लिए तैयार नहीं था। नरसिम्हा राव ने भी इन नीति का अनुपालन किया। जेनेवा में हुए निरस्त्रीकरण सम्मेलन (CD) में 1991-96 की लम्बी अवधि में हुई परमाणु परीक्षण सम्बन्धी गतिविधियों पर गहराई से विचार हुआ। यह विचित्र विडम्बना है कि भारत जिसने 1954 में व्यापक रूप से परमाणु परीक्षण निषेध का प्रस्ताव किया था, 1996 में अन्तिम रूप से स्वीकृति व्यापक परीक्षण निषेध संबंधी (CTBT) पर सहमत नहीं हो सका, और उसने उस पर हस्ताक्षर नहीं किये। भारत अबाध रूप से परमाणु निरस्त्रीकरण चाहता है, जबकि अमेरिका केवल यह प्रयास कर रहा था उन पर भी प्रतिबन्ध लगाया जाये। संयुक्त राज्य अमेरिका ने एक नई व्यापक सन्धि को 1996 के अन्त तक सम्पन्न करवाने के लिये गम्भीरता से प्रयास किये। भारत और संयुक्त राज्य अमेरिका ने संयुक्त रूप से महासभा में 1993 में परीक्षण निषेध सन्धि के लिये एक प्रस्ताव किया था जिससे परमाणु निरस्त्रीकरण किया जा सके। जब जिनेवा का निरस्त्रीकरण सम्मेलन आरम्भ हुआ तब उसने भी अपने उद्देश्यों का प्रस्ताव में उल्लेख किया था। अमेरिका के राष्ट्रपति क्लिंटन और भारत के प्रधानमंत्री नरसिम्हा राव ने 1994 में मिलकर परमाणु अप्रसार और परमाणु निरस्त्रीकरण के उद्देश्यों के लिए व्यापक परीक्षण निषेध सन्धि (सीटीबीटी) बनाया परन्तु परमाणु शक्ति सम्पन्न देशों की वजह से यह मूर्त रूप नहीं ले सका। इस कारण भारत इस पर अपनी सहमति नहीं प्रदान किया।

सितम्बर, 1994 में निरस्त्रीकरण सम्मेलन में बोलते हुए भारतीय राजदूत ने प्रस्तावित व्यापक परीक्षण निषेध सन्धि की प्रस्तावना में अप्रसार सन्धि (एनपीटी) के उल्लेख पर आपत्ति की थी। उन्होंने कहा था कि ''क्योंकि हम परमाणु अप्रसार सन्धि के हस्ताक्षरकर्ता नहीं हैं, इसलिये उसका कोई भी उल्लेख हमको स्वीकार्य नहीं होगा। एक वर्ष पश्चात् 1995 में, भारत की नई प्रतिनिधि (राजदूत) अरुंधती घोष ने जोर देकर कहा कि, ''सन्धि की प्रस्तावना में, व्यापक परीक्षण निषेध सन्धि का परमाणु निरस्त्रीकरण की सामान्य रूपरेखा के साथ, स्पष्ट संबंध परिभाषित करना ही होगा।'' अतः भारत ने इस संधि में विभिन्न संशोधनों की माँग की। 25 जनवरी, 1996 को पुनः श्रीमती अरुंधती घोष ने भारत के दृष्टिकोण को स्पष्ट किया। लेकिन, परमाणु देश अस्त्रों के उन्मूलन के किसी समयबद्ध कार्यक्रम को स्वीकार करने के विरूद्ध थे, फलस्वरूप भारत ने इस संधि के विरोध में मत दिया। भारत ने इस बात के लिये खेद व्यक्त किया कि, उसके उस प्रस्ताव पर, जिसमें परमाणु निरस्त्रीकरण के लिये एक तदर्थ समिति स्थापित करने का सुझाव था, कोई आम सहमति नहीं बन सकी। इस समिति से यह अपेक्षा थी कि यह चरणों पर आधारित कार्यक्रम के आधार पर परमाणु निरस्त्रीकरण के लिये बातचीत शुरू करेगी। जब भारत के सुझाव

स्वीकार नहीं हुए तो 20 जून, 1996 को व्यापक परीक्षण निषेध सन्धि, के प्रस्तावित रूप को स्वीकार नहीं करने का ऐलान भारत ने कर दिया।

निरस्त्रीकरण सम्मेलन के अध्यक्ष जाप रमाकर ने सन्धि का जो प्रारूप पेश किया भारत ने उसे अस्वीकार कर दिया। इस सन्धि में एक 'लागू करने सम्बन्धी अनुच्छेद' का प्रावधान किया गया था। उस अनुच्छेद में यह व्यवस्था थी कि सन्धि को तभी लागू किया जायेगा जब भारत सहित, वे 44 देश इसका अनुमोदन कर देंगे जिनके पास परमाणु अनुसन्धान की सुविधा है तथा जिनके पास रिएक्टर हैं, अर्थात् जो परमाणु क्षमता सम्पन्न हैं। भारत दबाव में आकर भेदभाव वाली सन्धि पर हस्ताक्षर करने को तैयार नहीं था। इस संदर्भ में भारत ने तर्क दिया कि "वर्तमान व्यापक परीक्षण निषेध सन्धि परमाणु अस्त्र सम्पन्न राज्यों की प्रौद्योगिकी पसंद के अनुसार तैयार की गयी है, न कि परमाणु निरस्त्रीकरण की आवश्यकता के अनुसार।"

भारत ने लागू करने की धारा में एक संशोधन का प्रस्ताव किया था। भारत ने सुझाव दिया कि 65 देशों द्वारा सन्धि का अनुमोदन करने और उसके दस्तावेज जमा करने के 180 दिन के पश्चात् सन्धि को प्रभावी बनाया जाये। यह समय सन्धि पर हस्ताक्षर आरम्भ करने के कम से कम दो वर्ष के पश्चात् होना चाहिए। लेकिन भारत के दोनों ही प्रस्ताव को नहीं माना गया। इसलिए भारत ने सन्धि के प्रारूप और प्रभावी (लागू) करने के अनुच्छेद, दोनों के विरूद्ध मत दिया। 21 अगस्त 1996 को भारत की असहमति के कारण, सन्धि को, निरस्त्रीकरण सम्मेलन द्वारा प्रस्तावित रूप में सभी सदस्य देशों के सम्मुख रखने का कार्यक्रम भी रद्द हो गया। यह सन्धि सदस्य राष्ट्रों के विचार के लिये नहीं भेजा जा सका, क्योंकि भारत ने इसका मार्ग अवरुद्ध कर दिया था।

इस संकट से सन्धि को उबारने के लिये ऑस्ट्रेलिया ने संयुक्त राष्ट्र महासभा में प्रस्ताव रखा कि निरस्त्रीकरण सम्मेलन द्वारा प्रस्तावित प्रारूप को महासभा सन्धि के रूप में पारित कर दे। महासभा में किसी भी देश को निषेधाधिकार प्राप्त नहीं था। ऑस्ट्रेलिया ने प्रस्ताव को 126 अन्य देशों के साथ मिलकर महासभा में प्रस्तुत किया था। इस प्रस्ताव को महासभा ने भारी बहुमत से स्वीकार कर दिया। इसके पक्ष में 158 देशों ने और विपक्ष में 3 देशों ने मतदान किया तथा पाँच देश तटस्थ रहे। महासभा ने इसे सितम्बर, 1996 में पारित कर दिया। इस प्रकार भारत के (निरस्त्रीकरण सम्मेलन) निषेधाधिकार को अप्रभावी कर दिया गया। भारत के साथ ही साथ भूटान व लीबिया ने विपक्ष में मतदान किया था।

महासभा की स्वीकृति के पश्चात् संयुक्त राज्य अमेरिका ने सर्वप्रथम सन्धि पर हस्ताक्षर किये। अमेरिका के पश्चात् शीघ्र ही 70 अन्य देशों ने भी सन्धि पर हस्ताक्षर कर दिये। भारत के सन्दर्भ में आशा व्यक्त की गई कि भविष्य में वह हस्ताक्षर कर देगा। पाकिस्तान ने भी हस्ताक्षर नहीं किये। उसने महासभा में तो सन्धि के पक्ष में मतदान किया,

परन्तु यह कहकर उस पर हस्ताक्षर नहीं किये कि जब तक भारत सन्धि पर हस्ताक्षर नहीं करता, पाकिस्तान भी ऐसा नहीं करेगा।

3. नई अन्तर्राष्ट्रीय अर्थव्यवस्था—द्विपक्षीय राजनीतिक समस्या की वजह से आर्थिक विकास की रफ्तार धीमी हो जाती है। जैसे—दक्षिण एशियाई क्षेत्रीय संगठन (साकं) के चार्टर में यह प्रावधान है कि उसके मंच पर द्विपक्षीय विवादों को नहीं उठाया जायेगा, फिर भी 1995 के सार्क विदेश मन्त्री सम्मेलन में पाकिस्तान और बांग्लादेश दोनों ने आग्रह किया कि सार्क सम्मेलनों में द्विपक्षीय प्रश्नों पर चर्चा की व्यवस्था होनी चाहिए। भारत ने हमेशा द्विपक्षीय विवादों को गुट निरपेक्ष मंच पर उठाने का घोर विरोध किया है। पी. वी. नरसिंहा राव ने भी भारत की इस नीति का अनुसरण किया।

4. उत्तर-दक्षिण तथा दक्षिण-दक्षिण सहयोग—पी. वी. नरसिंह राव ने उत्तर-दक्षिण तथा दक्षिण-दक्षिण सहयोग में भारत का सकारात्मक पक्ष रखा। 20 दिसम्बर, 1991 को आर्थर डंकल ने नये सिरे से सदस्य देशों के सामने आपसी सहमति के लिए एक विस्तृत दस्तावेज पेश किया। यद्यपि अधिकतर सदस्य देशों ने इस रूप को स्वीकार करने में कठिनाई जाहिर की। इन प्रस्तावों को डंकल प्रस्ताव भी कहा जाता है। प्रस्ताव के निष्कर्षों के लिये अन्तिम रूप से 15 दिसम्बर 1993 की तारीख निश्चित की गयी, जिन्हें दो भागों में विभक्त किया गया। पहले भाग में 14 मदें थीं जो व्यापारिक वस्तुओं से सम्बन्धित थीं जबकि दूसरे भाग में सात मदें थीं जो सेवाओं से सम्बन्धित थीं।

सदस्य राष्ट्र इन सभी मदों पर एकमत नहीं बना सके। वस्तुत पहले भाग की व्यापारिक वस्तुओं से सम्बन्धित कुछ मदें—बौद्धिक सम्पदा अधिकार के व्यापार सम्बन्धी पहलू और व्यापार सम्बन्धी निवेश उपायों तथा सेवाओं को गैट के अन्तर्गत ले आने के प्रश्न पर ही मुख्य विरोध उत्पन्न हो गया। अमेरिका द्वारा प्रस्तुत इस प्रस्ताव पर विकासशील देशों ने आपत्ति जताई। इन विषयों के सम्बन्ध में विकासशील देशों का दृष्टिकोण यह रहा कि यदि सेवा, निवेश एवं प्रबन्ध जैसे क्षेत्रों में विकसित देशों को मुक्त व्यापार करने की छूट दे दी जायेगी तो विकासशील देशों में इन क्षेत्रों का विकास अवरुद्ध हो जाएगा। किन्तु, विकसित देश यह चाहते थे कि विकासशील देश उन्हें प्रत्येक क्षेत्र में मुक्त व्यापार की सुविधा प्रदान करें। अंततः 15 अप्रैल, 1994 को मराकश में सदस्य राष्ट्रों ने गैट के उरूग्वे वार्ता समझौते पर हस्ताक्षर कर दिये जिसके परिणामस्वरूप 1 जनवरी, 1995 तक विश्व व्यापार संगठन की सदस्यता ग्रहण न कर पाने के कारण यह निर्णय लिया गया कि गैट का अस्तित्व 1995 तक बना रहेगा। दिसम्बर 1995 में गैट का अस्तित्व खत्म कर दिया गया। भारत ने उत्तर-दक्षिण व दक्षिण-दक्षिण सहयोग की शृंखला में पृथ्वी सम्मेलन के साथ ही साथ अन्य कई सम्मेलनों में भी अपने प्रतिनिधि भेजे।

5. भारत-अमेरिका सम्बन्ध—पी. वी. नरसिम्हा राव ने अपनी विदेश नीति में भारत-अमेरीका सम्बन्ध को दृढ़ करने का प्रयास किया। राष्ट्रपति के 1992 के चुनाव

अभियान के समय क्लिंटन ने अनेक ऐसे संकेत दिए थे जो भारत से सम्बन्ध सुधारने की दिशा में महत्वपूर्ण हो सकते थे। परन्तु, 1995 में अमरीकी सीनेट द्वारा बैंक ब्राऊन के एक संशोधन को स्वीकार करके प्रेसलर संशोधन में एक बार छूट देने की व्यवस्था कर दी। इसका अर्थ हुआ कि किसी न किसी बहाने अमेरिका, भारत की भावनाओं की अनदेखी करके, पाकिस्तान को सहायता देता रहना चाहता है। इस कारण ज्यादा अच्छे सम्बन्ध नहीं बन पाये।

6. भारत-चीन सम्बन्ध—नवम्बर, 1996 में चीनी राष्ट्रपति और चीनी साम्यवादी दल के प्रधान जियांग जेमिन (Jiang Zemin) ने भारत की महत्वपूर्ण यात्रा की। यह चीन के किसी भी राष्ट्रपति की भारत की पहली राजकीय यात्रा थी। भारत-चीन सम्बन्धों को सामान्य बनाने के उद्देश्य से जियांग जेमिन ने (जो सैनिक आयोग के अध्यक्ष भी थे) भारत के राष्ट्रपति, प्रधानमन्त्री और विपक्ष के नेता से वृहद् वार्ताएँ कीं। उनकी यात्रा के दौरान अनेक प्रश्नों पर कई महत्वपूर्ण समझौतों पर हस्ताक्षर किये गये। सर्वाधिक महत्वपूर्ण समझौता था—भारत-चीन सीमा पर वास्तविक नियन्त्रण रेखा के साथ-साथ सैनिक क्षेत्र में विश्वास उत्पन्न करने वाला समझौता। यह समझौता उन उपायों का पूरक कहा जा सकता है जो कि तत्कालीन प्रधानमन्त्री नरसिम्हा राव की 1993 की चीन यात्रा के अवसर पर आरम्भ किये गये थे, और जिनका उद्देश्य सम्बन्धों को सामान्य बनाना था। राव की यात्रा के समय 1993 में निश्चित हुआ था कि सीमा विवाद को पृथक् रखकर, अन्य क्षेत्रों में मित्रतापूर्ण सम्बन्धों का विकास किया जाये। यह भी निश्चय किया गया था कि वास्तविक नियन्त्रण रेखा पर शान्ति और सद्भावना बनाये रखी जाये। इस बात पर भी सहमति हुई थी कि वास्तविक नियन्त्रण रेखा को मान्यता देने का अर्थ यह नहीं था कि कोई भी पक्ष अपने सीमा सम्बन्धी दावों का त्याग कर रहा था। मात्र सीमा विवाद को ठण्डे बर्फ में डाल दिया गया था।

7. भारत-रूस सम्बन्ध—बदलते हालात में पी. वी. नरसिम्हा राव ने भारत-रूस सम्बन्ध को एक नया आयाम दिया। सोवियत संघ के विघटन ने 1971 की मैत्री सन्धि (1991 में नवीनीकृत) की उपयोगिता समाप्त कर दी। उसके स्थान पर एक नई भारत-रूस मैत्री संधि आवश्यक हो गई। इस नई संधि पर रूस के राष्ट्रपति येल्तसिन तथा प्रधान मन्त्री नरसिम्हा राव ने 1993 में हस्ताक्षर किए। सन् 1992 में तो ऐसा लगा कि तीसरी अवधारणा का बोलबाला था और भारत-रूस संबंधों में शिथिलता आ गई थी। परन्तु, 1993 में राष्ट्रपति बोरिस येल्तसिन की भारत यात्रा तथा 1984 में नरसिम्हा राव सोवियत यात्रा ने पुनः पारम्परिक मित्रता की सम्भावना को उजागर कर दिया।

8. भारत-श्रीलंका सम्बन्ध—श्रीलंका की राष्ट्राध्यक्ष श्रीमती चन्द्रिका कुमारतुंगा मार्च 1995 में भारत की यात्रा पर आईं। उनकी यात्रा के दौरान हुई शिखर वार्ता में जातीय हिंसा और आतंकवाद का सामना करने के लिए दोनों देशों के मध्य तालमेल का नया मार्ग

निश्चित किया गया। श्रीलंका में एल.टी.टी.ई (तमिल ईलम की स्वतन्त्रता के सेनानी) नामक संगठन पृथकतावादी आन्दोलन चलाता रहा। भारत सरकार ने श्रीलंकाई राष्ट्रपति को आश्वासन दिया कि भारत हमेशा सहयोग देता रहेगा। इस यात्रा के समय राष्ट्रपति के साथ आए, श्रीलंका के विदेश मन्त्री कदीरगमार ने भारत के साथ मैत्री और सोहार्दपूर्ण सम्बन्धों की स्थापना पर अपनी सरकार की वचनबद्धता दोहराई। पी. वी. नरसिम्हा राव ने इन भावनाओं का पूर्ण सम्मान करते हुए श्रीलंका के प्रति अपने देश की मित्रता पर बल दिया। सन् 1995 में निर्णय किया गया कि भारतीय मछुआरों की सुरक्षा तथा श्रीलंका शरणार्थियों की नौकाओं की रिहाई जैसे विषय का शीघ्र ही समाधान किया जाएगा। इस तरह भारत-श्रीलंका सम्बन्ध को और बेहतर बनाने के पक्ष में दोनों देशों द्वारा सार्थक कदम उठाया गया।

9. भारत-पाक सम्बन्ध—भारत-पाक सम्बन्ध कभी मधुर नहीं रहा। लेकिन एक बात यह भी है कि समस-समय पर दोनों देशों के प्रतिनिधियों ने इस सम्बन्ध को बेहतर बनाने का प्रयास किया। इसी दिशा में 1991 के राष्ट्रमंडल शिखर सम्मेलन में पी. वी. नरसिम्हा राव ने पाकिस्तान के प्रधानमंत्री नवाज शरीफ से औपचारिक वर्ता की तथा दोनों राष्ट्रों के सम्बन्ध तनाव मुक्त रखने हेतु चिन्ता व्यक्त की। भारत-पाक के विदेश सचिव की वार्ता 1992 में नई दिल्ली में हुई। नवम्बर 1992 में सियाचिन ग्लेशियर मसले पर आपसी टकराव को समाप्त करने के उद्देश्य से भारत और पाकिस्तान के बीच रक्षा सचिव स्तर की बातचीत प्रारम्भ हुई। लेकिन इन सभी प्रयासों के बाद भी कुछ ऐसी घटनाएँ घटीं जैसे—भारतीय राजनयिक राजेश मित्तल को अमानवीय यातनाएँ पाकिस्तान द्वारा दिया जाना, सितम्बर, 1991 में पुंछ क्षेत्र में हमला, जे. के. एल. एफ. के नेता अमानुल्ला खाँ द्वारा भारत की ओर मार्च करने की धमकी, अक्टूबर, 1992 में पाक-अधिकृत कश्मीर की तथाकथित डेमोक्रेटिक अलायंस द्वारा वास्तविक नियंत्रण रेखा को पार करने की धमकी, 2 नवम्बर, 1992 को सियाचिन ग्लेशियर मसले पर आपसी टकराव, पाकिस्तानी उच्चायोग के कर्मचारी मोहम्मद असफाक की सन्देहास्पद व्यवहार, 6 दिसम्बर, 1992 को अयोध्या में घटित घटना की प्रतिक्रियास्वरूप पाकिस्तान में हिन्दू धार्मिक स्थलों पर आक्रमण, मार्च, 1993 में मुम्बई में हुए बम विस्फोट प्रकरण से उत्पन्न तनाव आदि, जिसके कारण भारत-पाक सम्बन्ध बेहतर नहीं हो सका।

10. संयुक्त राष्ट्र संघ—संयुक्त राष्ट्र के तत्कालीन महासचिव डॉ. बूतूरस घाली ने 1992 में सुझाव दिया था कि सुरक्षा परिषद् में 5 और स्थायी सदस्यों को स्थान दिया जाये। उन्होंने जो पाँच अतिरिक्त स्थायी सदस्य प्रस्तावित किये वे थे—भारत, ब्राजील, जर्मनी, जापान और नाईजीरिया। यदि यह प्रस्ताव स्वीकार हो जाता तो स्थायी सदस्यों की संख्या बढ़कर दस हो जाती। डॉ. बूतूरस घाली ने यह सुझाव तब दिया, जब जापान ने अमेरिका को यह सूचित किया कि वह चाहता था कि उसे अगले तीन वर्ष में सुरक्षा परिषद्

का स्थायी सदस्य बनाया जाये। उसके तुरन्त बात जर्मनी के विदेश मन्त्री ने अपने देश की ओर से स्थायी सदस्यता का दावा पेश किया। इस बीच, भारत ने संयुक्त राष्ट्र को और अधिक लोकतान्त्रिक तथा प्रभावी बनाने का आग्रह किया। सीरिया के उप-राष्ट्रपति ने भारत का समर्थन करते हुए 1992 में निषेधाधिकार के प्रावधान को पूरी तरह समाप्त करने का सुझाव दिया। उनका कहना था कि, सुरक्षा परिषद् वास्तविक अर्थों में प्रतिनिधि संस्था नहीं है, क्योंकि संसार की कुल जनसंख्या के लगभग आधे लोग एशिया में रहते हैं परन्तु सुरक्षा परिषद् में केवल एक (चीन) स्थायी सदस्य है।

पी.वी. नरसिंहा राव ने इस शृंखला को आगे बढ़ाते हुए सुरक्षा परिषद् के विस्तार की आवश्यकता पर बल दिया। उन्होंने कहा था कि, "सुरक्षा परिषद् द्वारा संयुक्त राष्ट्र के चार्टर या उसके कार्यों की व्याख्या को संसार की सामूहिक इच्छा के रूप में स्वीकार्य होना चाहिए न कि कुछ लोगों के मानसिक पक्षपात के रूप में।" भारत ने औपचारिक रूप से सितम्बर, 1992 में सुरक्षा परिषद् में अपने लिये स्थायी सदस्यता का दावा प्रस्तुत किया। इस तरह पी. वी. नरसिंहा राव ने संयुक्त राष्ट्र संघ में भारत को एक नई छवि प्रदान किया। आज भी भारत के राजनेता इस दिशा में काम कर रहे हैं।

श्री वाजपेयी के शासनअवधि में भारतीय विदेश नीति

विज्ञान एवं तकनीकी प्रगति के लिए मात्र एक वर्ष में ही अटल बिहारी वाजपेयी ने जिस कौशल का परिचय दिया वह भारतीय राजनीति में वैज्ञानिक क्रांति का प्रथम प्रकाश पुंज कहा गया। श्री वाजपेयी ने परमाणु-शक्ति के महत्त्व को समझा एवं राष्ट्र को परमाणु बम से सम्पन्न बना दिया। राजस्थान के पोखरण में 11 मई 1998 को पाँच परमाणु-परीक्षण कर उन्होंने विश्व को चौंका दिया। यह श्री वाजपेयी के अद्भुत साहस और निर्भीकता का परिचायक है। इन्दिरा गाँधी के पश्चात् किसी प्रधानमन्त्री ने परमाणु परीक्षण का साहस नहीं किया था। इस दृष्टि से श्री वाजपेयी प्रधानमन्त्रियों की पंक्ति में सर्वाधिक ऊँचे कद के राजनेता बन जाते हैं। भारतीय इतिहास को उन्होंने अकस्मात् एक नया एवं विस्मयकारी मोड़ दे दिया। भारतीय स्वतन्त्रता और सम्प्रभुता को उन्होंने सदा के लिए सुरक्षित और अक्षुण्ण कर दिया। यदि श्रीमती इंदिरा गाँधी ने पाकिस्तान के टुकड़े कर उपमहाद्वीप की भौगोलिक दशा को बदला तो वाजपेयी जी ने उसकी ऐतिहासिक पृष्ठभूमि ही परिवर्तित कर दी।

भारत पर इस समय कई प्रतिबन्ध लगाए गये लेकिन भारत चिन्तामुक्त होकर धैर्यपूर्वक अडिग रहा। उसकी दृढ़ इच्छाशक्ति के समक्ष सारे प्रतिबन्ध धरे-के-धरे रह गए। भारत आर्थिक दृष्टि से स्वावलम्बी था, कुछ आयातों-निर्यातों के प्रतिबन्धित होने से इसकी अर्थव्यवस्था पर कोई खास फर्क नहीं पड़ने वाला था।

वाजपेयी जी का हृदय जो अभी तक काव्यात्मकता की भावभूमि से आप्लावित था वह अब वैज्ञानिक विचारधारा से प्रेरित हो गया।

अपनी इस दृष्टि पर उन्होंने 25 मई 1998 के अपने भाषण में विस्तार से प्रकाश डाला। प्राप्त अभिलेखों के आधार पर उसके कुछ अंश यहाँ दिए जा रहे हैं–

"...मेरा कार्यक्षेत्र और मेरी पृष्ठभूमि विज्ञान से काफी अलग है, लेकिन विज्ञान और उसकी उपलब्धियों ने मुझे हमेशा मन्त्र-मुग्ध किया है। विज्ञान से आत्मनिर्भरता की भावना उत्पन्न होती है। जैसे–विज्ञान और नाभिकीय विज्ञान जैसे क्षेत्रों में हमारी उपलब्धियों से हमें बड़ा संतोष होता है। इसलिए भारतीय विज्ञान के लिए मुझे दोहरी जिम्मेदारी दिखाई देती है। एक तरफ तो इसे लोगों के जीवन में सुधार के लिए जो कुछ बन पड़े, वह कार्य करते रहना चाहिए और भारत को मजबूत तथा गतिशील आर्थिक शक्ति बनाने के लिए इसके विकास में योगदान करना चाहिए। दूसरी तरफ इसे भारतीय विज्ञान की उत्कृष्टता हासिल करने का प्रयास करना चाहिए, ताकि हमारा राष्ट्रीय आत्मविश्वास बढ़े।"

श्री वाजपेयी ने अपने इस भाषण में बल देते हुए स्पष्ट किया कि, "भारतीय विज्ञान की इस दोहरी जिम्मेदारी की ओर ध्यान आकृष्ट करने के लिए ही मैंने पिछले सप्ताह पोखरण में 'जय जवान, जय किसान, जय विज्ञान' का नारा दिया...। आज पोखरण भारत को मजबूत, आत्मनिर्भर और खुशहाल राष्ट्र का रूप देने की एक सबसे बड़ी सम्भावना का प्रतीक बन गया है...।" अटलजी के अनुसार, जय जवान, जय किसान के साथ जय विज्ञान को एक अभिनव आन्दोलन की संज्ञा समझना चाहिए तथा इसे सम्बन्धित वैज्ञानिकों का विकास का केन्द्र बनाया जाना चाहिए। उसके अनुसार प्रशासकों और सरकारी अधिकारियों और कर्मचारियों को मालिक नहीं, बल्कि मददगार होना होगा। ऐसे हालात पैदा करने होंगे, जिससे युवा वैज्ञानिकों को कागजी खानापूर्ति न करनी पड़े। श्री वाजपेयी के अनुसार जब इस तरह का माहौल बनेगा, तभी भारतीय विज्ञान फले-फूलेगा। उनके अनुसार राजनेताओं व प्रशासकों की विचारधाराओं में परिवर्तन की सकारात्मक दिशा अति वांछनीय है।

श्री वाजपेयी जी ने प्रतिभा पलायन को दुर्भाग्यपूर्ण बताया उनके अनुसार इसे रोकने की आवश्यकता है। उनके अनुसार वैज्ञानिक अनुसन्धान पर जोर देने की आवश्यकता है। उनका मानना था कि भारत को किसी और देश का 'पिछलग्गू नहीं बनकर एक अग्रणी देश बनना होगा। स्वयं ही ज्ञान के नये क्षितिजों का अन्वेषण करना होगा। विज्ञान-शिक्षा की पद्धति में आमूल परिवर्तन करना होगा, उन्होंने शिक्षा में कौशल

को विशेष महत्त्व दिया। कम्प्यूटर, इंटरनेट जैसे शक्तिशाली उपकरणों का प्रयोग नयी पीढ़ी के लिए, अनिवार्य है।

अटल जी की वैज्ञानिक विचारधारा के प्रति समर्पित भावना का पता पोखरण परमाणु परीक्षण से चलता है। उन्होंने स्पष्ट किया कि, "मैं सचमुच भारतीय वैज्ञानिक समुदाय से–जिसमें हमारे युवा और वरिष्ठ वैज्ञानिक, विज्ञान-अध्यापक और विद्यार्थी, विज्ञान-प्रशासक, विज्ञान को लोकप्रिय बनाने वाले, मीडिया, उद्योग केन्द्र तथा राज्यों के नीति-निर्माता-संगठन आदि सभी शामिल हैं, आग्रह करता हूँ कि वे राष्ट्र निर्माण में विज्ञान की क्षमता के पूर्ण उपयोग के बारे में विचार-विमर्श करें।"

श्री वाजपेयी ने 52वें स्वतंत्रता दिवस पर देशवासियों को जिन शब्दों में संबोधित किया, वे शब्द हृदय व राष्ट्र को ऊर्जा प्रदान करने वाले थे। उन्होंने अन्य बातों के अलावा भारत की सैन्य-शक्ति के महत्त्व को रेखांकित किया था–

'हमारा देश विदेशी आक्रमणों का शिकार होता रहा है। 50 वर्षों के इस छोटे से काल-खण्ड में भी हम चार बार आक्रमणों के शिकार हुए हैं, फिर भी हमने अपनी स्वतन्त्रता और अखण्डता अक्षुण्ण रखी। इसका सर्वाधिक श्रेय जाता है–सेना के जवानों को। अपनों से दूर, अपना सर हथेली पर रखकर, वे रात-दिन हमारी सीमा की रखवाली करते हैं, इसीलिए हम अपने घरों में चैन की नींद सो सकते हैं। सियाचीन की शून्य से 32 अंश कम बर्फीली वादियाँ हों या पूर्वांचल का घना जंगल, कच्छ या जैलसमेर के रेगिस्तान का इलाक़ा हो या हिन्द महासागर का गहरा पानी, सभी स्थानों पर भारत के जवान चौकस खड़े हैं। ये सभी जवान थलसेना, वायु सेना और जलसेना के साथ-साथ अन्य सुरक्षा बलों से सम्बन्धित हैं। मैं अपनी ओर से और आप सबकी ओर से बहुत-बहुत बधाइयाँ देता हूँ कि हे भारत के वीर जवानो! हमें तुम पर नाज़ है। हमें तुम पर गर्व है। सेना को समर्थन चाहिए जनता का। गत 50 वर्षों में किसानों और मज़दूरों ने खेत-खलिहानों में, कल-कारखानों में देश की दूसरी रक्षा-पंक्ति को मज़बूत किया है, हम यह भूल नहीं सकते........।

'हमें अपनी सेनाओं को अत्याधुनिक बनाना पड़ेगा, जिससे वे किसी संकट का डटकर मुकाबला कर सकें। हमारी स्वतन्त्रता और अखण्डता अक्षुण्ण रख सके।

केवल इसी उद्देश्य से हमने 11 मई और 13 मई को पोखरण में अणु-विस्फोट किया था। पोखरण का विस्फोट एक रात का खेल नहीं था। हमारे वैज्ञानिकों, इंजीनियरों, टेक्नीशियनों और हमारे सुरक्षाबलों की वर्षों की तपस्या का यह फल था।'

श्री वाजपेयी ने अपनी उदार बुद्धि का परिचय देते हुए परमाणु परीक्षण की पूर्व

पीठिका के निर्माणं हेतु श्रीमती इंदिरा गाँधी के योगदान की सराहना की। उन्होंने स्पष्ट शब्दों में लालकिले से उद्घोषित किया था–'25 वर्ष पूर्व श्रीमती इन्दिरा गाँधी ने जिस कार्य की नींव रखी थी, मैंने उस पर इमारत खड़ी करने का प्रयास किया है।'

श्री वाजपेयी ने कहा कि–"पं. जवाहरलाल नेहरू ने इसी स्थान पर पहली बार हमारा प्यारा तिरंगा नीले आसमान में फहराया था। उसके पश्चात् प्रत्येक स्वतन्त्रता दिवस पर इस ऐतिहासिक लालकिले से राष्ट्रीय ध्वज फहराने की परम्परा चलती आ रही है। मैंने कभी यह नहीं सोचा था कि यह सौभाग्य एक दिन मुझे भी मिलेगा। एक गरीब स्कूल मास्टर के लड़के का धूल और धुएँ से भरी बस्ती से उठकर लालकिले की प्राचीर तक पहुँचना और स्वतन्त्रता के पावन पर्व पर तिंरगा फहराना, भारतीय लोकतन्त्र की शक्ति और क्षमता को उजागर करता है।"

श्री वाजपेयी ने अपने इस भाषण में भारत की संस्कृति-सभ्यता का यशोगान किया–

'हमें यह कभी नहीं भूलना चाहिए कि हम एक राष्ट्र के नागरिक हैं। लद्दाख से लेकर निकोबार तक, तथा गारो पर्वत से लेकर गिलगित तक इसका विस्तार है। यह प्राचीन देश है। इसकी सभ्यता और संस्कृति 5 हज़ार वर्षों से भी अधिक पुरानी है। इतना विशाल देश, इतनी विविधताओं से भरा हुआ देश, भाषाओं, उपासना-पद्धतियों, रहन-सहन, खान-पान की विभिन्नताओं के बावजूद लोकतन्त्र के सूत्र में बँधकर सामाजिक और आर्थिक न्याय की स्थापना के लिए कमर कसकर जुटा हुआ है। साथ-साथ हम इसे भी नहीं भूल सकते कि हमें जनतन्त्र को विकृतियों से बचाना है।'

भ्रष्टाचार के बारे में श्री वाजपेयी ने कहा कि 'भ्रष्टाचार का रोग देश को कैंसर के समान खाये जा रहा है। हमने इससे लड़ने का निर्णय लिया है। इसका आरम्भ ऊपर से किया है। लोक-सभा में पेश किये लोकपाल विधेयक में मैंने प्रधानमन्त्री को भी नहीं बख्शा है। इससे हमने उच्चस्तरीय भ्रष्टाचार से लड़ने की हमारी नीति और नीयत स्पष्ट की है। इसके साथ हम अफ़सरशाही के भ्रष्टाचार से भी लड़ना चाहते हैं। मैं जल्दी ही प्रधानमन्त्री के उस कक्ष के क्रियान्वयन में तेज़ी लाऊँगा, जो भ्रष्ट अधिकारियों के खिलाफ कार्यवाई की देखरेख करता है।"

अटल बिहारी वाजपेयी विलक्षण प्रतिभा के धनी थे एवं उनमें दूरदर्शिता शक्ति विद्यमान थी। उन्होंने लालकिले के अपने भाषण के अन्त में कहा था–

"मुझे प्रधानमन्त्री का पद सँभाले पाँच महीने हुए हैं। संसद में हमारा बहुमत कम है। मैं जानता हूँ कि साझा सरकारों को भी मर्यादाएँ होती हैं। मैं जानता हूँ कि आज की व्यवस्था में निर्दोष संन्यासी की सत्ता-पिपासु फाँसी पर चढ़ा देते हैं। मैं आपको विश्वास

दिलाता हूँ कि मैंने जीवन में कभी सत्ता के लालच में सिद्धान्तों के साथ सौदा नहीं किया है और न मैं भविष्य में करूँगा। सत्ता का सहवास और विपक्ष का बनवास मेरे लिए एक जैसा है।"

सचमुच ही श्री वाजपेयी का यह द्वितीय कार्यकाल भी समय से बहुत पूर्व ही अप्रैल 1999 में समाप्त हो गया। 29 अप्रैल 1999 को उन्होंने अपने सम्बोधन में दूरदर्शन पर कहा था—'आपने संसद में अपने प्रतिनिधि 5 साल के लिए भेजे थे, किन्तु वे सिर्फ 14 महीने में ही फिर आपके पास आ रहे हैं.......आपने देखा कि किस तरह सरेआम यह नाटक रचा गया। ऐसा कोई मुद्दा नहीं था, जिसके कारण सरकार गिराई जाती।"

वस्तुतः श्री वाजपेयी की सरकार महज एक वोट से लोक-सभा में गिरा दी गयी थी और यह एक वोट से गिरना भी एक प्रश्न चिन्ह छोड़ गया। सरकार के मात्र एक वोट से गिरने पर भी वाजपेयी जी ने किसी प्रकार का प्रतिकार व प्रतिवाद न करते हुए सरकार पतन को बड़ी ही सहजता से स्वीकारा, जिसे उनकी सहजबुद्धि का परिचायक ही कहा जाता है।

उनके इस द्वितीय प्रधानमंत्री काल की समाप्ति की घोषणा के पूर्व इस आलेख में और कुछ लिखना शेष रह जाता है।

अटल जी ही ऐसे प्रधानमन्त्री थे जिन्होंने संयुक्त राष्ट्र संघ की सभा को हिन्दी में संबोधिन किया। इस बार उन्होंने अपने भाषण के दौरान सुरक्षा-परिषद् की कार्यवाही पर निःसंकोच उँगली उठायी। उन्होंने कहा—

"सुरक्षा-परिषद् समसामयिक वास्तविकता का प्रतिनिधित्व नहीं करती। शीत युद्ध की समाप्ति के बाद इसे कार्रवाई करने की स्वतन्त्रता तो मिल गयी, लेकिन अनुभवों से पता चलता है कि परिषद् ने तभी कार्रवाई की है, जब ऐसा करना इसके स्थायी सदस्यों के लिए सुविधाजनक रहा।"

श्री वाजपेयी ने भारत को सुरक्षा परिषद् का सदस्य बनाने के मुद्दे को भी इस रूप में उठाया—

"सुरक्षा-परिषद् में नये सदस्यों को शामिल करना इस समस्या का समाधान हो सकता है। सुरक्षा-परिषद को संयुक्त राष्ट्र संघ की सदस्यता का प्रतिनिधि बनाया जाना चाहिए। यह वह अधिकार है, जिसके विकासशील देश हकदार हैं। यदि सुरक्षा-परिषद् को सुचारु रूप से अपनी ज़िम्मेदारी को निभाना है, तो कुछ विकासशील देशों को सुरक्षा-परिषद् की स्थायी सदस्यता से वंचित नहीं किया जा सकता। विशेषकर जब हम यह देखते हैं कि सुरक्षा-परिषद केवल विकासशील देशों में ही कार्रवाई करती है। यह स्वाभाविक है कि विकासशील देशों को प्रभावित करने वाले निर्णयों पर यह देश सामान्य आधार पर अपना पक्ष प्रस्तुत करें। अन्य उपायों के साथ ही सुरक्षा-परिषद् के पुनर्गठन और इसकी अस्थायी सदस्यता का विचार भी किया जाना चाहिए, ताकि अन्य

विकासशील देश भी इसे अपना सहयोग दे सकें। केवल उतना ही पर्याप्त नहीं है; क्योंकि जब तक सुरक्षा-परिषद् के अधिकार स्थायी सदस्यों के हाथ में रहेंगे, तब तक विकासशील देशों के हितों की न तो सुरक्षा हो सकती है और न ही उनको बढ़ावा मिल सकता है। ऐसा तभी होगा, जब उन्हें भी वर्तमान स्थायी सदस्यों की भाँति सदस्यता मिलेगी। ऐसा होने पर ही सुरक्षा-परिषद् अन्तर्राष्ट्रीय समुदाय की वर्तमान एवं भावी चुनौतियों का सामना करने योग्य एक प्रभावी संगठन बन पायेगी। हाँ, यह जरूरी है कि नये सदस्यों में इस उत्तरदायित्व को निभाने की क्षमता भी होनी चाहिए। हममें यह क्षमता है और हम मानते भी हैं कि जैसे हमने उस मंच से पहले भी कहा है, भारत स्थायी सदस्य के उत्तरदायित्व को निभाने के लिए तैयार है और उसके लिए हम सक्षम हैं।''

श्री अटल बिहारी वाजपेयी राजनेता व कवि होने के साथ-साथ एक वैज्ञानिक मानसिकता रखने वाले सफल कूटनीतिज्ञ भी थे, तभी उन्होंने विकासशील देशों की सदस्यता के आड़ में संयुक्त राष्ट्र संघ में अपनी दावेदारी को स्पष्ट कर दिया।

श्री वाजपेयी के इस प्रयास और उस हेतु किये गये शाब्दिक व्यायाम को अरण्य-रोदन ही सिद्ध होना था और यही हुआ। सदा की भाँति विश्व की बड़ी शक्तियों, विशेषकर अमेरिका पर इसका कोई प्रभाव नहीं पड़ा।

भारत यदि श्री वाजपेयी के, कार्यकाल में तो सुरक्षा-परिषद् का सदस्य नहीं बना तो वह वर्तमान समय (2011) तक नहीं बन पाया है। विडम्बना यह कि अमेरिकी राष्ट्रपति बुश भारत आकर परमाणु सन्धि को तो अंज़ाम दे गये, पर प्रधानमन्त्री डॉ. मनमोहन सिंह के उस प्रस्ताव पर कि भारत को सुरक्षा-परिषद् की स्थायी सदस्यता प्राप्त हो वह मूक रहे। मीडिया ने यह प्रश्न उछाला, तो उन्होंने गोलमटोल उत्तर देते हुए कहा कि अभी इसमें काफी समय लगेगा।

स्पष्ट है कि परिषद् के स्थायी सदस्य बनने का भारत का स्वप्न अभी वर्षों तक दिवा-स्वप्न ही बना रहेगा।

भारत वर्षों से आतंकवाद, विशेषकर सीमा-पार के आतंकवाद से जूझ रहा है। प्रधानमन्त्री वाजपेयी के समय भी जूझ रहा था, आज भी जूझ रहा है। श्री वाजपेयी ने सुरक्षा-परिषद् के अपने भाषण में विशद रूप में अन्तर्राष्ट्रीय रूप ले चुकी इस समस्या पर प्रकाश डाला। उनके शब्दों में–

"........लोकतान्त्रिक देशों में आतंकवाद से जूझना काफ़ी कठिन कार्य है। मेरे देश एवं अन्य लोकतान्त्रिक देशों के समक्ष अपना लोकतन्त्र बनाये रखना, नागरिकों के अधिकारों की रक्षा करना और आतंकवादियों पर नियन्त्रण पाना एक चुनौतियों से भरा कार्य है......।

"आतंकवाद एक ऐसा ख़तरा है जो हम सभी को समान रूप से चुनौती दे रहा है। आतंकवाद के कारण विश्व-भर में रोज़ाना मौतें होती हैं। यह अन्तर्राष्ट्रीय अपराधों में

सर्वाधिक दुर्दम्य, व्यापक और जघन्य अपराध है और इससे समाज में पुरुषों और महिलाओं के जीवन तथा अन्तर्राष्ट्रीय शान्ति और सुरक्षा के लिए भारी ख़तरा है। भारत में हमें लगभग दो दशकों से आतंकवाद से जूझना पड़ रहा है, जिसे हमारे पड़ोसी देश द्वारा मदद देकर भड़काया जा रहा है। हमने इसका काफ़ी सहनशीलता से सामना किया है, लेकिन इस चुनौती का मुहँतोड़ जवाब देने के लिए किसी को भी हमारी क्षमता पर सन्देह नहीं करना चाहिए।"

श्री वाजपेयी ने आतंकवाद के अन्तर्राष्ट्रीय स्वरूप को रेखांकित करते हुए उसे विश्व-स्तर का ख़तरा बताया। उन्होंने कहा कि, "इसकी जड़ें विश्व-भर में फैल चुकी हैं। आज नशीली दवाइओं, हथियारों तथा धन के अवैध व्यापार से इसके सम्बन्ध हैं। संक्षेप में, आतंकवाद आज विश्व-स्तर पर ख़तरा बन चुका है, जिसका मुक़ाबला एक संगठित अन्तर्राष्ट्रीय कार्रवाई से ही किया जा सकता है। हम सबको अपने मन-मस्तिष्क में यह बात हमेशा के लिए बैठा लेनी चाहिए कि आतंकवाद मानवता के प्रति एक अपराध है। एक खुले और सर्वसंग्राहक समुदायों का यह प्रमुख कार्य होना चाहिए कि इस ख़तरे से निपटने के लिए सामूहिक उपाय करें।'

इस समस्या का समाधान करने के लिए श्री वाजपेयी ने एक अन्तर्राष्ट्रीय 'कन्वेन्शन' की आवश्यकता पर बल देते हुए कहा, "डरबन में हुई शिखर बैठक में गुटनिरपेक्ष आन्दोलन ने ऐसे सामूहिक उपाय विकसित करने के लिए 1999 में एक अन्तर्राष्ट्रीय सम्मेलन बुलाने का आह्वान किया है। हमारा आग्रह है कि 1999 में इस सम्मेलन में एक अन्तर्राष्ट्रीय 'कन्वेशन' के लिए बातचीत करने की प्रक्रिया शुरू की जाये, ताकि उन देशों और संगठनों के विरूद्ध सामूहिक कार्रवाई की जा सके, जो आतंकवाद की पहल करते हैं, उसमें मदद देते हैं तथा उसे बढ़ावा देते है।'

श्री वाजपेयी संयुक्त राष्ट्र संघ के सदस्य देशों का ध्यान पाकिस्तान की तरफ आकर्षित करना चाहते थे। पाकिस्तान, सीमा पार से भारत पर बड़े पैमाने पर आतंकवादी कार्रवाई में लीन था। पाक-अधिकृत कश्मीर में आतंकवादियों के प्रशिक्षण के लिए अनेक शिविर खुले हुए थे। ये ऐसे आतंकवादी शिविर थे जिनमें आतंकवाद से संबंधित प्रशिक्षण प्रदान किया जाता था तथा जो भारत के साथ-साथ विश्व के लिए घातक था।

कारगिल युद्ध

प्रधानमंत्री अटल बिहारी वाजपेयी ने कारगिल युद्ध को ऑपरेशन विजय की संज्ञा प्रदान की क्योंकि, यह एक ऐसी विजय थी जो अत्यन्त विषम परिस्थिति में प्राप्त की गयी थी।

भारत की सीमा में पाकिस्तानी सैनिक आईएसआई की मदद से घुसपैठ कर रहे थे तथा उन्होंने राज्य के कारगिल क्षेत्र में सैनिक महत्त्व की चोटियों पर कब्जा कर लिया

था। इन पाकिस्तानी फ़ौजियों को कारगिल से निकालने के लिए भारत को कठिन जवाबी कार्रवाई करनी पड़ी थी। ऐसा करने में सैनिकों को तो क्षति उठानी ही पड़ी सम्पूर्ण राष्ट्र को भी जान-माल का भारी नुकसान उठाना पड़ा। कारगिल-युद्ध के दौरान हताहत हुए सैकड़ों भारतीय सैनिक अफ़सरों और सैनिकों के फोटो नियमित रूप से समाचार-पत्रों में प्रकाशित होते रहं। कारगिल युद्ध से सम्बन्धित एक महत्त्वपूर्ण बात यह भी थी कि इस युद्ध ने सिद्ध कर दिया था कि पाकिस्तानी नेता भारत के साथ रिश्ते बिगाड़ने में लगे थे। 1999 ई. के आरम्भ में भारत-पाकिस्तान के बीच तनाव कुछ कम हुआ था, जो पोखरण-परीक्षण के पश्चात् पैदा हो गया था। पाकिस्तान ने जो परमाणु परीक्षण किया, वह कालांतर में परमाणु सम्पन्न शक्ति के रूप में स्पष्ट हुआ। यह तनाव काफ़ी दिनों तक खिंचा। 1999 के आरम्भ में जब यह तनाव कम हुआ, तो वाजपेयी ने 'बस राजनयिक अभियान' चलाया। इतना सब होने के बाद भी वाजपेयी जी ने उदारता का ही परिचय दिया तथा भारत-लाहौर बस सेवा प्रारम्भ की।

कारगिल युद्ध में भारत ने विजय की ठान ली थी। नये पाकिस्तानी सैनिकों तथा घुसपैठियों के आगमन का मार्ग अवरुद्ध कर दिया गया, अतः कारगिल में जो भी पाकिरतानी सैनिक और उनके अस्त्र-शस्त्र थे वे सभी घिर गये थे। यदि यह युद्ध थोड़ा लम्बा खिंचता, तो निःसन्देह पाकिस्तान को अत्यधिक हानि क्षति उठानी पड़ती।

यद्यपि भारत को कारगिल युद्ध में सफलता जरूर मिली, लेकिन इस महत्त्वपूर्ण सफलता पर एक धब्बा भी लग गया। माना जाता है कि अमेरिका के हस्तक्षेप पर पाकिस्तानी सैनिकों के लौटने का मार्ग भारत ने दे दिया। युद्ध में जो सैनिक हताहत हुए, वे तो हुए, शेष सैनिक अपने साज व सामान के साथ बाहर निकल गये।

कारगिल युद्ध के समय सम्पूर्ण विश्व के विभिन्न राष्ट्र पाकिस्तान को भारतीय पक्ष खाली करने पर दबाव डाल रहे थे और भारत की ही हिमायत कर रहे थे। पाकिस्तान के परम सहयोगी राष्ट्र ब्रिटेन और चीन भी पाकिस्तान को हमलावर मान रहे थे और उस पर भारतीय इलाके को खाली करने का दबाव डाल रहे थे। यह बात पृथक् है कि पाकिस्तान यह सदा नकारता रहा कि उसके नियमित फौजी भारतीय क्षेत्र में हैं। उसका कहना था कि वह आतंकवादियों को मात्र नैतिक समर्थन देता है। पाकिस्तान इस तर्क को मानने पक्ष में नहीं था। अन्ततः अमेरिका के दबाव पर पाकिस्तान को कारगिल की चोटियाँ खाली करनी पड़ीं और भारत के सामने हथियार डालने पड़े।

यद्यपि इस विजय के बाद वाजपेयी के साथ-साथ संपूर्ण देश का सम्मान बढ़ा, परन्तु कई अन्तर्विरोधों को भी सतह पर लाया गया। उदाहरण के लिए, जिन बोफोर्स तोपों को लेकर भाजपा एवं अन्य विपक्षी दलों ने तत्कालीन काँग्रेसी सरकार पर भ्रष्टाचार के आरोप लगाये थे, कारगिल की बर्फीली चोटियों पर वे ही कारगर सिद्ध हुई थीं। कारगिल-फ़तेह

के बावजूद यह विडम्बना ही है कि बोफोर्स भ्रष्टाचार का मामला पूर्णतः नहीं, तो आंशिक रूप से अभी भी अस्पष्ट ही है।

कारगिल युद्ध के समय विभिन्न प्रकार के आरोप व प्रत्यारोप भी लगाये गये। आरोप, कॉफिन (ताबूत) के सम्बन्ध में लगे। कहा गया कि विदेशों से ताबूत बहुत अधिक कीमत देकर मँगाए गये। ये आरोप सीधे एन.डी.ए. के रक्षामन्त्री जॉर्ज फर्नांडीस पर लगाये गये। जॉर्ज सादा जीवन व्यतीत करने के लिए प्रसिद्ध थे, फिर भी विपक्षियों ने यह कहना आरम्भ किया कि शहीद जवानों की लाशों पर भी सौदा हुआ। इधर मातृभूमि की रक्षा हेतु सैनिक अपने प्राण की आहुति दे रहे थे, उधर भ्रष्ट तत्व धन का एकत्रीकरण कर रहे थे।

श्री वाजपेयी ने युद्ध में शहीद हुए सभी सैनिकों के पार्थिव शरीर को उनके घर तक भेजने की उच्चतम व्यवस्था की। वाजपेयी सरकार की इस व्यवस्था से सेना का मनोबल ऊँचा हुआ। इस प्रकार कारगिल युद्ध की यह एक विशेषता रही।

कारगिल युद्ध में अनगिनत भारतीय सैनिक भी शहीद हुए। यह इस तत्त्व से भी प्रकट होता है कि कुछ सैनिकों का अब भी अता-पता नहीं है। न तो वे अपने मुख्यालयों में लौटे, न अपने घर पर ही।

यह युद्ध इसलिए महत्त्वपूर्ण था क्योंकि पाकिस्तानी सैनिक उपयोगी सामाजिक स्थलों पर कब्जा कर लिए थे और जब वे वहाँ से कश्मीर की वादियों पर कहर ढाना शुरू करते, तो नीचे के भारतीय सैनिकों और स्थानीय आबादी के लिए उसका सामना करना घातक होता। इस परिस्थिति का फायदा उठाकर पाकिस्तानी कश्मीर के कुछ निचले हिस्सों पर अधिकार भी स्थापित कर सकते थे।

कारगिल युद्ध में सफलता प्राप्त करना अतिआवश्यक था। कारगिल-विजय वाजपेयी सरकार के सिर सेहरा अवश्य बाँध गयी, पर बात यहीं तक रहती तो इस सरकार की कारगिल-उपलब्धि पूरी तरह शानदार रहती, किन्तु दुर्भाग्यवश एक और प्रश्न चिह्न इसके सम्बन्ध में खड़ा हो गया। सन् 1998 से घुसपैठ में तेजी से वृद्धि हुई लेकिन खुफिया विभाग सो रहा था। परिणामतः स्थिति गंभीर हो गयी। वस्तुतः यह बात भी सामने आयी कि खुफिया-सूत्रों ने बहुत पहले से रक्षा मन्त्रालय को सूचित करना आरम्भ किया था और यह सूचना सरकार तक भी पहुँची थी। विपक्षियों ने यह स्वाभाविक प्रश्न उछाला कि सरकार सब कुछ जानते हुए भी चुप क्यों थी? जबाबी सैनिक कार्रवाई में विलम्ब क्यों हुआ? सरकार के समीक्षकों ने यह माना कि सरकार ने युद्ध के उद्देश्य से स्थिति को भयावह होने दिया जिससे युद्ध से विजय प्राप्त कर वह जनता की सहानुभूति प्राप्त कर सकें।

तथ्यों की वास्तविक स्थिति के स्पष्ट न हो पाने का प्रमुख कारण अगले चुनाव में इसी (एन.डी.ए.) सरकार का पुनः सत्ता में आना था।

श्री वाजपेयी का तृतीय शासनकाल (1999-2004)

श्री वाजपेयी जी का द्वितीय कार्यकाल विभिन्न विसंगतियों व विरोधों के कारण मात्र 14 महीने में ही समाप्त हो गया।

द्वितीय कार्यकाल के बाद अर्थात् अप्रैल 1999 से मई 2004 के बाद कोई भी पार्टी स्पष्ट बहुमत नहीं प्राप्त कर सकी, क्योंकि उनके विश्वास मत खोने के बाद कोई भी पार्टी सरकार नहीं बना सकी, जिसके फलस्वरूप चुनाव अनिवार्य हो गया। इस चुनाव में एन.डी.ए. को स्पष्ट बहुमत प्राप्त हुआ और 13 अक्टूबर 1999 को तत्कालीन राष्ट्रपति श्री के.आर. नारायणन ने श्री वाजपेयी को प्रधानमन्त्री के रूप में पद और गोपनीयता की शपथ दिलाई। यह श्री अटल जी का तीसरा प्रधानमंत्रित्व काल था।

लालकृष्ण आडवाणी का प्रयास सदैव अटल जी को इस पद पर स्थापित करने का रहा है। श्री आडवाणी ने श्री वाजपेयी के प्रथम बार प्रधानमन्त्री बनने के पूर्व से ही देशव्यापी रथ-यात्राएँ कर भाजपा के पक्ष में माहौल बनाने का महत्त्वपूर्ण कार्य किया था। एक समय वह भी था कि श्री वाजपेयी महज दो सहयोगियों के साथ संसद में बैठते थे। यद्यपि कि अटल जी प्रथम बार मात्र 13 दिन के लिए ही प्रधानमंत्री रहे, परन्तु उनका इस पद पर पहुँचने का श्रेय आड़वाणी जी को ही जाता है, लेकिन एक बार जब भाजपा की गाड़ी चल निकली, तो चलती ही गयी और श्री वाजपेयी ऐसे पहले गैर-काँग्रेसी प्रधामन्त्री सिद्ध हुए, जो तीसरी बार प्रधानमन्त्री के पद पर आसीन हुए।

श्री आडवाणी की रथ यात्राओं में लोगों की भागीदारी स्पष्ट हुयी। भाजपा की लोकप्रियता ऐसी बढ़ी कि असम्भव भी संभव हो गया। यह भी सही है कि इस समर्थन के मुख्य आधार श्री अटल बिहारी वाजपेयी ही थे। उनका नारा था 'भाजपा को सबल बनाकर अटल बिहारी वाजपेयी को प्रधानमन्त्री बनाएँ।' श्री वाजपेयी की अपनी योग्यता के बल पर लोगों से जो विश्वास व स्नेह प्राप्त किया, उस सहयोग हेतु वे आडवाणी जी को विशेष महत्त्व देते थे। इतिहास इस बात का साक्षी रहेगा कि यदि भाजपा की सरकारें केन्द्र में रहीं, तो उसका श्रेय एकमात्र श्री लालकृष्ण आडवाणी को जाता है। दुर्भाग्य यह है कि श्री वाजपेयी ने आडवाणी के उपकार को आगे चलकर उतना महत्त्व नहीं दिया, जो भाजपा के कार्यकर्ताओं से छिपे नहीं रहं। यह भी मानना पड़ेगा कि अपनी बहुत सारी उपलब्धियों के बावजूद भाजपा यदि चौथी बार सरकार नहीं बना सकी और वाजपेयी प्रधानमन्त्री की कुर्सी तक पहुँचने से वंचित रह गये, तो इसका कारण इन दो महारथियों के मध्य का मतभेद ही था। परन्तु ऐसी स्थिति में भी वाजपेयी जी विकास हेतु प्रयत्नशील रहे।

श्री अटलबिहारी वाजपेयी जब तीसरी बार प्रधानमन्त्री पद पर आरूढ़ हुए तो यह अवधि अत्यधिक प्रभावी रही। सर्वाधिक महत्त्वपूर्ण बात तो यह है कि विरोधी विचार वाले अनेक घटकों को लेकर वे एन.डी.ए. की सरकार पाँच वर्षों तक सफलतापूर्वक चला सके।

जॉर्ज फर्नांडीस एन.डी.ए. के संयोजक थे। श्री फर्नांडीस पार्टी के संकटमोचक रहे। जार्ज फर्नांडिस पर भारतीय दायित्व इतना अधिक बढ़ गया कि राष्ट्र की समस्त नीतियों को सुलझाना एक दुष्कर पहेली बन गया।

श्री वाजपेयी जी की आर्थिक नीति भी पूरी तरह सफल रही। श्री नरसिम्हा राव के समय में आर्थिक उदारीकरण की जो नीति अपनायी गयी थी, श्री वाजपेयी के प्रधानमन्त्रित्व काल में वह जारी रही। जिससे भारतीय अर्थव्यवस्था अधिक सुदृढ़ होती गई। इस प्रधानमंत्रित्व काल में वाजपेयी जी की विदेश नीति में कोई विशेष नवीनता नहीं रही। यह बात अलग है कि परमाणु परीक्षण के फलस्वरूप भारत-अमेरिका सम्बन्ध सामान्य नहीं रहा। श्री वाजपेयी को यह श्रेय जाता है कि अमेरिका और उसके सहयोगी देशों के दबाव के बावजूद उन्होंने परमाणु-शक्ति सम्बन्धी किसी समझौते पर हस्ताक्षर नहीं किये। उन्होंने यह कूटनीति से यह घोषित कर दिया कि अगला कोई परीक्षण भारत नहीं करेगा तथा स्वयं किसी देश पर परमाणु बम तब तक नहीं छोड़ेगा जब तक दूसरा पक्ष ऐसा नहीं करता है।

24 सितम्बर, 1998 में संयुक्त राष्ट्र संघ में अपनी परमाणु नीति को जो स्पष्टीकरण किया, उसे वे अपने पूरे प्रधानमंत्रित्व काल में निभाते रहे। जिससे संबद्ध भाषण का प्रासंगिक अंश नीचे दिया जा रहा है—

"व्यापक परमाणु-परीक्षण प्रतिबन्ध सन्धि (सी.टी.बी.टी.) पर बातचीत आखिर 1993 में इस जनादेश से शुरू हुई कि ऐसा सन्धि परमाणु अस्त्रों के अप्रसार, परमाणु-निरस्त्रीकरण की प्रक्रिया तथा इस प्रकार अन्तर्राष्ट्रीय ान्ति और सुरक्षा की दिशा में सभी पहलुओं पर प्रभावी ढ़ंग से हिस्सा लेगा।" फलतः दुनिया से समस्त परमाणु हथियारों की समाप्ति के लिए एक समयबद्ध कार्यक्रम का प्रस्ताव करके इस सन्धि को निरस्त्रीकरण के ढाँचे में ढालने की माँग ज़ाहिर की।

"यह पृथक् बात है कि भारत के प्रस्ताव स्वीकार नहीं किये गये। इस सन्धि को भारत ने अपनी राष्ट्रीयता के आधार पर स्वीकार नहीं किया। इसमें आपत्ति स्पष्ट की गयी और अपना दृष्टिकोण स्पष्ट कर देने के बावजूद सन्धि के कार्यान्वयन के लिए भारत के हस्ताक्षर और स्वीकृति को पूर्व शर्त बना दिया गया।

सुरक्षा वातावरण में आये बिगाड़ को ध्यान में रखते हुए हमें 1996 में सी.टी.बी.टी. से दूर रहने पर मजबूर होना पड़ा और फिर भारत ने 11 और 13 मई, 1998 को पाँच सीमित भूमिगत परमाणु परीक्षण किये। ये परीक्षण निकट भविष्य में भारत की राष्ट्रीय सुरक्षा के लिए एक विश्वसनीय परमाणु प्रतिरोधक सुनिश्चित करने के लिए आवश्यक थे।

'परमाणु-परीक्षणों पर स्वैच्छिक रोक लगाकर भारत ने पहले ही सी.टी.बी.टी. की बुनियादी ज़िम्मेदारी स्वीकार कर ली है....।

........भारत अपनी राष्ट्रीय अनिवार्यताओं और सुरक्षा सम्बन्धी अपनी जिम्मेदारियों को समझते हुए अन्तर्राष्ट्रीय समुदाय के साथ निरन्तर सहयोग करने का इच्छुक है तथा सी.टी.बी.टी. सहित विभिन्न मुद्दों पर मुख्य देशों के साथ बातचीत कर रहा है। हम इन चर्चाओं को एक सफल निष्कर्ष तक ले जाना चाहते हैं.......।'

अन्तत : वाजपेयी जी की कूटनीतिज्ञता पूर्ण व्याख्यान से स्पष्ट हुआ क्योंकि सी. टी.बी.टी. को मान्यता देना वे उचित नहीं समझते थे। क्योंकि इससे मात्र विश्व के शक्तिशाली देशों का हित सधता था।

राष्ट्र की विश्वसनीयता बनाये रखने के लिए वाजपेयी जी ने परमाणु सम्बन्धी नीति का स्पष्ट करते हुए कहा था—'परमाणु और प्रसार के प्रति वचनबद्ध एक जिम्मेदार राष्ट्र के रूप में भारत ने यह निर्णय लिया है कि वह इन हथियारों अथवा इनसे सम्बन्धित जानकारी को अन्य देशों को हस्तान्तरित नहीं करेगा। परमाणु-शक्ति सम्पन्न भारत के सन्दर्भ में हमारे पास निर्यात-नियन्त्रण की एक कारगर प्रणाली है और जहाँ कहीं आवश्यक होगा, इसे और अधिक कड़ा बनाया जायेगा। इसमें उपकरणों और प्रौद्योगिकी की नियन्त्रण-सूची का विस्तार शामिल है, ताकि इनको समकालिक और प्रभावी बनाया जा सके। इसके साथ-साथ एक विकासशील देश होने के नाते हम इस बात के प्रति जागरूक हैं कि परमाणु प्रौद्योगिकी के अनेक शान्तिपूर्ण प्रयोग हैं......।'

विश्व के अधिकांश देशों विशेषकर विश्व की महान शक्तियों की एक धारणा थी कि इस परमाणु परीक्षण का अर्थ भारत का मात्र पाकिस्तान व चीन को अपनी प्रभुत्ता दिखाने के उद्देश्य से किया है।

श्री अटल जी की यह धारणा थी कि भारतवर्ष के विकास में आर्थिक पक्षों को सशक्त रखना अति आवश्यक है। उनकी अति चर्चित योजना 'स्वर्णिम चतुर्भुज' योजना थी। इसके अन्तर्गत वह लम्बी-चौड़ी सड़कों द्वारा देश के उत्तर और दक्षिण के प्रमुख नगरों को जोड़ना चाहते थे। जिससे यातायात सुगम्य व सुविधाजनक हो जाता, साथ ही व्यवसाय को भी बहुत लाभ होता। वाजपेयी की योजना छोटी सड़कों द्वारा अन्य शहरों और गाँवों तक को इन बड़े राजमार्गों से जोड़ने की थी। श्री अटल जी की सरकार ने गाँवों से लेकर शहरों तक सड़क का जाल बिछा दिया। यदि उनकी सरकार अगले पाँच वर्षों तक चलती तो उनका सड़क का सपना पूरी तरह पूर्ण हो जाता। फिर भी यह योजना जितनी भी क्रियान्वित हो सकी, उसी के आधार पर अनेक गाँवों और कस्बों को लाभ पहुँचा। किसान अत्यधिक लाभान्वित हुए। जिसके परिणामस्वरूप कृषि जगत से लेकर वित्तीय व्यवस्था तक की स्थिति सुदृढ़ रही। श्री वाजपेयी सरकार ने कृषि पर अत्यधिक ध्यान दिया क्योंकि देश की अर्थव्यवस्था की रीढ़ कृषि ही है।

श्री वाजपेयी की पाक के प्रति नीति

श्री अटल बिहारी वाजपेयी जी पाकिस्तान के साथ मैत्री संबंध रखने के पक्षधर थे, परन्तु पाकिस्तान की आंतरिक स्थिति इतनी खराब हुयी कि वहाँ पर सैनिक शासन ने तत्कालीन प्रधानमंत्री नवाज शरीफ को पद से हटाकर जेल में डाल दिया। पाकिस्तान में कुछ वर्षों पूर्व एक सैनिक तानाशाह जनरल जिया-उल-हक ने वहाँ के प्रधानमन्त्री जुल्फिकार अली भुट्टो, को फाँसी पर लटका दिया था। ऐसा प्रतीत हो रहा था कि नवाज शरीफ के साथ भी यही घटने वाला है। अटल बिहारी वाजपेयी ने प्रयत्न किया कि इस गंभीर परिस्थिति में नवाज शरीफ की जान बच सके जिससे वहाँ फिर से लोकतंत्र की हत्या ना हो।

सन् 2000 ई. में कतिपय कारणों से अमेरिका के राष्ट्रपति बिल क्लिण्टन भारत की छः दिवसीय यात्रा पर आये तथा उस समय विभिन्न प्रकार के समझौते भी सम्पन्न किये गये। क्लिण्टन भी एक महान् प्रजातन्त्र के राष्ट्रपति थे। उन्हें भी यह पसन्द नहीं था कि लोकतान्त्रिक तरीके से चयनित एक प्रधानमन्त्री मृत्यु को प्राप्त हो। श्री वाजपेयी और क्लिण्टन के सम्मिलित दबाव के कारण नवाज शरीफ की जान बच गयी। जिसके बाद उन्होंने विदेश जाकर शरण ले ली परन्तु कुछ वर्ष पूर्व फिर से स्वदेश वापस लौट गया।

श्री वाजपेयी अपने पड़ोसी पाकिस्तान के साथ सकारात्मक सम्बन्ध रखने के पक्षधर थे, परिणामतः वे सतत् इस वार्ता को बनाये रखने का प्रयास करते थे। एक बार लाहौर बस-यात्रा कर वह अपनी उँगलियाँ जला चुके थे। उसी समय अथवा उसके पूर्व से ही णकिस्तान गुप्त रूप से कारगिल की चोटियाँ पर अपने सैनिक जमा कर रहा था, जिसके परिणामस्वरूप एक अघोषित युद्ध दोनों देशों के मध्य छिड़ा था। यद्यपि हम कारगिल युद्ध में विजय प्राप्त किये, परन्तु हानि इतनी अधिक हुयी कि उसकी क्षतिपूर्ति नहीं हो सकी।

पाकिस्तान के हाथों इतना कुछ झेलने के बावजूद श्री वाजपेयी ने हिम्मत नहीं हारी थी। अब वह पाकिस्तान के सैनिक शासक परवेज मुशर्रफ के साथ वार्ता कर दोनों देशों के सम्बन्धों में सुधार लाने के इच्छुक थे। यह वही मुशर्रफ़ थे, जिन्होंने पाकिस्तानी जनरल के रूप में कारगिल में घुसपैठ की योजना को अंजाम दिया था और उनके तत्कालीन प्रधानमन्त्री नवाज़ शरीफ को इसकी भनक भी नहीं लग पायी थी। यहाँ मुशर्रफ़ पर विश्वास करना कहाँ तक उचित था, यह तो श्री वाजपेयी ही जानें, किन्तु मुशर्रफ़ की ओर भी उन्होंने मैत्री का हाथ बढ़ाया ही। अतः हम कह सकते हैं कि वाजपेयी जी सदैव शांति व्यवस्था के पक्षधर रहे।

आगरा शिखर वार्ता

पाकिस्तान के राष्ट्रपति जनरल परवेज मुशर्रफ को जब अटल बिहारी वाजपेयी ने

शिखर वार्ता में बुलाया, तो इस प्रकार से प्रभावित किया कि मुशर्रफ समझौते को अंजाम देने की मानसिकता में आ गए। उन्हें और उनकी बीबी को अच्छी तरह से ताजमहल का भ्रमण कराया गया। कई घण्टों तक एक परिन्दा भी ताजमहल के आस-पास पर नहीं फटका। मधुर प्रेम के प्रतीक ताजमहल ने भी जनरल के प्रस्तर हृदय को जरा सा भी आन्दोलित नहीं कर सका।

जिस छल और कपट के द्वारा उन्होंने अपने अति हितैषी प्रधानमन्त्री को अपदस्थ किया था, वह छल-कपट उनके मन में अब भी यथावत् विराजमान था। इनसे कोई आशा करना व्यर्थ था। अन्ततः वही हुआ। मुशर्रफ़ ने ऐसी टाँग अड़ाई कि कई दौर की वार्ताओं के बावजूद दोनों देश जहाँ थे, वहीं रह गये। समझौते की दिशा में कोई प्रगति नहीं हुई।

भारत में पदार्पण करते समय बिना पूर्व सूचना के ही भारत के इलेक्ट्रानिक मीडिया से मुखातिब हुए और वाद विचार संप्रेषण किया जिसके कारण विभिन्न प्रकार से अनावश्यक वाद-प्रतिवाद हुए तथा जिसमें उन्होंने तथ्यों को मनमाने ढंग से तोड़-मरोड़कर रखा और भारत को ग़लत और अपने को सही ठहराया। कश्मीर के मामले को उन्होंने और उलझा दिया। बाजपेयी और उनकी सरकार के लोगों से मुशर्रफ़ अधिक ही तेज़-तर्रार सिद्ध हुए। भारत की धरती पर उन्होंने इस देश की विचारधाराओं की वास्तविक प्रकृति को नकार दिया।

एक सुबह अपने क़ाफिले के साथ जनरल आगरा से विदा हो गये। किसी भी समझौते के किसी भी मसौदे पर किसी पक्ष का कोई हस्ताक्षर नहीं हुआ। मुशर्रफ़ और उनके लोगों पर पानी की तरह बहाया गया पैसा व्यर्थ सिद्ध हुआ। भारतीय प्रधानमंत्री श्री अटलबिहारी वाजपेयी ने बहुत प्रयास किया परन्तु दुर्भाग्यवश इस राजनीतिक चातुर्य-क्रीड़ा में भारत को सफलता नहीं प्राप्त हुयी। इसके बाद भी आशावादी विचारधारा के समर्थक भी अटल जी सदैव शांति वार्ता हेतु तत्पर रहे। परन्तु सभी प्रयास पाकिस्तान की नीति के कारण बेकार साबित हुए। सीमा पार से आतंकवाद को मुशर्रफ़ सरकार पूर्ण सहयोग देती रही और इसके दुष्परिणाम भी भारत को भोगने पड़े। यद्यपि भारत का रवैया पाकिस्तान के प्रति सकारात्मक रहा परन्तु पाकिस्तान इसका सदैव विरोधी रहा जिसके परिणामस्वरूप समस्या अत्यधिक गंभीर हो गयी।

संसद पर हमला (2001)

भारतीय संसद पर पाकिस्तान समर्थित आतंकवादियों द्वारा हमला इतिहास में काला दिवस के रूप में याद किया जायेगा क्योंकि यदि यह घटना सफल होती तो भारतीय राजनीति में प्रलयंकारी भूचाल आ जाता। आश्चर्य की बात यह है कि जम्मू-कश्मीर की

घटना के प्रायः दो महीने के अन्तर्गत ही 13 दिसम्बर 2001 को भारतीय लोकतन्त्र के सर्वोच्च प्रतीक, संसद के परिसर में आतंकवादी कैसे प्रवेश पा गये? वह भी गोला-बारूद और हथियारों के साथ। निश्चित ही संसद की सुरक्षा के प्रबन्धों पर इससे बड़ा कोई और प्रश्न चिह्न नहीं लग सकता। पाँच आतंकवादियों ने हमला बोला था। यदि इनमें से एक भी आतंकी संसद के मुख्य भवन में घुस जाते तो देश के कई बड़े नेता तत्काल हताहत हो जाते।

यह इस प्रकार का आतंकवाद था कि आमने-सामने गोलाबारी होने के कारण एक महिला सहित चार सुरक्षा कर्मी मारे गये परन्तु पाँच आतंकवादियों को मारकर इस साजिश को नाकाम कर दिया गया। इस हमले की निन्दा विश्व भर में हुयी। वाजपेयी सरकार की दुर्बलता को उजागर करने में विपक्ष ने कोई कसर नहीं छोड़ी। पाकिस्तान की सरकार को वाजपेयी सरकार ने 20 आतंकवादियों की सूची सौंपी और कहा कि इन्हें भारत को सौंप दिया जाये, किन्तु पाकिस्तान ऐसा कब करने वाला था? भारत ने पाकिस्तानी सीमाओं पर पर्याप्त सैनिक बल लगा दिया था। बहुत दिनों तक तनाव बना रहा। युद्ध की आशंका से दोनों ओर के लोग भयभीत थे। कुछ लोगों की यह धारणा थी कि परमाणु शक्ति में समानता के कारण ही सम्भवतः भारत व पाकिस्तान के मध्य द्वितीय युद्ध संभव नहीं हो सका। सारांशतः यह कहा जा सकता है कि श्री अटल जी के शासन काल में विज्ञान व राजनीति के सभी पक्षों को बल मिला।

विधान-सभा पर हमला (2007)

सन् 2007 में पाकिस्तान द्वारा पोषित आतंकवादियों ने जम्मू कश्मीर विधानसभा पर हमला कर दिया जिसमें विशेष रूप से आर्थिक व राजनीतिक क्षति हुई। इस हमले में 25 से अधिक लोग मारे गये और इससे कई गुणा संख्या में लोग घायल हुए। युद्धों की बात अलग है, लेकिन लोकतन्त्र के मन्दिर विधान-सभा पर हमला बोलना एक बहुत ही तुच्छ कार्य था, जिसे किसी तानाशाह की शह पर ही किया जा सकता था। खुले तौर पर विश्व समुदाय द्वारा निंदा की गई परन्तु पाकिस्तान के रवैये में बदलाव नहीं हुआ। परन्तु भारतीय खुफिया तंत्र निष्क्रिय ही रहा, जिसका दुष्प्रभाव इतना अधिक रहा कि राजनीतिक अस्थिरता पनपती गयी। इससे वाजपेयी सरकार की प्रशासनिक क्षमता पर प्रश्न चिह्न लगता है।

यूपीए सरकार की विदेश नीति

श्री अटल बिहारी वाजपेयी के बाद अगले चुनाव में डॉ. मनमोहन सिंह भारत के ऐसे प्रधान मंत्री हुए जिन्होंने विदेश नीति को सुदृढ़ बनाने व भारत को मजबूती प्रदान करने

के क्षेत्र में बहुत प्रयास किया, परिणामतः उन्हें विदेशी राष्ट्रों में भरपूर सम्मान मिल रहा है। इन्होंने श्री अटल जी की नीतियों को अग्रसारित करने का प्रयास किया तथा लाहौर बस सेवा की यात्रा सुविधा में बढ़ोत्तरी की। और तो और, पाक अधिकृत कश्मीर भी भारत से बस-सेवा द्वारा जुड़ गया। रेल-सेवा भी दोनों देशों के मध्य आरम्भ हो गयी। हिन्दुस्तान के इस मैत्रीपूर्ण रवैये का पाकिस्तान ने भी स्वागत किया और दोनों देशों के मध्य तनाव में भारी कमी आयी। पड़ोसी देशों के सम्बन्धों में काफी सुधार हुआ। हाल ही में बांग्लादेश की अध्यक्ष शेख हसीना भारत के दौरे पर आयी थीं। उनसे कई व्यापारिक-व्यवसायिक मुद्दों पर चर्चा हुई।

वर्तमान समय में भारत को बंगलादेश से भी विभिन्न प्रकार की समस्याएँ हैं जिसका प्रमुख कारण यह भी है कि पड़ोसी राष्ट्र होने के बाद भी वह सतत भारत में आतंकी हमले करने के लिए अराजक तत्त्वों ने प्रेरित करता रहता है। बंगलादेश से वे हिन्दुस्तान के विरुद्ध अपनी गतिविधियाँ जारी रखते हैं। उम्मीद की जाती है कि इस बातचीत के बाद बांग्लादेश इन आंतकवादियों पर पाबंदी लगाने का प्रयास करेगा। परमाणु-शक्ति को लेकर यद्यपि भारत ने बहुत हद तक अमेरिकी दबाव के कारण ईरान का पक्ष नहीं लिया तथापि उसके साथ सम्बन्धों में ऐसी कटुता नहीं आयी है, जैसी अपेक्षा की जा रही थी। ईरान इस बात पर अटल है कि भारत से ईरान तक पाइप लाइन बिछाना अनिवार्य है।

भारत-अमेरिका परमाणु सन्धि

भारत के प्रधानमंत्री डॉ. मनमोहन सिंह ने अमेरिका के साथ परमाणु करार में अत्यधिक दिलचस्पी दिखायी।

डां. मनमोहन सिंह जुलाई 2005 में अमेरिका गये थे। राष्ट्रपति बुश से इस समझौते को लेकर भी बातें हुई थी, लेकिन यह वार्ता पूरी तरह सफल नहीं हुई। दोनों देशों के सम्बन्धों में डॉ. सिंह की इस यात्रा से कुछ सुधार अवश्य हुआ।

परमाणु करार को लेकर दोनों पक्ष अपनी-अपनी शर्तों पर अड़े थे, अतः समझौते की कोई सम्भावना नहीं बन रही थी। प्रधानमन्त्री डॉ. मनमोहन सिंह अपनी बुद्धिमत्ता और परिपक्व कूटनीति का परिचय देते हुए प्रोटोकॉल को तोड़कर राष्ट्रपति बुश के स्वागत में स्वयं हवाई अड्डे पहुँचे। 2 मार्च, 2006 को दिल्ली के ऐतिहासिक 'हैदराबाद हाउस' में राष्ट्रपति जॉर्ज डब्ल्यू. बुश और उनके प्रतिनिधिमंडल के साथ 2 घण्टे से अधिक चली वार्ता के बाद डॉ. सिंह ने जो शब्द कहे वे प्रभावशाली थे–'राष्ट्रपति महोदय! धन्यवाद, हमने आज इतिहास बनाया है।' राष्ट्रपति बुश ने प्रधानमन्त्री डॉ. मनमोहन सिंह के साहस और नेतृव की स्पष्ट शब्दों में प्रशंसा की। उन्होंने कहा, "इस

समझौते तक पहुँचना न तो भारतीय प्रधानमन्त्री के लिए आसान कार्य था और न ही अमेरिकी राष्ट्रपति के लिए, लेकिन ये समझौता बहुत आवश्यक था।'

भारत-अमेरिका सम्बंध डॉ. मनमोहन सिंह सरकार की सबसे बड़ी उपलब्धि थी। सामान्यतः अमेरिका की मानसिकता इतनी दूषित थी कि वह परमाणु प्रतिष्ठानों को विभाजित करने का प्रारूप बना रहा था। अधिक से अधिक संयत्र नागरिक उपयोग के लिए तथा बिजली आदि बनाने के लिए हों और कम से कम प्रतिष्ठान बमों के निर्माण में सहायक हों तथा सम्पूर्ण ऊर्जा कार्यक्रम अन्तर्राष्ट्रीय परमाणु ऊर्जा एजेंसी की निगरानी में रखा जाये, जिसके लिए भारत बिल्कुल असहमत था।

जब सभी प्रयत्न विफल होने लगा तो मध्यमार्ग अपनाया गया। आधिकारिक सूत्रों के अनुसार, भारत के 22 परमाणु रियक्टरों में 14 निगरानी में रहेंगे, शेष 8 सैन्य परमाणु कार्यक्रम के उपयोग के लिए रखे जायेंगे। भारत का स्वदेशी फास्ट ब्रीडर रियेक्टर कार्यक्रम अन्तर्राष्ट्रीय निगरानी में नहीं रहेगा। साथ ही इस समझौते के माध्यम से तारापुर परमाणु केन्द्र और अधिक परमाणु सम्पन्न हो सकेगा तथा राष्ट्र को पर्याप्त मात्रा में बिजली आपूर्ति की जा सकेगी।

इस समझौते का निहितार्थ यह भी है कि अमेरिका के साथ बनी सहमति के पश्चात् भारत को एक तरह से परमाणु-शक्ति सम्पन्न राष्ट्र का दर्जा भी मिल गया है। यद्यपि सुरक्षा परिषद् के 5 स्थायी सदस्यों की हैसियत वाली परमाणु शक्ति का दर्जा उसे नहीं मिलेगा, फिर भी जो कुछ मिला वह भारत को अपनी पीठ ठोंकने के लिए पर्याप्त है। भारत-अमेरिकी परमाणु समझौता डॉ. मनमोहन सिंह की प्रतिभा व अन्तर्राष्ट्रीय सूझबूझ का परिचायक है क्योंकि सम्पूर्ण राष्ट्र की विभिन्न पार्टियों के मतभेदों के बाद भी परमाणु समझौते को सफलता मिली।

यह समझौता कितना महत्त्वपूर्ण था, इस बात से सिद्ध होता है कि पाकिस्तानी राष्ट्रपति परवेज़ मुशर्रफ़ ने बुश के हिन्दुस्तान के पश्चात् पाकिस्तान पहुँचने पर जब भारत के सदृश ही परमाणु समझौते की माँग की, तो राष्ट्रपति बुश ने दो टूक शब्दों में अपनी असहमति स्पष्ट कर दी। डॉ. सिंह ने स्पष्ट किया कि आवश्यकताओं की प्रतिकूलता के कारण दोनों देशों की ऐतिहासिक वृत्ति में भी पर्याप्त भिन्नता का समावेश है, अतः हिन्दुस्तान से जो समझौता हुआ है, वह पाकिस्तान के साथ नहीं हो सकता है।

रूस से यूरेनियम की प्राप्ति

तारापुर स्थित परमाणु बिजली गृह में यूरेनियम की कमी होने के कारण बिजली आपूर्ति में बाधा संभावित थी, परिणामतः रूस ने 60 मीट्रिक टन यूरेनियम आपूर्ति की घोषणा की अतः भारत ने अमेरिका के साथ परमाणु समझौता करना आवश्यक है।

अमेरिका ने यह इंगित भी किया कि रूस समझौते पर वह अमेरिकी कांग्रेस की मोहर की प्रतीक्षा करे, किन्तु रूस ने अमेरिका के इस अनुरोध को नहीं माना। 3 अप्रैल 2006 के समाचार के अनुसार रूस ने प्रायः 25 मीट्रिक टन यूरेनियम की पहली खेप भारत को भेज दी थी। दोनों सयंत्रों का भारतीय परमाणु बिजली निगम ने आधुनिकीकरण कर दिया है। अब जब रूस से 60 मीट्रिक टन यूरेनियम की प्राप्ति हो जायेगी, तो 5 वर्षों तक इन इकाइयों का कार्य आसानी से चलेगा।

परमाणु के क्षेत्र में विभिन्न प्रकार के प्रयास किये गये। मार्च 2006 में जब रूस के प्रधानमंत्री का भारत में आगमन हुआ तो उन्होंने यह वादा किया कि रूस तारापुर परमाणु संयत्र को यूरेनियम आपूर्ति करेगा। इस समझौते के कारण भारत व रूस की मित्रता की सापेक्षिक वृद्धि को बढ़ावा मिला। अतः इस प्रकार से रूस व अमेरिका दोनों के साथ मित्रता रखने में भारत की कूटनीतिक विचारधारा को पर्याप्त स्थान मिला।

3

गुट-निरपेक्ष नीति

गुट-निरपेक्षता का आशय

भारतीय नेतृत्व ने अन्तर्राष्ट्रीय संबंधों के परिप्रेक्ष्य में गुट निरपेक्ष नीति अपनायी। इस नीति का प्रतिपादन भारत के प्रथम प्रधानमंत्री जवाहरलाल नेहरू ने किया। शीतयुद्ध के कारण यह नीति अस्तित्व में आयी। द्वितीय लिए 'विश्युद्ध' (1939-1945) के बाद संयुक्त राज्य अमेरिका और सोवियत संघ के बीच तनाव पैदा हो गया जिसके शीतयुद्ध शब्द का प्रयोग किया गया। ये दोनों देश विश्वयुद्ध में एक साथ लड़े थे। युद्ध के दिनों में जो विद्वेष धीरे-धीरे पनप रहा था वह अचानक सामने आ गया। ब्रिटेन, फ्रांस, संयुक्त राज्य अमेरिका, सोवियत संघ तथा अन्य मित्र राज्यों की युद्ध में स्पष्ट विजय हुई थी। उन्होंने जर्मनी, इटली और जापान को पराजित किया था। परंतु विजयी देश अपने वैचारिक मतभेद स्थायी रूप से न भुला पाये और न अस्त्रों का प्रयोग हुआ। यह एक ऐसा युद्ध था जो दो विरोधी गुटों के बीच राजनयिक रूप से लड़ा गया। संसार के देश जिन दो गुटों में बंट गए थे, वे थे–1. अमेरिका के नेतृत्व में पूँजीवादी गुट या पश्चिमी गुट या लोकतांत्रिक गुट और 2. सोवियत संघ के नेतृत्व में पूर्वी गुट या समाजवादी गुट या सोवियत गुट।

गुटनिरपेक्ष नीति का उद्देश्य इस गुटों की राजनीति से अलग रहना, दोनों गुटों के साथ मैत्री रखना, किसी के साथ भी सैनिक संधियाँ न करना और एक स्वतंत्र नीति का विकास करना। नेहरू ने 7 सितम्बर, 1946 को कहा था कि, "हम अपनी इच्छा से इतिहास का निर्माण करेंगे।" उन्होंने यह भी कहा था कि हमारा प्रस्ताव है कि जहाँ तक संभव होगा

हम समूहों की शक्ति की राजनीति से दूर रहेंगे, क्योंकि इस प्रकार की गुट-बन्दी से पहले दो बार विश्व युद्ध हो चुके हैं और यह हो सकता है कि एक बार फिर कहीं अधिक भयंकर युद्ध हो जाए। सन् 1947 में नेहरू ने एक बार फिर कहा था कि भारत किसी भी शक्ति गुट में शामिल नहीं है। भारत की गुट-निरपेक्षता की नीति को एक सकारात्मक गतिशील तटस्थता कहा जा सकता है जिसमें देश स्वतंत्र रूप से कार्य करता है और प्रत्येक अन्तर्राष्ट्रीय प्रश्न पर गुण-दोष के आधार पर निर्णय करता है। प्रोफेसर महेन्द्र कुमार के अनुसार, गुट-निरपेक्षता अन्तर्राष्ट्रीय राजनीति की एक ऐसी घटना है जो कि द्वितीय विश्व युद्ध के बाद घटी और वह एक महत्त्वपूर्ण शक्ति की भी प्रतीक है, जो अन्तर्राष्ट्रीय सम्बन्धों की दिशा भी इसी के अनुरूप निर्धारित करती है।

प्रो. एम.एस. राजन ने भारतीय नीति का वर्णन इस प्रकार किया था कि, गुट-निरपेक्षता का मूल रूप से यह अर्थ है कि कोई देश अपने अन्तर्राष्ट्रीय सम्बन्धों के संचालन में और विशेषकर दो महाशक्तियों के प्रति अपनायी गयी नीतियों के परिप्रेक्ष्य में पूरी तरह स्वतंत्र हो। उन्होंने यह भी कहा था कि गुट-निरपेक्षता शक्ति की राजनीति से दूर रहने, शांतिपूर्ण सह-अस्तित्त्व के लिए कार्य करने तथा गुटों में शामिल तथा गुट-निरपेक्ष सभी देशों के आपसी सहयोग का नाम है। यहाँ इस बात पर जोर दिया गया है कि कोई भी गुट-निरपेक्ष देश अपनी नीतियाँ बनाने और कार्य-विधि तय करने में स्वतंत्र होता है। इस नीति से अंतर्राष्ट्रीय शांति, सुरक्षा और सहयोग को प्रोत्साहन मिलता है। जैसा कि हमने ऊपर वर्णन किया है, गुट-निरपेक्षता शीत युद्ध की उपज माना जा सकता है। प्रोफेसर पी. डी. कौशिक ने गुट-निरपेक्षता के लिए 'असंलग्नता' शब्द का प्रयोग किया है क्योंकि गुट-निरपेक्षता की नीति शीत युद्ध के विरुद्ध एक प्रतिक्रिया थी क्योंकि महाशक्तियाँ आक्रामक रूप से गुट-निर्माण में लगी हुई थीं और नवोदित देश किसी भी सैनिक गठबंधन से दूर रहना चाहते थे और गुट के नेताओं से आदेश प्राप्त करने के विरुद्ध थे। इसलिए अब जब कि शीतयुद्ध समाप्त हो गया है, यह विचार बार-बार व्यक्त किया जा रहा है कि गुट-निरपेक्षता का औचित्य नहीं रह गया है। फिर भी गुट-निरपेक्ष आन्दोलन वर्तमान में भी क्रियाशील है।

भारत के साथ अनेक देशों ने अपनी राजनीतिक स्वतंत्रता के लिए इस नीति को एक साधन के रूप में अपनाया। औपनिवेशिक शासन से स्वतंत्रता यद्यपि एक महत्त्वपूर्ण उपलब्धि थी तथापि अपने आप में पर्याप्त नहीं थी। भारत के राष्ट्रीय हितों की अभिवृद्धि बहुत कुछ सामाजिक, आर्थिक विकास के द्वारा हो सकती थी। गुट-निरपेक्ष राष्ट्रों का यह विश्वास था कि इस उद्देश्य की प्राप्ति के लिए अन्तर्राष्ट्रीय शान्ति एक आवश्यक शर्त हो गयी थी। के.पी. मिश्रा के अनुसार, गुट-निरपेक्ष देश यह मानने लगे थे कि शीतयुद्ध, गुटों की राजनीति, शक्ति की राजनीति ये सब आर्थिक-सामाजिक विकास के मार्ग में ऐसी बाधाएँ थीं, जिसका विरोध जरूरी हो गया था। इस प्रकार गुट-निरपेक्षता या असंलग्नता,

जल्दबाजी में किया हुआ कोई तदर्थ निर्णय नहीं था। यह बहुत सोच समझकर लिया गया निर्णय और सुनियोजित नीति थी। इसका अन्तिम उद्देश्य राष्ट्रीय हित में अभिवृद्धि, भारत की सम्प्रभुता और प्रादेशिक अखण्डता की रक्षा और भारत तथा अन्य विकासशील देशों का आर्थिक विकास करना था। गुट-निरपेक्षता में अन्तर्राष्ट्रीय शांति एवं सुरक्षा भी जुड़े हुए थे।

गुटनिरपेक्षता के संदर्भ में प्रोफसर वी.पी. दत्त ने लिखा है कि गुट-निरपेक्षता भारत की विदेश नीति का एक सिद्धांत बन गया था। यह एक स्वतंत्र विदेश-नीति, जन-साधारण की इच्छाओं और अपेक्षाओं का प्रत्युत्तर था। इसने जन-मानस में गौरव की भावना का विकास किया और देश की एकता बनाने में सहायता की। गुट-निरपेक्षता की अवधारणा इतनी मूल्यवान हो गयी कि जो भी देश स्वतंत्र होते गए उन्होंने अपनी राजनीतिक स्वतंत्रता की रक्षा और आर्थिक विकास के लिए सरलता से गुट-निरपेक्षता का मार्ग ही चुना। गुट-निरपेक्षता की अवधारणा पर टिप्पणी करते हुए के. सुब्रह्मण्यम ने कहा कि गुट-निरपेक्षता का यह सिद्धांत एक ऐसे महान् राष्ट्र का प्रत्युत्तर था, जो उपनिवेशवाद से बाहर निकलकर शीतयुद्ध के दबाव को रोकना चाहता था। यह उपनिवेशवाद के उन्मूलन के लिए अन्तर्राष्ट्रीय शान्ति और सुरक्षा के लिए तथा एक ऐसी विश्व व्यवस्था के लिए वचनबद्धता थी जिनमें न कोई शोषण होगा, न जातिवाद होगा और जहाँ सभी स्वाधीन हुए लोगों को एक समान अवसर मिलेंगे। इस सम्बन्ध में उन्होंने अपना मत व्यक्त किया कि गुट-निरपेक्षता दो ध्रुवीय अवधारणा वाली अन्तर्राष्ट्रीय व्यवस्था में स्वायत्तता की निश्चित घोषणा थी।

गुट-निरपेक्षता तटस्थता नहीं होती—गुट-निरपेक्षता के लिए कई पाश्चात्य विद्वान 'तटस्थता' और 'तटस्थतावाद' शब्द का प्रयोग करता है। परन्तु इन दोनों ही शब्दों से गुट-निरपेक्षता की अवधारणा का सही अर्थ नहीं निकलता। अवधारणा के रूप में तटस्थता शब्द का प्रयोग युद्ध के दौरान ऐसे देश के लिए किया जाता है जो लड़ाई में शामिल ही न हो। जैसे किसी भी पक्ष की तरफ से युद्ध नहीं किया एवं स्वेच्छा से युद्ध से अलग रहा इसलिए स्पेन तटस्थ देश था। उसी प्रकार, 1980 के दशक में ईरान और इराक के युद्ध में भारत तटस्थ था और दोनों ही देशों के साथ उसके मैत्री सम्बन्ध थे। तटस्थता युद्ध से अलग रहने की स्थिति होती है। ऑक्सफोर्ड शब्दकोष के अनुसार, तटस्थता वह स्थिति है जिसमें कोई देश किसी भी युद्धरत देश का सक्रिय समर्थन नहीं करता है और युद्ध के दौरान प्रत्यक्ष या अप्रत्यक्ष रूप से किसी की भी सहायता नहीं करता है। इस संदर्भ में एम.एस. राजन ने विचार व्यक्त किया है कि गुट-निरपेक्षता किसी ऐसे राज्य की तटस्थता नहीं है जिसकी किसी युद्ध में भागीदारी न हो और न यह स्विट्जरलैंड और ऑस्ट्रिया की स्थिति है। इन दोनों देशों को शेष सभी राज्यों ने यह आश्वासन दिया हुआ है कि वे उन पर कभी भी आक्रमण नहीं करेंगे। परन्तु पीटर

लॉयन के अनुसार, तटस्थता शब्द का प्रयोग शान्तिकाल में राजनयिक तौर पर अलग रहने की नीति के लिए किया जा सकता है। अर्थात् शान्तिकाल में कोई देश स्थायी रूप से विवादों में सदा किसी का साथ नहीं देता। तटस्थता का मतलब गुट-निरपेक्षता के काफी करीब जान पड़ता है।

गुट-निरपेक्षता तटस्थतावाद या पृथकतावाद—दोनों से पृथक् है। कोई तटस्थ राज्य इसलिए तटस्थ कहलाता है कि वह युद्ध में शामिल नहीं है परन्तु अगले ही दिन यदि वह युद्ध में शामिल हो जाए तो तटस्थ नहीं रहता। अमेरिका 7 दिसम्बर, 1941 से पूर्व द्वितीय विश्व युद्ध में तटस्थ था, परन्तु जापान द्वारा हवाई आक्रमण के बाद वह युद्ध में शामिल हो गया और तटस्थ नहीं रहा। दूसरी ओर, तटस्थवाद शब्द उन राज्यों के लिए प्रयुक्त होता है जिन्होंने कभी भी किसी पर आक्रमण न करने की घोषणा की होती है। स्विट्जरलैण्ड की अपनी कोई सेना ही नहीं है और उस पर दोनों ही विश्व युद्धों में किसी ने आक्रमण नहीं किया। ऑस्ट्रिया को 1955 में इसी प्रकार का स्थान दिया गया। गुट-निरपेक्ष नीति में गुटों की राजनीति से अलग रहने का प्रावधान है। परन्तु उसने स्थायी रूप से तटस्थ रहने का वचन नहीं दिया होता है तथा वहीं दूसरी ओर, तटस्थतावादी देश स्थायी रूप से सभी युद्धों से अलग रहता है। उदाहरण के लिए, गुट-निरपेक्ष भारत को 1962 में चीन के विरुद्ध तथा 1965, 1971 और 1999 कारगिल में पाकिस्तान के विरुद्ध युद्ध करने पड़े। भारत फिर भी गुट-निरपेक्ष रहा। इन युद्धों में न तो भारत तटस्थ था और न ही वह स्थायी रूप से तटस्थतावाद का पालन करता है। गुट-निरपेक्षता में विश्वास करने वाले देश अन्तर्राष्ट्रीय समस्याओं पर विचार व्यक्त करने के लिए और संयुक्त राष्ट्र इत्यादि में मतदान करने के लिए स्वतंत्र होते हैं। गुट-निरपेक्ष देश अपने अन्तर्राष्ट्रीय निर्णय अपने देश के हितों के अनुकूल ही करते हैं।

गुट-निरपेक्षता अंतर्राष्ट्रीय अलगाव की नीति नहीं होती है। पृथकता का अर्थ है अन्य देशों की समस्याओं से अलग रहना। संयुक्त राज्य अमेरिका 1823 में घोषित मुनरो सिद्धान्त के अनुसार अपने आप को यूरोप की समस्याओं से पूरी तरह दूर रखता था। उसको प्रथम विश्व युद्ध से पहले यूरोप में कोई रुचि नहीं थी इसलिए वह पृथकता के अनुसार केवल अमेरिका की समस्याओं में रुचि लेता था। इसके विपरीत, गुट-निरपेक्ष देश अंतर्राष्ट्रीय सम्बन्धों में पूरी रुचि लेते हैं। उनके गुटनिरपेक्ष कहलाने का यही कारण है कि वे स्थायी रूप से किसी बड़ी शक्ति का दामन नहीं पकड़ते। गुट-निरपेक्ष देश स्वेच्छा से निर्णय करते हैं, प्रत्येक प्रश्न पर अपने विचार व्यक्त करते हैं और मतदान करते हैं। वे न तो किसी गुट में होते हैं, न सभी से पृथक होते हैं, वास्तव में गुट-निरपेक्ष देश अन्तर्राष्ट्रीय समस्याओं में सकारात्मक भूमिका निभाते हैं। गुट-निरपेक्ष देश स्थायी संधियों से दूर रहने की नीति पर चलते हैं। प्रो. महेन्द्र कुमार के अनुसार, गुट-निरपेक्षता शीतयुद्ध में शामिल न होने की नीति का नाम है। कुछ विद्वानों का कहना है कि गुट-निरपेक्ष

देश दोनों गुटों के साथ एक समान सम्बन्ध रखते हैं और वे गुटों के बीच एक निश्चित दूरी बनाये रखने के मार्ग का अनुसरण करते हैं। न तो यह तटस्थता है और न ही पृथकता।

गुट-निरपेक्षता के पक्षों के संदर्भ में काल्वोकेरेसी ने कहा सकारात्मक पक्ष का अर्थ है कि नए राज्य (गुट-निरपेक्ष देश) शीत युद्ध से बचना चाहते थे परन्तु वे संसार की राजनीति से दूर नहीं जाना चाहते थे। उनके अनुसार, सकारात्मक तटस्थता बड़ी शक्तियों के बीच होने वाले भयानक झगड़ों के बीच मध्यस्थता करने का प्रयास था। दूसरी ओर, नकारात्मक पक्ष में गुट-निरपेक्षता का अर्थ है अपनी शक्तिहीनता के कारण नए राज्य बड़ी शक्तियों की समस्याओं से दूर रहना चाहते थे। हम काल्वोकोरेसी के मत से असहमत हैं क्योंकि गुटनिरपेक्षता विश्व राजनीति में स्वतंत्र भागीदारी का नाम है। हमारे विचार से सकारात्मक गुट-निरपेक्षता का अर्थ है अपनी इच्छा से स्वतंत्र निर्णय करना और नकारात्मक गुट-निरपेक्षता का अर्थ है कि महाशक्तियों से आदेश न लेना, सैनिक गठबन्धनों में न फँसना और किसी बड़े देश को अपनी भूमि पर सैनिक अड्डे न बनाने देना। इस आधार पर कहा जा सकता है कि गुट-निरपेक्षता स्वतंत्र विदेश नीति की आधारशिला है।

गुटनिरपेक्षता का अर्थ अन्तर्राष्ट्रीय उत्तरदायित्व से भागना नहीं है। यह कगार पर बैठने की नीति भी नहीं है। गुट-निरपेक्ष देश विश्व राजनीति में पूरी तरह भागीदार होते हैं और दोनों गुटों के साथ मित्रता रखने में विश्वास करते हैं। भारत ने गुट-निरपेक्षता के द्वारा कभी भी एक महान् शक्ति बनने का प्रयास नहीं किया। गुट-निरपेक्षता एक यथार्थवादी सिद्धान्त है जिसके द्वारा स्वतंत्र गुट-निरपेक्ष देश विश्व राजनीति में बिना किसी से आदेश लिए, सक्रिय भाग लेते हैं।

भारत की गुट-निरपेक्ष नीति

गुट निरपेक्षता का अनुसरण करने वाला प्रथम राष्ट्र भारत था। भारत की नीति सकारात्मक और सक्रिय रूप से विश्व राजनीति में भाग लेने की नीति है। भारत की गुट-निरपेक्षता की नीति, केवल गुटों की राजनीति से दूर रहने की नीति है। यह राजनीति से सन्यास नहीं है। नेहरू ने 1949 में अमेरिकी कांग्रेस में बोलते हुए कहा था कि यदि कहीं पर स्वतंत्रता संकट में पड़ेगी या न्याय को खतरा होगा या कहीं आक्रमण किया जायेगा, तो हम न तो तटस्थ रह सकते हैं और न रहेंगे। हमारी नीति तटस्थवादी नहीं है बल्कि यह ऐसी नीति है जो सक्रिय रूप से शान्ति स्थापित करने और उसे मजबूत आधार देने की नीति है। एम. पणिक्कर ने भारत की विदेश नीति पर यह टिप्पणी की है, कि भारत ने अपने लिए एक स्वतंत्र स्थान बनाया है और अपने जैसे अन्य राज्यों के सहयोग से अंतर्राष्ट्रीय सद्भाव स्थापित करने में उसका काफी प्रभाव रहा है। एक प्रकार से यह नीति महात्मा गाँधी के अहिंसा के विश्वास को प्रोत्साहन देती है। इस भारतीय नीति की

समीक्षा करते हुए कहा गया था कि यह नीति "लोकतंत्र के पक्ष में तटस्थता" की नीति होगी।

भारत की संविधान सभा पं. नेहरू ने 4 दिसम्बर, 1947 ई. को गुटनिरपेक्षता को स्पष्ट करते हुए कहा था कि गुट-निरपेक्षता का अर्थ तटस्थता भी होता है। उन्होंने कहा था कि, हमने पिछले एक वर्ष में यह घोषणा की है कि हम किसी एक समूह विशेष के साथ अपने को जोड़कर नहीं रखेंगे। इसका तटस्थता से या किसी प्रकार की निष्क्रियता से कुछ लेना-देना नहीं है। "यदि कहीं कोई बड़ा युद्ध होता है, तो कोई कारण नहीं कि हम उसमें कूद ही पड़ें—यदि हम ऐसा कर सकें तो हम युद्ध में शामिल नहीं होंगे और यदि ऐसा करना हमारे हित में हुआ तो हम किसी पक्ष के साथ अपनी इच्छा से समय आने पर युद्ध में भाग ले भी सकते हैं।"

भारत विश्व को तीसरे विश्वयुद्ध से बचाना चाहता था। नेहरू ने कहा था कि यदि कोई विपत्ति आयेगी तो वह समस्त संसार को प्रभावित करेगी। हमारा पहला प्रयास यह होना चाहिए कि विपत्ति को आने से ही रोका जाए। भारत के इस संकल्प को दोहराते हुए कि हम शक्ति गुटों से दूर रहेंगे, नेहरू ने 1949 में यह भी कहा था कि, "यदि किसी कारण से हमें एक शक्ति गुट में शामिल होना ही पड़ता है तो शायद एक दृष्टिकोण से हम कुछ भला ही करेंगे, पर मुझको इसमें कोई भी शंका नहीं लगती कि एक विशाल दृष्टिकोण से ऐसा करना न केवल भारत के बल्कि विश्व शान्ति के लिए हानिकारक होगा।"

भारत के अन्तर्राष्ट्रीय नीति की कुछ विशेषतायें भी हैं। वे हैं—देश का आर्थिक विकास, विदेशी मामलों में कार्य करने की स्वतंत्रता, देश की सम्प्रभुता और प्रादेशिक अखण्डता को सुरक्षित रखना तथा विश्व शान्ति बनाए रखना। भारत का यह दृढ़ विश्वास रहा है कि इन उद्देश्यों की प्राप्ति केवल शक्ति गुटों से दूर रहकर और विदेश नीति सम्बन्धी निर्णय स्वतंत्रता से लेकर ही की जा सकती है।

नेहरू पश्चिम के उदारवादी भावना तथा लोकतंत्र के प्रति प्रतिवद्ध थे। परन्तु उन्होंने कभी भी उन सैनिक गठबंधनों का समर्थन नहीं किया जिन्हें अमेरिका ने साम्यवाद के प्रसार को रोकने के लिए स्थापित किया था। उन्होंने सैनिक संधियों का यह कहकर विरोध किया था कि उनसे उपनिवेशवाद को नए रूप में प्रोत्साहन मिलता है और इसलिए भी उनका विरोध किया था कि इन संधियों के प्रतिक्रियास्वरूप दूसरे गुट में भी सैनिक संधियाँ होंगी और अस्त्रों के लिए दौड़ शुरू हो जायेगी। नेहरू लोकतांत्रिक समाजवाद का पक्षधर था। परन्तु उन्होंने साम्यवादी राज्य को एकाधिकारवादी कहकर अस्वीकार किया था और मार्क्सवाद को घिसापिटा सिद्धान्त बताया था। नेहरू ने अन्तर्राष्ट्रीय सम्बन्धों में गुटों की राजनीति पर प्रारंभ से ही आपत्ति जतायी थी। इस प्रकार भारत की नीति का उद्देश्य नए स्वाधीन हुए देशों की निर्णय करने की स्वतंत्रता सुनिश्चित करने के लिए एक कदम था। भारत ने गुट-निरपेक्षता को शान्ति की नीति के रूप में अपनाया था, झगड़ा बढ़ाने के लिए

नहीं। भारत की गुट-निरपेक्षता, की नीति विश्व के हित में परिवर्तन लाने, उपनिवेशवाद, साम्राज्यवाद, जाति-भेद और नव-उपनिवेशवाद का विरोध करने की नीति है। भारत संसार से इन बुराइयों को दूर कराना चाहता है। दूसरे, गुट-निरपेक्षता इस अवधारणा का विरोध करती है कि महाशक्तियाँ किसी भी प्रकार अन्य देशों से श्रेष्ठ हैं। यह तो सभी राज्यों की समानता की वकालत करना है। तीसरे, गुट-निरपेक्षता सभी देशों के मध्य मैत्रीपूर्ण सम्बन्धों को प्रोत्साहन देती है। गुट-निरपेक्षता अन्तर्राष्ट्रीय विवाद का निपटारा शांतिपूर्ण तरीके से करने का पक्षधर है। यह निःशस्त्रीकरण को बढ़ावा देती है। करके अन्तर्राष्ट्रीय विवादों के शान्तिपूर्ण समाधान का समर्थन करती है। यह सभी परमाणु अस्त्रों के विनाश और पूर्ण निरस्त्रीकरण की सिफारिश करती है। गुट-निरपेक्षता संयुक्त राष्ट्र को शक्तिशाली बनाने की नीति है। भारत की विदेश नीति समस्त मानवता की सामाजिक और आर्थिक समस्याओं के समाधान पर जोर देती है। अन्याय और असंतुलन पर आधारित वर्तमान अर्थव्यवस्था को समाप्त करके भारत एक नई अन्तर्राष्ट्रीय व्यवस्था को निर्मित करना चाहता है।

गुट-निरपेक्षता के प्रमुख कारण

गुट-निरपेक्षता की नीति का अनुसरण भारत ने आत्मनिर्णय की आजादी की सुरक्षा के लिए की। इसके अतिरिक्त आर्थिक विकास पर भारत बहुत अधिक बल दे रहा था। यह नीति लगभग पचास वर्ष तक सफलतापूर्वक लागू की गयी। इस नीति को भारत ने क्यों अपनाया इसके बारे में एम. एस. राजन ने प्रारंभ में वर्णन किया है। पहला, यह विश्वास किया गया कि अमेरिका या सोवियत गुट के साथ भारत की संलग्नता अन्तर्राष्ट्रीय तनाव को बढ़ा सकती थी। इससे अन्तर्राष्ट्रीय शान्ति को प्रोत्साहन मिलने वाला नहीं था। इसीलिए नेहरू ने कहा था कि शक्ति गुटों से विपत्तियाँ आयेंगी और भारत इनसे दूर रहना चाहता था। इसके अतिरिक्त भारत ने आगे चलकर यह भी अनुभव किया कि देश के आकार को ध्यान में रखते हुए, भौगोलिक और सामाजिक महत्त्व के कारण और सभ्यता के विकास में उसके योगदान के लिंए, अन्तर्राष्ट्रीय तनाव कम करने, शान्ति को प्रोत्साहन देने और दोनों गुटों के मध्य एक सेतु का कार्य करने के लिए यह भूमिका थी।

दूसरी तरफ भारत न तो एक शक्तिशाली राष्ट्र था न तो एक निर्बल राष्ट्र था। भारत के पास एक महान् शक्ति बनने की सम्भावना अवश्य थी। गुट-निरपेक्षता की नीति भारत की वर्तमान आवश्यकताओं और उसकी राष्ट्रीय पहचान बनाए रखने के लिए आवश्यक थी, दूसरी ओर गुट-निरपेक्षता का उद्देश्य यह भी था कि भविष्य में भारत को एक महान् शक्ति के रूप में उभरने में सहायता मिले।

तीसरे, भावनात्मक एवं वैचारिक कारणों से भी भारत दोनों गुटों से दूर रहा। भारत पश्चिमी गुट में इसलिए भी शामिल नहीं हो सकता था क्योंकि इस गुट के अनेक देश उपनिवेशवादी शक्ति थे या रह चुके थे। कुछ देश अब भी जातीय भेद का व्यवहार कर

रहे थे। दूसरी ओर, भारत सोवियत गुट में इसलिए शामिल नहीं हो सकता था क्योंकि साम्यवाद की विचारधारा भारत को कभी स्वीकार्य नहीं थी।

चौथे, किसी भी स्वतंत्र देश की तरह अपना आत्मनिर्णय स्वयं सुरक्षित रखना चाहता था। भारत किसी दूसरे देश की डोरी के साथ बाँधा नहीं जा सकता था। दूसरे शब्दों में, भारत प्रत्येक प्रश्न का गुण-दोष के आधार पर स्वयं निर्णय करना चाहता था।

पाँचवें, भारत ने जब अपने आर्थिक विकास के लिए अनेक परियोजनाएँ लागू कीं तो इसके लिए उसे विदेशी धन बहुत ही जरूरी हो गया था। राजनीतिक तौर पर यह उचित नहीं था कि हम किसी एक विशेष देश से सहायता लेते। देश के लिए लाभदायक तो यह था कि हमें जहाँ से भी सहायता मिले, उसे स्वीकार करें, यदि उसके साथ कोई कठिन शर्तें न जुड़ी हों।

छठे, भारत की यह मान्यता सदा से रही है कि सत्य और अच्छाई पर सबका समान अधिकार है। भारत सहनशीलता में विश्वास करता है। उस समय की स्थिति में सहनशीलता और शान्तिपूर्ण सह-अस्तित्त्व ही देश के हित में थे। भारत जिस आदर्श पर चलना चाहता था, वह था—मित्रता सबके साथ, शत्रुता किसी से नहीं।

देश की आंतरिक स्थिति भी गुट-निरपेक्षता की नीति का पालन करने के लिए उत्तरदायी थी। एम.एस. राजन का यह भी मानना है कि यदि भारत सरकार किसी भी गुट के साथ संलग्न होने का निर्णय करती, तो उससे राजनीतिक विवादों और देश की अस्थिरता को बल मिलता।

वास्तव में, गुट-निरपेक्षता अपनाने का चाहे कुछ भी कारण रहा हो, यह स्पष्ट है कि भारत की जनता ने आमतौर पर नेहरू की इस नीति का समर्थन किया। अन्य अनेक देशों ने भी इस नीति को अपने राष्ट्रीय हितों के अनुकूल पाया।

गुट-निरपेक्षता एक आन्दोलन के रूप में 1961 ई. में भारत के पहल पर अपनाया गया और औपचारिक रूप से गुट-निरपेक्ष आन्दोलन का शुभारम्भ प्रधानमंत्री नेहरू, यूगोस्लाविया के राष्ट्रपति टीटो और मिश्र के राष्ट्रपति नासिर ने किया। बेल्ग्रेड में हुए गुट-निरपेक्ष देशों के पहले सम्मेलन में पच्चीस देशों ने भाग लिया। इसकी अध्यक्षता टीटो ने की थी। किस देश को बुलाना है और किसको नहीं इसका निर्णय सामूहिक रूप से नेहरू, नासिर और टीटो ने किया था। गुटनिरपेक्ष देशों के पहले शिखर सम्मेलन में भाग लेने के लिए पाँच आधार तय किए गए थे। ये आधार थे—वह देश गुट-निरपेक्षता और शांतिपूर्ण सह-अस्तित्त्व की विदेश नीति पर स्वतंत्र आचरण करने वाला हो; वह देश उपनिवेशवाद और साम्राज्यवाद का विरोध करता हो; वह देश शीत युद्ध से संबंधित न हो; उसने किसी महा-शक्ति के साथ कोई द्विपक्षीय संधि न की हो; उस देश की भूमि पर कोई भी विदेशी सैनिक अड्डा स्थापित न किया गया हो।

गुट-निरपेक्ष आन्दोलन में कई बदलाव हुए। इस आन्दोलन की सदस्य संख्या बढ़कर

2003 में 116 तक पहुँच गयी। समय-समय पर इसके शिखर सम्मेलन होते हैं जिनमें अन्तर्राष्ट्रीय राजनीति के विभिन्न ज्वलंत प्रश्नों पर विचार किया जाता है और यह प्रयत्न किया जाता है कि आन्दोलन के सभी देश एक समान दृष्टिकोण अपनाएँ। परन्तु सदस्य संख्या अधिक होने से सहमति बनने में मुश्किल होती है। 1961-2003 की अवधि में तेरह शिखर सम्मेलन हुए हैं। जकार्ता, कार्टेगना, डर्बन एवं कुलालालम्पुर के शिखर सम्मेलन शीतयुद्ध के समाप्त होने के बाद हुए। उस समय तक सोवियत संघ का विघटन हो चुका था। उपनिवेशवाद का पूरी तरह उन्मूलन हो गया था, नामीबिया स्वतंत्र हो चुका था और दक्षिण अफ्रीका में रंगभेद समाप्त हो गया था। शीतयुद्ध के खत्म होने पर इसका औचित्य अल्प हो गया परन्तु वर्तमान समय में भी कुछ प्रमुख हस्ती गुट-निरपेक्ष आंदोलन को सही मानते हैं। आज भी कुछ प्रमुख लोग इस गुट-निरपेक्ष आन्दोलन को सही मानते हैं।

गुट-निरपेक्ष नीति के प्रमुख चरण

सामान्य तौर पर भारत की गुट-निरपेक्षता की नीति को पाँच भागों में बांटा गया है। ये हैं 1946-1954; तक 1954-1962 तक; 1962-1971 तक; 1971-1990 तक; और फिर शीतयुद्ध के पश्चात् 1990 से आगे।

प्रथम चरण (1946-1954)—गुट-निरपेक्षता की शुरुआत स्वतंत्रता प्राप्ति के साथ-साथ हुई और नेहरू ने 1954 तक की अवधि में बड़े जोश के साथ इसे लागू किया। जैसा कि ऊपर उल्लेख किया गया है नेहरू ने अन्तरिम प्रधानमंत्री का पद-भार सम्भालते ही सितम्बर, 1946 में गुट-निरपेक्ष नीति की रूपरेखा प्रस्तुत की थी। उन्होंने यह स्पष्ट कर दिया था कि भारत का इरादा उस समय उभर रहे किसी भी शक्ति गुट में शामिल होने का नहीं था। फिर भी ऐसा विश्वास किया जाता है कि पहले चरण में भारत का झुकाव अमेरिका और उसके मित्र देशों की तरफ था। गणराज्य बनने के बाद भी भारत राष्ट्रमंडल का सदस्य बना रहा। मलाया और हिन्द-चीन में उस समय साम्राज्यवाद-विरोधी आन्दोलन चल रहे थे, भारत उनके बारे में आमतौर पर चुप था। भारत ने संयुक्त-राष्ट्र के जून, 1950 के उस प्रस्ताव का समर्थन किया जिसमें दक्षिण कोरिया पर आक्रमण के लिए उत्तर कोरिया को दोषी ठहराया गया था। उस समय अंतर्राष्ट्रीय प्रश्नों पर भारत का जो दृष्टिकोण था उस पर सोवियत नेता स्टालिन ने निराशा व्यक्त की थी। उत्तर कोरिया को आक्रामक घोषित करने वाले संयुक्त राष्ट्र के प्रस्ताव का समर्थन करने के लिए सोवियत संघ ने भारत की आलोचना की। परन्तु जब 1950 के अंत में संयुक्त राष्ट्र की सेनाएँ चीन की ओर बढ़ने लगीं तो भारत ने इस कार्य के लिए अमेरिका की निन्दा की। इसके लिए सोवियत संघ ने भारत की बहुत प्रशंसा की।

इसके पहले ही नेहरू 1949 में अमेरिका की यात्रा की और उस समय उन्होंने ब्रिटेन की सराहना की। पहले चरण में भारत का अमेरिकी गुट की ओर झुकाव होने के कई कारण

थे। पहला यह कि, भारत अपने रक्षा उपकरणों के लिए काफी हद तक ब्रिटेन पर निर्भर था। दूसरे, हमारी सशस्त्र सेनाओं का प्रशिक्षण और संगठन ब्रिटिश प्रणाली पर हुआ था। तीसरे, भारत का बुद्धिजीवी वर्ग और राजनीतिक नेतागण ब्रिटेन की शासन प्रणाली के आदर्शों से काफी हद तक प्रभावित थे। नेहरू सहित देश के अनेक राष्ट्रीय नेताओं ने ब्रिटेन की उच्च शिक्षा संस्थाओं में शिक्षा प्राप्त की थी और संसदीय लोकतंत्र का ज्ञान प्राप्त किया था। चौथे, भारत के व्यापारिक सम्बन्ध अधिकतर पश्चिमी देशों के साथ थे और हम अपने आर्थिक विकास के लिए पश्चिम से प्राप्त होने वाली आर्थिक सहायता पर निर्भर थे। अन्त में, उस समय की सोवियत नीति विकासशील देशों की सहायता देने के पक्ष में नहीं थी। सोवियत संघ का विश्वास था कि जो देश साम्यवाद को नहीं अपनाते वे निश्चित रूप से साम्यवाद के विपरीत थे। यह सत्य नहीं था।

सन् 1952 ई. में नेहरू ने इस बात को स्वीकार किया था कि ब्रिटेन और अमेरिका के साथ भारत के सम्बन्ध अधिक सौहार्द्रपूर्ण थे और यह हमारी धरोहर का परिणाम था। पश्चिम की ओर भारत का झुकाव होने के बावजूद भारत की नीति आमतौर पर गुट-निरपेक्ष ही रही है। नेहरू के नेतृत्व में भारत ने पूर्व और पश्चिम के बीच सेतु बनने का प्रयास किया था। भारत ने जब जिस देश को सही पाया उसका समर्थन किया। कोरिया युद्ध में भारत ने अमेरिकी सेनाओं द्वारा चीन पर सम्भावित आक्रमण का खुलकर विरोध किया था। चीन में साम्यवादी क्रान्ति के शीघ्र बाद 1949 में ही भारत ने इसे मान्यता प्रदान कर दी थी। फिर भी जब तक स्टालिन जीवित रहा भारत और सोवियत संघ के मध्य मैत्री संबंध नहीं कायम हो पाया। हाँ, स्टालिन की मृत्यु के बाद जब भारत ने अमेरिका का यह प्रस्ताव अस्वीकार कर दिया कि वह साम्यवाद-विरोधी सैनिक गठबंधन, दक्षिण-पूर्व एशिया संधि संगठन का सदस्य बने तभी सोवियत गुट के राष्ट्रों ने भारत के साथ सम्बन्ध बढ़ाना शुरू किया।

दूसरा चरण (1954-1962)—सन् 1954 तक दो महत्त्वपूर्ण बदलाव हो गये थे। अमेरिका के राष्ट्रपति ट्रुमैन का कार्यकाल 1953 के आरम्भ में समाप्त हो गया। स्टालिन के बाद नये सोवियत नेता ख्रुश्चेव का नजरिया भारत-विरोधी नहीं था। सबसे मैत्री सम्बन्ध रखने की नेहरू की नीति का यह परिणाम हुआ कि अमेरिका और सोवियत संघ दोनों ने गुट-निरपेक्षता की नीति का पुनः मूल्यांकन किया। इसी दौरान चीन के साथ भी भारत का संबंध प्रगाढ़ होता गया। जैसा कि हमने अन्यत्र वर्णन किया है कि चीन के प्रधानमंत्री चाऊ-एन-लाई और नेहरू ने 1954 में पंचशील के प्रसिद्ध समझौते की घोषणा की थी। दूसरे, भारत ने हिन्द-चीन संघर्ष को महत्त्वपूर्ण ढंग से सुलझाया, जिसके परिणामस्वरूप उस देश में सामान्य स्थिति बहाल करने के लिए जिस आयोग का गठन किया गया, भारत को उसका अध्यक्ष बनाया गया। तीसरे, पाकिस्तान अमेरिका के नेतृत्व में बनाए गए सैनिक गठबंधन दक्षिण-पूर्व एशिया संधि संगठन का सदस्य बन गया। इससे अमेरिकी अस्त्रों की

मदद से पाकिस्तान अत्यधिक शक्तिशाली हो जाता जो भारत के लिए घातक सिद्ध होगा। भारत की इस आपत्ति को अमेरिका ने अमान्य कर दिया कि अमेरिकी हथियारों के मिलने से, पाकिस्तान भारत के विरुद्ध उनका प्रयोग करेगा। अमेरिका ने भारत को यह आश्वासन दिया कि उसके द्वारा प्रदान किया गया हथियार का प्रयोग भारत के खिलाफ नहीं होगा। इस नए सैनिक गठबंधन से भारत का झुकाव सोवियत गुट की ओर बढ़ गया। 1954 के हिन्द-चीनी भाई-भाई समझौते के बाद भारत को यह अवसर मिला कि सोवियत संघ के दो प्रमुख नेताओं, पार्टी के प्रधान ख्रुश्चेव और प्रधानमंत्री बुल्गानिन, का अपने देश में स्वागत करें। यह किसी भी सोवियत नेता की प्रथम भारत यात्रा थी। भारत में दोनों नेताओं का अदभुत स्वागत हुआ। उससे शांतिपूर्ण सह-अस्तित्त्व की भावना में दोनों देश एक-दूसरे के बहुत निकट आ गए। 1956 में दो अंतर्राष्ट्रीय संकट उत्पन्न हुए। स्वेज नहर के राष्ट्रीयकरण के प्रश्न पर ब्रिटेन, फ्रांस और इजराइल ने मिस्र पर आक्रमण किया। उसके कुछ ही समय बाद सोवियत प्रभुत्व के विरुद्ध, हंगरी में एक विद्रोह हुआ जो सोवियत संघ के लिए एक जबर्दस्त चुनौती थी। इसके उत्तर में सोवियत संघ ने हस्तक्षेप करके विद्रोह को पूरी तरह कुचल दिया और एक नई सरकार की स्थापना की। यह विरोध साम्यवाद के विरुद्ध नहीं, सोवियत प्रभुत्व के विरुद्ध था। जहाँ भारत ने मिस्र के विरुद्ध ब्रिटेन, फ्रांस और इजराइल के आक्रमण की जबर्दस्त निन्दा की थी, वहीं उसने हंगरी में सोवियत हस्तक्षेप की मामूली-सी आलोचना मात्र की और महासभा में सोवियत कार्यवाही के विरुद्ध मतदान भी नहीं किया पश्चिमी देशों को भारत का यह पक्षपात काफी असंतुष्ट कर दिया।

1961 में जहाँ एक ओर नेहरू, नासिर और टीटो ने इस आन्दोलन के लिए तैयारियाँ शुरू कर दी थीं, वहाँ लगभग उसी समय भारत ने गोवा को पुर्तगाली शासन से मुक्त कराने का कार्य शुरू किया। भारतीय सेना को बल प्रयोग करके गोवा को स्वतंत्र कराना पड़ा। गोवा में भारतीय कार्यवाही की पश्चिमी देशों ने नग्न आक्रमण कहकर निन्दा की। इसके उत्तर में भारत के रक्षा मंत्री कृष्ण मेनन ने कहा कि उपनिवेशवाद एक स्थायी आक्रमण था इसलिए पुर्तगाल के औपनिवेशिक आक्रमण का मुकाबला सैनिक कार्यवाही से ही किया जा सकता था। यह कार्य भारत के लिए देशहित में था।

भारत पूरी निष्ठा से गुट-निरपेक्षता के मार्ग पर चलता रहा। बाण्डुंग में एशिया-अफ्रीकी देशों के 1955 में हुए सम्मेलन में भारत ने प्रमुख भूमिका निभायी थी। इस प्रकार से 1961 में बैल्ग्रेड के प्रथम गुट-निरपेक्ष सम्मेलन की पहल बांण्डुग सम्मेलन से हो गयी थी। सन् 1960 में भारत ने संयुक्त राष्ट्र के आग्रह पर कांगों में शांति के लिए अपनी सेना भेजी।

तीसरा चरण (1962-1971)—सन् 1962 में चीन के भारत पर आक्रमण से भारत की प्रतिष्ठा को काफी आघात लगा तथा जनता और सैन्यबलों का मनोबल नीचा हुआ तथा इससे गुट-निरपेक्षता की नीति पर भी प्रश्न चिह्न लग गया। सोवियत संघ द्वारा जिस प्रकार की सहायता की अपेक्षा थी वह नहीं मिली। बहुसंख्यक गुट-निरपेक्ष देशों ने

भी चीनी आक्रमण की निन्दा नहीं की। परतु ब्रिटेन और अमेरिका द्वारा सहायता की पेशकश की गयी। चीन द्वारा पंचशील के सिद्धान्तों की अवहेलना से भारतीय जनता में आक्रोश उत्पन्न हुआ। भारत के बुद्धिजीवी वर्ग द्वारा बदली हुई परिस्थितियों में गुट-निरपेक्षता की नीति की वैधता को चुनौती दी गयी। भारत के भूतपूर्व गवर्नर जनरल सी. राजगोपालाचारी और वरिष्ठ नेता आचार्य कृपलानी ने इस नीति के विरुद्ध प्रश्न चिन्ह लगाया और श्री जयप्रकाश नारायण ने इस बात पर प्रसन्नता प्रकट की। भारत ने पश्चिम की ओर झुकना शुरू कर दिया था। कृपलानी जी ने कहा कि मानसिक और भावात्मक तौर पर, चीनी आक्रमण के बाद, भारत "साम्यवादी गुट के पक्ष में" अब गुट-निरपेक्ष नहीं रह गया था। उन्होंने कहा कि पश्चिम से हथियारों की सहायता स्वीकार करने के कारण भारत ने गुट-निरपेक्षता से समझौता कर लिया था। राजाजी ने तो यहाँ तक आशा व्यक्त की कि भारत अब पश्चिमी देशों के करीब चला जायेगा और गुट-निरपेक्षता को त्याग देगा।

माइकल ब्रेशर ने सन् 1962 युद्ध के बारे में दो निष्कर्ष पर पहुँचे। उनके अनुसार, एक तो यह हुआ कि भारत दोनों महाशक्तियों से बराबर की दूरी के सिद्धान्त को छोड़कर अमेरिका और सोवियत संघ दोनों के साथ-साथ बराबर की निकटता के अनुसार कार्य करने लगा। दूसरा यह हुआ कि विश्व राजनीति में नेहरू युग की अवधारणा के अनुसार भारत सकारात्मक और गतिशील भागीदारी छोड़कर, नकारात्मक गुट-निरपेक्षता को अपनाने लगा। उसने यह परिणाम निकाला कि भारत की विदेश नीति के स्तम्भ के रूप में गुट-निरपेक्षता का विनाश हो गया और गुट-निरपेक्षता केवल नाममात्र की रह गयी है।

सन् 1964 में नेहरू जी की मृत्यु के पश्चात् लाल बहादुर शास्त्री प्रधानमन्त्री पद पर आसीन हुए। शास्त्री जी के अठारह माह के अल्पकालीन शासन में भारत में भीषण खाद्य संकट उत्पन्न हो गया था। अमेरिका यह चाहता था कि खाद्य पदार्थों की कमी को दूर करने में इस शर्त पर सहायता करे कि भारत अमेरिका की वियतनाम नीति का समर्थन करे। जब शास्त्री ने ऐसा करने से मना कर दिया तो अमेरिकी राष्ट्रपति ने शास्त्री की प्रस्तावित अमेरिका यात्रा को स्थगित कर दिया। शास्त्री ने अपने इस अपमान का बदला इस प्रकार लिया कि जब जॉनसन ने पुनः निमन्त्रण भेजा तब स्वयं शास्त्री जी ने अमेरिका की यात्रा पर जाने से मना कर दिया। सितम्बर, 1965 में जब पाकिस्तान ने भारत के विरुद्ध युद्ध किया तब पाकिस्तान को चीन तथा अमेरिका दोनों ने समर्थन दिया था। परन्तु फिर भी पाकिस्तान पराजित हो गया। इसके पश्चात् निश्चय ही भारत की प्रतिष्ठा में वृद्धि हुई। चीन द्वारा भारत को नीचा दिखाने के तीन वर्ष के भीतर ही भारत ने संसार को यह दिखा दिया कि उसके पास एक बड़ी शक्ति बनने की क्षमता थी। दुर्भाग्य से 1966 में शास्त्री जी का देहांत हो गया।

सन् 1966 ई. में इंदिरा गांधी देश की प्रधानमंत्री बनीं और उन्होंने ग्यारह वर्ष तक देश की विदेश नीति का संचालन किया। उन्होंने एशिया और अफ्रीका के देशों की एकता

को पुनर्गठित करने का प्रयास किया। उसके पश्चात् गुट-निरपेक्ष आन्दोलन के तीनों अग्रणियों टीटो, नासिर और इंदिरा गाँधी का दिल्ली में एक सम्मेलन हुआ जिसमें गुट-निरपेक्ष आन्दोलन के विकास की समीक्षा की गयी। भारत ने 1967 में पश्चिम एशिया के युद्ध में इजराइल के विरुद्ध अरब देशों का समर्थन किया। इससे पश्चिम के देश असंतुष्ट हुए। सन् 1968 में सोवियत संघ ने भारत के विरोध करने पर भी पाकिस्तान को सैनिक सामग्री भेजी। फिर 1968 में ही सोवियत संघ ने चेकोस्लोवाकिया में हुए विद्रोह को दबाने के लिए सैनिक हस्तक्षेप किया। पश्चिमी देशों ने सोवियत संघ की आलोचना की, परंतु भारत ने ऐसा कुछ नहीं किया। इसलिए एक बार फिर भारत में आलोचकों ने यह कहा कि गुट-निरपेक्षता को त्याग ही देना चाहिए। भारत का झुकाव सोवियत संघ के प्रति बना रहा। नवम्बर, 1969 में रबात में हुए इस्लामी देशों के सम्मेलन में कट्टरपंथियों ने भारत के प्रतिनिधि फ़खरुद्दीन अली अहमद को सम्मेलन में भाग नहीं लेने दिया। धर्म निरपेक्षता की यह नीति भारत के लिए बड़ा धक्का और अपमान था।

चौथा चरण (1971-1990)—सन् 1971 में लोकसभा चुनाओं में आंतरिक विवादों के बाद भी इन्दिरा गांधी की महत्त्वपूर्ण विजय हुई। उसके तुरन्त बाद पाकिस्तान के संदर्भ में इन्दिरा सरकार को एक गम्भीर स्थिति का सामना करना पड़ा। यह था पूर्वी पाकिस्तान का उस देश की केन्द्र सरकार के विरुद्ध विद्रोह। पाकिस्तान में हुए संसदीय चुनाव में शेख मुजीबुर्रहमान के नेतृत्व वाली अवामी लीग को स्पष्ट बहुमत मिला। यह पूर्वी पाकिस्तान की प्रमुख थी। बहुमत के बावजूद शेख़ साहब को प्रधानमंत्री नहीं बनाया गया वरन् उन्हें गिरफ्तार करके पश्चिम पाकिस्तान की एक जेल में डाल दिया गया। परिणामस्वरूप पूर्वी पाकिस्तान (जो अब बांग्लादेश) में गम्भीर विद्रोह हुआ। पाकिस्तान की सेनाओं के द्वारा दमन चक्र चलाए जाने पर लगभग एक करोड़ लोग शरणार्थियों के रूप में भारत आ गए। यह समस्या भारत के लिए काफी गम्भीर थी और भारत-पाकिस्तान संबंध बहुत अधिक बिगड़ गए। युद्ध से पूर्व अमेरिका पाकिस्तान की ओर से हस्तक्षेप कर सकता था। इस गंभीर स्थिति में भारत के पास एक ही विकल्प बचा था और इसके अनुसार अगस्त, 1971 में भारत ने सोवियत संघ के साथ मैत्री और सहयोग की एक संधि पर हस्ताक्षर किए। इस संधि ने अमेरिका को हतोत्साहित किया, उसने धमकी तो दी थी परन्तु हस्तक्षेप नहीं किया। फिर भी अमेरिका ने पाकिस्तान को नैतिक और सैनिक सहायता अवश्य प्रदान की। चीन ने भी बांग्लादेश के प्रश्न पर पकिस्तान का साथ दिया।

सन् 1971 की इस घटना से भारत की विदेश नीति काफी बदल गई। गुट-निरपेक्षता छोड़े बिना भारत सोवियत संघ के लगभग उतना ही निकट आ गया जितना पाकिस्तान अमेरिका के निकट था। केवल अन्तर यह था कि भारत ने सोवियत संघ के साथ कोई सैनिक समझौता नहीं किया था। यद्यपि भारत के पास भारत-सोवियत संधि का कोई

विकल्प नहीं था फिर भी आलोचकों ने यह कहा कि भारत ने गुट-निरपेक्षता छोड़कर सोवियत संघ के साथ संलग्नता की नीति अपना ली थी। इस संधि में यह प्रावधान था कि भारत और सोवियत संघ दोनों एक-दूसरे की स्वतंत्रता, सम्प्रभुता और प्रादेशिक अखण्डता का सम्मान करेंगे; दोनों देश एक दूसरे के विरोधी होने पर किसी दूसरे देश से संधि नहीं करेंगे और यह कि दोनों में से कोई देश किसी तीसरे देश को कोई ऐसी सहायता नहीं देगा जिसका सशस्त्र संघर्ष में दूसरे देश के विरुद्ध प्रयोग किया जा सके। जिन लोगों ने इस संधि की आलोचना की वे अलग-थलग पड़ गए क्योंकि आम जनता ने उनका साथ नहीं दिया। गुट निरपेक्ष होते हुए भी भारत का सम्बन्ध सोवियत संघ से मधुर था।

सन् 1977-79 के दौरान जनता पार्टी की सरकार के विदेश मंत्री अटल बिहारी वाजपेयी ने यह आश्वासन दिया था कि उनकी सरकार गुट-निरपेक्षता को सही रूप देगी और सोवियत संघ की ओर अनावश्यक झुकाव को समाप्त करेगी परंतु वास्तव में स्वयं वाजपेयी ने भी सोवियत विरोधी नीति नहीं अपनायी। दरअसल उन्होंने पाक और चीन के साथ सम्बन्ध सामान्य करने का भरपूर प्रयास किया। इसी समय प्रधानमंत्री मोरारजी देसाई अमेरिकी राष्ट्रपति कार्टर के सामने नहीं झुके और अमेरिकी धमकी के बावजूद भारत ने परमाणु अप्रसार संधि पर हस्ताक्षर नहीं किए। देसाई ने कहा था कि यह संधि भेद-भाव पर आधारित थी और इस पर हस्ताक्षर करना भारत के राष्ट्रीय हितों के विरुद्ध था। इस प्रकार जनता सरकार ने न तो गुट-निरपेक्षता छोड़ी और न ही भारत-सोवियत मैत्री के विपरीत कोई कार्य किया।

इन्दिरा गाँधी अपने द्वितीय शासन काल (1980-84) तथा राजीव गाँधी सरकार (1984-89) ने भी भारत-सोवियत मैत्री बनाये रखी। यहाँ तक कि भारत की नीति को कई बार गुट-निरपेक्षता के साथ समझौता कहा गया। भारत लगातार इज़राइल विरोधी नीति अपनाता रहा, वह बराबर परमाणु अप्रसार सन्धि पर हस्ताक्षर करने से इनकार करता रहा और उसने अफगानिस्तान में सोवियत हस्तक्षेप (1979-88) की आलोचना नहीं की। इसके बावजूद भारत लगातार गुट-निरपेक्ष आन्दोलन में सक्रिय भाग लेता रहा और 1983 के शिखर सम्मेलन राजधानी दिल्ली में आयोजित किया गया। इससे पूर्व भारत की उस समय कड़ी आलोचना हुई थी जब उसने 1977 के हवाना शिखर सम्मेलन में क्यूबा के राष्ट्रपति के उस भाषण की निन्दा नहीं की जिसमें सोवियत संघ को आन्दोलन का स्वभाविक मित्र कहा गया था। शीतयुद्ध 1990 से पूर्व ही समाप्त हो गया तथा गुट-निरपेक्षता पर प्रश्न चिन्ह लग गया।

पाँचवाँ चरण (शीतयुद्ध के बाद का काल)—दिसम्बर, 1989 में माल्टा में अमेरिकी राष्ट्रपति जॉर्ज बुश और सोवियत राष्ट्रपति गोर्बाच्योव के भेंट से पूर्व ही शीत युद्ध खत्म हो चुका था। शीतयुद्ध की समाप्ति की औपचारिक घोषणा माल्टा में की गयी।

इस प्रकार सन् 1990 में उत्तर-शीतयुद्ध चरण आरम्भ हुआ। भारत का यह कहना है कि आर्थिक विकास और अंतर्राष्ट्रीय शांति के लिए गुट-निरपेक्षता आज भी प्रासंगिक है। जहाँ एक ओर वारसा समझौता तथा अन्य पश्चिमी सैनिक गठबंधन भंग हो चुके हैं, वहीं उत्तर अटलाण्टिक संधि संगठन आज भी जीवित है और उसका विस्तार हो रहा है। विदेश नीति के स्तर पर गुट-निरपेक्ष आन्दोलन आज भी सक्रिय है जिसमें 116 सदस्य शामिल हैं। यद्यपि, द्वितीय विश्व युद्ध के बाद स्थापित विश्व व्यवस्था लड़खड़ा चुकी है, फिर भी अभी नई विश्व-व्यवस्था का जन्म नहीं हुआ है। वर्तमान काल में भी भारत गुट-निरपेक्षता पर टिका हुआ है।

शीतयुद्ध के बाद गुट-निरपेक्षता का महत्त्व

बीसवीं शताब्दी के अंत में जो घटनाएँ हुईं उसके परिप्रेक्ष्य में अन्तर्राष्ट्रीय राजनीति के विद्वान यह समझ नहीं पाए कि नई विश्व-व्यवस्था का क्या रूप होगा? शीतयुद्ध 1990 से पूर्व ही समाप्त हो गया था। इसकी समाप्ति की प्रक्रिया 1985 में ही शुरू हो गयी थी, ज़ब गोर्बाच्योव सोवियत साम्यवादी पार्टी के महासचिव बने थे। उन्होंने देश की राजनीति और अर्थव्यवस्था में अनेक सुधार आरम्भ किए, परन्तु उन सुधारों का परिणाम कुछ विचित्र ही हुआ। सोवियत संघ 1991 ई. में विघटित हो गया। परन्तु विदेशी सम्बन्धों में गोर्बाच्योव और अमेरिकी राष्ट्रपति रीगन ने बातचीत का जो सिलसिला शुरू किया वह संसार को शीतयुद्ध की समाप्ति की ओर ले गया। ये दोनों नेता चार वर्ष में (1985-1988) चार बार मिले और 1987 में एक अत्यन्त महत्त्वपूर्ण संधि पर हस्ताक्षर किए। इस संधि के द्वारा मध्यम-दूरी और कम-दूरी के परमाणु प्रक्षेपास्त्रों के उन्मूलन का निर्णय लिया गया। इस संधि का अनुमोदन 1988 में हुआ जिसने शीत युद्ध को खत्म करने में काफी योगदान किया।

बर्लिन की दीवार नवम्बर, 1989 ई. में गिरा दी गयी जो बर्लिन नगर को दो भागों में बाँटती थी। अगले वर्ष साम्यवादी पूर्वी जर्मनी ने पूँजीवादी व्यवस्था को अपनाया। साथ ही पूर्वी यूरोप के अनेक साम्यवादी देशों ने साम्यवादी व्यवस्था को छोड़ दिया। दिसम्बर, 1991 में सोवियत संघ की महाशक्ति का विघटन हो गया और ये देश (पन्द्रह गणराज्य) संयुक्त राष्ट्र के सदस्य बने और रूस को सोवियत संघ का उत्तराधिकारी मान लिया गया। रूस को सुरक्षा परिषद् की स्थायी सदस्यता भी मिल गयी। अब संसार में केवल एक महाशक्ति अमेरिका ही रह गयी। ऐसा लगा कि संसार एकध्रुवी हो गया था, परन्तु जर्मनी और जापान तेजी से आर्थिक शक्तियों के रूप में उभर रहे हैं और वे अमेरिका को चुनौती दे सकते हैं। विश्व बहुध्रुवीय व्यवस्था की तरफ अपना कदम बढ़ा रहा है। सतीश कुमार ने 1993 में लिखा था कि संयुक्त राज्य अमेरिका सबसे अधिक शक्तिशाली देश के रूप

में उभरा है। सैनिक और आर्थिक शक्ति के रूप उसका पहला स्थान है, यद्यपि जर्मनी और जापान उसकी आर्थिक सर्वोच्चता को चुनौती दे रहे हैं। उन्होंने यह भी कहा कि दक्षिण के देश विश्व राजनीति में शक्तिहीन हो गए हैं और अब संसार पूर्व-पश्चिम विभाजन के स्थान पर उत्तर-दक्षिण में बंट गया है। मुचकुंद दुबे ने इस बारे में लिखा कि, "यद्यपि संयुक्त राज्य अमेरिका सैनिक रूप से एक मात्र महाशक्ति है, पर जहाँ तक आर्थिक मामलों का सम्बन्ध है हम एक बहुध्रुवी संसार में रह रहे हैं।" परमाणु शक्ति सम्पन्न होने बाद भारत बहुध्रवीय विश्व का हिमायती हो गया।

शीतयुद्ध के कारण गुट-निरपेक्षता का जन्म हुआ था इसलिए अनेक लोगों का ऐसा विचार है कि शीतयुद्ध के समाप्त होने के बाद इसकी कोई उपयोगिता ही नहीं रह गयी है। ऐसा कहा जाता था कि गुट-निरपेक्षता दो शक्ति गुटों की विशेष परिस्थिति का विशेष उत्तर थी। जिस समय विश्व के अधिकांश देश गुट से सम्मिलित हो रहा था, भारत का यह साहस का कदम था कि वह तीसरा मार्ग चुनेगा। परन्तु जैसा कि नेहरू और भारत की विदेश नीति के अनेक समर्थकों ने बार-बार कहा, गुट-निरपेक्षता व्यवहार में, स्वतंत्र रूप से, विदेश सम्बन्धों के निर्णय करने की नीति थी। इससे साबित होता है भारत अपनी विदेश नीति स्वतंत्र रूप से खुद बनाता था। दूसरे, यह कि इस नीति ने कहीं से भी आर्थिक विकास के लिए सहायता लेने की सम्भावना खुली रखी थी। तीसरे, गुट-निरपेक्षता का उद्देश्य अन्तर्राष्ट्रीय शांति और विवादों का शांतिपूर्ण समाधान तलाश करना था। आज भी ये तीनों उद्देश्य पहले जैसे ही हैं इसलिए, गुट-निरपेक्षता की उपयोगिता एवं प्रासंगिक उद्देश्य पूर्व की भाँति ही विद्यमान है।

जून 1991 में भारत के प्रधानमंत्री पद पर आरूढ पी.वी. नरसिम्हा राव हुए। उस समय सोवियत संघ का विघटन नहीं हुआ था, पर शीतयुद्ध समाप्त हो चुका था। प्रधानमंत्री राव ने स्पष्ट कर दिया की भारत पूर्व की तरह ही गुट-निरपेक्षता की नीति का अनुसरण करता रहेगा। टोकियो में 1992 में नरसिम्हा राव ने एक भाषण में कहा कि, "गुट-निरपेक्षता की विदेश नीति पर चलना आज पहले से भी अधिक प्रासंगिक हो गया है। गुट-निरपेक्षता का मूल आधार राष्ट्रों की स्वतंत्रता और उनके विकास का अधिकार है। चाहे गुटों की स्थिति कुछ भी क्यों न हो, चाहे किसी समय एक गुट हो या अनेक, गुट-निरपेक्ष देशों की यह इच्छा है कि वे अपने स्वतंत्रता बनाए रखें और उसी के आधार पर किसी अन्य देश के साथ जुड़े बिना स्वयं अपने निर्णय कर सकें।"

प्रधानमंत्री राव ने कहा कि अब दुनिया में किसी की प्रभुता नहीं रहेगी। एम.एस. राजन का भी यह तर्क है कि चाहे संसार एकध्रुवीय, द्विध्रुवीय या बहुध्रुवीय, कैसा भी हो छोटे और कमजोर देशों की विदेश नीति के विकल्प के रूप में गुट-निरपेक्षता सदा ही वैध और प्रासंगिक रहेगी। राजन का यह भी कहना है कि गुट-निरपेक्ष आन्दोलन आज भी

उतना ही उपयोगी है जितना 1960 के दशक में था। ऐसा इसलिए है क्योंकि हम आज भी बड़ी शक्तियों के प्रभुत्व का शिकार हैं। इन्द्र कुमार गुजराल ने भी, विदेश मंत्री के रूप में, 1996 में गुट-निरपेक्षता की नीति में भारत के विश्वास को दोहराया। भविष्य में इसके भविष्य के बारे में किसी को आशंकित नहीं होना चाहिए।

हम कह सकते हैं कि राजनीतिक सिद्धांत में यह कम प्रासंगिक रह गया है क्योंकि प्रत्येक देश स्वतंत्र रूप से विदेश नीति का निर्धारण कर रहा है और शीतयुद्ध भी समाप्त हो चुका है। उदाहरण के लिए, 1996 में निरस्त्रीकरण सम्मेलन में जिस तरह भारत ने व्यापक परीक्षण निषेध संधि का विरोध करके निषेधाधिकार का प्रयोग किया और फिर महासभा में भी उसके विरुद्ध मतदान किया, उससे स्पष्ट है कि कोई गुट-निरपेक्ष देश चाहे तो किसी भी प्रश्न पर मजबूती से निर्णय लेकर कार्य कर सकता है। अनेक दबावों के बावजूद भारत ने व्यापक परीक्षण निषेध संधि पर हस्ताक्षर नहीं किए। परंतु आर्थिक विकास के क्षेत्र में और सामाजिक परिवर्तन के लिए गुट-निरपेक्षता की उपयोगिता आज भी वहीं है जो स्वतंत्रता के समय 1947 में थी।

वर्तमान में राष्ट्रीय सुरक्षा सलाहकार एवं पूर्व विदेश सचिव का मानना है कि गुट-निरपेक्ष होने का अर्थ है–"अपने हितों के अनुसार, जहाँ तक संभव हो, विदेशी प्रभाव के बिना, निर्णय करने की स्वतंत्रता।" इसमें विदेश और रक्षा नीतियों के संचालन की स्वतंत्रता भी निहित है। यद्यपि गुट-निरपेक्षता का महत्त्व कम हुआ है फिर भी भारत गुट-निरपेक्ष बना रहेगा। कुछ प्रश्न जिन्होंने गुट-निरपेक्ष देशों को एक आन्दोलन के मंच पर एकत्र किया था, वे थे–उपनिवेशवाद का उन्मूलन, साम्राज्यवाद का विरोध, जातिभेद के विरुद्ध संघर्ष और फ़िलीस्तीन का प्रश्न। पहले तीन मुद्दे अब महत्त्वहीन हो गए हैं और फ़िलीस्तीन की समस्या गुट-निरपेक्ष आदांलन के बाहर सुलझायी जा रही है। वास्तव में, शीतयुद्ध के दौरान भी इन प्रश्नों पर गुट-निरपेक्ष आन्दोलन की भूमिका बहुत सीमित थी, क्योंकि आन्दोलन के मंच पर तो संसार का ध्यान आकर्षित किया जाता था और सामान्य राजनीतिक एवं नैतिक समर्थन दिया जाता था, ताकि समस्याओं का निवारण हो सके। इस समस्या को स्वयं गुट निरपेक्ष आन्दोलन में नहीं सुलझाया गया था।

विश्व की सुरक्षा की आशंका शीत युद्ध के बाद उतनी गम्भीर नहीं रही, जितनी 1989 तक थी। इसलिए हमारा यह मत है कि गुट-निरपेक्ष आन्दोलन को चाहिए कि अब वह समकालीन, विषयों के समाधान पर जोर दे। आज की समस्याएँ हैं संसार में हिंसा और आतंकवाद, आर्थिक असमानताएं, मानव अधिकारों की समस्या और मानव-परिवेश। गुट-निरपेक्ष आन्दोलन के कई उद्देश्यों को आज क्षेत्रीय संगठनों ने अपना लिया है। तीसरी दुनिया के देशों में जो तकनीकी और आर्थिक परिवर्तन हुए हैं उनमें काफी विभिन्नता है। परिणामस्वरूप गुट-निरपेक्ष देशों में समृद्धि और जीवन के स्तर में असमानताएँ विद्यमान

जिसे दूर कर समानता लाना होगा। दीक्षित के अनुसार, यदि भविष्य में इस आन्दोलन की कोई भूमिका होनी है तो उसे बार-बार दोहराए गए घोषणा-पत्र जारी करने के स्थान पर नई चुनौतियों का समाना करना होगा। इनमें विकासशील देशों के लिए तकनीकी ज्ञान और पूँजी निवेश, समाज और शिक्षा सम्बन्धी प्रश्न, मानव अधिकार और विश्व के आर्थिक सम्बन्ध के बारे में नई व्यवस्था भी शामिल किया जा सकता है।

एम.के. रसगोत्रा (विदेश सचिव) का मत है कि आज भी संसार एकध्रुवीय व्यवस्था में नहीं है। अमेरिका तो सदा से ही एक विशाल शक्ति रहा है। यह सम्भावना भी मौजूद है कि रूस एक बार फिर बड़ी शक्ति बन सकता है, यदि वह अपनी आन्तरिक समस्याएँ सुलझा ले। जर्मनी और जापान नई आर्थिक महाशक्तियों के रूप में उभर रहे हैं। इसलिए गुट-निरपेक्षता आज भी प्रासंगिक हो सकती है। इनका कहना है कि जहाँ तक स्वतंत्र निर्णय करने का प्रश्न है, भारत गुट-निरपेक्षता की नीति पर चलता रहेगा। परन्तु गुट-निरपेक्ष आन्दोलन में परिवर्तन आवश्यक है। उसको अब नशीले पदार्थों की समस्या, महिलाओं का शोषण, निर्धनता, बीमारी तथा पर्यावरण के सम्बन्ध में विभिन्न समस्याओं का समाधान करना चाहिए।

गुट-निरपेक्ष राष्ट्रों के विदेश मंत्रियों का अप्रैल 1997 में दिल्ली में सम्मेलन हुआ। इसमें यह निर्णय किया गया कि आन्दोलन को पहले से अधिक रचनात्मक भूमिका निभानी चाहिए और विकासशील देशों के विचारों को प्रभावी बनाना चाहिए। गुट-निरपेक्ष आन्दोलन को भंग नहीं होने देना है, बल्कि इसे आज की सामाजिक और आर्थिक समस्याओं के समाधान तलाश करने चाहिए। कुछ लोगों का मानना है कि गुट-निरपेक्ष देशों के सम्मेलनों में केवल भाषण दिए जाते हैं। यदि इस आन्दोलन को उपयोगी बनाना है तो शीतयुद्ध के बाद के विश्व में इसको सामाजिक, आर्थिक परिवर्तन का एक साधन बनाना होगा जिससे विश्व हित में एक नवीन विश्व व्यवस्था स्थापित किया जा सके।

के. सुबह्मण्यम ने कहा कि भले यह माना जाता है कि गुट-निरपेक्षता का सिद्धांत अन्तर्राष्ट्रीय सम्बन्धों ने भारत की देन है, फिर भी वास्तविकता यह है कि यह नेहरू का आविष्कार नहीं था। नेहरू ने एक प्रकार से अमेरिका के प्रथम राष्ट्रपति जॉर्ज वाशिंगटन का अनुकरण किया था। वाशिंगटन ने अपने विदाई संदेश में अपने देशवासियों से कहा था कि वे यूरोप की राजनीति में न उलझें। उस समय यूरोप में ब्रिटेन और फ्रांस दो महाशक्तियाँ थीं। उनसे दूर रहना एक प्रकार से गुट-निरपेक्षता थी। इसे नेहरू ने बीसवीं शताब्दी के उत्तरार्द्ध की परिस्थिति के अनुसार लागू करने का कार्य किया।

सुब्रह्मण्यम का यह विचार निश्चय ही विवाद का विषय है। अठारहवीं शताब्दी की नीति की तुलना बीसवीं शताब्दी के मध्य की गुट-निरपेक्षता से करना सही नहीं है। जो भी हो गुट-निरपेक्षता बीसवीं शताब्दी के अन्त में, शीतयुद्ध के समाप्त होने के पश्चात् भी

अप्रासंगिक नहीं मानी जा सकती। एक स्वतंत्र नीति निर्धारित करने वाले सिद्धान्त के रूप में इसकी प्रासंगिकता बनी ही रहेगी। सितम्बर, 1997 में संयुक्त राष्ट्र महासभा में, गुट-निरपेक्षता की प्रासंगिकता पर बोलते हुए, प्रधानमंत्री इन्द्र कुमार गुजराल ने कहा था,—"गुट-निरपेक्षता शीतयुद्ध का परिणाम नहीं थी। उस समय, यह पूर्व-औपनिवेशिक एवं अशक्त राष्ट्रों की आवाज की अभिव्यक्ति थी; राजनीतिक और आर्थिक रूप से असमान विश्व का यथार्थ चित्रण एवं उसकी कार्य सूची थी। आज यह आने वाले समय के लिए विवेक की आवाज तथा सकारात्मक कार्ययोजना है, जिसकी यह माँग है कि सभी ओर से, प्रमुख विषयों पर, विश्वव्यापी समस्याओं पर, सांझा उद्देश्य और योगदान किया जाए।" यह गुजराल का व्यक्तिगत विचार था, इसका कारण था कि गुट-निरपेक्षता का उदय ही गुटों की राजनीति से अलग रहने के लिए हुआ था।

4

अन्तर्राष्ट्रीय संगठन

राष्ट्रमंडल

ब्रिटेन का आधिपत्य जिन राष्ट्रों के ऊपर था जो बाद में स्वाधीन हो गए उन्हीं स्वतंत्र राष्ट्रों के संगठन को राष्ट्रमंडल कहा गया। इसका मुख्यालय लंदन में है। इसके सदस्य देश निम्नवत् हैं—एंटीगुआ और बारबूडा, आस्ट्रेलिया, बहामास, बांग्लादेश, बेलिज, बोत्सवाना, ब्रूनेई, ब्रिटेन, कैमरून, कनाडा, साइप्रस, डोमिनिका, फिजी द्वीप समूह, गैम्बिया, घाना, ग्रेनेडा, गुयाना, भारत, जमैका, केन्या, किरिबाती, लेसोथो, मलेशिया, मालदीव, मॉरीशस, मोजाम्बिक, नामीबिया, नीरू, न्यूजीलैंड, नाइजीरिया, पाकिस्तान, पापुआ, न्यू गिनी, सेंट किट्स और नेबिस, सेंट लुसिआ, सेंट विंसेट और ग्रेनेडाइन्स, समोआ, सिशेल्स, सियरा लियोन, सिंगापुर, सोलोपन द्वीप समूह, दक्षिण अफ्रीका, श्रीलंका, स्वाजीलैंड, तंजानियाः टोंगा, त्रिनिदाद और टोबैगो, युगांडा, वानुआतु, जाम्बिया और जिम्बाब्वे। इसकी कार्यकारी भाषा अंग्रेजी है। राष्ट्रमंडल दिवस प्रत्येक वर्ष मार्च के दूसरे सोमवार को मनाया जाता है।

राष्ट्रमंडल का स्वरूप

बीसवी शताब्दी के प्रारंभ में ही राष्ट्रमंडल का गठन होना शुरू हो गया था। उसमें विशेषकर आस्ट्रेलिया, ब्रिटिश उत्तरी अमेरिका (कनाडा) तथा वह राष्ट्र जो बाद में दक्षिण अफ्रीका कहलाने लगा था। 1910 और 1920 के दशकों में ये उपनिवेश वैदेशिक मामले में भी स्वतंत्रता की ओर बढ़ने लगे। इन समुद्र पार समुदायों की बढ़ती परिपक्वता और

स्वतंत्रता प्रथम विश्व युद्ध के दौरान इनके आचरण एवं राष्ट्र संघ में इनकी निजी सदस्यता ने यूनाइटेड किंगडम की तुलना में इनके स्तर (status) और संबधों को पुनः पारिभाषित करना अनिवार्य कर दिया। एक साम्राज्यवादी सम्मेलन, जो 1926 में किया गया था, में वेलफार सूत्र को लागू किया गया जिससे स्वतंत्र उपनिवेशों जिसमें उस समय छह देश आस्ट्रेलिया, कनाडा, आयरे (आयरलैंड), न्यूफांउडलैंड, न्यूजीलैंड और दक्षिण अफ्रीका संघ सम्मिलित थे तथा ब्रिटेन के मध्य सम्बन्धों को, यद्यपि राजमुकुट (Crown) के प्रति सामूहिक निष्ठा से बँधे हुये थे लेकिन ब्रिटिश साम्राज्य के अंदर स्वायत्त, पद में समान तथा आंतरिक था। विदेशी मामलों में किसी भी रूप में एक-दूसरे के अधीनस्थ नहीं होने वाले तथा ब्रिटिश राष्ट्रमंडल के स्वतंत्र समुदायों के रूप में पारिभाषित किया। वेस्टमिन्सटर संविधि (1931) नामक एक कानून बनाकर ब्रिटिश राष्ट्रमंडल पर 1926 में एक घोषणा के द्वारा इसको संस्थापित किया गया।

राजनैतिक स्वतंत्रता के लिए द्वितीय विश्व युद्ध के बाद आन्दोलन फैला, जिसके फलस्वरूप अफ्रीका, एशिया और पश्चिमी गोलार्द्ध कई देश ब्रिटिश अधिकार क्षेत्र से बाहर हो गये। भारतीय उप-महाद्वीप के देश सबसे पूर्व स्वतंत्रता प्राप्त करने वाले और राष्ट्रमंडल में सम्मिलित होने वाले देशों में थे। भारत और पाकिस्तान 1947 में राष्ट्रमंडल के सदस्य बने, जबकि श्रीलंका (तत्कालीन सिलोन) 1948 में। एक महत्त्वपूर्ण कथ्य यह है कि राष्ट्रमंडल के मूल सदस्यों के विपरीत नये सदस्य देशों की जनसंख्या मुख्य रूप से यूरोपीय थी। कई नये सदस्यों ने गैर गणतंत्रीय संरचना अपनाने की भी इच्छा व्यक्त की तथा ब्रिटिश राजमुकुट के प्रति अपनी निष्ठा को समाप्त घोषित कर दिया। इस कारण नये ढंग से राष्ट्रमंडल की परिभाषा देनी पड़ी। 1949 में एक नई पद्धति की शुरुआत उस समय हुई जब भारत को गणतंत्र घोषित करने तथा साथ ही राष्ट्रमंडल का पूर्ण सदस्य बने रहने की अनुमति दी गई। राजा को स्वतंत्र सदस्य राष्ट्रों के स्वतंत्र संघ के प्रतीक के रूप में मान्यता प्रदान की गई। इस तरह से राजमुकुट की प्रतिष्ठा को अमान्य करार दिया गया।

राष्ट्रमंडल के सात मूल सदस्यों में न्यूफाउंडलैंड 1949 में कनाडा का एक प्रान्त बन गया, जबकि आयरलैंड और दक्षिण अफ्रीका समूह के दूसरे सदस्य असहमत होने के कारण राष्ट्रमंडल से पृथक् हो गये। दक्षिण अफ्रीका ने 1994 में पुनः इसकी सदस्यता ग्रहण की।

राष्ट्रमंडल में 1988 में 21 राजतंत्र तथा 33 गणतंत्र देश सम्मिलित थे। जिसमें 16 ब्रिटिश साम्राज्ञी के क्षेत्र (realms) में आते हैं अर्थात् इन्होंने ब्रिटिश साम्राज्ञी को अपने देश का नाममात्र का प्रधान (titular head of state) घोषित किया है। पाँच सदस्य राजतंत्रात्मक शासन व्यवस्था वाले हैं। इसके अतिरिक्त राष्ट्रमंडल में यूनाइटेड किंगडम

के 13 समुद्र पार क्षेत्र, छह आस्ट्रेलियाई बाह्य क्षेत्र, दो न्यूजीलैंड आश्रित क्षेत्र तथा दो न्यूजीलैंड-संबद्ध क्षेत्र शामिल हैं। राष्ट्रमंडल की सदस्य साम्राज्ञी को इन देशों ने सांकेतिक प्रधान बनाया है। एक राष्ट्रमंडल देश का दूसरे राष्ट्रमंडल देश में प्रतिनिधित्व उच्चायुक्त के द्वारा होता है, जबकि राष्ट्रमंडल देशों के अतिरिक्त राष्ट्रों में राजदूत प्रतिनिधित्व करता है।

पूर्व में ब्रिटिश साम्राज्य के अधीन रहने वाले बहुत से देश राष्ट्रमंडल में सम्मिलित नहीं हुए। मिस्र, इराक, म्यांमार, फिलीस्तीन, जॉर्डन, सूडान, ब्रिटिश सोमालीलैंड, दक्षिणी कैमरून तथा अदन (अब यमन का हिस्सा) प्रमुख है। मोजाम्बिक 1995 में राष्ट्रमंडल का सदस्य बना। यह राष्ट्रमंडल का प्रथम ऐसा सदस्य बना, जो कभी भी ब्रिटिश साम्राज्य का हिस्सा नहीं रहा था। यह पूर्व में पुर्तगाल का उपनिवेश रहा था। इसे रंगभेद के खिलाफ लड़ाई में सीमांत राज्यों को मदद देने की राष्ट्रमंडल की रणनीति के अन्तर्गत मौद्रिक सहायता प्रदान की जा रही थी। तुवालू एक विशिष्ट सदस्य है। इसे सभी गतिविधियों और कार्यात्मक बैठकों में हिस्सा लेने का अधिकार प्राप्त है, परन्तु इनको राष्ट्रमंडल शासकों के सम्मेलन में बैठने का अधिकार प्राप्त नहीं है।

उद्देश्य

राष्ट्रमंडल के उद्देश्यों के लिए किसी तरह का घोषणापत्र या संधिपत्र नहीं बनाया गया है। इनकी अभिव्यक्ति परामर्श, सहयोग और पारस्परिक सहायता के द्वारा होती है। राष्ट्रमडंल के आदर्शों और सिद्धांतों का निर्धारण सदस्य देशों के शिखर सम्मेलन में होता है।

घनिष्ठता की भावना को बढ़ाना और पूर्व में अथवा वर्तमान में ब्रिटिश राजमुकुट के प्रति निष्ठा प्रदर्शित करने वाले सदस्यों के बीच सहयोग को प्रोत्साहित करना संगठन के प्रमुख उद्देश्य हैं।

आंतरिक संगठन

राष्ट्रमंडल का स्वरूप संस्थागत है। राष्ट्रमंडल शासनाध्यक्षों की बैठक एवं सचिवालय राष्ट्रमंडल के मुख्य अंग हैं। शासनाध्यक्षों की द्वि-वार्षिक बैठकें आयोजित की जाती हैं, जिनमें सामूहिक हित के विषयों पर चर्चाएँ होती हैं तथा संगठन की गतिविधियों के मौलिक दिशा-निर्देशों का निर्धारण होता है। चोगम का संचालन आम सहमति के आधार पर होता है न कि मत के आधार पर। चोगम, संयुक्त राष्ट्र संघ के बाद एक सबसे बड़ा सरकारी सम्मेलन है।

इसके अतिरिक्त वैदेशिक मामलों, रक्षा, वित्त, शिक्षा, कानून, कृषि, विज्ञान एवं प्रौद्योगिकी आदि विषयों पर सदस्य राष्ट्रों के वरिष्ठ मंत्रियों के मध्य विशेष परामर्श होते

हैं। विशिष्ट मुद्दों पर समन्वय सुनिश्चित करने के लिए कई तदर्थ आधार पर बैठक होती है।

राष्ट्रमंडल सचिवालय के रूप में एक स्थाई मशीनरी का गठन 1965 में चोगम के रूप में किया गया। सचिवालय संयुक्त परामर्श और सहयोग हेतु एक केंद्रीय संगठन का कार्य करता है। यह बैठकें और सम्मेलन आयोजित करता है, सामूहिक निर्णयों का क्रियान्वयन करता है, विशिष्ट तकनीकी मदद प्रदान करता है तथा सामूहिक हित के विषयों से संबंधित सूचनाएँ प्रसारित करता है। लंदन स्थित सचिवालय निम्न कार्यों के आधार पर अनेक मंडलों में संघटित है—अन्तर्राष्ट्रीय सम्बन्ध, आर्थिक मामले, खाद्य उत्पादन और ग्रामीण विकास, युवा मामले, शिक्षा, सूचना, विज्ञान एवं प्रौद्योगिकी, कानून, स्वास्थ्य और प्रयुक्त अध्ययन। राष्ट्रमंडल तकनीकी सहयोग कोष का गठन सचिवालय के अंदर किया गया है जो आर्थिक और सामाजिक विकास हेतु विशेषकर कम विकसित देशों को, बहुपक्षीय तकनीकी मदद करता है। इस कोष का वित्तीय पोषण सभी राष्ट्रमंडल देशों के द्वारा स्वैच्छिक आधार पर होता है। सचिवालय औद्योगिक विकास इकाई, महिला और विकास सलाहकार तथा राष्ट्रमंडल सहभागिता कोष का भी प्रबंधन करता है। सचिवालय का प्रमुख अधिकारी महासचिव होता है।

राष्ट्रमंडल ससंदीय सभा को 1911 में स्थापित किया गया था जो संसदीय प्रजातंत्र के संवैधानिक, विधायी, आर्थिक, सामाजिक और सांस्कृतिक पहलुओं से संबंधित ज्ञान को विकसित करने हेतु कार्यक्रमों का आयोजन करता है। यह संघ महासभा के द्वारा शासित होता है। राष्ट्रमंडल संसदीय सभा के वार्षिक सम्मेलन के दौरान महासभा की भी बैठक होती है। सम्मेलन में हिस्सा ले रहे शिष्टमंडल के सदस्य महासभा के सदस्य होते हैं।

गतिविधियाँ

राष्ट्रमंडल एक ऐसा अंतर्राष्टीय संगठन है जो संयुक्त राष्ट्र के बाद विकसित और विकासशील देशों को एकजुट करता है। इसके सदस्य राष्ट्रों में विश्व की एक-चौथाई आबादी निवास करती है। ये सदस्य अन्य अन्तर्राष्ट्रीय क्षेत्रीय, राजनीतिक और आर्थिक समूहों के भी सदस्य हैं। अतएव राष्ट्रमंडल स्वयं में एक छोटी दुनिया का प्रतिनिधित्व करता है।

एक महत्त्वपूर्ण लक्षण आर्थिक सहयोग का है। सदस्य राष्ट्रों के विदेश मंत्री अन्तर्राष्ट्रीय मौद्रिक एवं आर्थिक विषयों पर चर्चा करने के उद्देश्य से सामान्यतया अन्तर्राष्ट्रीय मुद्रा कोष और विश्व बैंक की वार्षिक बैठकों के अवसर पर एक-दूसरे से मिलते हैं। ये बैठक उत्तर-दक्षिण आर्थिक विषमता, संरक्षणवाद, ब्रेटन वुड्स संस्थाओं में सुधार, गरीब-देशों की ऋण समस्या, भूमंडलीकरण के प्रभाव आदि मुद्दों पर अन्तर्राष्ट्रीय

राय पैदा करने में महत्त्वपूर्ण भूमिका अदा करती है। 1983 में अन्तर्राष्ट्रीय आर्थिक विषयों पर एक परामर्श समूह स्थापित किया गया।

राष्ट्रमंडल ने सी.एफ.टी.सी. की स्थापना इसलिए की है जिससे पिछड़े राष्ट्रों की तकनीकी सहयोग प्रदान किया जा सके। 1990 में विकासशील राष्ट्रों के पूँजी बाजार में निजी निवेश को प्रोत्साहित करने के उद्देश्य से राष्ट्रमंडल सहभागिता कोष की स्थापना की गई। एडिनबर्ग राष्ट्रमंडल आर्थिक घोषणा, 1997 ने छोटे और कम विकसित देशों पर ज्यादा ध्यान देते हुये सतत विश्व आर्थिक एकीकरण की माँग की। साथ ही, अन्तर्राष्ट्रीय राष्ट्रमंडल व्यापार में तेजी लाने के लिए राष्ट्रमंडल व्यापार परिषद गठित करने पर सहमति बनी। एडिनबर्ग शिखर सम्मेलन पहला राष्ट्रमंडल शिखर सम्मेलन था, जिसने एक आर्थिक घोषणा को अपनाया।

राष्ट्रमंडल राजनीति में स्वच्छ प्रशासन एवं मानवाधिकारों की सुरक्षा के लिए प्रतिबद्ध है। दक्षिणी अफ्रीकी राष्ट्रों में बहुमत के शासन की स्थापना में मदद देना राष्ट्रमंडल की सबसे प्रमुख उपलब्धियों में से एक है। जिम्बाब्वे में बहुमत का शासन स्थापित करने में प्रमुख भूमिका निभाई तथा नामीबिया को तकनीकी और मानवीय सहायता प्रदान की। दक्षिण अफ्रीका में रगंभेद खत्म करने तथा प्रजातंत्र की स्थापना हेतु 1985 में राष्ट्रमंडल प्रतिष्ठित व्यक्ति समूह का गठन किया। ब्रिटेन की गैर-रगभेद नीति अपनाने की अनिच्छा के खिलाफ में कई सदस्य देशों ने ब्रिटेन को कमजोर करने के लिए 1986 के राष्ट्रमंडल खेल में भाग नहीं लिया था। दक्षिण अफ्रीका पर तब तक राष्ट्रमंडल का दबाव बना रहा, जब तक वहाँ गैर-रंगभेदी सरकार की स्थापना नहीं हुई। दक्षिण अफ्रीका 1961 ई. में राष्ट्रमंडल से बाहर हो गया, परन्तु वह बहुमत का शासन स्थापित होने पर फिर वह राष्ट्रमंडल में सम्गिलित हो गया।

हरारे शिखर सम्मेलन में एक घोषणापत्र जारी किया गया जिसमें राष्ट्रमंडल की कार्यसूची की व्याख्या की गयी थी। इस घोषणा में सदस्यों ने सिंगापुर घोषणा, 1971 के प्रति समर्पण की अभिपुष्टि की और वे विश्व शांति और संयुक्त राष्ट्र संघ के समर्थन को आगे बढ़ाने हेतु सहमत हुए। 1991 की घोषणा के तहत सभी सदस्य, अपनी राजनीतिक और आर्थिक परिस्थितियों को नजरअंदाज करते हुए, प्रजातंत्र मानवाधिकार, स्वच्छ शासन, न्यायिक स्वतंत्रता, महिला समानता, अवसर, ठोस, आर्थिक प्रबंधन के सिद्धांत तथा सतत विकास के द्वारा पर्यावरण की सुरक्षा को प्रोत्साहित करने के लिये भी प्रतिबद्ध हुये। राष्ट्रमंडल की सदस्यता के लिए उन सिद्धांतों के प्रति प्रतिवाद होना जरूरी था।

मिलवुक कार्ययोजना 1995 के मुख्य लक्ष्यों को इस प्रकार घोषित किया गया। चुनाव आयोजित करने, संवैधानिक और विधिक मामलों में परामर्श देने आदि विषयों के सम्बन्ध

में हरारे घोषणा के अनुरूप सदस्य राष्ट्रों को सहायता देना। इस कार्य योजना में यह निर्णय लिया गया कि किसी पथभ्रष्ट (errant) सदस्य द्वारा हरारे घोषणा के उल्लंघन की स्थिति में राष्ट्रमंडल सचिवालय कई अनुशासनात्मक कार्यवाहियाँ करने के लिये अधिकृत होगा। इन कार्यवाहियों में अस्वीकृति की अभिव्ययक्ति, तथ्य निर्धारकों तथा मध्यस्थों की नियुक्ति, एक निश्चित अवधि के अंदर प्रजातंत्र की बहाली की शर्त, मंत्रिमंडलीय बैठकों से बहिष्कार, सभी प्रकार की हिस्सेदारी तथा सहायता से निलंबन तथा व्यापार प्रतिबंध सहित आर्थिक जुर्माना शामिल किया गया है।

हरारे सिद्धान्तों के उल्लंघन के आरोपों की जाँच करने के उद्देश्य से वर्ष 1995 में एक आठ सदस्यीय राष्ट्रमडंल कार्य दल (सीएमएजी) की स्थापना की गई। उल्लंघनों से निबटने हेतु महासचिव उचित समय पर सीएमएजी की बैठक बुला सकता है।

अवाचा सरकार ने जब नाइजीरिया में मानवाधिकार एवं प्रजातंत्र को खत्म किया गया तो 1995 में नाइजीरिया को राष्ट्रमंडल से निलंबित कर दिया गया, लेकिन प्रजातंत्र की स्थापना की दिशा में कदम उठाने के कारण उसे पुनः मई, 1999 में राष्ट्रमंडल में शामिल कर लिया गया।

1999 में पाकिस्तान के सैन्य तख्ता पलट के कारण उसको सभी परिषदों से हटा दिया गया। (पाकिस्तान 1972 में राष्ट्रमंडल से अलग हो गया था, लेकिन उसने 1989 में पुनः राष्ट्रमंडल की सदस्यता ग्रहण की थी)। फिजी में सैन्य विद्रोह के कारण उसे जून, 2000 में राष्ट्रमंडल से निलंबित कर दिया गया (फिजी भी 1987 में राष्ट्रमंडल से पृथक् हो गया था, लेकिन 1997 में संगठन में पुनः वापस आ गया)।

डरबन (दक्षिण अफ्रीका) में 1999 में आयोजित चोगम ने राष्ट्रमंडल की भूमिका की समीक्षा करने और नई सदी की चुनौतियों का सर्वोत्तम तरीके से सामना करने के लिये उसे सलाह देने के उद्देश्य से एक राष्ट्रमंडल उच्चस्तरीय समूह (सीएचएलजी) का गठन किया।

यह राष्ट्रमंडल सम्बन्धों को बढ़ाती है तथा राष्ट्रमंडल के नागरिकों की क्षमता के विकास के प्रति समर्पित कई राष्ट्रमंडल संस्थाएँ और एजेंसियाँ कार्यरत हैं। ये संस्थाएँ कृषि और वानिकी, स्वास्थ्य, शिक्षा और संस्कृति, संचार, सूचना और मीडिया, कानूनी व्यवसाय, संसदीय कार्य, विज्ञान एवं प्रौद्योगिकी, खेल तथा राष्ट्रमंडल अध्ययन जैसे विविध क्षेत्रों में सक्रिय हैं।

यह संगठन संयुक्त राष्ट्र संघ में पर्यवेक्षक के रूप में कार्य करता है।

राष्ट्रमण्डल की विशेषता—एक लम्बे दौर से गुजरने के उपरान्त राष्ट्रमण्डल का जो स्वरूप आज हमारे समक्ष है उसे देखते हुए इसकी प्रमुख विशेषताओं को निम्नांकित बिन्दुओं में स्पष्ट किया गया है।

1. राष्ट्रमण्डल राष्ट्रों के राजदूत एक दूसरे के देश में उच्चायुक्त कहे जाते हैं। इसके अतिरिक्त राष्ट्रमण्डल के सदस्य एक दूसरे देश के नागरिकों को अपने यहाँ विशिष्ट सुविधाएँ देते हैं। यह इसकी मुख्य विशेषता है।

2. राष्ट्रमंडल में विभिन्न प्रजाति, धर्म, क्षेत्र, भाषा तथा संस्कृति के देश शामिल हैं। इसके सदस्य राज्य राजनीतिक एकता के सूत्र में बँधे हुए नहीं हैं। इसके प्रत्येक राष्ट्र स्वतन्त्र तथा समान हैं। ब्रिटेन के सम्राट अथवा साम्राज्ञी राष्ट्रमण्डल का अध्यक्ष होते हैं और इसके सम्मेलन प्रायः ब्रिटेन में ही होते हैं। लेकिन राष्ट्रमण्डलीय देश अपनी आन्तरिक अथवा बाह्य नीतियों का निर्धारण स्वयं करते हैं। इस मामले में वे पूर्ण तौर पर स्वतन्त्र होते हैं। इसके सदस्य राष्ट्र एक दूसरे के साथ अपने पारस्परिक सम्बन्धों में पूर्णतया स्वतन्त्र तथा सार्वभौम हैं। परन्तु उनसे यह उम्मीद की जाती है कि वे मित्रवत् रहेंगे।

राष्ट्रमण्डल के प्रमख उद्देश्य—राष्ट्रमण्डल उन बिखरी हुई सरकारों का एक ऐसा समूह है जो ब्रिटिश मुकुट को स्वेच्छापूर्ण सहयोग के प्रतीक के तौर पर राष्ट्रमण्डल का प्रधान अथवा अध्यक्ष मानते हैं, कुछ समान आदर्शों में विश्वास करते हैं तथा इन आदर्शों को पाने हेतु एवं पारस्परिक सहयोग को बढ़ाने हेतु हमेशा तैयार रहते हैं। राष्ट्रमण्डल के सदस्य देशों के मध्य परस्पर कोई एकता नहीं है और न अन्तर्राष्ट्रीय क्षेत्र में कार्य करने हेतु इसके कोई अनिश्चित लक्ष्य या ध्येय हैं। तब भी सामान्य रूप से यह माना जाता है कि कुछ विषयों पर इसके सदस्य देश एकमत हो जाते हैं।

राष्ट्रमंडल के 1944 से लेकर वर्तमान समय तक जितने सम्मेलन हुए हैं उनमें अन्तर्राष्ट्रीय राजनीतिक और आर्थिक मामले ही चर्चा में रहे हैं। वैसे सदस्य राष्ट्रों के मध्य सहयोग पर भी विचार-विमर्श होता रहा है।

आर्थिक, राजनीतिक, सामाजिक, शैक्षिक, वैज्ञानिक और स्वास्थ्य आदि राष्ट्रमंडल के प्रमुख कार्यक्षेत्र हैं। राष्ट्रमण्डल में विकसित तथा विकासशील दोनों ही तरह के देश हैं। शिक्षा, स्वास्थ्य तथा विज्ञान की विकास के लिए राष्ट्रमंडल की अपनी योजना है। लेकिन इन सबके उपरान्त राष्ट्रमण्डल का राजनीतिक पक्ष ही अधिक उजागर हुआ है। दक्षिण अफ्रीका तथा दूसरे अफ्रीकी देशों की प्रजातीय असहिष्णुता एवं रोडेशिया की समस्या का राजनीतिक रूप इस पर हावी रहा है। राष्ट्रमण्डल सदस्य देशों के आपसी झगड़ों में सम्बन्धित देशों को सहमति के बगैर हस्तक्षेप नहीं करता परन्तु कभी-कभी इस संगठन को भी बीच में पड़ना पड़ता है। यथा- कश्मीर की समस्या, नाइजीरिया का गृहयुद्ध आदि।

राष्ट्रमंडल अपने लक्ष्य को पूरी तरह नहीं पा सका है लेकिन सयुंक्त राष्ट्र संघ के उपरान्त यह ऐसा सबसे बड़ा मंच है जिस पर उसके सदस्य राष्ट्रों को आपसी मतभेद के बावजूद इकट्ठा बैठने और अन्तर्राष्ट्रीय समस्याओं पर विचार-विमर्श करने का मौका मिलता

है। वस्तुतः राष्ट्रमण्डलीय सम्मेलनों का उद्देश्य कोई एक सामान्य नीति तैयार करना या संयुक्त कारवाई की योजना बनाना नहीं है, अपितु इस बात की अभिव्यक्ति करना है कि सभी राष्ट्रमण्डलीय सरकारें किसी एक सवाल विशेष पर समान दृष्टि से सोचते हैं और वे प्रत्येक सदस्य राष्ट्र की नीतियों में निहित सिद्धान्तों एवं उद्देश्यों का सम्मान करती हैं। संक्षेप में राष्ट्रमण्डल की बैठकों का उद्देश्य आपस में सहमति के पैमाने का निर्धारण करना है, न कि समझौते करना।

राष्ट्रमंडल के सदस्यों का एक आदर्श यह भी है कि वे सभी प्रकार के कल्याण कार्य और सामान्य हित की रक्षा हेतु अग्रसर होंगे। इस उद्देश्य की पूर्ति हेतु राष्ट्रमण्डल के राज्य समय-समय पर विभिन्न तरह के सम्मेलन करते रहते हैं और समान्य हितों की नीतियों का निर्धारण करने का प्रयास करते हैं। इसी उद्देश्य की पूर्ति की भावना से प्रेरित होकर सदस्य देशों के प्रधान मंत्री, वित्त मंत्री, व्यापार मंत्री, शिक्षा मंत्री आदि समय-समय पर सम्मेलनों में मिलते रहते हैं। ब्रिटेन द्वारा यूरोपीय साझा बाजार में सम्मिलित होने की सम्भावना पर सभी राष्ट्रमण्डलीय देशों से परामर्श किया गया, ताकि उनके सामान्य हितों की रक्षा हो सके। राष्ट्रमंडल के राष्ट्रों के लिए की लम्बी योजना एक कल्याण योजना रही है।

समूह-15 (जी-15)

सन् 1989 ई. में जी-15 की स्थापना की गई। शिखर सम्मेलन स्तर का यह समूह उत्तर-दक्षिण सहयोग तथा उत्तर-दक्षिण संवाद विकसित करने हेतु विश्व के अनेक विकासशील देशों को एक मंच पर लाता है। इसके सदस्य देश हैं—अल्जीरिया, अर्जेंटीना, ब्राजील, चिली, कोलम्बिया, मिस्र, भारत, इण्डोनेशिया, ईरान, जमैका, केन्या, मलेशिया, मैक्सिको, नाइजीरिया, पेरू, सेनेगल, श्रीलंका, वेनेजुएला और जिम्बाब्वे।

उद्भव एवं विकास

जी-15, पन्द्रह राष्ट्रों का एक समूह है जिसकी स्थापना सन् 1989 ई. बेलग्रेड में हुई। गुटनिरपेक्ष शिखर सम्मेलन के दौरान तृतीय विश्व के लिये एक उत्प्रेरक की भूमिका निभाने के लिये एक कार्यशील समूह के रूप में इसका गठन हुआ। इस समूह की स्थापना विकासशील देशों के बीच सहयोग की भावना को मजबूत करना और तत्कालीन जी-7 औद्योगिक देशों के लिये एक सेतु का काम करने के उद्देश्य से किया गया था। इस संगठन के प्रमुख संस्थापक देश थे—अर्जेंटीना, चिली, पेरू, मैक्सिको, जमैका एवं वेनेजुएला (अमेरिका महाद्वीप से), मिस्र, अल्जीरिया, सेनेगल, नाइजीरिया और जिम्बाब्वे अफ्रीका महाद्वीप से और भारत, मलेशिया और इण्डोनेशिया एशिया महाद्वीप से।

सन् 1990 में जी-15 का प्रथम शिखर सम्मेलन मलेशिया में आयोजित किया गया।

1996 में समूह के 11 सदस्य विश्व के 50 शीर्ष आयातक और निर्यातक देशों में थे। सामूहिक रूप से थे देश विश्व के 10% मालों के निर्यात और 10% आयात के लिये उत्तरदायी थे। इन राष्ट्रों की कुल जनसंख्या 1.8 बिलियन है और यह विश्व की 30% जनसंख्या का प्रतिनिधित्व करता है।

1997 में जी-15 का शिखर सम्मेलन क्वालाम्पुर में संपन्न हुआ। यहीं पर सोलहवें सदस्य के रूप में केन्या सम्मिलित हुआ। लेकिन इस समूह का नाम, जी-15 नहीं बदला गया।

उद्देश्य

जी-15 के प्रमुख उद्देश्य निम्नलिखित हैं—विकासशील देशों के बीच अधिक और पारस्परिक लाभकारी सहयोग स्थापित करने के लिये व्यापक क्षमताओं का उपयोग करना, विकासशील देशों पर विश्व आर्थिक स्थिति और अन्तर्राष्ट्रीय सम्बन्धों के प्रभाव की समीक्षा करना, नीतियाँ तथा कार्यवाहियों में समन्वय स्थापित करने के लिये विकासशील देशों के मध्य नियमित परामर्श हेतु एक मंच का कार्य करना, दक्षिण-दक्षिण सहयोग के लिये ठोस योजनाओं की पहचान करना एवं उन्हें क्रियान्वित करना और उन योजनाओं के लिये व्यापक समर्थन जुटाना, ज्यादा सकारात्मक और लाभकारी उत्तर-दक्षिण संवाद को आगे बढ़ाना तथा सहयोगात्मक सकारात्मक और परस्पर समर्थनकारी तरीके से समस्याओं के निदान के लिये मार्ग ढूँढ़ना।

संगठन

जी-15 के राष्ट्रीय शिखर सम्मेलन की अध्यक्षता मेजबान देश द्वारा की जाती है। वार्षिक शिखर सम्मेलन की तैयारी करने एवं समूह के कार्यों में समन्वय स्थापित करने हेतु सदस्य देशों के विदेश मंत्रियों की हर वर्ष साधरणतया दो बैठकें होती हैं। राष्ट्राध्यक्षों/शासनाध्यक्षों के निजी प्रतिनिधि जी-15 के पुनश्चर्या कार्यों के लिये उत्तरदायी होते हैं। इन प्रतिनिधियों की हर सप्ताह कम से कम चार बैठकें होती हैं तथा इनका मार्ग-निर्देशन एक त्रिगुट के द्वारा होता है, जिसमें समूह के वर्तमान, भूतपूर्व और भावी अध्यक्ष सम्मिलित होते हैं। आवश्यकता पड़ने पर जी-15 देशों के व्यापार और आर्थिक मंत्रियों की बैठक होती है। आवश्यकता के अनुसार अन्य मंत्रियों की बैठक भी होती है।

एक तकनीकी सहयोग टी.एस. एफ. को जी-15 की सहायता के लिए बनाया गया है जो जेनेवा में अवस्थित है। टीएसएफ वर्तमान अध्यक्ष के दिशा-निर्देशन में काम करता है तथा समूह की गतिविधियों को व्यापक एवं तकनीकी सचिवालय सहायता देने तथा उसके उद्देश्यों को प्रोत्साहित करने के लिये उत्तरदायी होता है।

जी-15 की गतिविधियों में निजी क्षेत्र की सहभागिता को प्रोत्साहित किया जाता है, निजी और सार्वजनिक क्षेत्रों तथा व्यापार समुदायों और सदस्य राष्ट्रों के मध्य पारस्परिक सम्बन्धों को मजबूत बनाने के लिए जी-15 ने एक व्यापार निवेश मंच बीआईएफ तथा निवेश, व्यापार और तकनीकी समिति सीआईटीटी का गठन किया गया है।

क्रिया-कलाप

एक समान आर्थिक व्यवस्था को अपनाने के लिए जी-15 प्रयत्न करता रहता है तथा उत्तर और दक्षिण के मध्य बढ़ रही विषमताओं को समाप्त करना इसका एक प्रमुख लक्ष्य है। अनेक अन्तर्राष्ट्रीय मंचों पर जी-15 ने विकसित देशों से अपील की है कि वे अपनी वृहद् आर्थिक नीतियों को अपनाते समय विकासशील देशों की जरूरतों और हितों के प्रति संवदेनशील रहें। सदस्य राष्ट्रों ने प्रमुख अन्तर्राष्ट्रीय वित्तीय एवं व्यापार संस्थाओं में सुधार की माँग की है, ताकि कम विकसित देश इन संस्थाओं का अधिकतम लाभ उठा सकें और विश्व की आर्थिक व्यवस्था में इन देशों का समन्वय हो सके। जहाँ तक दक्षिण-दक्षिण सहयोग का सवाल है, सदस्यों ने व्यापार, परिवहन, सूचना एवं तकनीक आदान-प्रदान तकनीकी सुविज्ञता, मौलिक आर्थिक क्षेत्र विकास आदि क्षेत्रों में एक-दूसरे पर निर्भरता बढ़ाने की दिशा में अनेक कदम उठाये हैं जिससे उत्तर पर उनकी निर्भरता कम हो। गरीबी और जी-15 का एक दूसरा प्रमुख कार्यक्षेत्र बेरोजगारी से लड़ना है।

विभिन्न प्रकार की तकनीकी तथा आर्थिक सहयोग योजनाओं की जी-15 ने शुरू किया है। प्रत्येक परियोजना का समन्वय और वित्तीय पोषण प्रवर्तक (initiating) सदस्य के द्वारा होता है। ये परियोजनाएँ पर्यावरण, तकनीकी शिक्षा, व्यापार एवं निवेश के क्षेत्रों से जुड़ी हैं। जी-15 परियोजनाओं में समस्त विकासशील देश को ले सकते हैं। प्रत्येक परियोजना को राष्ट्रीय केंद्रीय बिन्दु संजाल से सहयोग प्रदान की जाती है तथा टीएसएफ उसका विश्लेषण करता है।

क्षेत्र से बाहर की व्यापार व्यवस्थाओं का विकास करना भी इसका काम है। जी-15 के आंतरिक सहयोग को बढ़ाने के लिए वर्ष 1995 में सीआईटी का गठन किया गया। इसके प्रमुख कार्य हैं—जी-15 में वस्तुओं और सेवाओं की आन्तरिक आपूर्ति हेतु प्रतियोगी स्रोतों की पहचान से जुड़े पक्षों की जाँच करना, व्यक्तिगत तथा शीर्ष चैम्बर स्तर पर उद्यमशीलता का सृजन करना, जी-15 के आन्तरिक व्यापार के विस्तार से जुड़ी समस्याओं और अवरोधों की पहचान करना तथा उसके समाधान के लिये नीति-प्रस्ताव की माँग करना, सलाहकारी परिषद् के द्वारा व्यापार और निवेश के प्रवाह में सकारात्मक बढ़ोत्तरी संभव हो सके, व्यापार के उदारीकरण के लिये अनुशंसा करना तथा इनका अन्य कार्य विश्लेषणात्मक तथा तकनीकी सहयोग देना है।

सन् 2001 में जी-15 का शिखर सम्मेलन जकार्ता में आयोजित किया गया जिसमें ज्ञान-आधारित समाज के आगमन के परिप्रेक्ष्य में विकास हेतु सूचना प्रौद्योगिकी की भूमिका को मान्यता देते हुए एक घोषणा पत्र जारी किया गया। इस घोषणा-पत्र में उन बाधाओं को खत्म करने की प्रतिबद्धता व्यक्त की गयी, जो विकासशील देशों के लोगों के सूचना तक अपनी पहुंच बनाने में समस्या पैदा करते हैं।

दक्षिण-पूर्व एशियाई राष्ट्र संघ (एशियान)

यह दक्षिण-पूर्व एशियाई राष्ट्रों द्वारा गठित एक क्षेत्रीय अन्तर्सरकारी संगठन है, जिसका गठन दक्षिण-पूर्व एशिया में आर्थिक विकास तीव्र करने, सामाजिक और सांस्कृतिक विकास सुनिश्चित करने तथा शांति और सुरक्षा को प्रोत्साहन देने के उद्देश्य से किया गया है। इसका मुख्यालय जकार्ता (इण्डोनेशिया) में है। इसके सदस्य देश हैं—ब्रूनेई, कम्बोडिया, लाओस, मलेशिया, म्यांमार, फिलीपीन्स, सिंगापुर, थाईलैण्ड और वियतनाम। इसके सहयोगी देश हैं—ऑस्ट्रेलिया, कनाडा, चीन, यूरोपीय संघ, भारत, जापान, कोरिया गणतंत्र, न्यूजीलैंड, रूस और संयुक्त राज्य अमेरिका। इसका कामकाज अंग्रेजी भाषा में किया जाता है।

एशियान का उदय

इण्डोनेशिया, मलेशिया, फिलीपीन्स, सिंगापुर और थाईलैण्ड ने 1967 ई. में बैंकाक (थाइलैंड) घोषणा पत्र पर हस्तक्षर करके एशियान को स्थापित किया। एशियान की स्थापना का मुख्य उद्देश्य इन क्षेत्रों में सहयोग को बढ़ावा देना था। इसने दक्षिण-पूर्व एशियाई संघ एएएसए का स्थान ले लिया, जिसकी स्थापना 1961 में फिलीपीन्स, थाईलैण्ड और मलय महासंघ अब मलेशिया ने आर्थिक राजनीतिक विषयों से निपटने हेतु की थी। ब्रुनेई, वियतनाम, लाओस, म्यांमार तथा कम्बोडिया ने क्रमशः 1984, 1995, 1997, 1997 और 1999 में एशियान के सदस्य बने।

उद्देश्य

एशियान के प्रमुख उद्देश्य निम्नांकित रूप में दिये गये हैं—सदस्य राष्ट्रों द्वारा कृषि और उद्योग के अधिक उपयोग, व्यापार में विस्तार, अन्तर्राष्ट्रीय वस्तु व्यापार की समस्याओं के अध्ययन सहित, परिवहन और संचार सुविधाओं में सुधार तथा लोगों के जीवन स्तर में बढ़ोत्तरी लाने के लिये अधिक प्रभावशाली मदद प्रदान करना, एशियान क्षेत्र में आर्थिक बढ़ोत्तरी, सामाजिक प्रगति और सांस्कृतिक विकास की गति को त्वरित करना तथा आर्थिक, सामाजिक, सांस्कृतिक, तकनीकी, वैज्ञानिक एवं प्रशासनिक क्षेत्रों से जुड़े सामूहिक हित के विषयों में सक्रिय सहयोग और पारस्परिक मदद को प्रोत्साहन देना।

संगठन

इस संगठन की संरचना में कुछ महत्त्वपूर्ण तथ्य हैं जिसमें पाँच प्रमुख घटक निम्नांकित बिन्दुओं में दिये गये हैं। एशियान मंत्रिस्तरीय बैठक एएमएम 2. एशियान आर्थिक बैठक एईएम, 3. शासन प्रमुखों की बैठक : 4. सचिवालय 5. एशियान स्थायी समिति।

तीन वर्षों के अंतर पर होने वाला एशियान के देशों का सम्मेलन बहुत महत्त्वपूर्ण है, यह शिखर सम्मेलन एशियान की सबसे शक्तिशाली संरचना है। त्रि-वर्षीय सम्मेलन के अलावा शासनाध्यक्षों के मध्य प्रत्येक वर्ष अनौपचारिक बैठकें भी होती हैं। एएमएस, जो कि सदस्य देशों के विदेश मंत्रियों से बना होता है, एशियान का सर्वोच्च नीति-निर्धारक निकाय है तथा क्षेत्रीय समन्वय और सहयोग के विकास हेतु दिशा-निर्देशों का निर्धारण करता है। बैठक का आयोजन प्रतिवर्ष सदस्य देशों में घूर्णन पद्धति से और वर्णमाला क्रम में होता है। मुख्यतः मंत्रिस्तरीय सम्मेलन के बाद ही वार्षिक बैठक होती है। उत्तर मंत्रिस्तरीय सम्मेलन में एशियान के विदेश मंत्रियों से मिलते हैं। एईएम, जिसके सदस्य एशियान के आर्थिक मंत्री होते हैं, का आयोजन हर वर्ष औपचारिक या अनौपचारिक रूप से होता है। इस बैठक में एशियान देशों में आर्थिक सहयोग पर चर्चा होती है। एएमएम तथा एईएम अपनी रिपोर्ट सम्मिलित रूप से इनके राष्ट्राध्यक्षों के सम्मेलन में रखे जाते हैं।

एएससी, जिसके सदस्य मंत्रिस्तरीय बैठक के मेजबान राष्ट्र के विदेश मंत्री एवं अन्य 9 राष्ट्रों के राजदूत होते हैं, एशियान मंत्रिस्तरीय बैठकों का कार्य-संचालन करती है। यह विशिष्ट उद्देश्यों की पूर्ति हेतु गठित क्षेत्रीय समितियों के कार्यों की समीक्षा करती है। इस समीक्षा का उद्देश्य मंत्रिस्तरीय बैठकों में निर्धारित दिशा-निर्देशों के अनुरूप काम निश्चित करना होता है।

एक राष्ट्रीय सचिवालय सभी सदस्य देश की राजधानी में होता है। केन्द्रीय सचिवालय जकार्ता में अवस्थित है। महासचिव इसका मुख्य अधिकारी होता है। सदस्य देश बारी-बारी से तीन वर्षों हेतु इस पद के दावेदार होते हैं।

एशियान में विभिन्न समितियाँ उप-समितियाँ और अस्थायी समूह होते है।

क्रियाकलाप

एशियान के प्रमुख कार्यक्रम निम्नलिखित हैं—आर्थिक सहयोग, एशियान राष्ट्रों तथा विश्व के शेष देशों के बीच व्यापार को प्रोत्साहन, सदस्य देशों के मध्य संयुक्त अनुसंधान और तकनीकी सहयोग, पर्यटन और दक्षिण-पूर्व एशियाई अध्ययनों का विकास और सांस्कृतिक वैज्ञानिक, शैक्षणिक एवं प्रशासनिक आदान-प्रदान।

एशियान अपने शुरुआती दौर में कमजोर संगठन था। 1970 के दशक के मध्य

में एशियान तब अधिक शक्तिशाली हुआ जब वियतनाम युद्ध के बाद दक्षिण-पूर्व एशिया में शक्ति-संतुलन में परिवर्तन आया। 1970 के दशक में सदस्य देशों की आर्थिक प्रगति से एशियान संगठन को बल मिला। दक्षिण-पूर्व और पूर्व-एशियाई उप-क्षेत्र जहाँ चीन और जापान का वर्चस्व था, में सत्ता-संतुलन बनाये रखने हेतु एशियान ने क्षेत्रीय कूटनीति में पूरे प्रशान्त क्षेत्र तथा अन्य बाह्य शक्तियों जैसे–यूरोपीय संघ और संयुक्त राज्य अमेरिका भी इसमें सम्मिलित हो गया।

एशियान का प्रथम सम्मेलन सन् 1976 में बाली इंडोनेशिया में आयोजित किया गया था। इस सम्मेलन में कई औद्योगिक परियोजनाओं के सम्बन्ध में समझौते हुए। इसके अतिरिक्त दो महत्त्वपूर्ण दस्तावेजों, मैत्री और सहयोग संधि तथा मैत्री घोषणा पर भी हस्ताक्षर किये गये। मैत्री एवं सहयोग संधि ने सभी देश की संप्रभुता और स्वतंत्रता हेतु परस्पर आदर, सदस्य देशों के आंतरिक मामलों में हस्तक्षेप नहीं करना, विवादों का निपटारा शांति द्वारा तथा प्रभावशाली सहयोग के सिद्धान्तों को स्वीकृति प्रदान की। 1987 में इस संधि में संशोधन किया गया, जिसके अनुसार दक्षिण-पूर्ण एशिया क्षेत्र के अन्दर और बाहर अवस्थित अन्य देशों के एशियान में प्रवेश को स्वीकृति दी गई। मैत्री घोषणा सदस्य देशों के मध्य आर्थिक, सामाजिक और सांस्कृतिक सम्बन्धों का आधार बनी तथा इसने सदस्य देशों को दक्षिण-पूर्व एशिया में शांति स्वतंत्रता और तटस्थता क्षेत्र स्थापित करने के लिए एकमत किया। आयोफान घोषणापत्र पर 1997 ई. में हस्ताक्षर किए गये।

व्यापार व्यवस्था पर 1977 ई. में एक समझौता संपन्न किया गया। इसके अंतर्गत विविध प्रकार की वस्तुओं पर शुल्क में क्रमशः कटौती करने पर विचार किया गया। फिर भी, एशियान के अन्दर होने वाले व्यापार में अधिमान्य श्रेणी की वस्तुओं का भाग बहुत ही कम था। अतः 1987 में राष्ट्रीय और क्षेत्रीय आर्थिक विकास हेतु नई प्राथमिकताओं का निर्धारण किया गया।

शीत युद्ध की समाप्ति के पश्चात् एशियान देश अपने देश की राजनीतिक स्वतंन्त्रता एवं नियंत्रण रखने की स्थिति में हो गये। जैसे-जैसे वे अपनी नई नीतियों का क्रियान्वयन करने लगे, उन्होंने पाया कि उनकी आर्थिक परिस्थितियों और प्रभावों में बढ़ोत्तरी हो रही है। 1990 के दशक के शुरू होने तक क्षेत्रीय व्यापार और सुरक्षा विषयों पर एशियान एक प्रभावशाली शक्ति बनकर उभर चुका था। 1998 में सदस्य राष्ट्रों का संयुक्त सकल घरेलू उत्पाद अनुमानतः 5,00,000 मिलियन अमेरिकी डॉलर था।

एक मुक्त व्यापार क्षेत्र ए.एफ.टी.ए. के गठन का निर्णय चतुर्थ सम्मेलन 1992 ई. में सिंगापुर में लिया गया। एएफटीए की स्थापना के पीछे प्रमुख उद्देश्य अगले 15 वर्षों में एक सामूहिक बाजार की स्थापना करना था। एएफटीए (आफ्टा) की स्थापना की दिशा में प्रथम कदम जनवरी, 1993 में उठाया गया, जब एक सामूहिक प्रभावकारी अधिमान्य

शुल्क सीईपीटी योजना लागू हुई। इस योजना में उत्पादित और संसाधित कृषि उत्पादों हेतु व्यापार मंत्रियों की बैठकों ने शुल्क कटौती प्रक्रिया के अधीन आने वाली वस्तुओं की संख्या बढ़ा दी है तथा आफ्टा के क्रियान्वयन को तीव्र कर दिया है। दृष्टि 2020 को साकार करने की दिशा में यह प्रथम व्यावहारिक कदम था, 1998 ई. के हनोई शिखर सम्मेलन में 1994-2004 की अवधि हेतु हनोई योजना की स्वीकृति। दृष्टि 2004 का लक्ष्य है—एशियान की राजनीतिक स्थिरता एवं आर्थिक वैभव से ओत-प्रोत देशों की गोष्ठी और उन देशों की नई पहचान देना जो देख-रेख करने वाले देश हो सके।

सिंगापुर में आयोजित शिखर सम्मेलन 1992 ई. में यह निर्धारित किया गया कि एशियान विदेश मंत्री आगामी बैठकों में सुरक्षा विषयों पर चर्चा कर सकते हैं। 1995 के बैंकाक शिखर सम्मेलन में एक संधि पर हस्ताक्षर किए गए, जिसके तहत दक्षिण-पूर्व एशियाई परमाणु मुक्त क्षेत्र एसईएनएफजेड की स्थापना हुई। यह संधि जो मार्च, 1997 में लागू हुई, हस्ताक्षरकर्ता राष्ट्रों को कुछ कदम उठाने की अनुमति नहीं देती। इनमें नाभिकीय अस्त्रों के विकास, निर्माण या अन्य तरीकों से प्राप्त कब्जा या उन पर नियंत्रण, दक्षिण-पूर्व एशिया के नाभिकीय अस्त्रों की तैनाती और आवागमन तथा परमाणु अस्त्रों का उपयोग अथवा परीक्षण। प्रोटोकॉल संधि के प्रमुख हस्ताक्षरकर्ता देशों ने सम्पूर्ण भू-राजनीतिक दक्षिण-पूर्व एशिया को सम्मिलित करने वाले निर्दिष्ट क्षेत्र के अंतर्गत या बाहरी रूप से इन गतिविधियों के बहिष्कार करने का निर्णय लिया। संधि के हस्ताक्षरकर्ता देश अन्य देशों को इस क्षेत्र की मर्यादा का उल्लंघन करने की आज्ञा नहीं दे सकते। इसी बात को ध्यान में रखते हुए एशियान के सदस्य देशों ने 1995 में प्रोटोकॉल पर सहमति दी। संधि जो परमाणु अस्त्र देशों द्वारा हस्ताक्षर के लिये खुली है, का प्रोटोकॉल परमाणु अस्त्र सम्पन्न देशों से संधि के उद्देश्यों का आदर करने की अपील करता है तथा उनके द्वारा एसईएएनएफजेड संधि के हस्ताक्षरकर्ता देशों के विरुद्ध नाभिकीय अस्त्रों का भय दिखाना या उसके उपयोग करने पर रोक लगता है।

सन् 1993 में क्षेत्र के सुरक्षा विषयों पर विचार करने के लिये सदस्य देश के विदेश मंत्रियों ने एशियान क्षेत्रीय मंच एआरएफ स्थापित करने का निर्णय लिया। एआरएफ की पहली औपचारिक बैठक 1994 में हुई। इस बैठक में एशियान के तत्कालीन 7 स्थायी सदस्य देशों ने भाग लिया। इसके अतिरिक्त संवाद सहयोगी आस्ट्रेलिया, कनाडा, यूरोपीय संघ, जापान, कोरिया, गणतंत्र न्यूजीलैण्ड और संयुक्त राज्य अमेरिका तथा पर्यवेक्षक सदस्यों चीन, लाओस, पापुआ न्यू गिनी, रूस और वियतनाम ने हिस्सा लिया। इसमें निम्नलिखित विषयों पर विचार व्यक्त किया गया—क्षेत्रीय शांति की स्थापना, नाभिकीय अप्रसार, विश्वासोत्पादक उपाय और दक्षिण चीन समुद्र में अवस्थित स्पार्टली द्वीप समूह पर कई राष्ट्रों के विवादास्पद दावे।

ब्रूनेई में 1995 ई. की ए.आर.एफ. की बैठक में एआरएफ को प्रोत्साहित करने, निवारक कूटनीति विश्वासोत्पादक उपायों को विकसित करने और विवादों को सुलझाने हेतु व्यापक दृष्टिकोण अपनाने का निर्णय लिया गया। जुलाई, 2000 में बैंकॉक (थाइलैण्ड) में एआरएफ की सातवीं बैठक हुई जिसमें 27 सदस्यों ने भाग लिया–10 एशियान सदस्य भारत, जापान, संयुक्त राज्य अमेरिका, रूस, चीन, यूरोपीय संघ, आस्ट्रेलिया, कनाडा, दक्षिण कोरिया, न्यूजीलैण्ड, पापुआ न्यु गिनी, मंगोलिया और उत्तरी कोरिया।

ब्रूनेई, कम्बोडिया, चीन, इण्डोनेशिया, लाओस, मलेशिया, म्यांमार, फिलीपीन्स, सिंगापुर, थाईलैण्ड और वियतनाम के मंत्री और प्रतिनिधि एशियान मेकांग नदी घाटी विकास सहयोग मेंकाग समूह के सदस्य हैं। इस समूह का प्रयोजन मेकांग नदी घाटी क्षेत्र को नियमित करना तथा संवाद एवं सामूहिक परियोजना पहचान के द्वारा मेकांग एशियान समूह के संगठन को ठोस बनाया जाना है।

एशिया-प्रशान्त क्षेत्र में बार-बार पैदा हो रहे राजनीतिक और आर्थिक संकटों ने संगठन की शक्ति को गहरा आघात पहुँचाया है। संगठन के कई सदस्यों की अपनी विशिष्ट राजनीतिक मजबूरियाँ हैं। यदा-कदा तो एक-दूसरे के आन्तरिक मामलों से निपटने के उनके विचार विषम होते हैं। इन परिस्थितियों में किसी आम राय पर पहुँचना मुश्किल हो जाता है। 1990 के दशक के अंत में उत्पन्न दक्षिण-पूर्व एशियाई आर्थिक संकट में भी इस संगठन को गहरा आघात पहुँचाया। फिर भी, यह अपने-आपको पुनर्जीवित करने में सक्षम हो गया। इस सम्बन्ध में यूरोपीय संघ-एशियान सहयोग और एशियान का अपने सहयोगियों से एक प्रगाढ़ सम्बन्ध है।

दक्षेस

दक्षिण एशियाई क्षेत्रीय सहयोग संगठन सात देशों का क्षेत्रीय संगठन है जिसमें क्रमशः भारत, पाकिस्तान, श्रीलंका, बांग्लादेश, नेपाल, भूटान और मालद्वीप हैं। इसका जन्म 7-8 दिसम्बर, 1985 को ढाका शिखर सम्मेलन में हुआ, इसको स्थापित करने के निर्णय के साथ ही यह निश्चित किया गया कि इसका मुख्यालय काठमांडू (नेपाल) में स्थित रहेगा। दक्षेस राष्ट्रों के समस्त सातों देशों का विवरण जनसंख्या के अनुसार नीचे की सारणी से स्पष्ट किया गया है–

सारणी–दक्षिण क्षेत्रीय सहयोग संगठन देशों की जनसंख्या

क्र. सं.	देश	*जनसंख्या*	*क्षेत्रफल मिलियन में*	*सकल उत्पाद प्रति व्यक्ति की दर से*	*राष्ट्रीय साक्षरता प्रतिशत में*	*वयस्क*
1.	भारत		913.6	3,288	320	34
2.	बांग्लादेश		117.9	144	220	48

3.	नेपाल	20.9	141	200	73
4.	पाकिस्तान	126.3	796	430	62
5.	श्रीलंका 17.2	66	640	10	
6.	मालद्वीप 0.178	298 मिलियन (1987)	-	-	
7.	भूटान	1.24 मिलियन (1987)	4700	-	-

इस प्रकार से दक्षेस राष्ट्र की जनसंख्या विश्व का 20% है, जो अपने आप में बहुत अधिक है। यानी दक्षेस राष्ट्र सम्मेलन में द्विपक्षीय मुद्दों पर किसी तरह बातचीत नहीं करेंगे।

इस तरह इस शिखर सम्मेलन में दक्षेस की अध्यक्ष और श्रीलंका की तत्कालीन राष्ट्रपति चन्द्रिका कुमारतुंगा द्वारा नवाज शरीफ के कश्मीर संबंधित प्रस्ताव को नामंजूर कर दिया गया। भारत के प्रधानमन्त्री का कहना था कि दक्षिण एशिया की शान्ति, सुरक्षा को विश्व के संदर्भ में देखा जाना चाहिए और इस सम्मेलन के समापन अवसर पर जारी किया गया घोषणा पत्र में यह स्पष्ट रूप से कहा गया कि दक्षिण एशिया की शांति, सुरक्षा और स्थायित्व अन्तर्राष्ट्रीय सन्दर्भ में अन्तर्राष्ट्रीय स्थितियों को ध्यान में रखा जाना चाहिए। निःशस्त्रीकरण सभी राष्ट्रों के लिए होना चाहिए। इसके अलावा उन मुद्दों को स्वीकार कर लिया गया जिसे भारतीय प्रधानमन्त्री वाजपेयी ने अपने भाषण में उठाए थे, जैसे सदस्य राष्ट्रों के केन्द्रीय बैंकों के प्रमुख की बैठक करने, प्राचीन चिकित्सा पद्धतियों की खोज एवं विकास करने, विज्ञान एवं तकनीकी क्षेत्र में सहयोग के लिए समितियाँ गठित कर उनकी बैठकें बुलाने के प्रस्ताव स्वीकार कर लिए गए। साथ ही दक्षेस क्षेत्रों में मुक्त व्यापार के लिए भारत द्वारा किये गये प्रयास की प्रशंसा की गयी। नेपाल के पर्यावरण सम्बन्धी और बांग्लादेश के महिला तथा बच्चों से संबंधित सभी प्रस्ताव संयुक्त घोषणा पत्र में स्वीकार किया गया।

इस शिखर सम्मेलन में भारत-पाक विवाद ही छाया रहा। जिसमें पाकिस्तानी प्रधानमन्त्री नवाज शरीफ की कूटनीतिक हार हुई, फलस्वरूप यह मामला उठाया गया कि फिर दक्षेस सम्मेलन में किस-किस मुद्दे पर बातचीत होनी चाहिए। दक्षेस में मुख्य रूप से आर्थिक, व्यापारिक और सहयोग के क्षेत्र से संबंधित विषय पर चर्चा हो सकती है।

दक्षेस के ये राष्ट्र आर्थिक, सामाजिक, सांस्कृतिक, तकनीकी और वैज्ञानिक सम्बन्धों को बना कर उसको सफलतापूर्वक संचालन कर सकते हैं। इस क्षेत्र में दक्षेस राष्ट्रों ने दक्षिण

एशियाई वरीयता व्यापार (साफ्टा) के माध्यम से इन सारे राष्ट्रों के बीच 266 वस्तुओं के व्यापार पर इस प्रतिशत से 100 प्रतिशत की रियायती शुल्क दरें लागू करने की व्यवस्था की गई। सर्वाधिक 106 वस्तुओं पर व्यापारिक छूट भारत द्वारा दी गई। इसके अन्तर्गत नेपाल, भूटान, मालदीव जैसे कम विकसित देशों के लिए ज्यादा वस्तुओं के व्यापार में छूट दी जाएगी। दक्षिण एशियाई व्यापार व्यवस्था के विकास ने दक्षेस राष्ट्र वर्तमान में साफ्टा के रूप में दक्षेस देशों के मध्य 2001 तक एक स्वतन्त्र व्यापार क्षेत्र स्थापित करने की कोशिश में लगे जो पूर्णत स्वतंत्र हैं।

दक्षेस का आठवाँ शिखर सम्मेलन नई दिल्ली में सम्पन्न हुआ था। इस सम्मेलन में एक महत्त्वपूर्ण निर्णय लिया गया था कि दक्षिण एशियाई स्वतन्त्र व्यापार क्षेत्र (साफ्टा) की स्थापना करना जिसमें यह चर्चा की गई कि 2005 तक साफ्टा की स्थापना की जाएगी लेकिन मालदीव ने नवें शिखर-सम्मेलन में इसकी स्थापना 2001 तक करने का निर्णय लिया गया और यही बात हाल ही में समाप्त हुए दसवें शिखर सम्मेलन कोलम्बो जुलाई, 1998 के घोषणा पत्र में भी कही गई है। अगर यह दक्षिण एशियाई स्वतन्त्र व्यापार क्षेत्र प्रभावी स्वरूप धारण कर लेता है तो निश्चित ही इस क्षेत्र में एक सशक्त व्यावसायिक संगठन का विकास होगा। इससे दक्षेस देश आर्थिक विकास के माध्यम से न केवल आर्थिक रूप से सम्पन्न हो सकेंगे बल्कि सामाजिक और सांस्कृतिक रूप से सभी देशों में एक घनिष्ठ सम्बन्ध बना सकेंगें।

इसके अतिरिक्त दक्षेस राष्ट्रों ने कई महत्त्वपूर्ण कार्य किये, जिनमें क्रमशः 1990 से लेकर आज तक बालिका वर्ष, आवास, पर्यावरण, विकलांग, गरीबी उन्मूलन वर्ष घोषित किया, जिससे यह अहसास हो सके कि क्षेत्रीय जरूरतों में इसका कितना महत्त्वपूर्ण योगदान है। 1991 से 2000 तक का समय बालिका दशक के रुप में मनाया गया है, इस पूरे वर्तमान दशक में इनके विकास, शिक्षा, स्वास्थ्य इत्यादि योगदान पर विशेष ध्यान दिया गया। वैसे तो कृषि, स्वास्थ्य, साक्षरता अभियान, शिक्षा को प्रोत्साहन एवं पर्यावरण जैसे आधारभूत महत्त्वपूर्ण क्षेत्रों में दक्षिण क्षेत्रीय संगठन ने प्रभावी कार्य किए हैं।

दक्षेस राष्ट्र और भारत

भारत दक्षिण-एशिया में सर्वोत्कृष्ट राष्ट्र है। इसीलिए इस क्षेत्र की अन्तर्राष्ट्रीय समस्याओं को अच्छी तरह समझ सकता है। दक्षेस के 7 सदस्य राष्ट्रों के बीच हमेशा ही विशेष बातचीत का मुद्दा रहा है अफगानिस्तान एवं बर्मा, सार्क सम्मेलन में हमेशा इस बात पर बल दिया जाता रहा है कि बर्मा एवं अफगानिस्तान को दक्षेस का सदस्य बन जाना चाहिए। लेकिन पाकिस्तान अफगानिस्तान को दक्षेस का सदस्य बनाने का निरन्तर विरोधी रहा है क्योंकि पाकिस्तान का मानना है कि अगर अफगानिस्तान सार्क का सदस्य बन गया

तो भारत 1+1 हो जाएगा। वैसे ही भारत के एक महत्त्वपूर्ण देश होने के कारण यह संगठन भारतमुखी कहलाता है। इसका मुख्य कारण है सभी दक्षेस देशों की सीमाएँ भारतीय सीमा से किसी न किसी रूप में जुड़ी हुई हैं, जैसे श्रीलंका में अगर तमिल संघर्ष होता है तो उसका प्रभाव भारत के तमिलनाडु पर दिखाई देता है या बांग्लादेश में कोई संघर्ष होता है तो इसका प्रभाव भी भारत पर पड़ता है जिससे भारतीय सन्तुलन बिगड़ जाता है, क्योंकि लगभग एक करोड़ बंगाली शरणार्थी के रूप में अपना जीवन व्यतीत कर रहे हैं। इसी तरह राजस्थान की सीमा पाकिस्तान से लगी हुई है और यह सीमा भारत के लिए काफी महत्त्वपूर्ण है।

दक्षेस का भारतमय होने का दूसरा भी कारण है, वह यह है कि भारत सबसे अच्छा चरागाह है, व्यवस्थित, शान्ति व्यवस्था एवं सुरक्षित है। इसलिए दक्षिण एशिया के सभी देशों की दृष्टि भारत की ओर लगी रहती है, दक्षेस राष्ट्रों की सभी नदियाँ भारत से होकर बह रही हैं। पानी के मसले पर नेपाल-बांग्लादेश एकमत हैं, लेकिन भारत-पाक के बीच विवाद बना रहता है। भारत के सभी दक्षेस देशों के साथ समान सम्बन्ध हैं।

सार्क के छोटे राष्ट्र भारत से अपेक्षा रखता है कि वह अन्य सदस्य राष्ट्रों की हर तरह से मदद करे। एक तरह से भारत बड़े भाई के रूप में कार्य करे, लेकिन क्या ऐसा हो सकता है कि भारत का राष्ट्र प्रमुख अपने देश में बैठ कर नेपाल या श्रीलंका की जिम्मेदारी ले ले, इससे तो भारत की समस्या और गंभीर हो जाएगी। वैसे क्षेत्रीय वर्चस्व के रूप में भारत को रख सकते हैं, जो दक्षिण एशिया में बड़े भाई की भूमिका निभा सकता है।

दक्षिण एशिया की असमानता के लिए बाह्य शक्ति के रूप में सर्वप्रथम चीन का नाम लिया जा सकता है। दक्षिण एशिया के अन्दर जो असन्तुलन है, वह चीन की वजह से है। चीन की दक्षिण एशिया में निर्णायक भूमिका होगी।

दक्षिण एशिया में सबसे अधिक सीमा विस्तार चीन का है। भारत-चीन सम्बन्धों में भारत हमेशा यह विचार करता रहा है कि चीन चाहे जो करे लेकिन भारत उसके खिलाफ नहीं जाएगा।

अमेरिका का स्थान-दूसरे स्थान पर आता है, जो एक महाशक्ति होने के कारण प्रभावी एवं दबाव डालने वाला है। जहाँ तक भारत-पाकिस्तान का सम्बन्ध है वह दोनों देशों की तुलना में भारत-पाक से प्रत्येक क्षेत्र में बड़ा, प्रभावी एवं आगे है। फिर भी पाकिस्तान को तुलनात्मक रूप में ज्यादा महत्त्व क्यों दिया जाता है। दोनों देश एक दूसरे को छोटा करने में लगे हुए हैं, यह प्रेसलर कानून से साफ नजर आता है। यदि अमेरिका से भारत को कुछ मिलता है तो पाकिस्तान चिंतित हो जाता है और यदि पाकिस्तान को सहायता मिलती है तो भारत नाराज हो जाता है। इससे दक्षिण एशिया में लगातार तनाव

की स्थिति है, जिसे सोवियत यूनियन का हस्तक्षेप माना जा सकता है लेकिन 1991 ई. में विघटन के बाद यह समाप्त हो गया। दक्षिण एशिया के सन्दर्भ में तीन महत्त्वपूर्ण बातों को प्रमुख रूप से उल्लिखित किया गया है–

1. दक्षिण एशिया में मानव श्रम प्रचुरता से उपलब्ध है, दूसरे भारत और पाकिस्तान प्रमुख देश हैं।
2. दक्षिण एशिया के देशों की अर्थव्यवस्था मूलतः कृषि प्रधान है, जो विकास के क्रम में रुक गई हैं। कुछ स्थानों पर खाद्यान्न समस्या आ गई है जिससे दक्षिण एशिया के अधिकांश देशों के लोग कृषि छोड़कर अन्य व्यवसायों में लग गए हैं परिणामतः जिससे आने वाले दिनों में कृषि जगत् को विकट समस्या का सामना करना पड़ेगा।
3. एशिया एशिया के अधिकांश देश बेशुमार गरीबी, पिछड़ेपन एवं स्वास्थ्य सम्बन्धी सुविधा की पूर्णतः कमी से त्रस्त हैं, जिसके पीछे एक बड़ा कारण व्यापक रूप से गरीबी है।

इसके अतिरिक्त कई समस्यायें और भी हैं, जैसे, दक्षिण एशिया के देशों के बीच आर्थिक और औद्योगिक सहयोग तथा आर्थिक गतिविधियों का नवीनीकरण है। भारत-बांग्लादेश के उद्योग एक समान हैं, जैसे भारत में जूट मिलें हैं तो जूट की खेती बांग्लादेश में होती है।

एक तरफ पाकिस्तान प्रधानमन्त्री नवाज शरीफ ने भारत के साथ अच्छे सम्बन्धों की घोषणा की तो दूसरी ओर तानाशाह के रूप में समझे जाने वाले अयूब खां के पुत्र को पाक का विदेश मन्त्री बना दिया गया।

भारत पाक के नेतृत्वकर्ताओं द्वारा दक्षिण एशिया की राजनीति का निर्धारण करते हैं या फिर इनका निरन्तर दबाव ही बना रहता है। दक्षिण एशिया के क्रम में यह भी देखते हैं कि इनकी राजनीतिक व्यवस्था का स्वरूप निरन्तर बदल रहा है। जैसे–बांग्लादेश की राजनीतिक व्यवस्था हो या पाकिस्तान की व्यवस्था, जहाँ लगातार यह सम्भावना बनी रहती है कि राष्ट्रपति अपनी इच्छा से कभी भी सरकार गिरा सकता है। उदाहरणार्थ, भुट्टो की या नवाज शरीफ की सरकार गिराई गई थी। परन्तु भारत में मजबूत लोकतांत्रिक व्यवस्था है। दक्षेस की सरकारें चुनाव के बाद गठित होती हैं, परन्तु वे लगातार पाँच वर्ष नहीं चल पाती हैं।

हिन्द महासागर तटीय क्षेत्रीय सहयोग संगठन (हिमतक्षेस)

हिमतक्षेस की स्थापना मार्च 1997 ई. में किया गया। यह अन्तर्राष्ट्रीय आर्थिक सहयोग की स्थापना की एक महत्त्वपूर्ण कोशिश है। जैसे तीन राष्ट्रों का उत्तरी अमेरिकी

मुक्त व्यापार संगठन, 16 देशों का यूपरोपीय संगठन, 18 राष्ट्रों का एशिया प्रैसिफिक आर्थिक समुदाय है, मूलतः यह विश्व व्यापार के संगठन का सिद्धान्त सहयोग है न कि आर्थिक एकीकरण का। जिससे प्रत्येक राष्ट्र में विभेद रहित आर्थिक सहयोग सुनिश्चित किया जाता है।

इस संगठन के 14 देश जो 7 हिन्द महासागीय देशों में से आते हैं वे हैं, दक्षिणी और पूर्वी अफ्रीका, पश्चिमी उत्तरी और पूर्वी एशिया, आस्ट्रेलिया और हिन्द महासागर के द्वीपीय देश। प्रारम्भ में 7 संस्थापक सदस्य जो प्रत्येक उपक्षेत्र का प्रतिनिधित्व करते हैं, मॉरिशस में मार्च 1996 में संगठित हुए थे। ये देश थे—दक्षिण अफ्रीका, केनिया, ओमान, भारत, सिंगापुर, आस्ट्रेलिया और मॉरिशस। पाँच महीने के अन्दर ही यह फैसला लिया गया कि संगठन की सदस्यता दोहरी कर दी जाए और हर क्षेत्र में एक-एक देश और सम्मिलित कर लिया जाए। ये नये राज्य थे, मोजाम्बिक, तंजानिया, यमन, श्रीलंका, मलेशिया, इण्डोनेशिया और मेडागास्कर तथा मार्च में इसकी स्थापना की जाए जिसमें सभी सदस्य देशों का स्तर एक समान प्रकार का हो।

प्रशांत महासागर और अटलांटिक महासागर के बाद हिन्द महासागर एक अति महत्त्वपूर्ण क्षेत्र है जो दुनिया के 20% हिस्से पर फैला है। ये क्षेत्र हैं—अफ्रीका, एशिया, आस्ट्रेलिया और अण्टार्कटिका महासागर एशिया और अफ्रीका के बीच कई वर्षों से सांस्कृतिक, व्यापारिक सम्बन्धों को बढ़ाने का काम करता रहा है। इसका नाम भारतीय हिन्द महासागर है, ये कोशिश हिन्द महासागर के रिम और क्षेत्र को विभाजित करने का प्रयास है। हिन्द महासागर क्षेत्र में आने वाले 29 देश ऐसा मानते हैं। कुछ का विचार है कि, ये 35 राष्ट्रों की संख्या उचित है क्योंकि, 29 तटीय राष्ट्र और 6 द्वीपीय राष्ट्र इसके सदस्य हैं। इसी तरह हिन्द महासागर के क्षेत्र में कम से कम 35 देश हैं जो सभी रिम राष्ट्र हैं और इसमें 12 भूबद्ध राष्ट्र भी शामिल हैं। कुछ क्षेत्र के अधिकतम राष्ट्रों की संख्या 52 बताते हैं, जिनमें 5 मध्य एशिया के देश भी सम्मिलित हैं। हिन्द महासागर तटीय क्षेत्र में व्यापक प्राकृतिक संसाधन हैं। इसमें समुद्री तथा खनिज संसाधन को शामिल किया गया है। विश्व के दो-तिहाई कच्चे तेल, एक-तिहाई प्राकृतिक गैस के संसाधन यहाँ मौजूद हैं। इस क्षेत्र में खनिज जैसे—सोना, हीरे व यूरेनियम आदि उपलब्ध हैं। इस क्षेत्र की जनसंख्या 1.87 मिलियन है। संसार में जनसंख्या की दृष्टिकोण से इस क्षेत्र की जनसंख्या संसार में तृतीय स्थान रखती है।

हिन्द महासागर की भौगोलिक स्थिति एवं राजनीतिक स्थिति काफी महत्त्वपूर्ण मानी जाती है। यह अटलांटिक और प्रशांत सागरीय देशों के साथ कम दूसरी से अधिक प्रभावी सम्पर्क सूत्र है। जलीय यातायात का भी यहाँ सबसे ज्यादा प्रचलन है जो इस क्षेत्र के महत्त्व को निरन्तर बढ़ाता है।

संगठन का उदय

सन् 1950 ई. प्रधानमंत्री नेहरू ने अफ्रीका तथा एशिया की एकता के सम्बन्ध में अपने उद्‌गार व्यक्त किया था। वे इसके मूल प्रणेता थे फिर भी इसे व्यवहार में नहीं बदला जा सका। इसके अनेक कारण हैं। जैसे, इस क्षेत्र में शीतयुद्धीय प्रतिस्पर्धा, महाशक्तियों की नौसैनिक प्रतिस्पर्धा और दक्षिण अफ्रीका की रंग भेद की नीति इत्यादि। शीतयुद्ध सम्बन्धों पर भी इसका असर पड़ा। अमेरिका और सोवियत संघ की उपस्थिति ने इस क्षेत्र के तनाव को बढ़ाने में इनकी भी भूमिका बनी रही। दक्षिण अफ्रीका ज्यादा समय तक अन्तर्राष्ट्रीय समुदाय का सदस्य नहीं रह पाया।

इन सभी के कारण यही एक ऐसा क्षेत्र था जिसमें आपसी हितों का कोई संगठन नहीं था या इस क्षेत्र में हिन्द महासागर आयोग, खाड़ी सहयोग समिति, दक्षेस और हाल ही में बनी बांग्लादेश, भारत, श्रीलंका और थाईलैण्ड आर्थिक सहयोग संगठन (जून 1997) बहुराष्ट्रीय संगठन थे। ये सभी संगठन अपने क्षेत्र एवं सदस्यता में सीमित रहे।

शीत युद्ध का अंत 1980 ई. हो गया तथा 1991 में सोवियत संघ विघटित हो गया, जिसके कारण अन्तर्राष्ट्रीय सम्बन्धों में बदलाव आया तथा उसका असर हिन्द महासागर तटीय देशों का आपसी सम्बन्धों पर पड़ा। इसके कारण क्षेत्र में नौसैनिक प्रतियोगिता समाप्त हो गई। साथ ही हिन्द महासागर देशों का एक बड़ा संगठन बनाने की आवश्यकता पर जो वैचारिक मतभेद थे वे समाप्त हो गये। यही नहीं, आर्थिक प्रश्नों को अन्तर्राष्ट्रीय सम्बन्धों में प्रमुखता हासिल हुई। क्षेत्रीय आर्थिक संगठन की स्थापना बहुत उपयोगी साबित हुई। जैसे यूरोपिय संगठन, साफ्टा और फपेन संगठनों ने आर्थिक सहयोग की आवश्यकता को सामने ला दिया। यह बात भी स्पष्ट हो गया कि अगर ये देश आर्थिक रूप से एकत्रित नहीं हुए तो विश्व में पिछड़ जाने की सम्भावना हैं। भारतीय अर्थव्यवस्था के उदारीकरण के आग्रहों से इस दृष्टिकोण का आर्थिक सहयोग महत्त्वपूर्ण है। दक्षिण अफ्रीका जब प्रजातांत्रिक बना तो यह प्रक्रिया बहुत तीव्र हो गई।

हिमतक्षेस की स्थापना

दक्षिण अफ्रीका के तत्कालीन विदेशमंत्री आर.एफ. बोथा ने 1993 ई. में इस क्षेत्र के आर्थिक संगठन के निर्माण पर जोर दिया, जिसमें भारत, पाकिस्तान, दक्षिण अफ्रीका, खाड़ी देश तथा पूर्वी अफ्रीका के देश शामिल हों। 1995 में दक्षिण अफ्रीका के राष्ट्रपति **नेल्सन मण्डेला** ने कहा कि, हिन्द महासागर देशों का एक व्यापारिक संगठन बनाया जाए। इस आवश्यकता को प्रतिपादित किया गया, जो आगे चल कर एक व्यापारिक गठबन्धन बन गया। इसी महीने मारिशस की सरकार ने आस्ट्रेलिया, भारत, केनिया, ओमान, दक्षिण अफ्रीका और सीमा पूर्व के प्रतिनिधियों को एक अन्तर्राष्ट्रीय संगठन की बैठक में शामिल

होने के लिए आमंत्रित किया। इसकी बैठक 29 से 31 मार्च तक हुई, इसमें प्रत्येक देश के सरकारी प्रतिनिधि, व्यापारिक समुदाय के सदस्य और विद्वानों ने हिस्सा लिया। बैठक का मुख्य उद्देश्य यह था कि आर्थिक सहयोग को विकसित करने का एक बड़ा मंच निर्मित किया जाए जो विस्तृत हो तथा ऐसे सम्भावित क्षेत्रों को खोजा जाय जिसमें सहयोग सम्भव हो तथा संगठन के निर्माण की रूपरेखा बनायी जाए। दूसरे, सदस्य देश का सन्तुलित विकास और लगातार समृद्धि हो, आर्थिक सहयोग के कार्यक्रमों को लागू एवं क्रियान्वित किया जाए, आपस में व्यापार में लगे प्रतिबन्धों को कम किया जाए, शैक्षिक संस्थाओं, उद्योग और व्यापार में लगे हुए संगठनों के बीच करीबी का सम्बन्ध स्थापित किया जाए, सदस्य देशों के मध्य संवाद और सहयोग मजबूत किया जाए और मानवीय संसाधन के विकास का प्रयत्न किया जाए।

मारिशस में एक कार्यकारी दल की स्थापना के लिए विचार निश्चित किया गया जिसमें 7 देशों के प्रतिनिधि शामिल किए गए। इन्हें यह भी आदेश दिया गया कि ये आर्थिक सहयोग संगठन की स्थापना के लिए प्रयत्न करें। हिन्द महासागर के तटीय देशों के व्यापारिक मंच और बौद्धिक समूह की स्थापना की भी सराहना की गई।

5 मार्च, 1997 को मॉरिशस में 14 राष्ट्रों के अन्तर्राज्यीय आर्थिक संगठन की स्थापना की गई।

हिमतक्षेस की प्रमुख विशेषताएँ

इस संगठन के देशों की एक मुख्य विशेषता यह थी कि ये सभी देश यूरोपीय देशों के उपनिवेश रह चुके थे। इनमें से कुछ 1940 के दशक के अन्त में आजाद हुए और कुछ देशों को 1960 के बाद स्वतन्त्रता मिली। इसका परिणाम हुआ कि इस क्षेत्र के देशों का संप्रभु सम्पन्न राज्य के रूप में विश्व मंच पर काफी समय तक नहीं रहा। भारत ने अभी अपनी स्वतन्त्रता की 65वीं वर्षगांठ मनाई है। ये सभी देश विकासशील देश कहे जा सकते हैं, केवल आस्ट्रेलिया को छोड़ कर।

एक दूसरी विशेषता यह है कि यह संगठन काफी आर्थिक विभिन्नताओं वाला संगठन है। क्षेत्रफल की दृष्टि से आस्ट्रेलिया और सिंगापुर, जनसंख्या की दृष्टि से भारत और मॉरिशस तथा राजनैतिक प्रणाली के रूप में विश्व के सबसे बड़े प्रजातन्त्र और अधिनायकवादी शासन, भाषा, संस्कृति और धर्म की विभिन्नताएँ देखी जा सकती हैं। आर्थिक विकास की दृष्टि से भी संगठन के सदस्य देशों में काफी भिन्नता है। देश के सकल गृह उत्पाद (जी.डी.पी.) में जहाँ भारत का 294 बिलियन अमेरिकी डॉलर है वहीं मोजम्बिक का 15 बिलियन डॉलर, सिंगापुर का जी.एन.पी. प्रति व्यक्ति 22 हजार 500 डॉलर है, वहीं मोजम्बिक का 90 अमेरिकी डॉलर है। इस संगठन में एक ओर लचीली अर्थव्यवस्था है तो दूसरी तरफ तेजी से विकास करती दक्षिण पूर्व एशिया की आर्थिक स्थिति है।

संगठन की सदस्यता

इस संगठन की सदस्यता में कुछ विवाद के बिन्दु हैं। जनवरी 1995 में मॉरिशस ने 7 सदस्य राष्ट्रों को बुलाया, इसका अर्थ यह था, कि इस मुख्य संगठन के द्वारा ठोस रूप से संगठन के प्रस्ताव को विकसित किया जा सके। दूसरा दृष्टिकोण यह था कि अधिकतर देशों को प्रतिनिधित्व देकर सहयोग को अधिक बड़ा बनाया जाए, इसलिए प्रस्ताव के 5 महीने बाद सदस्य संख्या 14 कर दी गई, जिससे एक आवश्यक संख्या संगठन चलाने के लिए सम्भव हो सके। इसके बाद सदस्य संख्या को बढ़ाने का काम नहीं हुआ है। सन् 1997 की पहली मन्त्रिमण्डलीय बैठक में आस्ट्रेलिया, इण्डोनेशिया, सिंगापुर और दक्षिणी अफ्रीका ने संगठन के विशिष्ट रूप को देखते हुए उसकी सदस्यता बढ़ाने की बात कही है। संगठन के अनुच्छेद 2 और 4 में नये सदस्यों के प्रवेश की बात कही गई है जिसका विस्तार सदस्य राष्ट्रों की आमराय पर ही हो सकता है।

इस संगठन को आरंभ करने से पूर्व बांग्लादेश, ईरान, पाकिस्तान, सेसल्स, थाईलैण्ड और मिश्र तथा फ्रांस के प्रार्थना पत्र आये थे। जापान ने भी इसमें हिस्सा लेने के लिए अपनी रुचि व्यक्त की किन्तु मन्त्रिमण्डलीय समिति ने नये सदस्यों के प्रवेश पर दो वर्ष के लिए रोक लगा दी थी। सदस्य देशों के पारस्परिक विवादों के कारण नयी सदस्यता पर प्रतिबन्ध लगा हुआ है।

आर्थिक सहयोग

इस संगठन के द्वारा सदस्य देशों में आर्थिक सहयोग बढ़ाया जा सकता है। यह अपने आप में बहुत चुनौतीपूर्ण कार्य है। क्योंकि, हिन्द महासागर तटीय के देश विश्व सकल उत्पाद का 8% और विश्व व्यापार का 11% हिस्से के लिए ही हकदार है। 1994 के तटीय राष्ट्रों के आपसी व्यापारिक सम्बन्धों में यह साफ-साफ देखा सकता है कि हिन्द महासागर के सम्पूर्ण व्यापार पर 25% व्यापार ही इन राष्ट्रों द्वारा किया जाता है वैसे पिछले कुछ वर्षो से यह विकसित हो रहा है। इसके विपरीत एंशिया प्रशांत अर्थव्यवस्थाओं के बीच अन्तर्क्षेत्रीय व्यापार में सम्पूर्ण व्यापार का 66% व्यापार किया जा सकता है। इस संगठन का व्यापार निरन्तर बढ़ रहा है।

विभिन्न कार्यक्रमों के क्रियान्वयन से आर्थिक सहयोग को बढ़ाया जा सकता है। इसमें अनेक कार्यक्रम तो केवल प्रक्रियाओं को सरल एवं उदार बनाने हेतु हैं। मूल दृष्टिकोण यह है कि व्यापार का कार्य व्यापारियों के हाथ सौंप दिया जाए।

कार्यक्रम

संगठन की सफलता का मुख्य आधार स्तंभ कार्यक्रम का क्रियान्वयन है। सदस्य देशों के बीच आपसी योगदान को विकसित करना सकारात्मक परिणामों को जन्म दे सकता है।

1995 की पहली बैठक में यह निश्चित किया गया कि संगठन अनेक क्षेत्रों में अपना ध्यान केन्द्रित करेगा। यह संगठन व्यापार सुविधाओं व्यापार सम्बन्धित मूल सुविधाओं को बढ़ाने तथा निश्चित क्षेत्र में जैसे विज्ञान और तकनीकी, पर्यटन तथा मानवीय संसाधनों को बढ़ाने के लिए योगदान करेगा। अपनी कई बैठकों में सदस्य देशों ने एक कार्य योजना विकसित की जिसे आई.ओ.आर.डी.एफ. और आई.ओ.आर.ए.जे. कहा गया है। कार्यक्रमों के संचालन के लिए निम्न महत्त्वपूर्ण क्षेत्रों को निर्धारित किया गया है—व्यापार को प्रोत्साहन देने और 1999 में तटीय देशों के व्यापार मेले को आयोजित करने का निर्णय, बंदरगाहों को विकसित करने, उन्हें आधुनिकतम बनाने और विकसित करने की योजना, मानव संसाधनों के विकास में सहयोग, आपसी सहयोग की पूरक योजनाओं को विकसित करने की अनेक क्षेत्रीय सहयोग की तुलनात्मक अध्ययन करने और प्रक्रियाओं को समझने की बात कही गई, पर्यटन को विकसित और आगे बढ़ाने का निर्णय, हिन्द महासागर क्षेत्र में तकनीकी विकास का आग्रह किया गया, स्तरीयकरण में सहयोग, हिन्द महासागर तटीय देशों के व्यापार केन्द्र और हिन्द महासागर तटीय नेटवर्क (इन्टरनेट) विकसित करने का निर्णय, विनियोग सरलीकरण और विकसित करने का निर्णय और हिन्द महासागर तटीय अध्ययन और छात्रवृत्तियाँ प्रदान करने का निर्णय करना।

हिन्द महासागर तटीय व्यापारिक मंच

इस संगठन के तीन स्तरीय कार्यक्रम हैं, जैसे, सरकार, उद्योगपति, बुद्धिजीवियों के कारण, व्यापारिक मंच को महत्त्वपूर्ण भूमिका दी गई, इन्हें संगठन की प्राथमिकताओं को निर्धारित करने का, समन्वय करने का और वित्तीय संसाधनों को जुटाने का कार्य सौंपा गया। व्यापारिक मंच और बौद्धिक संगठन दोनों की बैठकें मन्त्रिमडण्लीय समिति के साथ आयोजित करने की बात कही गई।

हिन्द महासागर तटीय बौद्धिक संगठन

एक बौद्धिक संगठन का निर्माण हिमतक्षेस के बौद्धिक प्रतिक्रिया के लिए किया गया है। जिसमें निम्नलिखित 6 योजनाएँ स्वीकार की गई—व्यापारिक विकास करना, विनियोजन नीति विकसित करना एवं सुविधाएँ प्रदान करना, मूल सुविधाओं सम्बन्धी व्यवस्थाओं को विकसित करने का आग्रह किया गया, हिन्द महासागर तटीय अध्ययन की चेयर और छात्रवृत्तियाँ स्थापित की गईं, मानवीय संसाधन विकसित करने के लिए जिनमें तकनीकी और व्यावसायिक शिक्षा शामिल है तथा सूचना स्रोत विकसित करना।

संस्थागत व्यवस्थाएँ

तटीय राज्यों के लिए संगठन ने दो व्यवस्थाओं का विकास किया है। मन्त्रियों के

परिषद् की बैठक दो वर्ष में एक बार हो और समिति की बैठक जब भी जरूरत महसूस हो तब आयोजित की जाए। समिति का कार्य नीतियों को निश्चित करना, कार्य का मूल्यांकन और सहयोग के नये क्षेत्रों पर निर्णय लेने का, समिति का कार्य आर्थिक योगदान की प्राथामिकताओं को निश्चित करने का, कार्य योजनाओं के समन्वय का और वित्तीय संसाधनों को जुटाने का, नौकरशाही के बढ़ते हुए स्वरूप को कम करने के लिए मॉरिशस में एक पायलट व्यवस्था अपनायी गयी।

भारत और हिन्द महासागर क्षेत्रीय संगठन

भारत की विदेश नीति बहुत कारकों से प्रभावित होती है। भौगोलिक रूप से भारत तट क्षेत्र में आंतरिक शृंखला में केन्द्र पर स्थित है। यह भारत की रणनीति का आवश्यक अंग है। इस क्षेत्र में जनसंख्या की दृष्टि से भारत सबसे विशाल देश है 10 मुख्य देशों के साथ इसकी सीमाएँ जुड़ी हुई हैं। भारत की भौगोलिक स्थिति और यातायात सुविधाओं से जुड़े होने के कारण उसकी भू-राजनीतिक स्थिति महत्त्वपूर्ण है।

इस क्षेत्रों में भारत ने समर्थन की सक्रिय तथा धीमी भूमिका अपनाई। पूर्व प्रधानमन्त्री (गुजराल) ने इस संगठन को भारत के साथ हिन्द महासागर के देशों और क्षेत्र के लोगों के साथ महत्त्वपूर्ण सम्बन्धों की फिर से खोज बतलाया। भातर के विदेश मन्त्री के रूप में पहली मन्त्रिमण्डलीय बैठक में भाग लेते हुए उन्होंने स्पष्ट किया कि ये एशियाई अफ्रीकी साझेदारी को स्थापित करने की महत्त्वपूर्ण योजना है। भारत ने इस संघ के घोषणापत्र को लिखने में महत्त्वपूर्ण भूमिका अदा की। इसके व्यापारिक एवं बौद्धिक संगठन को विकसित करने में भी महत्त्वपूर्ण सहयोग किया। वर्तमान में 10 कार्यक्रमों में से 4 कार्यक्रमों का समन्वय भारत कर रहा है। इन कार्यक्रमों का विवरण निम्नांकित प्रकार दिया गया है–

1. व्यापार वृद्धि कार्यक्रम–भारतीय व्यापार संघर्ष ऐसे काम को समन्वित करेगा जो सदस्य राष्ट्रों का औद्योगिक मेला आयोजित करेगा तथा आर्थिक सम्बन्धों को बढ़ाने मे सहयोग करेगा।

2. नियोजन वृद्धि और विकास–इसका संचालन भारतीय उद्योग संघ तथा आर्थिक शोध संगठन, नई दिल्ली में करेंगे। इसमें दो महत्त्वपूर्ण हिस्से होंगे पहला, नियोजक, मंच दूसरा नियोजन विशेषकर कपड़ा, संचार, साधन और पर्यटन में अध्ययनों को प्रोत्साहन देगा। अपने मन्त्रिमण्डलीय भाषण में श्री गुजराल ने एक और कार्यक्रम में समन्वय का आश्वासन दिया। जिसके अनुसार क्षेत्रीय संगठन के देशों में भाषण माला का आयोजन था। इसी के साथ-साथ भारत में समुद्रीय यातायात मानव संसाधन को विकसित करने के कार्यक्रम स्थापित करने का आश्वासन दिया। इस प्रकार यह कहा जा सकता है कि क्षेत्रीय

संगठन की दृष्टि से यह एक महत्त्वपूर्ण कार्य है। यह संसार में शीत युद्ध के बाद बहुत उपयोगी भूमिका अदा करेगा।

3. हिन्द महासागर का तटीय व्यापारिक केन्द्र तथा इन्सेंटर कार्यक्रम—भारत के प्रमुख औद्योगिक संघ तथा भारत के वाणिज्यिक और औद्योगिक संघ ने एक क्षेत्रीय व्यापारिक केन्द्र बनाया जिसका मुख्यालय नई दिल्ली में स्थित है। ये केन्द्र सम्भावित व्यापार और विनियोजन के क्षेत्रों को निश्चित करेगा। व्यापार में आपूर्ति और खरीददारी को निश्चित करेगा, नीति निर्माण के महत्त्वपूर्ण कार्य को पूरा करेगा, सम्पर्क सुविधाओं के माध्यम से देश को औद्योगिक सहयोग देगा।

4. हिन्द महासागर, तटीय अध्ययन एवं छात्रवृत्तियाँ—इस कार्य को समन्वित करने का कार्य नई दिल्ली के विदेश व्यापार अध्ययन संस्थान को सौंपा गया है। अकादमिक चेयर और चार छात्रवृत्तियाँ मॉरिशस में स्थापित की गईं। इसकी कीमत मॉरिशस और भारत आपस में बाँटेंगे। यह कीमत भारतीय मुद्रा में 21 लाख होगी।

संयुक्त राष्ट्र संघ

संयुक्त राष्ट्र संघ की स्थापना 24 अक्टूबर 1945 ई. को की गयी थी। इस संगठन की स्थापना का महत्त्वपूर्ण लक्ष्य द्वितीय विश्वयुद्ध के बाद नये अन्तर्राष्ट्रीय सम्बन्धों के मानकों को निर्धारित करना था जिससे राष्ट्र आपस में एक-दूसरे के साथ सम्बन्ध रख सकें, अनुच्छेद 2 में इन्हें स्पष्ट किया गया है। ये मानक थे—सार्वभौमिक समानता, अहस्तक्षेप, युद्ध के द्वारा विवादों को न सुलझाना, विवादों को सुलझाने का शान्तिपूर्ण तरीका।

संयुक्त राष्ट्रसंघ एक विशाल संगठन है जिसमें यह सभा एक विश्वमंच और जनमत के निर्माण का प्रभावी माध्यम थी। सुरक्षा परिषद् शान्ति स्थापना के लिए प्रभावी प्रयत्न करने की संस्था थी और शान्ति स्थापना के व्यापक अधिकार उसके पास थे। आर्थिक तथा सामाजिक विकास की प्राथमिकताओं को निर्धारित करने के लिए सामाजिक एवं आर्थिक परिषद् थी। इसी क्रम में औपनिवेशिक देशों में शान्तिपूर्ण सत्ता फेरबदल के लिए न्यास परिषद् स्थापित की गई। सभी गतिविधियों के संचालन के लिए इसमें एक सचिवालय की व्यवस्था थी, और विवादों को कानूनी दृष्टि से हल करने और निर्णय देने के लिए अन्तर्राष्ट्रीय न्यायालय की स्थापना की गयी।

इस संगठन में देशों के बीच शक्ति संतुलन प्रत्यासित किया गया है। इसके प्रमाण स्वरूप महाशक्तियों के पारस्परिक सम्बन्धों का आकलन जरूरी है। महाशक्तियों के बीच शान्ति और उसकी स्थापना के लिए एकमत आवश्यक था। यही नहीं संगठन के संचालन में अमेरिका, सोवियत संघ, इंग्लैण्ड, फ्रांस और राष्ट्रवादी चीन इसी सन्तुलन को अभिव्यक्ति देते हैं। अन्तर्राष्ट्रीय सम्बन्धों के व्याख्याकार यह मानते हैं कि संयुक्त राष्ट्र संघ की स्थापना होने के साथ ही राष्ट्रों में शक्ति संतुलन बदल गया। विशेषकर

साम्राज्यवाद के अंत ने फ्रांस और इंग्लैण्ड की स्थिति की पूरी काया ही पलट दी। राष्ट्रवादी चीन का हस्तक्षेप खत्म हो गया था। जो विद्वान, संयुक्त राष्ट्र संघ को महाशक्ति की अन्तर्राष्ट्रीय सम्बन्धों की अवधारणा को स्वीकार करते हैं, वे इस तथ्य को मानते हैं कि संयुक्त राष्ट्र संघ अपने व्यावहारिक रूप में शीत युद्धकालीन व्यवस्था से संचालित होता है और इस मंच का उपयोग दोनों महाशक्तियाँ क्रमशः अमेरिका और सोवियत संघ, शीतयुद्ध के संघर्ष को ही संचालित करने के लिए करते हैं। परिणाम यह रहा कि 1956 में ही शीतयुद्ध में लिप्त पक्षों को संयुक्त राष्ट्र संघ में प्रवेश मिल गया, जबकि तनावों की कमी शीत युद्ध में नहीं होती है।

सन् 1990 के दशक में संयुक्त राष्ट्र संघ में दो प्रकार के विकास का उल्लेख किया जा सकता है। पहला है, एशिया और अफ्रीका के देशों में स्वाधीनता का प्रारम्भ जिसके परिणामस्वरूप अन्तर्राष्ट्रीय राजनय के नये केन्द्रों का उदय होना था। ये देश अन्तर्राष्ट्रीय सम्बन्धों में न केवल बहुमत में थे बल्कि इन राज्यों ने अन्तर्राष्ट्रीय सम्बन्धों में अपनी नयी प्राप्त स्वाधीनता का अहसास अपनी अनेक माँगों के द्वारा विशाल अन्तर्राष्ट्रीय चेतना व विकास के द्वारा करवाया। ये सब राज्य अपने औपनिवेशिक देश से परिचित थे और लगातार अनेक अन्तर्राष्ट्रीय मंचों के माध्यम से अपने आपको व्यक्त भी कर रहे थे। अन्तर्राष्ट्रीय सम्बन्धों के इस वंचित पिछड़े और विकासशील समूह ने अपने बहुमत का सम्पूर्ण अहसास 1970 और 1980 के दशक में करवाया। अन्तर्राष्ट्रीय सम्बन्धों के प्रभावी सत्ता सम्पन्न अल्पमत के इन राज्यों के प्रभावों को रोकने के लिए जो राजनय किया उसको बहुमत के सापेक्ष अल्पमत की राजनीति कहा जा सकता है।

विश्व में दूसरा महत्त्वपूर्ण बदलाव साम्यवादी चीन का था। 1949 में साम्यवादी चीन की स्थापना अन्तर्राष्ट्रीय सम्बन्धों में काफी असहमति से हुई जिसके द्वारा अमेरिका न केवल साम्यवादी चीन ने संयुक्त राष्ट्र संघ में सदस्यता को रोका बल्कि उसे अन्तर्राष्ट्रीय सम्बन्धों में मान्यता भी नहीं प्रदान की। किन्तु, अन्तर्राष्ट्रीय सम्बन्धों में चीन के बढ़ते हुए प्रभाव के कारण 1970 के दशक में अमेरिका ने न केवल चीन को संयुक्त राष्ट्र का सदस्य बनाया बल्कि उसे सुरक्षा परिषद् की स्थायी सदस्यता भी दी। साम्यवादी चीन का प्रयत्न रहा कि वह विकासशील देशों के संयुक्त राष्ट्र संघ में प्रभावी व्याख्याकार बन जाए।

अंतर्राष्ट्रीय परिवर्तनों में दो घटनाओं का उल्लेख किया जा सकता है। पहली घटना 1950 में कोरिया युद्ध के समय उत्पन्न गतिरोध को समाप्त करने के लिए तथा शान्ति के लिए एकता के प्रस्ताव के अन्तर्गत महासभा को शाक्तिशाली बनाने का प्रयत्न किया गया। इस क्रम में 1965 में सुरक्षा परिषद् के पुनर्गठन का उल्लेख किया जा सकता है। इस समय यह अहसास तेजी के साथ होता है कि सुरक्षा परिषद् समकालीन अन्तर्राष्ट्रीय सम्बन्धों के बदलाव का प्रतिनिधित्व नहीं करती है। अतः इसके सदस्यों में वृद्धि के प्रभाव

को कम किया जा सकता है। वैसे, वर्तमान प्रसंग में यह चर्चा गलत नहीं होगी कि अन्तर्राष्ट्रीय सम्बन्धों में प्रभावशाली अन्तर्राष्ट्रीय मंच के रूप में प्रयोग की प्रशंसा की गई विशेषकर रंगभेद नीति विरोधी आन्दोलन का संचालन कर भारत ने अपनी अहम् भूमिका निभाई। तीसरी दुनिया के देशों में भारत आगे रहा है जिसने 1993 में जेनेवा स्थित विश्व स्वास्थ्य संगठन (डब्ल्यू.एच.ओ.) की 25 लाख डॉलर का तथा वियना स्थित संयुक्त राष्ट्र औद्योगिक विकास संगठन (यूनिडो) को 16 लाख डॉलर कीमत के सामानों की आपूर्ति की है। इसके अतिरिक्त विश्व खाद्य कार्यक्रम के लिए 11 लाख डॉलर राष्ट्र शिक्षा, विज्ञान और संस्कृति संगठन की 6 लाख 79 हजार डॉलर तथा 5 लाख दो हजार पाँच सौ डालर का सामान कृषि एवं खाद्य संगठन को दिया गया था।

अंतर्राष्ट्रीय सम्बन्धों में महत्त्वपूर्ण बदलाव 1990-91 में प्रारंभ हुआ। संयुक्त राष्ट्रसंघ ने अमेरिकी देखरेख में खाड़ी में सैनिक कार्यवाही की, जिसमें इराक की जल्द ही पराजय ने अमेरिका को न केवल सैनिक प्रभुत्व प्रदान किया बल्कि अन्तर्राष्ट्रीय सम्बन्धों में विशेषकर शान्ति के लिए उत्पन्न खतरों को दूर करने के लिए नयी भूमिका का प्रारम्भ हुआ। इस दृष्टि से 1987 से 1993 तक के वर्षों में शान्ति रक्षक दल गठित किए गए जिसमें कुछ 10 हजार सैनिक काम करने वाले थे, लेकिन 1993 में इनकी संख्या बढ़ कर 80 हजार से अधिक हो गई है। शीत युद्ध खत्म होने के बाद संयुक्त राष्ट्रसंघ द्वारा शांति प्रयास का महत्त्व अधिक बढ़ गया है। जिनमें पूर्व यूगोस्लाविया, सोमालिया, हेती, रवांडा, खाड़ी क्षेत्र महत्त्वपूर्ण हैं।

संयुक्त राष्ट्र संघ को शान्ति की रचनात्मक स्थापना और पूर्ण त्याग की भावना से कार्य करने के लिए शान्ति का नोबल पुरस्कार भी मिला। संयुक्त राष्ट्र संघ में शान्ति बनाए रखने की व्यवस्था कई काल खण्डों से गुजरी है जिसमें कुछ कार्यकाल तो नये प्रयोगों का रचनात्मक विकास के विस्तार का नजर आता है। साथ ही साथ कठिन असफलताओं और भ्रांतियों के कालखण्ड भी दृष्टिगत होते है। 1980 के दशक में संयुक्त राष्ट्र संघ और अन्य क्षेत्रीय संगठन एक निराशा भरी रणनीति, राजनैतिक, आर्थिक और मानवतावादी प्रश्नों पर गम्भीर और भयावह संघर्षो का कालखण्ड दृष्टिगत होता है। वर्तमान समय में उन रूपरेखा को परिवर्तित करने की जरूरत है। शीतयुद्धोत्तर विश्व में डॉगहेमरशोल्ड के शान्ति व्यवस्था सम्बन्धी उपाय अब व्यावहारिक नहीं रह गए हैं। 1989 से 1993 तक 90 सशस्त्र संघर्ष हुए हैं। 1993 में एक भी राज्यों के बीच संघर्ष नही हुआ है इसमें सभी संघर्ष को आंतरिक संघर्ष कहा जा सकता है।

संयुक्त राष्ट्रसंघ के द्वारा शांति व्यवस्था बनाए रखने के अनेक प्रयासों को आधुनिक और सुव्यवस्थित करने की जरूरत है। संयुक्त राष्ट्र संघ विशेषकर सुरक्षा परिषद् इस समय कठिन चुनौती का सामना करे, जहाँ उसकी विश्वसनीयता दाव पर लगी है।

शान्ति की स्थापना के लिए नई भूमिका विशेषकर यूरोप, लैटिन-अमेरिका और हिन्द चीन में नई व्याख्याओं को जन्म देती है, जिसकी मुख्य आवश्यकता है सुरक्षा परिषद् की प्रभावहीनता को खत्म करने की।

इस संघ की व्यवस्था में सुधार लाने के लिए यह कहा जाता है कि संयुक्त राष्ट्र संघ से विशेषाधिकार को समाप्त कर दिया जाए। क्लार्क सोहन के प्रस्ताव में व्यापक एवं क्रान्तिकारी परिवर्तन सुझाए गए हैं। उनके अनुसार महासभा विश्व व्यवस्थापिका के रूप में परिवर्तन हो जाए और सुरक्षा परिषद् कार्यकारी परिषद् बन जाए जो महासभा के प्रति उत्तरदायी हो और उसे हटाने का अधिकार भी महासभा को प्राप्त हो। साथ ही साथ यह निषेधाधिकार से भी मुक्त हो। इस प्रस्ताव का महत्त्व यह है कि इसमें बदली हुई विश्व व्यवस्थाओं को भली-भाँति प्रतिबिम्बित किया है। वैसे इस प्रस्ताव के स्वीकार होने का कोई अवसर नहीं है। वैसे सिडनी डी बेली ने विशेषाधिकार को नकारात्मक माना है। उनके अनुसार यह सहयोग को विकसित नहीं करता है बल्कि कार्यवाही में बाधा बनता है इससे इस संगठन की प्रतिष्ठा कम होती है।

अंतर्राष्ट्रीय परिवर्तन के लिए यह बात ध्यान में रखी जाता है कि महासभा के प्रस्ताव नवम्बर 1965 के अनुसार सुरक्षा परिषद् की संख्या बढ़ा कर ग्यारह से पन्द्रह कर दी जाए। इसमें पाँच स्थायी सदस्य, पाँच अफ्रीकी एशियाई देश, एक पूर्वी यूरोपीय देश, दो लैटिन अमेरिकी देश और दो पश्चिमी यूरोप एवं अन्य देशों के लिए निर्धारित किए गए। पश्चिमी देश इस प्रस्ताव के लिए बहुत मुश्किल से सहमत हुए। जहाँ तक पश्चिमी देशों का प्रश्न है वे जापान एवं जर्मनी के लिए स्थायी सदस्यता के प्रश्न के लिए तैयार हैं। जापान इस मत पर सहमत है कि भारत के साथ-साथ अन्य क्षेत्रीय शक्तियों को भी जिनमें ब्राजील, मिश्र और नाइजीरिया को भी सुरक्षा परिषद् की स्थायी सदस्यता प्रदान की जाए। एक भारतीय टिप्पणीकार के अनुसार यदि जर्मनी स्थायी सदस्य होता है तो यह 7 देशों के आर्थिक संगठन और उसके सैनिक संगठन नाटो का राजनैतिक प्रारूप है। इस बात पर इस समय सभी सहमत हैं कि सुरक्षा परिषद् का विस्तार किया जाए किन्तु बदली हुई परिस्थिति में सुरक्षा परिषद् के विस्तार की सम्भावनाएँ कम हैं। इस प्रश्न पर भारत के दृष्टिकोण का आंकलन आवश्यक है। भारत इस बात का आग्रह करता है कि उसे सुरक्षा परिषद् की स्थायी सदस्यता मिलनी चाहिए क्योंकि वह बड़ी जनसंख्या वाला देश है और उसने संयुक्त राष्ट्र संघ की गतिविधियों एवं पक्ष में वातावरण बनाने में महत्त्वपूर्ण सहयोग दिया है। भारत ने सुरक्षा परिषद् को विस्तृत करने के अलग-अलग आधारों पर जो स्थायी सदस्यता के मापदण्ड निश्चित किए जाते हैं, उनका विरोध किया है। यह सुझाव दिया जाता है कि जापान एवं जर्मनी की स्थायी सदस्यता बिना किसी क्षेत्रीय सहमति के आवश्यक कर दी जाए। भारतीय प्रतिनिधि टी.पी. श्री निवासन ने विस्तार के लिए गठित कार्यदल

को यह स्पष्ट किया कि महासभा की सदस्यता और सुरक्षा परिषद् के अनुपात को 1945 के आधार पर ही बनाया रखा जाए। उस संदर्भ में इस समय सुरक्षा परिषद में 29 सदस्य होने चाहिएँ। भारत के स्वयं के सुरक्षा परिषद् के स्थायी सदस्य होने की आशा, पाकिस्तान के विरोध और पश्चिमी शक्तियों के नकारात्मक दृष्टि के कारण बहुत कठिन हो गई है। 1994 में संयुक्त राष्ट्र संघ के सचिवालय ने एक महत्त्वपूर्ण प्रतिवेदन प्रस्तुत किया उसका नाम था मत के लिए प्रारूप। महासभा के सचिव बुतरस घाली का नये सवालों पर चिन्तन मुख्यतः विकासशील देशों की कार्यसूची की झलकती है जब संयुक्त राष्ट्र संघ के 1994 में प्रतिवेदन प्रारूप प्रस्तुत किया तब विश्व बैंक और अन्तर्राष्ट्रीय मुद्रा कोष ने समूह 77 के प्रस्ताव का विरोध किया और मानव विकास के प्रस्तावों को नामंजूर कर दिया। वैसे बदलाव के ये प्रस्ताव मूलतः उत्तर-दक्षिण विवाद का, उनके दबावों का स्वरूप लेते जा रहे हैं। इस कारण संयुक्त राष्ट्र संघ में बदलाव करने में दिक्कत आ रही है।

अन्तर्राष्ट्रीय अर्थव्यवस्था के लिए राष्ट्रसंघ ने महत्त्वपूर्ण भूमिका निभायी है। 1975 के सातवें महत्त्वपूर्ण अधिवेशन में संयुक्त राष्ट्र संघ के लिए विकास सहायता में अधिक प्रभावशाली भूमिका अदा की। इसमें विकास सहायता के लिए 1978 से लेकर 1981 तक और उसके बाद 1983 से लेकर 1989 तक योजनाबद्ध विकास की बात संयुक्त राष्ट्र संघ में की। इस दृष्टिकोण से पहला ट्रांसनेशनल कार्पोरेशन के लिए केन्द्र, दूसरा विकास सचिवालय का पुनर्निर्माण, तीसरा विकासशील देशों के लिए तकनीकी सहयोग के लिए 1978 का कार्यक्रम, 1979 में विज्ञान और तकनीकी क्षेत्र में विकास के लिए वियना कार्यक्रम और ऊर्जा स्रोतों के विकास के लिए 1980 का नैरोबी कार्यक्रम महत्त्वपूर्ण है। इन सब कार्यक्रमों के लिए यह कहा जा सकता है। कि विकास के लिए संयुक्त राष्ट्र संघ की परिवर्तित हुई भूमिका देखी जा सकती है। वर्तमान समय में अन्तर्राष्ट्रीय समुदाय में बदलाव महत्त्वपूर्ण मोड़ पर खड़ा है। शीतयुद्ध समाप्त होने के बाद विकास के क्षेत्र में संयुक्त राष्ट्र की भूमिका काफी उपयोगी सिद्ध होती है।

शीतयुद्ध खत्म होने के बाद बदले हुए अन्तर्राष्ट्रीय संदर्भों में संयुक्त राष्ट्र संघ की भूमिका स्वतः ही कम हो गई है। अतः अमेरिका अपने वित्तीय साधनों को संयुक्त राष्ट्र संघ के लिए क्यों जुटाए। परिणाम यह है कि संयुक्त राष्ट्र में दिन-प्रतिदिन वित्तीय संकट बढ़ता जा रहा है। संयुक्त राष्ट्र संघ के स्थायी सदस्य अपनी कर्ज नहीं चुका रहे हैं जिसमें अमेरिका सबसे आगे है। उस पर कुल बकाया राशि अब 1.18 अरब डॉलर हो गई है। रूस पर भी करोड़ों डॉलर बकाया हैं। जब उसके सदस्य राष्ट्रों पर ही 3.1 अरब डॉलर की बकाया राशि हो गई है तो वह अपने बकाया कार्यों को कैसे पूरा कर सकता है।

शीत युद्ध की समाप्ति से अंतर्राष्ट्रीय देशों में तनाव खत्म हुआ है, परन्तु अन्तर्राष्ट्रीय सम्बन्धों के दबाव पूरी तरह से समाप्त नहीं हुए हैं। बल्कि व्यापक सैद्धान्तिक

सन्दर्भों में यह लगता है कि अन्तर्राष्ट्रीय सम्बन्धों में कुछ प्रश्नों पर आपसी तनावों में बढ़ोत्तरी हुई है और सैद्धान्तिक सन्दर्भों में ही मानव अधिकार के प्रश्नों ने ही नहीं बल्कि अन्तर्राष्ट्रीय सम्बन्धों में प्रजातांत्रिकरण और उदारवादी सिद्धान्तों को अधिक नुकसान पहुँचाया है।

अंतर्राष्ट्रीय क्रम के बदलाओं में भारत की उल्लेखनीय भूमिका आवश्यक है। क्योंकि विकासशील राष्ट्रों की जरूरतों, उनके दबावों और उनकी स्थितियों का एक रचनात्मक आंकलन भारत के पास है और उसका असर उपयोगी हो सकता है।

हम कह सकते है कि वर्तमान में विश्व एकध्रुवीय हो गया है और अन्तर्राष्ट्रीय सम्बन्धों में एक ही शक्ति है जिसका कोई अर्थ है। वैसे समय के साथ-साथ यह साफ तौर पर उभर कर आया है कि यह अन्तर्राष्ट्रीय सम्बन्धों की बहुत ही सरलतम व्याख्या है। सही तो यह है कि अन्तर्राष्ट्रीय सम्बन्धों में सत्ता के नये केन्द्र उभर कर सामने आ रहे हैं और इनमें भारत भी एक प्रमुख केन्द्र है। इन सभी शक्तियों के आपसी सम्बन्ध और दृष्टिकोण संयुक्त राष्ट्र संघ की कार्य प्रणाली और स्वरूप को प्रभावित करेंगे। इन सभी राज्यों की नयी रचनात्मक भूमिका संयुक्त राष्ट्र संघ को शक्ति प्रदान करेगी।

भारत की भूमिका संयुक्त राष्ट्र में कैसी होनी चाहिए, इसका अध्ययन जरूरी है क्योंकि संयुक्त राष्ट्र संघ में भारत की भूमिका रचनात्मक और सकारात्मक रही है। भारत संयुक्त राष्ट्र संघ के उद्देश्यों और उसकी सैद्धान्तिक अवधारणाओं के प्रति जागरूकता और सतर्कता के साथ अपना महत्त्वपूर्ण योगदान देता रहता है। यों बदले हुए अन्तर्राष्ट्रीय संदर्भों में जबकि शीतयुद्ध के तनाव खत्म हो गये हैं और संयुक्त राष्ट्र संघ में प्रजातन्त्रीकरण के मौके सीमित हो गए हैं वहाँ भारत जैसे राज्य अधिक प्रजातन्त्रीकरण की माँग कर सकते हैं और संयुक्त राष्ट्र संघ के मुख्य अंगों में ही नहीं बल्कि उसके हर संगठन में इसके विस्तार की माँग दोहराई जानी जरूरी है। वैसे यह समझ विकसित होना उचित है कि राज्यों के आपसी विवाद संयुक्त राष्ट्र संघ में उसकी भूमिका को प्रभावित करें यह जरूरी नहीं है। भारत और चीन के आपसी विवादों के साथ-साथ संयुक्त राष्ट्र संघ के उद्देश्यों और भूमिका के बारे में एक ही दृष्टिकोण हो सकता है। वैसे यही राज्यों की बदली हुई भूमिका हो सकती है। इसी सन्दर्भ में इस तथ्य का उल्लेख किया जा सकता है कि इस परिवर्तित विश्व में राष्ट्र संघ की संरचना में शक्ति संतुलन जरूरी है।

परमाणु अप्रसार सन्धि (एन. पी. टी.)

यह संधि 11 मई 1998 के परमाणु परीक्षण के परिप्रेक्ष्य से अलग है और इससे भारत की अणु नीति के ऐतिहासिक सन्दर्भों को समझने में सहायता मिलती है।

द्वितीय विश्व युद्ध के बाद धीरे-धीरे सम्पूर्ण विश्व में परमाणु परीक्षण एवं

विनाशकारी शस्त्र निर्माण की होड़ लग गई। छठे दशक में इस प्रतिस्पर्धा में अमेरिका एवं सोवियत संघ को यह आभास होने लगा कि विनाशकारी शस्त्रों के विकास में परमाणु शक्ति सम्पन्न राष्ट्रों की श्रेणी को अन्य राष्ट्रों के प्रवेश के परिणामस्वरूप उनके वर्चस्व को कभी भी चुनौती दे सकते हैं इसलिए उस समय तक के घोषित परमाणु राष्ट्रों जैसे—अमेरिका, सोवियत संघ, ब्रिटेन, फ्रांस और चीन को परमाणु राष्ट्र घोषित करते हुए अन्य राष्ट्रों को परमाणु शक्ति बनने से रोकने के लिए परमाणु अप्रसार सन्धि लागू करते हुए शक्ति को दबाने के प्रयत्न शुरू हो गया।

परमाणु अप्रसार

1945 ई. तक केवल अमेरिका के पास परमाणु बम मौजूद था। लेकिन 1949 में सोवियत संघ ने परमाणु विस्फोट कर विश्व को यह बता दिया कि वह परमाणु शक्ति राष्ट्र बन गया है। फिर 1952 में ब्रिटेन ने, 1960 में फ्रांस ने, 1964 में चीन ने भी परमाणु परीक्षण किए और फिर इन्हीं पाँचों राष्ट्रों ने मिल कर परमाणु तकनीक को सीमित रखने के प्रयास आरंभ कर दिए। परमाणु अप्रसार सन्धि पर 1 जुलाई, 1968 में दस्तखत हुए, इस सन्धि का उद्देश्य था परमाणु अस्त्र सम्पन्न राष्ट्रों की संख्या न बढ़ पाए, लेकिन सन्धि के बाद जिन राष्ट्रों के पास परमाणु अस्त्र नहीं थे, उन राष्ट्रों में से कुछ ने इस तकनीक का विकास कर लिया, जिससे व जब चाहे तब हथियार बना सकते हैं। पाकिस्तान, इजरायल, दक्षिण अफ्रीका, इराक और उत्तरी कोरिया ऐसे राष्ट्रों में शामिल हैं। चीन एवं अमेरिका की मदद से पाकिस्तान ने परमाणु बम का निर्माण कर लिया। इसके अलावा अमेरिका ने इजरायल और दक्षिण अफ्रीका के परमाणु विकास कार्यक्रम को बढ़ावा दिया। स्वयं अमेरिका दुनिया की सबसे बड़ी परम्परागत सैनिक शक्ति है। अन्य परमाणु शक्तियाँ ब्रिटेन, फ्रांस और चीन भी अपने परमाणु अस्त्रों को नष्ट करने में उदासीन रहे।

इस बात से मालूम पड़ता है कि जहाँ पर इसकी जरूरत नहीं है वहाँ इसे लागू करने की आवश्यकता नहीं है वहाँ इसे अप्रभावी बनाने का प्रयास है। इसका आधार यह है कि परमाणु हथियार परमाणु शक्तियों के हाथों में सुरक्षित हैं और वहाँ अन्तर्राष्ट्रीय अणु एजेंसी को मानीटर करने की कोई जरूरत नहीं है।

पूर्व सोवियत संघ के गणराज्यों में से परमाणु सामान, टैक्नोलॉजी और वैज्ञानिक विकास पर भी इस संधि के कारण किसी प्रकार की रोक नहीं लगाई जा सकी। इसके अलावा पूर्व सोवियत संघ के दक्षिण के मुस्लिम राष्ट्र परमाणु हथियार बनाने का सामान और निर्माण की तकनीकी दोनों ही प्राप्त करना चाहते हैं। चूंकि इन इलाकों में निगरानी करने वाली मशीनरी मौजूद नहीं है यहाँ से परमाणु सामान और टैक्नोलॉजी अन्य देशों से आसानी से भेजी जा रही है। परमाणु शक्ति के अप्रसार के एक बहुपक्षीय सन्धि का प्रस्ताव

1954 में भारत ने संयुक्त राष्ट्र संघ में प्रस्तुत किया था। उस समय अमेरिका और सोवियत संघ के बीच विश्व शक्ति सन्तुलन को अपनी ओर प्रभावित करने का प्रयत्न तेजी से चल रहा था। विनाशकारी परमाणु शस्त्रों, विध्वंसक शक्तिशाली प्रक्षेपास्त्रों, परमाणु चालित पनडुब्बियों के विकास एवं निर्माण की प्रतिस्पर्धा चल रही थी। जब सोवियत संघ परमाणु शक्ति के विनाशकारी शस्त्रों में अमेरिका के नजदीक आ गया, तब 25 जुलाई, 1963 में अमेरिका, सोवियत संघ और ब्रिटेन ने आंशिक परमाणु परीक्षण प्रतिबन्ध सन्धि की और मार्च 1964 तक भारत सहित 107 राष्ट्रों ने इस सन्धि पर दस्तख़त किए। उस समय चीन एवं फ्रांस ने संधि पर हस्ताक्षर नहीं किए, क्योंकि उस समय तक वे अपने परीक्षण पूरे करने में सफल नहीं हुए थे। जब इन दोनों राष्ट्रों ने भूमिगत परीक्षणों की तकनीक का विकास कर लिया, तब दोनों राष्ट्रों ने 1968 में इस सन्धि पर दस्तखत किए, इसके बाद यह सन्धि लागू की गई। परमाणु अप्रसार सन्धि की भेद भावपूर्ण नीति के कारण भारत ने इस सन्धि पर दस्तखत करने से मना कर दिया और पाँचों परमाणु सम्पन्न राष्ट्रों के दबाव में इस सन्धि को मई 1995 में अनिश्चितकाल के लिए बढ़ा दिया गया, क्योंकि परमाणु राष्ट्र इस तकनीक को अपने तक ही सीमित रखना चाहते थे। लेकिन एक ओर परमाणु राष्ट्र इस सन्धि का प्रचार करते रहे तो दूसरी तरफ अपने परमाणु शस्त्रों के भण्डारों में वृद्धि करते रहे। मई 1995 तक अमेरिका ने 942, सोवियत संघ (रूस) ने 715, फ्रांस ने 210, ब्रिटेन ने 44 और चीन ने 38 परमाणु परीक्षण कर लिए थे। इसका मतलब स्पष्ट है कि पाँचों परमाणु राष्ट्र परमाणु तकनीक को केवल अपने तक सीमित रखना चाहते थे। भारत ने स्वयं अपनी स्वदेशी परमाणु तकनीक का विकास में बल दिया। पाकिस्तान ने चीन की सहायता और जर्मनी, फ्रांस, बेल्जियम, अमेरिका, ब्रिटेन, ब्राजील तथा रूस से परमाणु उपकरण एवं सामग्री प्राप्त कर चीनी परमाणु तकनीक का विकास किया। उत्तरी कोरिया अमेरिकी दबाव के कारण एवं ईरान अन्य राष्ट्रों के दबाव से अपने रसायन एवं परमाणु कार्यक्रम को वही पर रोक दिया।

शस्त्र परिसीमन एवं प्रतिबन्ध सन्धियाँ

सामरिक शस्त्रों के भारी भण्डारण के बाद सोवियत संघ और अमेरिका को अहसास हुआ कि विनाशकारी शस्त्र गलत हाथों में भी पड़ सकता है। जिसके बाद इन पर दबाव पड़ने लगा कि ये विनाशकारी शस्त्रों को सीमित करें। इस लक्ष्य से दोनों देशों के बीच शिखर वार्ताएँ शुरू हुईं, 1972 में सोवियत संघ और अमेरिका के बीच पहली सामरिक शस्त्र परिसीमन सन्धि (स्ट्रेटिजिक आर्म्स लिमिटेशन ट्रीटी साल्ट-1) पर दस्तखत हुए। 1979 में दूसरी सन्धि पर दस्तखत हुए। परमाणु शस्त्र को कम करने की विचार-विमर्श के समय अनेक आर्थिक एवं तकनीकी रुकावटों के साथ-साथ एक दूसरे पर अविश्वास उभरता

रहा, यह दौर 1991 तक चला तब कहीं जाकर दोनों के राष्ट्राध्यक्षों अमेरिकी राष्ट्रपति जार्ज बुश और सोवियत संघ के राष्ट्रपति मिखाइल गोर्बाच्योव ने स्ट्रेटिजिक आर्म्स रिडक्शन ट्रीटी स्टार्ट-1 (सामरिक परमाणु शस्त्र कटौती सन्धि-1) पर दस्तखत किए। ये सन्धि सिर्फ तत्कालीन भण्डारों एवं उनकी श्रेणियों पर ही लागू होंगी। इस सन्धि के नियमों के अनुसार अमेरिका को तत्कालीन भण्डार में से 28 प्रतिशत और सोवियत संघ को 35 प्रतिशत विनाशकारी लम्बी दूरी के प्रक्षेपास्त्रों की कटौती करनी थी। लेकिन इसके बाद भी महाशक्ति देशों ने विभिन्न तरह के शस्त्रों का निर्माण किया। ई.पी.डब्ल्यू. आणविक शस्त्र प्रणाली को वायुयानों, प्रक्षेपास्त्रों, बेलेस्टिक प्रक्षेपास्त्रों से प्रेषित करके पृथ्वी के अन्दर एक से चार मीटर नीचे विस्फोटित किया जा सकता है। इसके कारण सभी प्रकार के बंकर, बर्फ की मोटी चादर, पानी के अन्दर चल रही पनडुब्बी को आसानी से नष्ट किया जा सकता है। इस प्रकार अपनी मारक क्षमता को इस संधि के बाद भी ये देश बनाये रखे।

अमेरिका के राष्ट्रपति बिल क्लिंटन एवं सोवियत रूसी राष्ट्रपति बोरिस येल्तसिन ने स्टार्ट-2 पर 3 जनवरी, 1993 को क्रेमलिन में दस्तखत किए। इस सन्धि के प्रावधानों के अन्तर्गत बहुआयामी प्रक्षेपास्त्रों एवं सामरिक परमाणु शस्त्रों में रूस एवं अमेरिका के लिए भारी क़टौती का प्रावधान रखा गया। यह निश्चित किया गया कि रूस अपने बहुआयामी प्रक्षेपास्त्रों को एक आयामी प्रक्षेपास्त्रों और विशाल परमाणु शस्त्रों को छोटे-छोटे परमाणु शस्त्रों में बदल सकता है तथा रूस एवं अमेरिका परमाणु प्रतिष्ठानों का निरीक्षण कर सकेगा। इसके बाद भी अमेरिका और सोवियत रूस अपने पास महाविनाश के इतने शस्त्र बचा रखे हैं कि पूरे विश्व को कई बार खत्म कर सकते हैं।

इस संधि को सम्पन्न हुए काफी समय बीत गया है लेकिन दोनों राष्ट्रों ने सभी परमाणु भण्डार खत्म नहीं किए हैं, परन्तु इन राष्ट्रों का दबाव अन्य राष्ट्रों पर निरन्तर बढ़ता रहा है।

निःशस्त्रीकरण का प्रयत्न

निःशस्त्रीकरण के लिए इस प्रकार का प्रयास खाड़ी युद्ध के दौरान अमेरिकी प्रक्षेपास्त्रों की अचूक निशानेबाजी एवं उनकी मारक क्षमता को देखते हुए फिर से किया गया। निर्गुट राष्ट्रों को यह अहसास होने लगा कि सामरिक रूप से सक्षम राष्ट्र जब चाहें तब अन्य राष्ट्रों को आतंकित कर सकते हैं। सोवियत संघ के विघटन एवं शीतयुद्ध की समाप्ति के बाद किसी भी प्रकार से टकराव की स्थिति को टालने के लिए राष्ट्रसंघ पर निःशस्त्रीकरण की दिशा में कदम उठाने पर बल दिया जाने लगा। इन प्रयासों के परिणामस्वरूप 10 अगस्त, 1993 को संयुक्त राष्ट्र ने निःशस्त्रीकरण एवं परमाणु परीक्षणों पर व्यापक प्रतिबन्ध लगाने के लिए एक बहुपक्षीय विचार-विमर्श आरम्भ किया। इस

प्रस्ताव पर लम्बी चर्चा हुई और 10 दिसम्बर, 1993 को संयुक्त राष्ट्र संघ की महासभा में प्रस्ताव संख्या 48/70 द्वारा इस प्रस्तावित सन्धि का अनुमोदन किया गया। यहीं से विस्तृत परमाणु परीक्षण शुरू किया गया। (कम्प्रिहेन्सिव टेस्ट बान ट्रीटी-सीटीबीटी), 13 मई, 1996 से यह चर्चा 28 जून, 1996 को खत्म हुई।

भिन्न-भिन्न देशों के बीच इस संधि के तहत वार्तों का सिलसिला जारी रहा। लेकिन विभिन्न राष्ट्रों के बीच सन्धि की प्रस्तावना, क्षेत्र, उसके सत्यापन आदि को लेकर आपसी मतभेद बने रहे। यह विरोध परमाणु राष्ट्रों, परमाणु क्षमता प्राप्त करने की स्थिति में पहुँचे हुए उन राष्ट्रों एवं परमाणु शक्ति और तकनीकविहीन राष्ट्रों के बीच आपसी तनाव बना रहा।

परमाणु परीक्षणों पर पूरी तरह से रोक लगाने के लिए 1966 ई. में आस्ट्रेलिया ने एक प्रस्ताव रखा। परमाणु राष्ट्र अमेरिका, ब्रिटेन एवं फ्रांस तो इस बात से राजी हो गए कि एक निश्चित तिथि के बाद सन्धि पर दस्तखत हो जाने और लागू हो जाने के बाद वे परमाणु परीक्षण नहीं करेंगे परन्तु चीन और रूस इस बात पर असहमत हैं। जब रूस पर दबाव डाला गया, तब अप्रैल 1996 को सन्धि की अनुमति दे दी। चीन पर रूस एवं अन्य परमाणु राष्ट्रों का दबाव पड़ा तो मई में जेनेवा में चीनी प्रतिनिधि **जुकांश शो** ने इस सन्धि के प्रति लचीला रुख अपनाने की बात को मान लिया।

परमाणु राष्ट्रों के व्यवहार में बदलाव

प्रारम्भ में अन्य परमाणु सम्पन्न राष्ट्रों के साथ दो अघोषित परमाणु राष्ट्र भारत तथा पाकिस्तान तथा इजरायल पर व्यापक परीक्षण संधि पर हस्ताक्षर के लिए अमेरिका ने दबाव डाला। चार अन्य परमाणु राष्ट्र चाहते थे कि बिना अघोषित परमाणु राष्ट्रों के दस्तखत के यह सन्धि अधूरी रहेगी। इन राष्ट्रों के दबाव के बाद अमेरिकी सोच में अन्तर आया है। अमेरिका पहले पाँच घोषित परमाणु राष्ट्रों—अमेरिका, रूस, फ्रांस, ब्रिटेन, चीन के पास वीटो अधिकार रखने पर बल दे रहा है। इन राष्ट्रों के वीटो अधिकार का मतलब यह है कि वे मनचाहे ढंग से जो चाहे कर सकते हैं। अमेरिका चाहता था कि भारत और पाकिस्तान को अलग-अलग करके राजनीतिक तौर पर दबाव डाला जाए, तथा अन्य राष्ट्रों को कानूनी तौर पर सन्धि के साथ जोड़े रखा जाए। अमेरिकी दबाव इस बात को लेकर भी रहा कि पाँचों परमाणु राष्ट्र इस सन्धि पर दस्तखत कर देते हैं तो अन्य राष्ट्रों पर दबाव डालकर दस्तखत के लिए बाध्य किया जा सकता है।

परमाणु अप्रसार संधि को दुनिया के 150 देश मान्यता प्रदान कर चुके हैं। विरोधी राष्ट्रों में केवल भारत, इजरायल, दक्षिण, अफ्रीका, मिश्र, ईरान तथा कुछ अन्य इस्लामिक देश हैं। जबकि 1967 में यह सन्धि अस्तित्त्व में आई थी, तब इसका विरोध करने वालों

में जापान, जर्मनी, फ्रांस और चीन और दूसरे बड़े देश भी शामिल थे। मैक्सिको, ब्राजील और अर्जेन्टीना ने तो इस सन्धि को संदेहपूर्ण बताते हुए लगातार विरोध किया था। लेकिन अब ये सभी देशों ने इस सन्धि को मान लिया है।

भारत संधि का विरोध इसलिए करता है क्योंकि संधि में कुछ खामियाँ हैं। पहले सन्धि का विरोध करने वाले देशों ने बाद में सन्धि को इसलिए स्वीकार किया क्योंकि उन्हें संधि सही प्रतीत हुई। क्योंकि चीन, फ्रांस, ब्राजील, मैक्सिको और जापान द्वारा सन्धि के पक्ष में समर्थन दे देने के बाद सन्धि विरोधी राष्ट्र कमजोर पड़ गए हैं, पर संख्या कम हो जाने से इसकी सच्चाई नहीं समाप्त हो जाती। जापान, चीन, जर्मनी और ब्राजील ने अपने किसी न किसी लाभ के कारण इस सन्धि को माना है। जापान, जो इस सन्धि का मुख्य विरोधी था, क्योंकि यह दुनिया का एकमात्र ऐसा देश है जिसने परमाणु विनाश को भोगा है, इसलिए जापान का कहना था कि पहले दुनिया की सभी परमाणु शक्तियाँ परमाणु विस्फोट में पूरी तरह से प्रतिबंध पर एक सन्धि करें। जापान का यह कहना उचित ही प्रतीत होता है। मैक्सिको इस सन्धि को इसी तर्क के चलते प्रश्न किया करता था। लेकिन पहले जापान और बाद में मैक्सिको भी पता नहीं अपनी यह शर्त कैसे भूल गए और उन्होंने परमाणु अप्रसार सन्धि पर दस्तखत कर दिए। जापान सम्भवतः तेल संकट पैदा हो जाने से आणविक ऊर्जा के व्यापक उत्पादन को मद्देनजर रखते हुए अपनी शर्त से पीछे हटा होगा और मैक्सिको अपने देश को आर्थिक संकट से उभारने के लिए अमेरिकी दबाव में आया होगा। लेकिन भारत के सामने ऐसी कोई मजबूरी नहीं है कि वह गलत को सही करने के लिए मजबूर हो। भारत का तर्क आज भी मजबूत है कि अगर अमेरिका और दूसरी परमाणु शक्ति सम्पन्न शक्तियाँ अगर दुनिया में यदि शांति स्थापित करना चाहती हैं तो उस सम्बन्ध में ठोस कदम क्यों नहीं उठाते।

इस संधि पर हस्ताक्षर न करने के कुछ उल्लेखनीय सुझाव प्रस्तुत हैं। जैसा कि जब दक्षिण एशिया की बात की जाती है तो हम यह नहीं भूल सकते कि भारत के आस-पास परमाणु शस्त्रों का भण्डार है। चीन के पास परमाणु युद्धाग्र वाली मिसाइलें हैं और उन्हें तिब्बत पर तैनात कर चुका है। उसके पास मिसाइलों को दागने वाले चलते-फिरते लांचरपैड (ट्रालर में) भी हैं जिन्हें वह काराकोरम से लेकर अरुणाचल प्रदेश की सीमा तक दौड़ा सकता है। पाक अधिकृत कश्मीर में पाकिस्तान ने जिस तरह से चीन को घुसपैठ करने का मौका दिया है, उससे भारत की सीमाएँ पाकिस्तान से नहीं चीन से असुरक्षित हो गई हैं। सोवियत संघ के कभी हिस्सा रहे मध्य एशिया के पाँच मुस्लिम गणतन्त्र लोकतान्त्रिक गणतन्त्र बाद में हैं, पहले वे मुस्लिम राष्ट्र हैं। घोषित-अघोषित रूप से इन मुस्लिम देशों के पास परमाणु शक्ति मौजूद है। आने वाले किसी दिन अगर इनमें से कोई राष्ट्र पाकिस्तान के पक्ष में साथ देने लग जाए तो भारत की सुरक्षा का क्या होगा? इसके अलावा यह नहीं भूल सकते कि चीन ने पाकिस्तान को जो मिसाइलें दी हैं उनमें परमाणु युद्धाग्र

आसानी से लगाए जा सकते हैं और उन्हें प्रक्षेपित करना पाकिस्तान के लिए बहुत आसान है। इसलिए भारत के लिए परमाणु अप्रसार सन्धि पर दस्तखत करने का मतलब होगा अपने हितों को नजरअंदाज कर असहाय हो जाना। एक बात और महत्त्वपूर्ण हो जाती है कि यह परमाणु अप्रसार सन्धि ईंधन ऊर्जा के रूप में परमाणु ऊर्जा के उपयोग की अनुमति देती है। अन्तर्राष्ट्रीय आणविक एजेंसी भी सुरक्षा सन्दर्भों में आणविक पनडुब्बियों को आणविक ईंधन के इस्तेमाल की इजाजत देती है। जबकि यह सब जानते हैं कि ईंधन के उच्छिस्ट से परमाणु बम बनाना सम्भव है। अर्थात् जिन देशों के पास बम बनाने की प्रविधि है, वे न केवल उसे बनाए रखेंगे बल्कि जब चाहेंगे तब आणविक ईंधन से बचे पदार्थ से नया बम बना सकते हैं। इस प्रकार यह संधि परमाणु संपन्न राष्ट्रों को शक्ति प्रदान करती है। भारत के लिए इसके अलावा यह भी चिन्ता का विषय है कि नाटो की बदली हुई विश्व व्यवस्था का यूक्रेन तक विस्तार हो गया है। अगर मध्य एशिया के कुछ देश भी इस गठबन्धन में शामिल हो जाते हैं तो भारत नाटो की सैन्य परिधि में आ जाएगा, जिनके पास बड़ी मात्रा में आणविक हथियार हैं। ऐसी स्थिति में भारत को बहुत ही सोच-समझ कर किसी प्रलोभन, प्रोत्साहन और दबाव में आकर ठोस निर्णय लेते हुए एन.पी.टी. का पूरा विरोध करना चाहिए, जब तक सन्धि सार्वभौम, व्यापक और भेद भावरहित न हो। क्योंकि सही मायने में खतरा सम्भवतः परमाणु हथियारों से नहीं बल्कि परमाणु भण्डारों के नियंत्रण में जो छूट दी जाती है, खतरा उसी से है।

व्यापक परमाणु प्रतिबन्ध सन्धि (सीटीबीटी)

सोवियत संघ का विघटन होने के बाद अमेरिका मजबूत हो गया। इस बिखराव के पश्चात् अमेरिका विश्व के मानचित्र पर सबसे शक्तिशाली राष्ट्र बन गया।

यद्यपि रूस, ब्रिटेन, फ्रांस और चीन के पास परमाणु शस्त्र थे लेकिन रूस, ब्रिटेन और फ्रांस तो अमेरिका के मित्र थे। चीन काफी पीछे था, ऐसी स्थिति में परमाणु शस्त्रीकरण के क्षेत्र में अमेरिका का प्रभुत्व पूरी तरह स्थापित हो गया। अमेरिका के सामने अब मुख्य मुद्दा रहा शस्त्रीकरण के क्षेत्र में अपनी सर्वोच्चता को बनाए रखना और यह तभी सम्भव हो सकता था जब परमाणु शस्त्रों की दौड़ में नव सम्भावित राज्य भारत, कोरिया, इजरायल, पाकिस्तान जैसे अन्य देशों को परमाणु सम्पन्न नहीं होने दिया जाए। वास्तविकता यह है कि यह योजना अमेरिकी हितों को ध्यान में रखकर बनाई गई थी।

सीटीबीटी का उदय अमेरिका की सर्वोच्चता के लिए हुआ था। यह बात स्वयं अमेरिकी विदेशमन्त्री अल्ब्राइट ने अमेरिकी सीनेट में कही थी। अमेरिका के संविधान के अनुसार व्यवस्था यह है कि राष्ट्रपति किसी भी देश के साथ सन्धि करने के लिए स्वतन्त्र है परन्तु संधि तब तक लागू नहीं होगी जब तक अमेरिकी दो-तिहाई बहुमत से प्रस्ताव को पारित न कर दे। 22 सितम्बर, 1997 को सीटीबीटी को सीनेट के सामने अनुमोदन

के लिए प्रस्तुत करते हुए अमेरिकी विदेश मन्त्री ने कहा, "यह सन्धि अमेरिका तथा मित्र देशों की सुरक्षा हितों की रक्षा करेगी।" परन्तु मुख्यतः यही है कि सीटीबीटी अमेरिका की सर्वोच्च शक्ति की रक्षा के लिए बनायी गयी थी।

सर्वप्रथम इसके लिए अमेरिका द्वारा रूसी राष्ट्रपति येल्तसिन से समर्थन माँगा था। येल्तसिन इसलिए तैयार हो गए कि वे पूरी तरह आर्थिक रूप से टूटे हुए रूस के लिए सहायता प्राप्त करना चाहते थे और यह सहायता अमेरिकी डॉलर से पूरी हो सकती थी। फिर यह सन्धि अब तक की पाँच परमाणु शक्ति सम्पन्न राष्ट्रों का दर्जा दिए हुए थी इसलिए ब्रिटेन, फ्रांस और चीन इसे आसानी से मान गए। इसके बाद अमेरिका ने विश्व स्तर पर इसका प्रचार किया एवं अपने असर का उपयोग करते हुए इसे संयुक्त राष्ट्र संघ की महासभा में रखा। 10 सितम्बर, 1996 को संयुक्त राष्ट्र महासभा ने सीटीबीटी के प्रस्ताव को पास कर दिया। सीटीबीटी के पक्ष में 158 तथा विरोध में रहे भारत, भूटान और लीबिया, पाकिस्तान ने मतदान में भाग नहीं लिया।

यह उल्लेखनीय बात है कि फ्रांस और चीन संधि पर हस्ताक्षर के कुछ पहले तक ही लगातार परमाणु परीक्षण करते रहे है। ये देश सुनिश्चित कर लेना चाहते थे कि परमाणु शस्त्रों की मारक क्षमता में अमेरिका के समकक्ष बन जाएँ। इसके पीछे पाँचों महाशक्तियों का यह सुझाव रहा है कि उनको राष्ट्रीय हितों की दृष्टि से उनके पास परमाणु शस्त्रों के भण्डार का होना जरूरी है। संयुक्त राष्ट्र संघ की निःशस्त्रीकरण समिति द्वारा तैयार की गई इस सन्धि में कुछ 17 अनुच्छेद तथा दो परिशिष्ट हैं। पहले दो अनुच्छेद बहुत महत्त्वपूर्ण हैं। प्रथम अनुच्छेद के अनुसार कोई सदस्य राज्य परमाणु परीक्षण नहीं करेगा। दूसरे अनुच्छेद में कहा गया है कि कोई भी सदस्य राज्य किसी अन्य राज्य को प्रत्यक्ष या परोक्ष रूप से परमाणु परीक्षण के लिए सहायता नहीं करेगा। इस संधि के क्रियान्वित करने के लिए एक संगठन बनाया गया था। जिसका मुख्यालय वियना (आस्ट्रिया) में होगा। दूसरा, कार्यकारिणी, इसमें सम्मेलन द्वारा निर्वाचित 51 राज्य होंगे। तीसरा, टेक्नीकल सचिवालय होगा। सन्धि में यह भी कहा गया कि यदि कोई देश और परमाणु शस्त्र के परीक्षण की तैयारी करता है तो ऐसी स्थिति में तुरन्त उसका निरीक्षण किया जाएगा। कार्यकारिणी के 51 सदस्यों में से यदि 30 ने निरीक्षण के पक्ष में निर्णय लिया तो तुरन्त निरीक्षण के लिए सम्बन्धित देश में निरीक्षण गुट भेजा जाएगा। इस गुट को सम्बन्धित राज्य पूरी सुविधाएँ प्रदान करेंगे। अगर यह पाया गया कि असल में यह राज्य परीक्षण की तैयारी में जुटा है तो उसके विरुद्ध प्रतिबन्धों की व्यवस्था की जाएगी। ये व्यवस्थाएँ परमाणु शक्ति से युक्त राज्यों को अधिक शक्ति सम्पन्न बनाती हैं।

सीटीबीटी का विरोध

व्यापक परीक्षण प्रतिबंध पर वार्ता 1996 ई. में जेनेवा में हुई, इसके पूर्व ही भारत

ने यह घोषणा कर दी कि वह इस सन्धि पर दस्तखत करने के लिए तैयार नहीं है क्योंकि पहली बात तो यह है कि प्रस्तावित परमाणु निःशस्त्रीकरण का कोई प्रावधान नहीं रखा गया है। दूसरी बात यह है कि यह सन्धि बहुत ही संकीर्ण है और यह केवल नये परमाणु प्रयोग को रोकने की बात करती है, पर नए तकनीकी विकास एवं नए परमाणु शस्त्रों के विषय में कुछ नहीं कहा गया है। तीसरी बात है कि अन्तर्राष्ट्रीय निःशस्त्रीकरण की बात केवल प्रावधानों तक सीमित है, क्योंकि जब जेनेवा में वार्ताएँ चल रही थीं तब भी दो परमाणु राष्ट्र परीक्षण कर रहे थे। चौथी बात यह कि सभी परमाणु राष्ट्रों ने अमेरिका सहित परमाणु शस्त्र को अपनी सुरक्षा का विशेष कवच बना लिया है।

जेनेवा वार्ता में भी यह निर्णय नहीं हो पाया कि यदि पाँचों घोषित परमाणु राष्ट्र इस सन्धि पर दस्तखत कर देते हैं तो यह कब से लागू होगी? अगर पाँच परमाणु राष्ट्र दस्तखत कर देते हैं तो क्या अघोषित परमाणु राष्ट्रों तथा भारत, इजरायल और पाकिस्तान के दस्तखत करने की जरूरत है या इनके दस्तखत करने के कितने दिनों बाद इसे लागू किया जाएगा। सबसे जरूरी बात यह कि सन्धि में कम से कम कितने राष्ट्रों के दस्तखत के बाद इसे लागू माना जाएगा।

अमेरिका की इच्छा है कि अघोषित परमाणु राष्ट्रों के दस्तखत भी जरूरी हैं। जिसका भारत विरोध करता है। इसी सन्दर्भ में जेनेवा में भारत की प्रतिनिधि अरुंधती घोष ने सम्मेलन में आए 50 देशों के प्रतिनिधियों से कहा, "एक और दोषपूर्ण सन्धि के जरिये हथियारों के विकास और परिष्करण के अधिकार को वैधता प्रदान करने की कोशिश की जा रही है।" इसके साथ ही भारत के तत्कालीन विदेश मन्त्री इन्द्र कुमार गुजराल ने कहा "यह वार्ता एक फरेब है, परीक्षण प्रतिबंध की वकालत का दिखावा करने वालों की ईमानदारी संदेहास्पद है। इससे कुल मिला कर परमाणु शक्तियों को अपने हथियार रखने, उन्हें परिष्कृत करने की भी छूट मिलेगी जबकि बाकी दूसरों का उन्हें विकसित करने की इजाजत नहीं दी जाएगी।"

व्यापक परमाणु प्रतिबंध संधि के अध्यक्ष डच राजदूत थे। उन्होंने इसे नवीन ढंग से पेश किया, जिसके अनुसार सन्धि पाँच वर्षों बाद फिर भी लागू मान ली जाएगी, चाहे तीनों अघोषित परमाणु राष्ट्र इस पर दस्तखत करें या न करें, जबकि चार परमाणु राष्ट्रों रूस, चीन, ब्रिटेन और फ्रांस का मानना है कि जब तक पाँचों परमाणु राष्ट्र और तीन अघोषित परमाणु राष्ट्र इस सन्धि को अनुमति नहीं प्रदान करते, तब तक सही मायने में इसे लागू नहीं किया जा सकता। दूसरी ओर भारतीय प्रतिनिधि अरुधंती घोष ने स्पष्ट कह दिया "भारत सीटीबीटी के विषय में अपने स्वतन्त्र निर्णय का अधिकार किसी भी दबाव के अन्तर्गत समर्पित नहीं कर सकता।"

अरुंधती घोष ने जेनेवा निरस्त्रीकरण सम्मेलन के बारे में कहा था कि वर्तमान व्यापक परीक्षण प्रतिबन्ध सन्धि भारत एवं अन्य राष्ट्रों द्वारा 1954 में प्रस्तावित सम्पूर्ण

निःशस्त्रीकरण की दिशा में एक असरदार कदम है, भारत की आशंका को व्यक्त करता है। इस सन्धि के प्रावधान विश्व निःशस्त्रीकरण को प्रेरित नहीं करते तथा अपनी सुरक्षा के लिए भारत अनुमति नहीं प्रदान कर सकता। सन्धि का स्वरूप परमाणु राष्ट्रों की तकनीकी उपलब्धता को बरकरार रख कर उनके हितों की रक्षा करने के लिए ज्यादा है, न कि सम्पूर्ण निःशस्त्रीकरण के लिए। सन्धि में सोच-समझ कर कुछ ऐसी कमियाँ रख दी गई हैं, जिसके सहारे परमाणु राष्ट्र तो अपने परमाणु कार्यक्रमों को ज्यादा विकसित एवं परिष्कृत कर सकते हैं—इस विषय में दूसरे देश कोई भी कार्य नहीं कर सकते हैं।

भारत इस बारे में सोचता है कि पाकिस्तान, चीनी सहायता से परमाणु कार्यक्रम चला रहा है, जो भारत की सुरक्षा के लिए बड़ा खतरा है। ऐसे वातावरण में भारत इस प्रकार की असमान शर्तों वाली सन्धि पर दस्तखत करके अपनी सुरक्षा व्यवस्था को खतरे में नहीं डाल सकता। भारत चाहता है कि सभी विनाशकारी परमाणु हथियारों, प्रक्षेपास्त्रों को खत्म करने एवं फिर न बनाने के लिए एक समयबद्ध कार्यक्रम तय होना चाहिए जिससे विश्व पर मंडरा रहे संकट के बादल को हमेशा के लिए समाप्त किया जा सके।

भारत ने अंतर्राष्ट्रीय दबाव के बाद भी इस संधि पर अपनी सहमति के लिए हस्ताक्षर नहीं किया। पूर्व प्रधानमन्त्री नरसिंहराव, देवगौड़ा एवं गुजराल की सरकारों ने इसका बराबर विरोध किया है। भारत का स्पष्ट कहना है कि यह सन्धि हमारी सुरक्षा सम्बन्धी व्यवस्था करने के हमारे संप्रभु अधिकारों को समाप्त करती है।

5

1968 के पश्चात् भारत की परमाणु नीति
(India's Nuclear Policy after 1968)

1960 के दशक में भारत ने आण्विक नीति बनाना आरंभ किया क्योंकि देश हित में यह जरूरी था। इसी अवधि में परमाणु निःशस्त्रीकरण के लिए सम्मेलन हो रहा था, जिसमें चीन ने परमाणु परीक्षण नहीं करने का भरोसा दिया था। फिर भी जसजीत सिंह के अनुसार, इसके कुछ घंटे बाद ही चीन का परमाणु विस्फोट हुआ था। बाद में निरस्त्रीकरण सम्मेलन में चीन ने यह आग्रह किया कि व्यापक परीक्षण निषेध संधि को, भारत द्वारा अनुमोदन के पश्चात् ही स्वीकार किया जाए। जसजीत सिंह के अनुसार, चीन के इस आग्रह का उद्देश्य भारत को स्थायी रूप से कमजोर स्थिति में रखना था। रूस और अमेरिका भी इस बात के इच्छुक थे कि भारत व्यापक परीक्षण निषेध संधि का अनुमोदन करे। इस प्रकार दोनों बड़े देश भारत को कमजोर स्थिति में देखना चाहते थे ताकि वह उन पर निर्भर बना रहे।

जसजीत सिंह ने परमाणु निषेध संधि के सम्बन्ध में लिखा है कि, सत्य तो यह है कि हम बिना परमाणु परीक्षण विस्फोट के गुजारा कर सकते थे। परन्तु हमारी अवरोधक मनःस्थिति का कोई विश्वास नहीं करेगा, जब तक हम दूर तक मार करने वाले प्रक्षेपास्त्रों का विकास और परीक्षण नहीं कर लेते। यदि भारत के रक्षा समीक्षक ऐसा अनुभव करते हैं, तो कोई कारण नहीं है कि मध्यम दूरी के प्रक्षेपास्त्र कार्यक्रम को समाप्त या स्थगित कर दिया जाए। किसी भी सरकार के लिए राष्ट्र की सुरक्षा सर्वोच्च प्राथमिकता होती है। अग्नि परियोजना को प्रक्षेपास्त्र स्थापित करके सम्पन्न किया जाना चाहिए। यदि ऐसा नहीं हुआ तो न केवल युद्ध या विदेशी आक्रमण की दशा में बल्कि शान्ति काल में बलपूर्वक चलायी गयी कूटनीति के कारण भी भारत के सामने संकट आ जायेगा।

भारतीय प्रक्षेपास्त्र कार्यक्रम के जनक के रूप में भारत के पूर्व राष्ट्रपति डॉ. ए.बी. जे. अब्दुल कलाम को समझा जाता है। उन्होंने भारत की सुरक्षा के सम्बन्ध में आशंका जाहिर की थी। उनका कथन था कि भारत दो परमाणु युक्त राष्ट्रों के बीच में स्थित है अतः भारत को इन दोनों राष्ट्रों से सुरक्षा के लिए परमाणु शास्त्र एवं प्रक्षेपास्त्र के सम्बन्ध में आत्मनिर्भर होना जरूरी है। शक्ति ही शक्ति का आदर करती है और शक्ति प्रौद्योगिकी पर निर्भर होती है। प्रौद्योगिकी ही आर्थिक और सैनिक बल का प्राथमिक तत्त्व है और भारत की नितान्त आवश्यकता है कि वह एक प्रौद्योगिकी सम्पन्न राष्ट्र बने। डॉ. कलाम का विश्वास था कि भारत को एक "राष्ट्रीय इच्छा" की आवश्यकता है ताकि वह शक्तिशाली और आत्मनिर्भर बन सके। अब तक प्रौद्योगिकी नियंत्रण व्यवस्था भेद भावपूर्ण रही है। उदाहरण के लिए, परमाणु अप्रसार संधि केवल कुछ देशों को परमाणु-सम्पन्न बने रहने का अधिकार देकर शेष के विरुद्ध भेद भाव की नीति अपनाती है। इसी कारण भारत ने लगातार इस संधि पर हस्ताक्षर करने से इन्कार किया है। इसी भाँति, परमाणु सम्पन्न राष्ट्रों ने व्यापक परीक्षण निषेध संधि को, भारत के विरोध के बावजूद स्वीकार करवा लिया क्योंकि वे स्वयं बहुत अधिक परीक्षण कर चुके थे। अब वे एक अन्य संधि पारित करवाना चाहते हैं क्योंकि उनके पास यह सामग्री प्रचुर मात्रा में उपलब्ध है। डॉ. कलाम का विचार है कि परमाणु शक्तियों की चाल है कि परमाणु-शक्ति सम्पन्न तथा अन्य राष्ट्रों के मध्य प्रौद्योगिकी की खाई कायम रखी जाए, अर्थात् उनमें स्पष्ट अन्तर या भेद बना रहे। इस प्रकार, अन्य देशों की, परमाणु शक्ति-सम्पन्न देशों पर निरन्तर निर्भरता बनी रहेगी। भारत को एक शक्तिशाली राष्ट्रीय इच्छा तैयार करने के लिए सजग रूप से कार्य करना होगा। हमें न केवल अवरोधक के रूप में प्रक्षेपास्त्रों को उत्पादित और स्थापित करना होगा, बल्कि उन्नत समाकलित निर्देशित प्रक्षेपास्त्र विकास कार्यक्रम को लागू रखना होगा ताकि भारत स्वयं अपने भरोसे पर अपनी सुरक्षा के लिए खतरों का सामना कर सके।

परमाणु परीक्षण के सम्बन्ध में भारत एक आधारभूत नीति का पालन कर रहा है। 1968 की परमाणु अप्रसार संधि पर हस्ताक्षर, भारत ने इस आधार पर नहीं किए कि यह भेद भाव बढ़ाती है। भेद भाव इसलिए कि यह परमाणु क्लब के बाहर परमाणु प्रसार पर प्रतिबन्ध लगाती है। भारत ने परमाणु अस्त्रों का उत्पादन न करने, परमाणु शक्ति के शान्तिपूर्ण कार्यों के लिए विकास कार्यक्रम जारी रखने और अग्नि, आकाश एवं पृथ्वी प्रक्षेपास्त्रों को स्थापित करने के रक्षा वैज्ञानिकों के आह्वान के बावजूद, प्रधानमंत्री इन्द्र कुमार गुजराल ने अगस्त 1997 में फिर यह दोहराया कि भारत प्रक्षेपास्त्रों तथा रासायनिक शस्त्रास्त्रों को तब तक स्थापित नहीं करेगा, जब तक भारत की सुरक्षा के हित में ऐसा करना नितान्त आवश्यक नहीं हो जायेगा। प्रधानमंत्री ने इस संदर्भ में यह भी कहा कि भारत उपमहाद्वीप में शान्ति बनाए रखने के लिए कृत संकल्प है। श्री गुजराल का तर्क था कि प्रक्षेपास्त्रों जैसे घातक शस्त्रास्त्रों को स्थापित किया जाना मात्र रक्षा अवधारणा नहीं है। इस प्रकार की नीति का पालन असैनिक नियंत्रण में ही किया जा सकता है।

परमाणु परीक्षण निषेध पर भारत की नीति

परीक्षण निषेध वार्ता—सर्वप्रथम परमाणु परीक्षण 16 जुलाई 1945 ई. को किया गया। परीक्षण करने वाला देश अमेरिका था। पहली बार, 20,000 टन परम्परागत विस्फोटक को प्लूटोनियम के अणु के रूप में परिवर्तित और परिष्कृत करके परीक्षण किया गया था। तीन सप्ताह पश्चात् अमेरिका ने जापान को पराजित करने के उद्देश्य से जापानी नगर हिरोशिमा पर परमाणु हमला किया और तीन दिन पश्चात् उसी श्रेणी का एक अन्य बम नागासाकी पर भी गिराया गया। इस विनाशलीला से मजबूर होकर जापान ने आत्म-समर्पण कर दिया। पूर्व सोवियत संघ ने अमेरिकी कार्यवाही को एक चुनौती के रूप में लिया। जैसे ही शीतयुद्ध आरम्भ हुआ, सोवियत संघ अणु बम की खोज में व्यस्त हो गया। और 1949 में सफलतापूर्वक परमाणु परीक्षण किया। ब्रिटेन ने 1952 में, फ्रांस ने 1960 में और चीन ने 1964 में परमाणु बमों का निर्माण और परीक्षण किया, और ये पाँचों देश परमाणु सम्पन्न कहलाने लगे। आगे चलकर भारत भी परमाणु परीक्षण कर दुनिया को अपनी बढ़ती ताकत का अहसास करा दिया। भारत भी विकासशील देशों की नीति के अनुरूप अस्त्रों के निर्माण और परीक्षण तथा धारण का विरोध करता था।

जापान पर परमाणु हमले से मानव अत्यधिक चिन्तित हो गया। परमाणुधर्मीकरण के खतरों को तब उजागर किया जब अमेरिका ने 1 मार्च, 1954 को नामू द्वीप पर 15 मेगाटन के एक हाइड्रोजन बम का विस्फोट किया। यह परीक्षण अमेरिका के ऑपरेशन कासल नामक परमाणु परीक्षण शृंखला का एक अंश था। एक अधिकृत वक्तव्य के अनुसार, परमाणुधर्मीकरण से 28 अमेरिकी नागरिकों और निकटवर्ती मार्शल द्वीप के 236 निवासियों के स्वास्थ्य पर विपरीत प्रभाव पड़ा। एक जापानी नौका के चालक दल पर परमाणु धर्मीकरण का गम्भीर प्रभाव पड़ा और एक चालक की मृत्यु हो गयी। जब इन प्रयोगों से दूषित नौका जापान पहुँची तो लोगों में आतंक फैल गया। इसी की प्रतिक्रिया-स्वरूप विश्व में परमाणु परीक्षणों को समाप्त करने के लिए आवाज उठने लगी।

भारत इस सम्बन्ध में परीक्षणों के पूर्ण नियंत्रण के माँग करने वाला पहला देश था। प्रधानमंत्री नेहरू ने अप्रैल 1954 में संसद में कहा था कि—"परमाणु परीक्षण मानवता के विरुद्ध अपराध है, वे मानव जाति के जीवित बने रहने के विरुद्ध अपराध हैं। किसी भी देश को अपनी सुरक्षा के नाम पर परमाणु सर्वनाश के अधिकार की अनुमति नहीं दी जा सकती।" नेहरू ने प्रस्ताव किया कि परमाणु परीक्षणों को तुरन्त रोकने का एक समझौता किया जाए। उन्होंने कहा था कि परमाणु परीक्षण शस्त्रास्त्रों की दौड़ का प्रतीक है। इसका परिणाम सर्वनाश हो सकता है। भारत ने दिसम्बर 1954 में संयुक्त राष्ट्र महासभा में परमाणु परीक्षण रोकने के लिए एक औपचारिक प्रस्ताव रखा, परन्तु उसने उस पर मतदान के लिए माँग नहीं की। परन्तु, महासभा ने भारत के उस प्रस्ताव को, जिसमें उसने विकिरण के

प्रभाव की जाँच करने के लिए एक ऐसी वैज्ञानिक समिति की स्थापना की व्यवस्था थी, जिसको सभी सदस्यों ने ध्वनि मत से पारित कर दिया।

परमाणु परीक्षणों के औचित्य पर परमाणु सम्पन्न राष्ट्रों ने समर्थन किया और इसके लिए अपने तर्क प्रस्तुत किए जो निम्न हैं–

1. जो अस्त्र विकसित करके जमा किए गए हैं उनके प्रभावीपन और उनकी विश्वसनीयता निर्धारित करने के लिए परमाणु परीक्षण आवश्यक थे।
2. परमाणु अस्त्र सम्पन्न राज्यों को परीक्षणों के द्वारा अस्त्रों के आधुनिकीकरण करने में सहायता मिलती है ताकि वे अपने विपक्षियों से अधिक शक्ति-सम्पन्न हो सकें।
3. कुछ परीक्षण इसलिए भी किए गए ताकि परमाणु विस्फोटों के प्रभाव का मूल्यांकन किया जा सके।
4. जिन परमाणु अस्त्रों का विकास हो चुका है उसको संरक्षित रखने के लिए परीक्षण करना जरूरी है।

परमाणु परीक्षण निषेध के लिए किए जाने वाले माँग के कई प्रमुख कारण थे। जैसा कि ऊपर उल्लेख किया गया है, अमेरिका द्वारा मार्च 1954 में किए परीक्षण से जब जापानी नौका चालक दल के एक सदस्य की विकिरण से मृत्यु हो गयी तो विश्व जनमत जागृत हो गया, और लोगों में व्यापक चिन्ता व्याप्त हो गयी। एशिया के देशों पर परमाणु परीक्षणों का सर्वाधिक प्रभाव पड़ रहा था। इसीलिए नेहरू ने परीक्षणों को तुरन्त रोकने की माँग की थी। परीक्षणों के व्यापक निषेध की माँग करने के मुख्य कारण थे–(क) सब प्रकार की परमाणु अस्त्र दौड़ पर रोक लगाना, (ख) पर्यावरण को विनाश से बचाना; तथा (ग) मानवता के सामाजिक आर्थिक उत्थान के लिए कार्य करना। जैसा कि श्रीलंका ने 1991 में आंशिक परीक्षण निषेध संधि संशोधन सम्मेलन में कहा–"यह सभी सभ्य मूल्यों के और नैतिक धारणाओं के विरुद्ध है कि करोड़ों लोगों को भोजन, कपड़ा, आवास तथा चिकित्सा जैसी मूल आवश्यकताओं तथा जीवन की अन्य मौलिक वस्तुओं से वंचित रखा जाए, जबकि अन्तर्राष्ट्रीय समुदाय विध्वंसक उद्देश्यों के लिए करोड़ों डॉलर व्यय कर रहा है।"

परमाणु परीक्षणों के खिलाफ महत्त्वपूर्ण कदम वह था जब परमाणु के आंशिक परीक्षण निषेध संधि पर सन् 1963 ई. में पहली बार हस्ताक्षर किये गए। भारत ने महासभा में 1954 में एक प्रस्ताव पेश किया जिस पर कोई कार्यवाही नहीं की गई। अन्तर्राष्ट्रीय स्तर पर परमाणु परीक्षण निषेध सम्बन्धी वार्ता तब आरम्भ हुई जब सोवियत प्रधानमंत्री बुल्गानिन ने अक्टूबर 1956 में परमाणु परीक्षणों की समाप्ति का प्रस्ताव किया। परन्तु उन्होंने इस सुझाव को अस्वीकार कर दिया कि परीक्षण निषेध का अन्तर्राष्ट्रीय निरीक्षण किया जाए। दूसरी तरफ अमेरिका परमाणु निषेध संधि को एक सफल शर्त मानता था। उदाहरणार्थ, जनवरी 1957 में संयुक्त राज्य अमेरिका ने यह प्रस्ताव किया कि परमाणु अस्त्रों का उत्पादन तुरन्त बन्द किया जाए और तत्पश्चात् परीक्षणों पर प्रतिबन्ध लगाया

जाए। ग्रेट ब्रिटेन ने परमाणु शक्ति के एक थर्मोन्यूक्लियर बम का परीक्षण किया; और इस आधार पर परमाणु परीक्षणों पर प्रतिबन्ध का विरोध किया कि उसके पास हाइड्रोजन बमों का बहुत छोटा भण्डार था और वह इन अस्त्रों को और विकसित करना चाहता था। उस दौर में फ्रांस के पास परमाणु ताकत नहीं था। U-2 नामक अमेरिकी गुप्तचर विमान के बगैर अनुमति के सोवियत संघ क्षेत्र में उड़ान भरते समय सोवियत वायु सेना ने मार गिराया, और उसके चालक को बंदी बना लिया। इसी समय फ्रांस भी परमाणु परीक्षण कर निषेध वार्ता को आघात पहुंचाया। वे ऑफ पिंग्स कांड की घटना अप्रैल 1961 ई. में घटी, जब अमेरिका के प्रोत्साहन से क्यूबा के विस्थापितों ने फ़िडेल कास्त्रों को अपदस्थ करने का असफल प्रयास किया। कुछ ही समय पश्चात् अगस्त 1961 में सोवियत प्रेरणा से, बर्लिन को दो भागों (सोवियत-समर्थक पूर्वी और अमेरिकी-समर्थक पश्चिमी बर्लिन) में विभाजित करने वाली एक दीवार का निर्माण किया गया, जिससे एक ही नगर के दो भागों के निवासी पराए हो गए। इसके बाद सोवियत संघ ने शृंखलाबद्ध परमाणु परीक्षण किये। 1962 में क्यूबा के प्रक्षेपास्त्र संकट ने अमेरिका और सोवियत संघ को एक परमाणु युद्ध के कगार तक पहुँचा दिया। सोवियत युद्ध पोतों पर परमाणु प्रक्षेपास्त्र क्यूबा ले जाये जा रहे थे। अमेरिका के लिए ये अस्त्र एक भयंकर खतरा उत्पन्न कर सकते थे। अतः राष्ट्रपति कैनेडी ने सोवियत संघ से तुरन्त उन्हें वापस बुलाने को कहा और चारों ओर से अमेरिकी नौ सेना ने क्यूबा को घेर लिया। सोवियत संघ ने तुरन्त अपने जहाज वापस बुला लिए। इस प्रकार संकट टलने पर विश्व ने राहत की सांस ली और यह महसूस किया कि विश्व विनाश के कगार पर खड़ा था।

18 देशों की जिनेवा में निरस्त्रीकरण समिति का गठन संयुक्त राष्ट्र द्वारा किया गया था जिसमें परमाणु परीक्षण पर विचार किया गया। इस समिति में परमाणु अस्त्र राज्य और गैर-परमाणु अस्त्र राज्य दोनों मिलाकर 18 सदस्य थे। निरस्त्रीकरण प्रयास में भारत उन देशों में से एक था जिनके पास परमाणु अस्त्र नहीं थे।

आंशिक परीक्षण निषेध संधि, 1963—परीक्षण निषेध के लिए वार्ता क्यूबा के प्रक्षेपास्त्र संकट के बाद प्रयास तेज कर दिया गया। सोवियत राजधानी मॉस्को और अमेरिकी राजधानी वाशिंगटन के मध्य सीधा दूरभाष सम्पर्क स्थापित किया गया ताकि दोनों देशों के राज्याध्यक्ष सीधी बातचीत कर सकें। मॉस्को में परीक्षण निषेध के विषय पर एक सम्मेलन हुआ। इस सम्मेलन के परिणामस्वरूप ब्रिटेन, अमेरिका और सोवियत संघ के विदेश मन्त्रियों ने एक आंशिक परीक्षण निषेध संधि पर 5 अगस्त, 1963 को हस्ताक्षर किए। इन देशों की सरकारों द्वारा पुष्टि के पश्चात् यह सन्धि 10 अक्टूबर, 1963 को कार्यान्वित कर दी गयी। इस सन्धि द्वारा धरती पर, वायुमण्डल में तथा जल पर या जल के नीचे तथा खुले सागर और महासागर तथा सभी जल परमाणु परीक्षणों पर प्रतिबंध लगाया गया। इस संधि में शांतिपूर्ण उद्देश्य के कार्यों के साथ सभी परीक्षणों को प्रतिबंधित

किया गया, जो संधि पर हस्ताक्षर करने वाले देशों के क्षेत्राधिकार में आते हैं। इनमें जो क्षेत्र निषेध सीमा में आते हैं, वे हैं—वायुमण्डल जिसमें बाह्य अन्तरिक्ष भी शामिल है, तथा भूगर्भीय जल जिसमें देश के सीमावर्ती सागर तथा खुला सागर दोनों शामिल हैं। संधि में धरती के नीचे किए जाने वाले परीक्षणों पर प्रतिबंध नहीं लगाया गया। खुला सागर का उल्लेख विशेषकर इसलिए किया गया ताकि कोई परमाणु सम्पन्न देश किसी सागर या महासागर में यह परीक्षण न कर कि वह तो उसके क्षेत्राधिकार में है ही नहीं। यद्यपि धरती के नीचे किए जाने वाले परीक्षणों की अनुमति का प्रावधान था, फिर भी यह व्यवस्था की गयी कि इस प्रकार के परीक्षण प्रतिबंधित रहेंगे जिसका प्रभाव दूसरे देशों पर पड़ता है।

इस संधि पर तीन ही देशों के शुरुआती हस्ताक्षर हुए थे। तथापि सभी अन्य देशों को इसमें शामिल होने के लिए आमंत्रित किया गया। यह भी व्यवस्था की गयी कि कोई देश जो इस संधि पर हस्ताक्षर करता है, परंतु बाद में किसी असाधारण कारण से इससे अलग होना चाहता है, उसे ऐसा करने की छूट होगी। इस संधि में कोई भी संशोधन किया जा सकता था, परन्तु यदि कुल सदस्य-देशों (ब्रिटेन, अमेरिका और सोवियत संघ) की स्वीकृति आवश्यक होगी। उनमें से किसी एक की अस्वीकृति का अर्थ होगा उसके द्वारा निषेधाधिकार। वह संशोधन नहीं हो सकेगा। इस प्रकार आंशिक परीक्षण निषेध संधि के द्वारा (धरती के नीचे छोड़कर) सदा के लिए सभी प्रकार के परमाणु अस्त्र विस्फोटों पर प्रतिबन्ध लगा दिया गया था। इसने और अधिक प्रभावी अस्त्र-नियन्त्रण उपायों के लिए मार्ग प्रशस्त किया। कुछ ही समय में संधि के तीनों प्रारम्भिक हस्ताक्षरकर्ता ने, तथा भारत सहित संयुक्त राष्ट्र के 98 अन्य सदस्यों ने इस आंशिक परीक्षण निषेध संधि का अनुमोदन कर दिया। इनके अतिरिक्त सात अन्य उन देशों ने भी इसका अनुमोदन किया, जो संयुक्त राष्ट्र के सदस्य नहीं थे। इस प्रावधानों के अंतर्गत भारत भी आ गया।

परमाणु अप्रसार संधि, 1968—वर्तमान समय में परिवर्तन समस्या भी बहुत गंभीर हो गई है। इस संधि से इसका भी समाधान हो गया। परंतु परमाणु अस्त्रों की गुणात्मक तथा मात्रात्मक दौड़, और परमाणु प्रसार की समस्या वैसी ही बनी रही। परमाणु शक्ति में बढ़ती हुई विश्वव्यापी रुचि ने परमाणु प्रसार के संकट को और भी गंभीर बना दिया। भारत सहित बहुत से देश केवल शांतिपूर्ण कार्यों के लिए परमाणु ऊर्जा में रुचि रखते थे परंतु, समस्या यह थी कि शांतिपूर्ण उद्देश्यों के लिए परमाणु ऊर्जा तथा परमाणु अस्त्र उत्पादन के मध्य बहुत ही पतली सीमा रेखा है। अतः, विश्व जनमत ने परमाणु प्रसार के निषेध की माँग उठानी शुरू कर दी। सन् 1967 में प्रकाशित एक रिपोर्ट के अनुसार, पाँच परमाणु अस्त्र सम्पन्न शक्तियों के अतिरिक्त सात अन्य देश ऐसे थे, जो शान्तिपूर्ण कार्यों के लिए परमाणु ऊर्जा पर अनुसंधान कर रहे थे, जो आसानी से परमाणु बम बना सकता था। भारत इन सभी में एक ऐसा देश था जो परमाणु विकल्प अपनाने के लिए स्वतंत्र था। ऐसी परिस्थिति में परमाणु अप्रसार के उद्देश्य से संयुक्त राज्य अमेरिका और सोवियत

संघ ने परमाणु प्रसार को रोकने की एक संधि पर हस्ताक्षर किए। संयुक्त राष्ट्र महासभा में अमेरिका और सोवियत संघ ने दो अलग-अलग परन्तु एक जैसी संधियों का प्रस्ताव किया। इस प्रस्ताव को महासभा ने भारी बहुमत से 12 जून 1968 को अनुमोदन कर दिया। इसे सदस्य देशों के हस्ताक्षरों के लिए 1 जुलाई, 1968 से प्रस्तुत कर दिया गया। परमाणु अप्रसार संधि पर शीघ्र ही ब्रिटेन, अमेरिका, सोवियत संघ तथा 50 से अधिक अन्य देशों ने हस्ताक्षर कर दिए। इस संधि में कुछ खामियाँ थी जिसकी वजह से भारत ने इस पर हस्ताक्षर नहीं किये। जहाँ यह संधि परमाणु-अस्त्र विहीन राज्यों को परमाणु अस्त्रों का निर्माण करने से रोकती है, वहाँ यह परमाणु अस्त्र सम्पन्न राज्यों को अपने अस्त्रों को समाप्त करने या उनका विघटन करने के लिए नहीं कहती। फ्रांस और चीन, जो स्वयं परमाणु शक्तियाँ हैं, उन्होंने भी कई वर्ष तक इस संधि पर हस्ताक्षर नहीं किए। चीन ने तो 1992 में जाकर इस संधि का अधिग्रहण किया। इस संधि का समर्थन पूरा होने के बाद 5 मार्च 1970 ई. में यह संधि लागू हो गयी।

प्रारम्भ में यह संधि 25 वर्ष के लिए लागू की गई थी। उस अवधि की समाप्ति पर उन सभी देशों का एक सम्मेलन होना था, जो इसके हस्ताक्षरकर्ता थे। यह सम्मेलन, यह तय करने के लिए होना था कि इस संधि को असीमित अवधि के लिए, या किसी निश्चित अवधि के लिए बढ़ाया जाए। ऐसा सम्मेलन 1995 में संधि के 25 वर्ष पूरे होने पर बुलाया गया। इस सम्मेलन ने अनिश्चित काल के लिए संधि को लागू रखने का निर्णय किया। भारत ने संधि का हस्ताक्षरकर्ता न होने के कारण इस सम्मेलन में भाग नहीं लिया।

सीटीबीटी के सम्बन्ध में भारत की नीति

सी.टी.वी.टी. परीक्षण जो 1963 में की गई थी, उसमें जमीन के अंदर परीक्षण को प्रतिबंधित नहीं किया गया था। अपनी सुरक्षा के लिए तथा पर्यावरण की रक्षा के लिए मानवता की चिन्ता ने व्यापक परमाणु निषेध वार्ता को प्रोत्साहित किया। अमेरिका, ब्रिटेन और सोवियत संघ के बीच 1977 में परमाणु परीक्षण निषेध की एक व्यापक संधि के लिए बातचीत शुरू हुई। इन वार्ताओं को 1980 के अन्त में नव-शीत युद्ध की पृष्ठभूमि में निलम्बित कर दिया गया। सभी परमाणु अस्त्र सम्पन्न देशों ने 1980 के दशक में बड़े स्तर पर (धरती के नीचे) परमाणु परीक्षण किए।

परमाणु निरस्त्रीकरण सम्मेलन सन् 1960 ई. के दशक में शुरू हुआ था परन्तु यह 1980 के दशक में ही जेनेवा में जो कार्यान्वित किया गया। अठारह राष्ट्रों की निरस्त्रीकरण समिति गयी थी। इसको ही निरस्त्रीकरण सम्मेलन के रूप में पुनगर्ठित किया गया। संयुक्त राष्ट्र महासभा के निरस्त्रीकरण सम्बन्धी 1978 के प्रथम विशेष अधिवेशन में एक निरस्त्रीकरण समिति की स्थापना की गयी। आगे चलकर इसका ही नाम बदलकर निरस्त्रीकरण सम्मेलन कर दिया गया। भारत इस सम्मेलन का आरम्भ से ही सदस्य रहा

और वह निरन्तर भेद-भाव-रहित परमाणु निरस्त्रीकरण एवं अस्त्र-नियंत्रण के लिए प्रयास करता रहा है। व्यापक परीक्षण निषेध संधि पर गंभीर रूप से, 1968 में रेकेविक के रेगन-गोर्बाच्योव शिखर सम्मेलन के समय विचार आरम्भ हुआ।

सन् 1990 में कई वर्षों की वार्ता के पश्चात् निर्णय किया गया कि उन सभी देशों का एक सम्मेलन बुलाया जाये, जो कि 1963 की आंशिक परीक्षण निषेध संधि के हस्ताक्षरकर्ता थे। इस सम्मेलन का उद्देश्य आंशिक निषेध संधि में प्रस्तावित संशोधनों पर विचार करना था। मुख्य प्रस्ताव यह था कि 1963 की संधि को एक व्यापक परीक्षण निषेध समझौते में परिवर्तित कर दिया जाए। उन सभी देशों का सम्मेलन, जो कि 1963 की आंशिक परीक्षण निषेध संधि के हस्ताक्षरकर्ता थे, संयुक्त राष्ट्र मुख्यालय में 1 से 18 जनवरी, 1991 तक हुआ। फिर भी इसमें सर्वसम्मति नहीं बन सकी।

विभिन्न सम्मेलनों में भारतीय नीति की स्थिति की स्पष्ट घोषणा की गई। भारत पूर्ण परमाणु निरस्त्रीकरण में विश्वास करता है, परन्तु वह किसी ऐसे समझौते का समर्थन नहीं कर सकता जो कि भेद भाव पर आधारित हो।

परमाणु परीक्षण की गतिविधियों पर सन् 1991-96 के दौरान निरस्त्रीकरण के लिए जेनेवा में विचार-विमर्श किया गया। यह विचित्र विडम्बना है कि भारत, जिसने 1954 में व्यापक रूप से परमाणु परीक्षण निषेध का प्रस्ताव किया था, 1996 में अंतिम रूप से स्वीकृति व्यापक परीक्षण निषेध संधि पर हस्ताक्षर से इंकार कर दिया। भारत अबाध रूप से परमाणु निरस्त्रीकरण चाहता है, जबकि अमेरिका केवल यह प्रयास कर रहा था कि आंशिक परीक्षण निषेध संधि ने धरती के नीचे जिन परीक्षणों की अनुमति दी थी, उन पर भी प्रतिबन्ध लगाया जाए। संयुक्त राज्य अमेरिका और भारत ने मिलकर महासभा में 1993 में, परीक्षण निषेध संधि के लिए एक प्रस्ताव किया था ताकि परमाणु अप्रसार एवं परमाणु निरस्त्रीकरण के दोहरे उद्देश्य को, प्रभावी योगदान देकर, प्राप्त किया जा सके। जब जिनेवा का निरस्त्रीकरण सम्मेलन आरम्भ हुआ तब उसने भी, अपने उद्देश्य-प्रस्ताव में, इन्हीं दोनों अपेक्षाओं का उल्लेख किया था। अमेरिका के राष्ट्रपति क्लिण्टन और भारत के प्रधानमंत्री नरसिम्हा राव ने, 1994 में, मिलकर परमाणु अप्रसार और परमाणु निरस्त्रीकरण के उद्देश्यों के लिए परीक्षण निषेध सन्धि का आह्वान किया गया। परंतु जब 1996 में बातचीत निर्णायक दौर में पहुँची तक परमाणु अस्त्र-सम्पन्न शक्तियों ने दृष्टिकोण बदल लिया और निरस्त्रीकरण के प्रयास को पीछे धकेल दिया। उस समय (1996) तक अमेरिका ने परमाणु परीक्षणों के लिए प्रयोगशाला सुविधा उपलब्ध कर ली थी। इस प्रकार अमेरिका ने जहाँ, व्यापक संधि के द्वारा यह सुनिश्चित करवाया कि कोई भी अस्त्र-विहीन देश किसी भी रूप में परमाणु न कर सके, वहाँ उसने प्रयोगशाला में स्वयं परीक्षण करते रहने की स्वतंत्रता भी सुनिश्चित कर ली। वास्तव में, 1997 (जुलाई) में अमेरिका ने अपना पहला प्रयोगशाला-परीक्षण करके, व्यापक सन्धि को एक प्रकार से अर्थहीन कर दिया। इस पर भारत का विरोध बिल्कुल सही था।

भारत इस नीति पर तटस्थ रहा कि वह इस संधि को कभी स्वीकार नहीं करेगा, जिससे महासभा के प्रस्ताव के दोहरे उद्देश्य (अप्रसार और निरस्त्रीकरण) प्राप्त न होते हों। निरस्त्रीकरण सम्मेलन के नेताओं ने भारत पर दबाव डालने के विचार से यह निश्चय किया कि प्रस्तावित व्यापक परीक्षण निषेध संधि तब तक लागू नहीं होगी जब तक उस पर परमाणु अस्त्र उत्पादन की क्षमता वाले सभी 44 देश हस्ताक्षर नहीं कर देंगे। इन 44 में पाँच परमाणु ऊर्जा की क्षमता वाले देश भी शामिल थे। भारत ने इस शर्त को अपने विरुद्ध बल प्रयोग मानते हुए संधि का विरोध किया, और व्यापक परीक्षण निषेध संधि पर न केवल जेनेवा सम्मेलन में समर्थन देने और हस्ताक्षर करने से इंकार कर दिया, बल्कि जब संयुक्त राष्ट्र महासभा ने ऑस्ट्रेलिया के प्रस्तावित करने पर यह संधि बहुमत से स्वीकार कर ली गयी परन्तु भारत ने उस पर हस्ताक्षर नहीं किए।

इस संदर्भ में जसजीत सिंह ने सही ही कहा था कि—यह संधि परमाणु अस्त्र-सम्पन्न देशों को कम्प्यूटर द्वारा रचित अस्त्रों को प्रयोगशाला-परीक्षण की सुविधा उपलब्ध कराती रहेगी। ये देश नए युद्धोपयोगी अस्त्रों की खोज भी करते रहेंगे। उनका कहना था कि इस संधि के माध्यम से एक नई गुणात्मक अस्त्र-दौड़ को प्रोत्साहन मिलेगा। इस संधि ने परमाणु अस्त्र सम्पन्न देशों के द्वारा अस्त्र-विहीन देशों को परमाणु अस्त्रों के प्रामाणिक नमूने देने या परमाणु प्रौद्योगिकी के हस्तान्तरण पर कोई प्रतिबन्ध नहीं लगाया। यह संधि, भारत सहित, परमाणु अस्त्र-विहीन देशों के विरुद्ध निश्चय ही भेद भाव है। जसजीत सिंह का निष्कर्ष था कि, "परमाणु अप्रसार संधि की भाँति, यह संधि भी परमाणु शक्तियों को परमाणु अस्त्रों के सीधे प्रसार की छूट तो देती ही है, समतल प्रसार का भी कोई प्रभावी निषेध नहीं करती।" अतः, परमाणु शक्तियाँ नए अस्त्रों का उत्पादन करती रहेंगी, और अन्य राज्यों का उनका हस्तान्तरण भी कर सकेंगी, इस संधि में निरस्त्रीकरण के लिए कोई प्रोत्साहन नहीं दिया गया था।

व्यापक परीक्षण संधि पर भारत की प्रतिक्रिया—भारत एक प्रवेश द्वारा की तरह तीन में से एक शक्ति था, भारत के विरोध करने पर भी यह संधि पास करवा ली गयी। यद्यपि भारत ने उस पर हस्ताक्षर नहीं किए। भारत सरकार के दृष्टिकोण को देश के सभी वर्गों और दलों का पूर्ण समर्थन प्राप्त हुआ। व्यापक परीक्षण निषेध संधि पाँच परमाणु शक्तियों तथा तीन प्रवेश-द्वार देशों को प्रत्यक्ष रूप से प्रभावित करती है। शेष सभी अस्त्र-विहीन देश अप्रसार संधि पर हस्ताक्षरकर्ता हैं ही नहीं। भारत तथा पाँच अन्य देशों अर्जेण्टीना, ग्रीस, मैक्सिको, स्वीडन तथा तंज़ानिया ने 1984 में सभी राष्ट्रों से परमाणु परीक्षण रोक देने की प्रार्थना की थी। इन छः देशों के प्रतिनिधियों का 1985 में नई दिल्ली में एक सम्मेलन हुआ। इस सम्मेलन में तत्कालीन प्रधानमंत्री राजीव गाँधी ने भारत की नीति को स्पष्ट करते हुए कहा था। "वर्तमान समझौते परमाणु अस्त्र-विहीन राज्यों को शान्तिपूर्ण कार्यों तक के लिए भी परमाणु परीक्षण करने से रोकते हैं, जबकि वे परमाणु

अस्त्र-सम्पन्न देशों को अपनी घातक क्षमता बढ़ाने से किसी भी प्रकार नहीं रोकते। भारत सदा ही इस प्रकार के भेद-भाव की आलोचना करता रहा है।"

अप्रसार संधि के सम्बन्ध में भारतीय राजदूत ने सितम्बर सन् 1994 में इसका विरोध किया था। उन्होंने कहा था कि "क्योंकि हम परमाणु अप्रसार संधि के हस्ताक्षरकर्ता नहीं हैं, इसलिए उसका कोई भी उल्लेख हमको स्वीकार्य नहीं होगा।" एक वर्ष पश्चात् 1995 में भारत की नई प्रतिनिधि (राजदूत) अरुंधती घोष ने जोर देकर कहा कि, "संधि की प्रस्तावना में, व्यापक परीक्षण निषेध संधि का परमाणु निरस्त्रीकरण की सामान्य रूपरेखा के साथ, स्पष्ट सम्बन्ध परिभाषित करना ही होगा।" अतः भारत ने परमाणु निरस्त्रीकरण को व्यापक निषेध संधि से सम्बद्ध करने के लिए प्रस्तावित संधि में अनेक संशोधनों के प्रस्ताव रखे। श्रीमती घोष ने 25 जनवरी, 1996 को पुनः भारत की स्थिति को स्पष्ट करते हुए कहा, "हमारा यह विचार है कि संधि को विश्वव्यापी निरस्त्रीकरण के संदर्भ में जोड़ा जाए तथा संधि की भाषा के द्वारा समयबद्ध रूप से सभी परमाणु अस्त्रों के उन्मूलन की व्यवस्था की जाए।" परंतु, अमेरिका तथा अन्य परमाणु देश अस्त्रों के उन्मूलन के किसी समयबद्ध कार्यक्रम को स्वीकार करने के खिलाफ थे जिसके कारण भारत ने इस संधि के विरोध में मतदान करने का फैसला किया। भारत निरस्त्रीकरण के आश्वासन मात्र से सहमत नहीं था। अरुंधती घोष ने सम्मेलन में कहा कि, "परमाणु अस्त्रों के उन्मूलन की अलिखित प्रतिबद्धता एक बिना हस्ताक्षर किया गया प्रतिज्ञापत्र (अर्थात् व्यर्थ कागज का टुकड़ा) होगा।" भारत के प्रस्ताव में परमाणु निरस्त्रीकरण के लिए एक तदर्थ समिति स्थापित करने का सुझाव था, लेकिन इस पर सहमति नहीं बन पाई। जब भारत के सुझाव स्वीकार नहीं हुए तो इस देश ने 20 जून 1996 को इस परीक्षण निषेध संधि को अस्वीकृत घोषित कर दिया।

जाप रामाकर जो निरस्त्रीकरण सम्मेलन के अध्यक्ष थे, ने इसका प्रारूप रखा था, जिसको भारत ने अमान्य कर दिया। इस संधि में एक 'लागू करने सम्बन्धी अनुच्छेद' का प्रावधान किया गया था। उस अनुच्छेद में यह व्यवस्था थी कि संधि को तभी लागू किया जायेगा जब, भारत, सहित वे 44 देश इसका अनुमोदन कर देंगे, जिनके पास परमाणु अनुसंधान की सुविधा है, तथा जिनके पास रिएक्टर हैं, अर्थात् जो परमाणु क्षमता सम्पन्न हैं। भारत के पास ये सभी सुविधाएँ हैं, वह प्रवेश-द्वार देश कहलाता है, इसलिए भारत के हस्ताक्षर संधि पर और उसका अनुमोदन आवश्यक था। लेकिन इस भेदभाव पूर्ण सन्धि पर भारत हस्ताक्षर करने से इन्कार कर दिया। संधि को, और उसे लागू करने वाली धारा को, भारत ने अमान्य कर दिया और कहा कि "वर्तमान व्यापक परीक्षण निषेध संधि परमाणु अस्त्र-सम्पन्न राज्यों की प्रौद्योगिकी पसंद के अनुसार तैयार की गयी है, न कि परमाणु निरस्त्रीकरण की आवश्यकता के अनुसार।"

इस संधि को लागू करने की दशा में भारत ने सुझाव दिया कि 65 देशों द्वारा संधि

का अनुमोदन करने और उसके दस्तावेज जमा करने के 180 दिन के पश्चात् संधि को प्रभावी बनाया जाए। यह समय संधि पर हस्ताक्षर आरम्भ करने से कम से कम दो वर्ष के पश्चात् होना चाहिए। भारत के दोनों ही प्रस्ताव (संधि को, चरणों में परमाणु निरस्त्रीकरण के कार्यक्रम से जोड़ना और लागू करने की तिथि का उपर्युक्त प्रस्ताव) निरस्त्रीकरण सम्मेलन ने अस्वीकार कर दिए। भारत को यह स्वीकार नहीं था कि भारत तथा अन्य 44 देशों द्वारा इस संधि पर अमल किया जाय।

इस निरस्त्रीकरण सम्मेलन में भारत ने दोहरे निषेधाधिकार को अपनाया। भारत ने संधि के प्रारूप और प्रभावी (लागू) करने के अनुच्छेद, दोनों के विरुद्ध मत दिया। 21 अगस्त, 1996 को भारत के विपरीत मतों के कारण, संधि को, निरस्त्रीकरण सम्मेलन द्वारा प्रस्तावित रूप में सभी सदस्य देशों के समक्ष रखने का कार्यक्रम भी रद्द हो गया। यह संधि सदस्य राष्ट्रों के विचार के लिए नहीं भेजी जा सकी, क्योंकि भारत ने इसका मार्ग अवरुद्ध कर दिया था।

आस्ट्रेलिया ने इस संधि का संकट कम करने के लिए संयुक्त राष्ट्र में एक प्रस्ताव पेश किया कि निरस्त्रीकरण सम्मेलन द्वारा प्रस्तावित प्रारूप को महासभा संधि के रूप में पारित कर दे। महासभा में किसी भी देश को निषेधाधिकार प्राप्त नहीं था। ऑस्ट्रेलिया ने प्रस्ताव को 126 अन्य देशों के साथ मिलकर महासभा में प्रस्तुत किया था। इस प्रस्ताव को महासभा ने भारी बहुमत से स्वीकार कर लिया। इसके पक्ष में 158 देशों ने और विपक्ष में 3 देशों ने मतदान किया। पाँच देशों ने किसी ओर मतदान नहीं किया। महासभा ने इसे सितम्बर 1996 में पारित कर दिया। इस प्रकार भारत के (निरस्त्रीकरण सम्मेलन) निषेधाधिकार को अप्रभावी कर दिया गया। जिन तीन देशों ने विरोध में मतदान किया वे थे—भारत, भूटान और लीबिया। इस मतदान में कई देशों ने भाग लिया, जिसमें भाग न लेने वाले देश निम्न थे तंजानिया, लेबनान, क्यूबा, सीरिया तथा मॉरीशस।

यह संधि 180 दिनों बाद तब लागू की जायेगी, जब भारत सहित 44 देश इस संधि को अनुमोदित कर देंगे। यदि 44 देशों द्वारा अनुमोदन नहीं होता तो महासभा द्वारा प्रस्ताव पारित करने के तीन वर्ष पश्चात् अनुमोदन प्रक्रिया को गति देने के लिए, एक सम्मेलन बुलाया जायेगा। स्पष्ट है कि भारत अनुमोदन नहीं करेगा, और संधि लागू नहीं होगी।

सर्वप्रथम संयुक्त राष्ट्र अमेरिका ने महासभा की अनुमति मिलने के बाद इस संधि पर हस्ताक्षर किये। राष्ट्रपति बिल क्लिण्टन ने 24 सितम्बर, 1996 को संधि पर उसी कलम से हस्ताक्षर किए जिसका प्रयोग राष्ट्रपति कैनेडी ने 1963 में आंशिक परीक्षण निषेध संधि पर हस्ताक्षर करने के लिए किया था। इस प्रकार अमेरिका ने परमाणु परीक्षणों के विरुद्ध भावनात्मक प्रदर्शन किया। क्लिण्टन द्वारा हस्ताक्षर के पश्चात् शीघ्र ही 70 अन्य देशों ने भी संधि पर हस्ताक्षर कर दिए। जैसा कि भारत ने पहले ही घोषित कर दिया था, भारत ने संधि पर हस्ताक्षर नहीं किए, यद्यपि भारत पर दबाव डाला गया और राष्ट्रपति क्लिण्टन

ने यह आशा व्यक्त की थी कि भारत "मान जायेगा।" पाकिस्तान भी एक प्रवेश-द्वार देश था। उसने महासभा में तो संधि के पक्ष में मतदान किया, लेकिन उसने भी इस पर हस्ताक्षर नहीं किया। तीसरे प्रवेश-द्वार देश इज़राइल ने अमेरिका का साथ देते हुए हस्ताक्षर करने का निर्णय किये। इस प्रकार भेद भाव पर आधारित व्यापक परीक्षण निषेध संधि महासभा द्वारा स्वीकृत होकर देशों के हस्ताक्षरों के लिए भेज दी गयी, परंतु भारत ने इस संधि का साथ देने से बिल्कुल मना कर दिया। भारत को इस सैद्धान्तिक दृष्टिकोण के लिए तुरन्त "दण्ड भोगना पड़ा।" भारत का संयुक्त राष्ट्र सुरक्षा परिषद् की अस्थायी सदस्यता का प्रयास विफल हो गया। और जापान सुरक्षा परिषद का अस्थायी सदस्य बन गया। जब अस्थायी सदस्यता प्राप्त नहीं हो सकी तो भारत की स्थायी सदस्यता की निकट भविष्य में कोई आशा नहीं रह गयी। जैसा कि दिसम्बर 1996 में तत्कालीन विदेश मंत्री इन्द्र कुमार गुजराल ने लोक सभा में कहा—"हमने अवज्ञा का मूल्य चुका दिया है, और हमें उसके लिए गर्व है।" उन्होंने इस बात को अमान्य कर दिया कि भारत अकेला पड़ गया है।

अमेरिकी सीनेट ने भी इस संधि को सन् 1999 में अस्वीकृत घोषित कर दिया। स्वयं अमेरिकी सीनेट द्वारा अनुमोदन न करने के फलस्वरूप इसके क्रियान्वयन पर प्रश्न चिह्न लग गया। इसको न तो लागू किया गया, न प्रस्तावित अधिवेशन 3 वर्ष बाद बुलाया गया, और न ही 2000 ई. के बाद किसी ने इस संधि का उल्लेख करना आवश्यक समझा।

भारत निरस्त्रीकरण के पक्ष में है। भारत को परमाणु परीक्षण निषेध से आपत्ति नहीं है—चाहे वह आंशिक हो या व्यापक। भारत सम्पूर्ण निरस्त्रीकरण का समर्थक है। यह सभी राजनीतिक दलों की आम सहमति और जनता की आकांक्षा पर आधारित नीति है। भारत परम्परागत एवं परमाणु दोनों प्रकार के निरस्त्रीकरण के लिए कार्य करने को वचनबद्ध है। ऐसा होने पर ही भारत की सुरक्षा सुनिश्चित होगी।

रासायनिक अस्त्र समझौता—प्रथम विश्वयुद्ध से द्वितीय विश्वयुद्ध के मध्य निरस्त्रीकरण का एक समझौता हुआ था। वह था 1925 का वह समझौता जिसके अनुसार रासायनिक शस्त्रास्त्रों के प्रयोग पर प्रतिबंध लगाया गया था। भारत ने उस समझौते का पूरा समर्थन किया था। यही उस रासायनिक अस्त्र समझौते का आधार बना जिस पर 1993 में विभिन्न देशों द्वारा हस्ताक्षर किए गए, और 1994 में इसका औपचारिक अनुमोदन भी किया गया। इस बीच, चीन, रूस, अमेरिका तथा अधिकतर अन्य रासायनिक अस्त्र-सम्पन्न राज्यों ने भी इस पर हस्ताक्षर कर दिए थे परन्तु, कई बड़े देश इसका अनुमोदन करने में संकोच कर रहे थे। यह निश्चित किया गया था कि रासायनिक अस्त्र समझौते को 29 अप्रैल, 1997 से प्रभावी (लागू) कर दिया जायेगा। संयुक्त राज्य अमेरिका इस समझौते को मार्च 1997 ई. तक स्वीकार नहीं किया था अतः यह शंका हुई कि रासायनिक शस्त्रास्त्र निषेध संगठन जो कि 29 अप्रैल, 1997 के पश्चात् स्थापित होना था, शायद अस्तित्त्व में आ ही न सके। चीन तथा रूस ने यह संकेत दिया था कि यदि अमेरिका समझौते का

अनुमोदन नहीं करता तो वे भी अनुमोदन नहीं करेंगे। भारत इस दुविधा में था कि कहीं बड़ी शक्तियाँ अनुमोदन वापस न ले लें या उसका निलम्बन न कर दें। परंतु, अन्ततः राष्ट्रपति बिल क्लिण्टन ने अमेरिका के उच्च सदन सीनेट को उसकी स्वीकृति के लिए राजी कर लिया और 29 अप्रैल, 1997 से कुछ ही दिन पूर्व अमेरिका ने रासायनिक शस्त्रास्त्र समझौते, का अनुमोदन कर दिया। इससे चीन एवं रूस द्वारा अनुमोदन का मार्ग भी प्रशस्त हो गया। भारत ने पहले ही इस समझौते का अनुमोदन कर दिया था। उसको यह आशा थी कि शीघ्र ही इस समझौते को सभी देश समर्थन प्रदान कर देंगे, और यह प्रभावी रहेगा। भारत ने जून 1997 में एक निर्णय के तहत घोषित किया कि वह, अपने रासायनिक शस्त्रों का निरीक्षण किसी भी संस्था से करवा सकता है।

परमाणु नीति के सम्बन्ध में भारत का आगामी विचार

सन् 1974 ई. में भारत ने एक परमाणु परीक्षण कर परमाणु क्षमता प्राप्त कर ली थी। उसी समय से भारत यह कहता रहा है कि वह परमाणु ब्रम नहीं बनाएगा परन्तु वह अपना विकल्प स्वतंत्र रखेगा। तथा वह परमाणु निरीक्षण का भी, समर्थन करता है। अति आवश्यक हुआ तो इस सम्बन्ध में वह अपना विकल्प खुला रखेगा। चीन एक परमाणु शक्ति है और भारत के साथ उसके सम्बन्ध लम्बे समय तक सामान्य और संतोषजनक नहीं हो पाए। पाकिस्तान के पास परमाणु क्षमता थी और उसे प्रवेश-द्वार का देश माना जाता था। भारत के अनेक प्रयासों के बावजूद भी पाकिस्तान की भारत-विरोधी नीति में विशेष परिवर्तन नहीं हुआ था। चीन ने पाकिस्तान के परमाणु कार्यक्रम में उसका पूरा साथ दिया, ऐसी स्थिति में चीन और पाकिस्तान दोनों की ओर से भारत की सुरक्षा के लिए संकट उत्पन्न हो सकता था। अतः भारत आवश्यकता पड़ने पर परमाणु बम का उत्पादन कर सकने के अपने अधिकार को नहीं छोड़ना चाहता था। विपक्ष के कुछ नेताओं ने तो समय-समय पर माँग की थी कि भारत को अपने परमाणु विकल्प का प्रयोग करने में देर नहीं करनी चाहिए परन्तु, सरकारी तौर पर भारत ने न तो इस विकल्प को छोड़ा था और न ही उसका प्रयोग किया। हमने ऊपर जो समीक्षा की है उससे स्पष्ट है कि व्यापक परीक्षण निषेध संधि के विषय में भारत की बात नहीं मानी गयी, परमाणु निरस्त्रीकरण का कार्यक्रम नहीं बनाया गया, और भारत की सुरक्षा को खतरा बना रहा। इस स्थिति में यह आम धारणा बन रही थी कि भारत को अपनी दुविधा की नीति छोड़कर परमाणु विकल्प का प्रयोग करना ही चाहिए।

ब्रह्मा चैलेनी ने भारत के परमाणु नीति के बारे में कहा था कि भारत का 'निर्णय न करने की प्रवृत्ति' का परमाणु विकल्प से श्रेष्ठ और कोई उदाहरण हो नहीं सकता है। उन्होंने अगस्त 1997 में लिखा था कि—

"देश ने दृढ़ता और हठधर्मिता से, दशकों से अपने परमाणु विकल्प का सहारा लिया

हुआ है, परन्तु इसको प्रत्यक्ष सुरक्षा सम्पदा के रूप में प्रयोग करने से घृणा करता रहा है। वह परमाणु व्यवस्था की भेद भाव पूर्व प्रकृति का शोर मचाता रहा है, परन्तु उसने बढ़ते हुए भेद भाव और बड़ी शक्तियों की वर्चस्व आधारित प्रथाओं से उबरने का कोई प्रयास नहीं किया है। वह सहमे हुए, अपने न उपयोग किए गए परमाणु विकल्प के लिए बढ़ता हुआ, अन्तर्राष्ट्रीय मूल्य चुकाता रहा है, परंतु उसने न तो यह साहस किया कि इस विकल्प को छोड़ दे, और न यह कि बड़ी शक्तियों की नरसंहार प्रवृत्ति के विरुद्ध अपने इस विकल्प का प्रयोग करे।"

चैलेनी द्वारा दिया गया यह विचार सामान्य जनता की भावनाओं को उजागर करता था। भारत को साहस जुटाकर इधर या उधर कोई निर्णय करना चाहिए था, और दुविधा की स्थिति से बाहर निकलना चाहिए था।

जब भारत स्वाधीन हुआ तो उसी साल प्रधानमंत्री नेहरू ने परमाणु ऊर्जा आयोग स्थापित किया था। सुप्रसिद्ध वैज्ञानिक होमी भाभा इसके अध्यक्ष थे, और नोबेल पुरस्कार से सम्मानित सी.वी. रमण परामर्शदाता नियुक्त किए गए थे। नेहरू ने इस आयोग से कहा था कि "परमाणु शक्ति की नीतिगत प्रकृति को देखते हुए सभी मूल सामग्री का उत्पादन करना होगा। जिस प्रकार परमाणु दौड़ आरम्भ हो गयी थी उसको ध्यान में रखते हुए प्रत्येक देश को अपनी सुरक्षा के लिए आधुनिकतम वैज्ञानिक उपायों का विकास करना होगा।" नेहरू के इस विचार के अनुसार, भारत के योग्य वैज्ञानिकों ने देश को प्रवेश-द्वार का राज्य बना दिया और हमें परमाणु सामर्थ्य उपलब्ध करा दी। हमारे पास पूरी परमाणु क्षमता थी और संकट हमारे सम्मुख था। परमाणु निरस्त्रीकरण की कोई सम्भावना नहीं थी। इन परिस्थितियों में भारत को परमाणु के सम्बन्ध में एक विकल्प को निश्चित करना ही था।

पाकिस्तान के विदेश मंत्री गौहार अयूब ने मध्य-1997 में यह प्रस्ताव किया था कि भारत और पाकिस्तान एक ऐसा समझौता करें जिसके एक-दूसरे के खिलाफ परमाणु युद्ध नहीं कर सके। इससे पूर्व, 1994 में भारत ने पाकिस्तान को "प्रथम प्रयोग न करने" के समझौते पर हस्ताक्षर करने के लिए कहा था। उस समय पाकिस्तान ने सीधे ही, भारत के प्रथम प्रयोग न करने के प्रस्ताव को अस्वीकार कर दिया था। इन दोनों प्रस्तावों में मूलभूत अंतर है। यहाँ पर प्रयोग करने का अर्थ है कि एक देश दूसरे देश के खिलाफ परमाणु अस्त्रों का प्रयोग नहीं करेगा। यदि ऐसा होता है कि पाकिस्तान के पास परमाणु अस्त्र रखने का औचित्य ही नहीं रह जायेगा। पाकिस्तान को अपना परमाणु कार्यक्रम समाप्त करना पड़ेगा, क्योंकि पाकिसतान तो अपनी सुरक्षा को केवल भारत के विरुद्ध तैयार करता है। परन्तु पाकिस्तान का प्रस्ताव मान लेने पर भी, भारत को चीन के विरुद्ध परमाणु सुरक्षा के लिए तैयार रहना ही था। भारत के प्रथम प्रयोग न करने के सुझाव में यह कहा गया था कि हम परमाणु अस्त्रों का प्रयोग पहले नहीं करेंगे। परन्तु यदि दूसरा पक्ष इस समझौते की अवहेलना करके परमाणु युद्ध छेड़ देता है तब हमारे पास, अपनी

सुरक्षा के लिए इन अस्त्रों के प्रयोग करने का पूर्ण अधिकार होगा। इस प्रकार दोनों देशों भारत तथा पाकिस्तान को परमाणु अस्त्र खुला रखने की तथा जमा करने की छूट होगी। इन दोनों प्रस्तावों में जो अंतर है उसका प्रत्यक्ष प्रभाव, अवरोधक स्थिति पर पड़ता है।

चाहे वह भारत का "प्रथम प्रयोग न करने" का प्रस्ताव हो, या पाकिस्तान का "प्रयोग न करने" का सुझाव हो, एक बात स्पष्ट है कि दोनों देश अप्रत्यक्ष रूप से यह मानते थे कि उनके पास परमाणु अस्त्र उपलब्ध थे, या उनके निर्माण की क्षमता थी। परन्तु, भारत की दृष्टिकोण में, पाकिस्तान का प्रस्ताव चतुर और दुविधापूर्ण था। पाकिस्तान का सुझाव मान लेने से भारत, संयुक्त राज्य अमेरिका द्वारा सुझाए गए, उस मार्ग पर चल पड़ेगा जिसके अनुसार हमें अपनी परमाणु क्षमता पर पहले रोक लगानी, फिर उसे कम करना और फिर उसका उन्मूलन करना पड़ता। यह भारत के हित के पक्ष में नहीं था।

जैसा कि ऊपर बताया गया है कि दुर्भाग्य की बात थी कि 1974 में पोखरन में एक परमाणु परीक्षण करने के पश्चात् 24 वर्ष से भारत ने अपना परमाणु विकल्प मात्र खुला रखा था। न तो भारत ने कोई अन्य परीक्षण किया था, और न ही परमाणु विकल्प बन्द किया था। अन्ततः भारत ने 24 वर्ष बाद अपने परमाणु विकल्प का उपयोग करके, मई 1998 में पाँच परमाणु परीक्षण किए। इन्हें पोखरन-2, अथवा शक्ति शृंखला, के नाम से जाना गया। भारत के वैज्ञानिकों ने यह घोषणा की कि इन परीक्षणों के द्वारा उन्हें वे समस्त आँकड़े तथा तथ्य प्राप्त हो गये थे, जो कि भारत को परमाणु शक्ति-सम्पन्न राज्य बना सकने के लिए पर्याप्त एवं उपयोगी थे। उनको अन्य कोई परीक्षण करने की आवश्यकता नहीं रह गयी थी। अतः प्रधानमंत्री वाजपेयी ने यह घोषणा की कि भारत आगे कोई परमाणु परीक्षण नहीं करेगा क्योंकि भारत एक परमाणु अस्त्र सम्पन्न देश बन गया है। उधर, पाँच बड़े देशों (ब्रिटेन, अमेरिका, फ्रांस और चीन) ने भारत को परमाणु-अस्त्र सम्पन्न राज्य मानने से, इस आधार पर, इन्कार कर दिया कि 1968 की परमाणु अप्रसार संधि की परिभाषा के अनुसार केवल उपर्युक्त पाँच देश ही अस्त्र-सम्पन्न देश थे। 1968 की परमाणु अप्रसार संधि पर केवल पाँच देशों ने हस्ताक्षर किये थे। उस समय तक भारत ने परमाणु परीक्षण नहीं किया था। भारत ने अप्रसार संधि पर इसलिए हस्ताक्षर ही नहीं किए थे कि वह भेद भाव पर आधारित थी। भारत ने 1998 में यह कहा कि अब उसके पास अपने परमाणु अस्त्र हैं, तब उसको किसी से इस बात का प्रमाण-पत्र नहीं चाहिए कि वह परमाणु-अस्त्र-सम्पन्न देश है तथा यह वास्तविक सच्चाई है।

अगस्त 1998 में भारत के पूर्व प्रधानमंत्री श्री अटल बिहारी वाजपेयी ने संसद में भारत के प्रस्तावित परमाणु सिद्धान्त की घोषणा की। उन्होंने कहा कि भारत न्यूनतम परमाणु निवारक की क्षमता रखेगा; तथा प्रथम प्रयोग न करने के सिद्धान्त पर चलेगा। परमाणु सिद्धांत की घोषणा में वाजपेयी जी ने यह कहा कि भारत उतने ही परमाणु अस्त्रों का निर्माण एवं भण्डारण करेगा जिससे उसकी रक्षा हो। इसके अलावा भारत किसी भी

स्थिति में किसी देश के खिलाफ परमाणु अस्त्रों का इस्तेमाल नहीं करेगा, जो कि परमाणु अस्त्र-सम्पन्न नहीं है। वह अन्य परमाणु-अस्त्र-सम्पन्न देशों के विरुद्ध भी परमाणु आक्रमण की पहल नहीं करेगा। वह केवल उसी स्थिति में अपने परमाणु अस्त्रों का प्रयोग करेगा जबकि उसके विरुद्ध किसी परमाणु शक्ति ने पहले परमाणु अस्त्र का प्रयोग करके आक्रमण किया होगा। अप्रैल 1999 में लोकसभा में किसी दल को बहुमत नहीं होने के कारण लोकसभा को भंग कर दिया गया; सितम्बर-अक्टूबर 1999 में नए चुनाव करवाए गए। इस बीच वाजपेयी सरकार कार्यवाहक रूप में कार्यरत रही। चुनाव के परिणामस्वरूप वाजपेयी सरकार फिर से सत्ता में आ गई।

चुनाव प्रक्रिया के बाद राष्ट्रीय सुरक्षा परिषद् के राष्ट्रीय सुरक्षा सलाहकार बोर्ड ने भारत के परमाणु सिद्धान्त की रूपरेखा की घोषणा की ताकि उस पर सार्वजनिक रूप से चर्चा की जा सके। इस रूपरेखा के अनुसार यह व्यवस्था की गयी कि अगर संकट के समय अस्त्रों का प्रयोग करना पड़े तब उस समय उसका नियंत्रण प्रधानमन्त्री के हाथों में रहे।

भारतीय प्रशासन ने 2002 में सुरक्षा परिषद् के राष्ट्रीय सलाहकार बोर्ड द्वारा प्रस्तावित परमाणु सिद्धान्त में मामूली परिवर्तन के साथ औपचारिक रूप से देश के परमाणु सिंद्धान्त की घोषणा कर दी। इसके अनुसारः 1. भारत न्यूनतम परमाणु अवरोधक क्षमता तब तक रखेगा जब तक शेष परमाणु देश अस्त्र सम्पन्न रहते हैं, 2. भारत प्रथम प्रयोग न करने की नीति पर चलेगा—अर्थात् (क) भारत किसी ऐसे देश के विरुद्ध परमाणु अस्त्र का प्रयोग नहीं करेगा जिस देश के पास परमाणु अस्त्र नहीं है। (ख) वह किसी परमाणु-अस्त्र-सम्पन्न देश के विरुद्ध भी तब तक अपने बम का प्रयोग नहीं करेगा जब तक भारत पर परमाणु आक्रमण नहीं किया जाता, परंतु यदि भारत पर परमाणु अस्त्र से प्रहार होता है, तो भारत इसका पूरी परमाणु क्षमता से उत्तर देगा, (ग) यदि कोई देश भारत पर रासायनिक या जैविकीय अस्त्रों से आक्रमण करेगा तब भी भारत उसके उत्तर में अपनी रक्षा के लिए परमाणु अस्त्रों का प्रयोग करेगा; 3. परमाणु अस्त्रों का प्रयोग भारत इस तरह से करेगा पहला प्रयोग विमान के द्वारा प्रक्षेपास्त्र। दूसरा, थल सेना के अधिकार में पृथ्वी से मार करने की क्षमता। तीसरा प्रयोग नौसेना के द्वारा किया जाये तथा 4. परमाणु सिद्धान्त की व्यवस्था के अनुसार, इन अस्त्रों के प्रयोग पर नियंत्रण और आदेश का अधिकार प्रधानमंत्री, या उसके द्वारा मनोनीत अधिकारी के पास होगा—अर्थात् न केवल परमाणु अस्त्रों पर अंतिम नियन्त्रण प्रधानमंत्री का होगा, बल्कि प्रधानमंत्री के आदेश पर ही शत्रु के विरुद्ध उनका प्रयोग किया जायेगा।

भारत की परमाणु नीति के विरुद्ध प्रमुख देशों की प्रतिक्रियाएँ

भारत तथा अन्य प्रमुख देशों के सम्बन्धों में मई 1998 के पोखरन-2 (परमाणु

परीक्षणों) के पश्चात् काफी उतार-चढ़ाव आये। जापान के लिए चिन्तित होना स्वाभाविक था, क्योंकि वही एकमात्र ऐसा देश है जिस पर अमेरिका ने प्रथम दो अणु बम हिरोशिमा तथा नागासाकी जैसे प्रमुख शहरों पर गिराये थे। वैसे, स्वयं जापान ने शान्तिपूर्ण कार्यों, जैसे ऊर्जा उत्पादन, के लिए परमाणु शक्ति का विकास किया है। भारत के खिलाफ प्रतिक्रिया व्यक्त रखने वाले देशों में U.S.A तथा चीन हैं, ये दोनों देश परमाणु अस्त्र सम्पन्न है। संयुक्त राज्य अमेरिका प्रथम देश था जिसने परमाणु अस्त्र बनाया था अब केवल U.S.A ही अकेला देश है, जो महाशक्ति के रूप में विद्यमान है। उस देश ने अतीत में सामान्यतया पाकिस्तान का समर्थन किया, तथा भारत-विरोधी नीतियाँ अपनायीं। भारत के परमाणु परीक्षणों के बाद, अमेरिका ने सर्वप्रथम मई 1998 में ही भारत के विरुद्ध आर्थिक प्रतिबन्ध लगा दिए। अमेरिका ने भारत को परमाणु-अस्त्र-सम्पन्न देश मानने से इन्कार करते हुए, यह दबाव डाला कि भारत गैर-परमाणु शक्ति के रूप में परमाणु अप्रसार संधि तथा व्यापक परमाणु परीक्षण निषेध संधि पर हस्ताक्षर करे।

चीन भारत का पड़ोसी देश है। वह 1964 से परमाणु-अस्त्र सम्पन्न है, तथा संयुक्त राष्ट्र सुरक्षा परिषद् का स्थायी सदस्य भी है। लम्बे समय तक चीन के साथ भारत के सम्बन्ध मधुर नहीं रहे। सन् 1962 में भारत-चीन युद्ध भी हुआ। तभी से चीन पाकिस्तान का घनिष्ठ मित्र बन गया था, तथा 1971 के पश्चात् उसने पाकिस्तान के परमाणु कार्यक्रम में सहायता दी। भारत के परमाणु परीक्षणों के बाद अमेरिका द्वारा अपनायी गयी भारत-विरोधी नीति का चीन ने पूर्ण समर्थन किया। औद्योगिक रूप से सबसे अधिक विकसित देशों की बैठक जून 1998 में ब्रिटिश प्रधानमन्त्री 'टोनी ब्लेयर' की अध्यक्षता में सम्पन्न हुई। इस बैठक में भारत के खिलाफ सार्वजनिक रूप से आर्थिक प्रतिबन्ध लगाये गये। परन्तु इस प्रस्ताव को रूस, फ्रांस तथा स्वयं ब्रिटेन ने ठुकरा दिया। अतः चीन तथा G-8 के समूह (G-8) के कुछ देशों ने व्यक्तिगत रूप से आर्थिक प्रतिबन्ध लगाए। परन्तु, पश्चिमी देशों को शीघ्र ज्ञात हो गया कि इन प्रतिबन्धों से भारत को मजबूर नहीं किया जा सकेगा, तथा उनका विपरीत प्रभाव पड़ सकता था। उनको यह भी स्पष्ट हो गया कि भारत की अर्थव्यवस्था इतनी सुदृढ़ थी कि प्रतिबन्ध उसकी कुछ भी क्षति नहीं कर सकते थे। इस बीच, G-8 के समूह की बैठक के शीघ्र बाद, अमेरिका की पहल पर संयुक्त राष्ट्र की सुरक्षा परिषद् ने 6 जून, 1998 के अपने एक प्रस्ताव के द्वारा, परमाणु परीक्षण करने तथा स्वयं को परमाणु शक्ति घोषित करने के आरोप में भारत की निन्दा की। यह एक अभूतपूर्व कदम था, क्योंकि इससे पूर्व परमाणु परीक्षण के लिए किसी भी देश की सुरक्षा परिषद् द्वारा निन्दा नहीं की गयी थी।

संयुक्त राज्य अमेरिका ने भारत के विरुद्ध आर्थिक प्रतिबन्ध परमाणु असर निवारण अधिनियम 1994 के अधीन लगाए थे। इस अधिनियम में अमेरिकन के परमाणु परीक्षण अप्रसार सम्बन्धी विभिन्न कानूनों को शामिल कर लिया गया था। भारत की जनता ने यह

अनुभव किया कि यह उसके, अर्थात् एक सम्पूर्ण देश के विरुद्ध की गयी बदले की कार्यवाही थी। बदले की कार्यवाही इसलिए क्योंकि भारत ने सभी दबावों के बावजूद परमाणु अप्रसार संधि पर इसलिए हस्ताक्षर नहीं किए थे क्योंकि वह उसे भेद भाव पर आधारित मानता है। उसने व्यापक परीक्षण निषेध संधि का भी इसी आधार पर विरोध किया। अब (1998 में) भारत ने अपने सम्पूर्ण अधिकार का प्रयोग करके परीक्षण किए, तथा स्वयं को परमाणु-अस्त्र-सम्पन्न देश घोषित किया। इस निर्णय को अमेरिका तथा उसके मित्र देशों ने अपने विरुद्ध चुनौती के रूप में देखा। भारत के विदेश मंत्री श्री जसवंत सिंह ने स्पष्ट घोषणा की कि भारत (और पाकिस्तान भी) अब एक परमाणु-अस्त्र-सम्पन्न देश था। उन्होंने कहा कि यह एक वास्तविकता है, जिससे कोई इनकार कर ही नहीं सकता है। परमाणु-अस्त्र-सम्पन्न राज्य होना किसी भी अन्य देश के द्वारा दिया गया स्तर या प्रमाण-पत्र नहीं है। "यह एक वस्तुनिष्ठ वास्तविकता है।"

जब विदेशी देशों को यह ज्ञात हो गया कि भारत को दबाया नहीं जा सकता तब अमेरिका ने भारत के साथ विस्तृत वार्तालाप प्रारम्भ की। यह वार्ता विदेश मंत्री श्री जसवंत सिंह तथा अमेरिकी उप-विदेश मंत्री स्ट्रोब टाल्बॉट के मध्य हुई। इसका उद्देश्य भारत को व्यापक परीक्षण निषेध संधि पर हस्ताक्षर करने के लिए राजी करना था। परन्तु, भारत पहले ही एकतरफा घोषणा कर चुका था कि वह कोई और परमाणु परीक्षण नहीं करेगा। अतः भारत कोई अन्य परीक्षण करने वाला था ही नहीं। प्रश्न केवल इतना था कि भारत इस संधि पर परमाणु-अस्त्र-सम्पन्न राज्य के रूप में हस्ताक्षर कर सकता था, गैर-परमाणु-सम्पन्न राज्य के रूप में नहीं। अमेरिका और उसके मित्र यह चाहते थे कि भारत उस पर गैर-परमाणु शक्ति के रूप में हस्ताक्षर करे, जिसे भारत ने अस्वीकार कर दिया था।

सन् 1999 के अन्तिम महीनों तक विश्व के प्रमुख देशों के नजरिये में व्यापक बदलाव हो गया था। चीन ने भारत के साथ सम्बन्ध सामान्य बनाने की दिशा में महत्त्वपूर्ण कदम उठाए। उधर अमेरिकी सरकार की नीति में भी उल्लेखनीय सुधार हुआ। उसने भारत के विरुद्ध लगाए गए अनेक प्रतिबन्ध समाप्त करने का निर्णय किया। जापान इस बात पर अडिग था कि जब तक भारत विकास सम्बन्धी परमाणु संधि पर हस्ताक्षर नहीं करेगा तब तक उसको विकास के संदर्भ में अनुदान राशि नहीं दी जायेगी। परमाणु मुद्दे के संदर्भ में भारत और जापान आपसी सम्बन्ध सुधार रहे थे, इसके बाद भी उनकी नीति में कोई परिवर्तन देखने को नहीं मिला। तत्कालीन विदेश मंत्री जसवंत सिंह की नवम्बर 1999 की जापान यात्रा, तथा रक्षा मंत्री जॉर्ज फर्नांडीज की जनवरी 2000 की यात्रा ने इस प्रक्रिया में महत्त्वपूर्ण योगदान किया। भारत और जापान सुरक्षा-वार्ता के लिए भी सहमत हुए, परन्तु जापान ने परमाणु नीति पर अडिग रहने का संकेत दिया।

भारत हमेशा से परमाणु निरस्त्रीकरण का पक्षधर रहा है परन्तु जब तक अन्य परमाणु सम्पन्न देश अपने अस्त्र नष्ट नहीं करते, भारत न्यनूतम सुरक्षात्मक परमाणु अस्त्र

रखेगा। भारत इस बात के लिए वचनबद्ध था कि जब कोई देश हमारे खिलाफ हथियार उठायेगा तभी हम हथियार उठायेंगे या परमाणु अस्त्रों का प्रयोग करेंगे तथा जब तक व्यापक परीक्षण संधि भेद भाव-रहित नहीं हो जाती वह उस पर हस्ताक्षर नहीं करेगा। जनवरी 2000 के शुरुआत में अमेरिकी नेतृत्व ने भारतीय नीति का समर्थन किया एवं कहा कि भारत को यह अधिकार है कि वह किस प्रकार के और कितने अस्त्र रखे ताकि उसकी सुरक्षा सुनिश्चित हो सके। यह अमेरिकी नीति में एक महत्त्वपूर्ण परिवर्तन था।

6

भारतीय विदेश नीति के वित्तीय पक्ष

भारत और गैट

वर्तमान दौर में वित्तीय आधार पर अन्तर्राष्ट्रीय सम्बन्ध बनते हैं। क्योंकि दुनिया की अर्थव्यवस्था तेजी से बदल रही है और इस बदलते परिदृश्य में भारत की अर्थव्यवस्था अत्यधिक सुदृढ़ हुई है। अन्तर्राष्ट्रीय राजनीति एवं सम्बन्ध आर्थिक पक्ष को ध्यान में रखकर बनाया जाता है और इसी आधार पर विदेशनीति का निर्धारण होता है।

जनरल एग्रीमेंट ऑन टेरिफ एण्ड ट्रेड या तटकर और व्यापार पर आम समझौता का संक्षिप्त रूप गैट है। गैट समझौता का प्रस्ताव डंकल ने किया जिसे विश्व के 116 देशों के साथ भारत ने भी अनुमति प्रदान कर दिया। व्यापारिक सम्बन्धों में मजबूती के लिए 1948 में 23 देशों ने मिलकर एक समझौता किया। इसके बाद लगातार गैट नियमों को लेकर संशोधन होते रहे हैं। बातों का आठवाँ दौर उरुग्वे में 1986 में प्रारम्भ हुआ था, जिसे 1990 तक पूरा होना था, लेकिन यूरोपीय देश अपनी-अपनी भलाई को लेकर आपस में सहमत नहीं थे, इसलिए यह दौर लम्बे समय तक चला। दिसम्बर 1991 में गैट के तत्कालीन महानिदेशक आर्थर डंकल ने गैट मसविरे के लिए 470 पृष्ठ की एक रिपोर्ट प्रस्तुत की, इसी सौदे पर आधारित यह रिपोर्ट डंकल प्रस्ताव के रूप में जाना गया। इस प्रस्ताव में सम्पदा अधिकार टेक्सटाइल, सेवा क्षेत्र, विदेशी पूँजी पर नियन्त्रण को खत्म करने जैसे प्रमुख मामला है।

डंकल प्रस्ताव भारत में कृषि के परिप्रेक्ष्य में बौद्धिक सम्पदा पर सबसे ज्यादा प्रभावी है। कृषि में सब्सिडी और बीजों के पेटेंट की समस्या है। डंकल प्रस्ताव में कृषि क्षेत्र की सब्सिडी कम करने पर बल दिया गया है। पेटेंट बीजों की बिक्री का अधिकार भी किसान के पास नहीं रहेगा और उसे प्रत्येक बीज खरीदने पर पेटेंट के नाम पर कंपनियों को भारी रॉयल्टी देनी होगी, लेकिन सरकार का कहना है कि ऐसा नहीं होगा। पौध प्रजनकों के अधिकारों की सुरक्षा के जरिए किसानों के अधिकार सुरक्षित रखे जा सकेंगे। अगर जरूरी हुआ तो सरकार इसके लिए कानूनी प्रावधान भी कर लेगी। सरकार का स्पष्टीकरण है कि इस संदर्भ में अनुदान कटौती कर दबाव ही बढ़ेगा क्योंकि डंकल प्रस्तावों में दस प्रतिशत सब्सिडी का प्रावधान है जबकि हमारे यहाँ सब्सिडी इस सीमा से कम है। इससे यह उम्मीद जताई जा रही है कि सबसे अधिक प्रभाव सार्वजनिक वितरण पर पड़ेगा। लेकिन सरकार का कहना है कि सार्वजनिक वितरण प्रणाली के जरिए वह गरीबों तक सस्ता अनाज पहुँचाती रहेगी, क्योंकि इस प्रणाली को रोकने के लिए इस समझौते में कोई सीधा प्रावधान नहीं है। यदि इन सरकारी दावों पर नजर डाली जाए तो काफी अन्तर्विरोध दिखाई देता है। यदि बीजों के पेटेंट से किसानों को अपना बीज तैयार करने या उसे बेचने में कोई रोक नहीं लगने वाली है तो यह क्यों कहा जा रहा है कि किसानों को बीज आपस में बदलने की छूट तो होगी लेकिन व्यावापारिक बिक्री की छूट नहीं होगी। सरकार का कहना है कि गैट समझौते से सार्वजनिक वितरण के सम्बन्ध में कोई प्रभाव नहीं पड़ेगा। डंकल प्रस्ताव के सन्दर्भ में भी सरकारी नीति स्पष्ट नहीं है। डंकल प्रस्ताव में कहा गया है कि, गैट के सदस्य देश कृषि उत्पादों के लिए समर्थन मूल्य तय न करें। किसानों को उर्वरकों और कीटनाशकों पर सब्सिडी न दी जाए और किसी भी देश में संकर बीजों का उत्पादन बगैर लाइसेंस लिए नहीं दिया जाना चाहिए।

भारतीय पेटेंट काननू के अनुसार मनुष्य, जानवर, पौधे व जीवन रक्षा संवर्द्धन उत्पादों को इस दायरे से बाहर रखा गया है, जबकि इसे डंकल प्रस्तावों के अनुसार पौध पेटेंट, स्वीकार करना होगा। जीन कैंपेन की संयोजक डॉ. सुमन सहाय का कहना है कि भारत सरकार यदि इस समझौते के अनुसरा जैव पेटेंट और पौध पेटेंट को स्वीकार कर लेती है तो हमारी कृषि स्वायतता की नींव हिल जाएगी और बीज उत्पादन पर विदेशी अधिकार स्थापित हो जाएगा।

गैट समझौते में यह कहा गया है कि भारत को पेटेंट कानून में परिवर्तन करने के लिए 10 साल का समय सीमा तय किया गया है। इसी आधार पर सरकार का कहना है कि डंकल प्रस्ताव का असर पेटेंट क्षेत्र पर तत्काल नहीं पड़ेगा, लेकिन सही यह है कि समझौते के बाद कोई भी कम समय के लिए नये उत्पादों के शोध में पैसा खर्च नहीं करना चाहेगा अर्थात् इसका सीधा-सा मतलब है कि इस समझौते का असर इस क्षेत्र में तुरन्त दिखाई देगा।

अमेरिका डंकल प्रस्ताव द्वारा दुनिया के गरीब देशों की कृषि व्यवस्था को कमजोर कर देना चाहते हैं। इसलिए डंकल प्रस्तावों के जरिए इस बात पर दबाव डाला गया है कि खेती को दी जाने वाली सहायता में ज्यादा कटौती हो। इससे छोटे और सीमान्त किसान खेती छोड़ने के लिए विवश हो जाएंगे। इस प्रक्रिया से फसल सुधारने की प्रक्रिया भी बाधित होगी। डंकल प्रस्ताव में कृषि सम्बन्धी प्रावधानों का विरोध यूरोपीय देशों ने किया। इनमें से फ्रांस जैसे देशों ने अपनी भलाई के लिए कुछ संशोधन भी करवा लिए हैं लेकिन इन प्रावधानों से तीसरी दुनिया के जो देश सबसे अधिक प्रभावित होने वाला है, वह कोई दबाव नहीं डाल पाया। डंकल प्रस्ताव में संशोधन हेतु भारत ने कदम उठाया लेकिन इतना दबाव न बन सका कि इसमें कोई व्यापक बदलाव हो सके। इसकी एक वजह यह रही है, कि आर्थिक भामलों में सरकार अमेरिका के सामने पहले ही झुक गई थी। इसीलिए संशोधनों के लिए अधिक दबाव डालने से भारत-अमेरिका संबंध प्रभावित होता।

डंकल के नए पेटेंट का तात्कालिक प्रभाव भारतीय दवाइयों पर पड़ेगा। भारतीय दवा निर्माता समूह के अनुसार, करीब 46 प्रतिशत भारतीय दवाइओं पर इसका प्रभाव पड़ेगा, लेकिन अमेरिकी औषधि निर्माताओं का कहना है कि वह कानून 76 प्रतिशत भारतीय औषधियों पर लागू होगा, जिससे भारत में दवाइयों के मूल्य में वृद्धि होगी। विशेषज्ञों के अनुसार कुछ दवाइयों की कीमतें तो कई गुना बढ़ जाएँगी, जिनमें जीवन रक्षक दवाइयाँ भी शामिल हैं।

डंकल प्रस्तावों में पेंटेट का समय 20 वर्षों के लिए निर्धारित किया गया है। अर्थात् किसी देश में पेटेंट हो चुके या उससे मिलते-जुलते उत्पादन हमारे वैज्ञानिक नहीं बना सकेंगे और न ही हमें इनके शोध ही इजाजत होगी। डंकल प्रावधानों में सेवा क्षेत्र के प्रावधान के अनुसार गरीब देशों में अमीर देशों का खुला हस्तक्षेप बढ़ जाएगा लेकिन तीसरी दुनिया के देशों के डॉक्टरों, इंजीनियरों और वैज्ञानिकों आदि को अमीर देशों में जाने की खुली छूट का प्रावधान नहीं है।

गैट सदस्यता के सन्दर्भ में भारतीय वाणिज्य मंत्रालय की संसदीय स्थायी समिति ने अपनी रिपोर्ट में कहा कि इससे भारत का नुकसान ही होगा, लेकिन इसके बाद भी बहुपक्षीय व्यापार समझौता करने के अलावा और कोई चारा नहीं है। इस समिति ने यह माना है कि डंकल प्रस्तावों में भारतीय कृषि के साथ भेद भावपूर्ण रुख अपनाया गया है क्योंकि विकासशील देशों के लिए कृषि सब्सिडी की उच्चतम सीमा उत्पादन की कीमत का दस प्रतिशत मात्र रखी गई है। इससे गरीब किसानों पर ज्यादा असर पड़ेगा क्योंकि ऊर्जा तथा कच्चे माल की बढ़ती लागत की क्षतिपूर्ति उन्हें उतनी नहीं मिल पाएगी। इस सन्दर्भ में समिति ने टिप्पणी करते हुए कहा है कि, गैट में कृषि को शामिल करने के उद्देश्य के विपरीत डंकल प्रस्तावों को लागू करने का परिणाम यह होगा कि विकासशील देशों के खाद्य बाजार पर विकसित देश निर्भर हो जाएँगे। जीन, सूक्ष्म जैविकी संसाधनों और जीन

अभियांत्रिकी पर उनका पूरा नियन्त्रण होगा। समिति ने आगे यह भी कहा है कि, यदि इन प्रस्तावों को हू-बहू मान लिया गया तो सार्वजनिक वितरण प्रणाली संकटग्रस्त हो जाएगी। इसलिए जरूरत है भारत को इस सन्दर्भ में गम्भीरता के साथ सोचने की, हालाँकि भारत द्वारा समझौते पर सहमति हो चुकी है फिर भी गैट निदेशालय पर दबाव बना कर अपने हित में कुछ संशोधन कराने की कोशिश तो कर ही सकता है।

विश्व व्यापार में जी-7 दुनिया के सात धनी देश का कुल व्यापार में 54 प्रतिशत भागीदारी है जबकि इन देशों के विश्व की कुल आबादी का मात्र 12 प्रतिशत है। भारत में विश्व की 16 प्रतिशत जनसंख्या निवास करती है लेकिन विश्व व्यापार में इसकी भागीदारी 0.5 प्रतिशत ही है। भारत की स्वतन्त्रता के समय 1947 में यह भागीदारी 3. 5 प्रतिशत थी। इन आँकड़ों से यह स्पष्ट होता है कि अमीर देश भारत जैसे विकासशील देशों को अपने व्यापारिक शिकंजे में ले लेते हैं।

ऐसे समय में यह सवाल उठता है कि भारत को ''गैट'' से अलग हो जाना चाहिए या नहीं। गैट से अलग होने पर भारत के व्यापारिक सम्बन्धों पर बुरा असर पड़ेगा। वर्तमान स्थिति में भारत गैट से अलग होने की दशा में नहीं है। भारत के विपक्षी नेता वरिष्ठ सांसद जार्ज फर्नांडीस का कहना है कि, "जब भारत की राष्ट्रीय अस्मिता को खतरा हो तो वहाँ लाभ-हानि की परवाह नहीं करनी चाहिए और गैट से अलग हो जाना चाहिए क्योंकि आखिर दुनिया के आधे से ज्यादा देश गैट में नहीं हैं फिर भी वे जिन्दा हैं।" इस सन्दर्भ में सरकारी प्रवक्ता चीन का उदाहरण देते हुए कहते हैं कि, चीन जैसा देश भी अब शीघ्र ही गैट की सदस्यता प्राप्त करना चाहता है, भारत तो गैट का सदस्य बनेगा ही, लेकिन चीन विकास के क्षेत्र में कई महत्त्वपूर्ण कार्य कर चुका है। चीन का इस समय अमेरिका के ऊपर 13 अरब डॉलर का व्यापार अधिशेष है। उसकी हैसियत को देखते हैं तो अपने उत्पादित माल की खपत के लिए व्यापक विश्व व्यापार चाहिए इसलिए वह "गैट" की सदस्यता ग्रहण करने के लिए जल्दबाजी में है। अन्य देशों की अपेक्षा भारत की स्थिति सबसे भिन्न है। भारत के पास अधिक विकल्प उपलब्ध नहीं हैं इसके बावजूद भी पूर्ण संशोधन के लिए प्रयास करने पर दबाव की स्थिति बन सकती है। हस्ताक्षर करने से पूर्व संशोधन के लिए तो दबाव ही नहीं बना सकता है, अपितु अपने देश की जनता को इस समझौते की वास्तविकता भी बता देनी चाहिए। और यह भी स्पष्ट करना चाहिए कि इस सन्दर्भ में कितना संरक्षण दे सकती है, इसकी सीमाओं का भी निर्धारण करे।

गैट सुधारों के बाद की स्थिति

अमेरिका और यूरोपीय आर्थिक समुदाय ने कृषि सब्सिडी पर उत्पन्न मतभेद दूर कर लिए, जिसके कारण डंकल प्रस्ताव पर आमसहमति बन गई व सदस्य देश इस पर

हस्ताक्षर कर दिये। जिस पर सहमति नहीं हो पाई उसे "गैट समझौते" से बाहर रखा गया जैसे, दृश्य-श्रव्य क्षेत्र है।

सामान्य तौर पर गैर की पाँच मुख्य विशेषताएँ बतलाई गई हैं—(1) सभी सेवाओं से मुक्त व्यापार (जैसे कि बैंकिंग, बीमा, निर्माण आदि)। जिसका निहितार्थ यह है कि विदेशी बैंकों, बीमा कम्पनियों की स्थापना के लिए स्थानीय बैंकों पर लागू शर्तों से अलग नहीं होंगी। (2) कृषि सब्सिडी हटाना, यह एक ऐसा क्षेत्र है कि जिसमें फ्रांसीसी डंकल प्रस्तावों के मूल प्रावधानों में कमी लाने में बहुत ज्यादा सफल रहा है। (3) एक बहुराष्ट्रीय व्यापारिक संगठन (एम.टी.ओ.) की स्थापना जो गैट नियमों के परिपालन पर नजर रखेगा और व्यापारिक मामलों में जवाबी कदम की अनुमति देगा। अन्य क्षेत्रों में बौद्धिक सम्पदा अधिकार जैसे मामलों में हर्जाने का दावा हो सकेगा। (4) बौद्धिक सम्पदा अधिकारों की एक नई व्यवस्था, जिसके द्वारा अमेरिका पेटेंट अधिनियम के प्रावधान हमें थोपे जाएँगे। (5) कमोबेश मुक्ति पूँजी गतिविधि की एक प्रणाली, जिसके अन्तर्गत यह अनुमति नहीं होगी कि विदेशी निवेशों व घरेलू निवेशकों पर लगी शर्तों से भिन्न कोई शर्त लगाने की अनुमति नहीं होगी।

विकसित राष्ट्र की तरफ अन्तवर्ती समय का झुकाव है। जैसे मल्टी फाइव समझौता ऐसा समझा जाता है जिसके अन्तर्गत अमेरिका, वस्त्रों के आयात पर रोक लगाता है, उसे यह सिर्फ दस वर्षों में निपटाना है और ऐसी व्यवस्था का पचास प्रतिशत अंतिम वर्ष में ही निपटाया जाता है। परिष्कृत गैट में तीन विशेष आपत्तिजनक तत्त्व हैं: (अ) बौद्धिक सम्पदा अधिकार से सम्बन्धित प्रावधान, (ब) जवाबी कदम से सम्बन्धित प्रावधान, (स) सेवाओं में व्यापार सम्बन्धी प्रावधान जिसमें प्रभाग का भार (क्षति के सम्बन्ध में) प्रतिवादी देशों पर होगा और शिकायत करने वाले देश पर नहीं होगा। आरोपित देश तब तक दोषी माना जाएगा, जब तक कि वह अपने ऊपर लगे आरोप को गलत साबित न कर दे।

बौद्धिक सम्पदा अधिकार

बौद्धिक सम्पदा अधिकार समझौते के इस भाग में तीन आपत्तिजनक बातें हैं। पहली, अमेरिकी पेटेंट कानून जो उत्पाद पेटेंट से सम्बन्धित है और बीस वर्ष के लिए वैध है। (भारत से समान सात वर्ष के लिए नहीं) वे स्टैण्डर्ड कानून होंगे। दूसरी यह है कि अमेरिकी कानून जैसे मैन्युपुलेशन्स और सभी सम्बन्ध टेक्नोलॉजियों के समान जो ऐसे अनुसन्धान के प्रतिफल को पेटेंट करने की इजाजत देता है। तीसरी है, किसी उत्पादन को आयात एवं पेटेंट के योग्य समझा जाय।

इन परिस्थितियों में भारत पर विपरीत असर पड़ेगा। बीजों की श्रेणियों के अलावा, इन प्रस्तावों से औषधि मूल्यों के मामले में भी भारत को गम्भीर क्षति उठानी पड़ेगी। डॉक्टर

और अन्य विशेषज्ञ पहले ही यह भविष्यवाणी कर चुके हैं कि भविष्य में ऐसा ही रहा तो दवाइओं के मूल्य में वृद्धि तिगुनी हो जायेगी।

यह स्मरणीय तथ्य है कि अमेरिका की विधि पुस्तिका में सुपर 301 और स्पेशल 301 शामिल हैं, उसने (जब डंकल को स्वीकार किया) बता दिया है, कि अमेरिकी कांग्रेस संप्रभु है, अमेरिकी सरकार अधिक से अधिक इतना ही कर सकती है कि वह इन व्यवस्थाओं को रद्द करने वाले कानून बना दें। लेकिन भारत की संसद भी तो समान रूप से पेटेंट अधिनियम को संशोधित कर सकती है। भारतीय संसद को पेटेंट अधिनियम में किसी भी संशोधन को रद्द कर देना चाहिए, जिससे औषधियों के मूल्य में वृद्धि न हो सके, जब तक इस प्रस्ताव में परिवर्तन नहीं किया जायेगा तब तक मूल्यों के वृद्धि की समस्यायें विद्यमान रहेंगी। साथ ही अमेरिकी अधिनियम के अनुरूप पेटेंट अधिनियमों में संशोधन करने से उत्पन्न समस्याओं के प्रति सावधान रहना चाहिए एवं भारतीय पेटेंट अधिनियम में किसी भी स्थिति परिवर्तन से बचना चाहिए।

सेवाओं में व्यापार

विकसित देशों में विदेशी बैंकों, बीमा कम्पनियों व निर्माण कम्पनियों को भारत में काम करने की स्वतन्त्रता प्राप्त होगी। भारत में विदेशी बैंक, ग्रामीण क्षेत्रों में काम नहीं करते, वे केवल महानगरीय क्षेत्रों में अमीर ग्राहकों से ही लाभ उठाते हैं। न ही वे प्राथमिकता वाले क्षेत्रों में उधार देते हैं। एक तरह से वे अनैतिक कार्यवाहियों में लगे रहते हैं इसलिए भारतीय पेटेंट अधिनियम में बदलाव के किसी भी प्रयत्न को समाप्त कर देना चाहिए। यह आवश्यक है कि हमें क्षेत्रीय स्तर पर परस्पर सहयोग की भावना का विकास करना चाहिए। इसलिए यह जरूरी है कि हम दक्षेस देशों के बीच और अधिक सहयोग बढ़ाएँ जिसके लिए पहली शर्त है, पाकिस्तान के साथ हमारे सामान्य सम्बन्ध इस आधार पर हिन्द महासागर से सम्बद्ध क्षेत्रों का विकास सम्भव है। इन देशों में पूर्वी अफ्रीका, मलेशिया और इण्डोनेशिया जैसे देश भी शामिल हैं। इस सहयोग को विस्तृत बनाने के लिए जरूरत है कुछ महत्त्वपूर्ण कदम उठाने की, उदाहरणतः प्रारम्भिक तौर पर हमें अपने वनस्पतिक तेलों और प्राकृतिक खाद की रक्षा करनी होगी। शुल्कों के माध्यम से हमें अपनी सीमाएँ वनस्पतिक तेलों और प्राकृतिक खाद के लिए पड़ोसी देश के आयात के लिए खोलना ऊर्जा उत्पादक उपकरणों के विदेशी पूँजी से जुड़े आपत्ति की वर्तमान नीति की अपेक्षा ज्यादा विवेकपूर्ण होगा, जबकि उनकी कीमत घरेलू उपकरण से दो गुना से भी ज्यादा है, क्योंकि भारत के पास घरेलू उत्पादकों को आर्डर देने के लिए निवेशक कोष नहीं है, परन्तु इन सब कार्यों को करने के लिए नियोजन एवं चतुराई के साथ नियमन करने की आवश्यकता है।

भविष्य में भारत की आवश्यकताओं को आर्थिक राजनय के माध्यम से पेश करने का दृष्टिकोण है।

भारत और विश्व व्यापार संगठन

विश्व व्यापार संगठन विदेशों की आर्थिक नीति को स्पष्ट करने में सहायक है। इस संगठन के व्यापक परिणाम भारत के आर्थिक नियोजन को समझने और आंकलन से संभव है।

डब्ल्यू.टी.ओ. और भारत

सन् 1995 में गैट तथा डंकल प्रस्ताव के बाद डब्ल्यू.टी.ओ. की स्थापना की गई सन् 1994 में अमेरिका के दोनों सदनों, भारतीय सरकार तथा अन्य देशों के द्वारा भी इसका अनुमोदन कर लिया गया। एक अध्यादेश द्वारा भारतीय पेटेंट कानून तथा तटकर शुल्क कानून में संशोधन कर इन्हें विश्व व्यापार संगठन की इच्छाओं के अनुरूप बदल दिया गया है। यह एक तरह से नया गैट समझौता है।

डब्ल्यू.टी.ओ. और डंकल के विषय में जानकारी प्राप्त करने के लिए विश्व व्यापार व्यवस्था के विश्लेषण पर अमल करना जरूरी है जैसे कि विश्व में आज लगभग 37 हजार बहुराष्ट्रीय कम्पनियाँ हैं, जो 1 लाख 70 हजार सहयोगी कम्पनियों के माध्यम से दुनिया में फैली हुई हैं, लेकिन इनमें भी वास्तविक शक्ति कुछ कम्पनियों के हाथ में सीमित होती जा रही है। 1992 में विश्व का 27% उत्पादन 200 कम्पनियों के अधिकार में था। इनमें से 172 कम्पनियाँ मात्र पाँच देशों की थीं, अमेरिका की 60, जापान की 54, फ्रांस की 23, जर्मनी की 21 और ब्रिटेन की 14 कम्पनियाँ हैं। अन्तर्राष्ट्रीय व्यापार का प्रभाव देश के बीच कम, लेकिन बहुराष्ट्रीय कम्पनियों के बीच ज्यादा होता है। पूरे विश्व का दो-तिहाई व्यापार आज 500 बड़ी कम्पनियों द्वारा संचालित होता है। विश्व व्यापार का 40 प्रतिशत से ज्यादा भाग बहुराष्ट्रीय कम्पनियों और उनकी सहायक कम्पनियों के बीच का आंतरिक व्यापार बन गया है। विश्व की उत्पादन सम्पत्ति का छठा हिस्सा 100 सबसे बड़ी कम्पनियों के हाथों में केन्द्रित हो गया है।

विश्व बाजार के क्षेत्र में इलेक्ट्रॉनिक वस्तुओं के सन्दर्भ पाँच बड़ी कम्पनियाँ हैं, जिसके अन्तर्राष्ट्रीय कम्प्यूटर इलेक्ट्रॉनिक्स हैं। ऑटोमोबाइल (वाहन) व उद्योग का 80 प्रतिशत विश्व व्यापार, 13 बहुराष्ट्रीय निगमों के हाथ में हैं। कृषि रसायनों का 94 प्रतिशत विश्व व्यवसाय मात्र 20 कम्पनियों के हाथों में है। इनमें नौ यूरोप की, छः अमेरिका, पाँच जापान की हैं। तीसरी दुनिया के गरीब देशों का निर्यात प्राथमिक वस्तुएँ जैसे, कृषि उपज, मांस, मछली, वनोपज व खनिज पदार्थ हैं। लेकिन इसका विश्व व्यापार मात्र 6 बहुराष्ट्रीय कम्पनी के हाथ में है। वर्तमान समय में इन बहुराष्ट्रीय कम्पनियों में विश्व के राष्ट्रीय संसाधन आय का हिस्सा आय से अधिक हो गया है।

इस प्रकार का वैश्विक एकीकरण व्यापार विकास हेतु प्रथम सोपान है। डंकल प्रस्ताव पर हस्ताक्षर होने के बाद विश्व व्यापार में तेजी से वृद्धि होने की उम्मीद की गई,

लेकिन यह सच है कि जो भी व्यापार बढ़ेगा, उसका वास्तविक लाभ विश्व व्यापार संगठन को सुदृढ़ बनाने में रहा है। अमेरिका, यूरोप, जापान की शासकीय व्यवस्था इन्हीं के हितों का प्रतिनिधित्व करती है। गैट में उसके प्रतिनिधिमण्डल इन्हीं कम्पनियों में पहले और वर्तमान समय में पदाधिकारी के रूप में कार्यरत हैं।

नवीन गैट समझौते को सकारात्मकता से आगे बढ़ाना, 'विश्व व्यापार संगठन' का प्रमुख लाभ है, 15 अप्रैल, 1994 को मराकेश (मोरक्को) में विश्व व्यापार संगठन के विषय में जिस समझौते पर दस्तखत हुए हैं, उसमें इसका स्पष्ट उल्लेख है। गैट समझौते को जिसमें ट्रिक्स, ट्रिप्स, सेवाओं का व्यापार आदि शामिल हैं, इसका अभिन्न भाग बनाया गया है इस अर्थ में विश्व व्यापार संगठन अब तक के गैट से काफी अलग होगा। नया विश्व व्यापार संगठन न केवल उद्योग, खेती और सेवाओं के बाजार को मुक्त और विस्तृत करना चाहता है बल्कि दुनिया के देशों के उत्पादन, उपभोग, टेक्नोलॉजी, अनुसन्धान, पूँजी निवेश, मिल्कियत, राष्ट्रीय प्राथमिकताएँ और आंतरिक नीतियाँ सबको एक विशेष स्वरूप प्रदान करना चाहता है। इस बात का अनुमान लगाया जा रहा है कि संगठन दुनिया के राष्ट्रों की सरकारों की सत्ता और संप्रभुता को सीमित करेगा और बहुराष्ट्रीय कम्पनियों व उनके साम्राज्य को बढ़ाएगा। प्रसिद्ध अर्थशास्त्री **अमिय कुमार बागची** ने डंकल-सदरलैण्ड दस्तावेज को बहुराष्ट्रीय कम्पनियों के अधिकार का घोषणा पत्र निरूपित किया है। नए गैट समझौता का प्रत्येक भाग यह स्पष्ट करता है कि टिम्स के अन्तर्गत बहुराष्ट्रीय कम्पनियों का विश्व में कहीं भी किसी भी क्षेत्र में धन लगाने की आजादी रहती है। जिससे उन्हें लाभ की प्राप्ति हो सके। विदेशी कम्पनी किसी भी देश में एक सीमा में रहकर कार्य करती हैं। जैसे, कारोबार में विदेशी मिल्कियत एक सीमा से ज्यादा नहीं होगी, कुछ क्षेत्रों में उनका प्रवेश निषेध होगा, उन्हें अपने साथ नई टेक्नोलॉजी भी लाना होगा, उन्हें देश में निर्यात व विदेशी मुद्रा कमाने में योगदान देना होगा, रॉयल्टी भुगतान व मुनाफे बाहर ले जाने की सीमा होगी और, कीमतों पर नियन्त्रण, इत्यादि। इन शोषण व बन्धनों का उद्देश्य था कि विदेशी कम्पनियाँ नाजायज तरीके से देश का शोषण न करें और राष्ट्रीय प्राथमिकताओं के अनुरूप कार्य करें। प्रायः अब यह देखने को नहीं मिलता है।

विश्व व्यापार व निवेश संधि के उपरांत डब्ल्यू.टी.ओ. इस दिशा में कोई प्रभावपूर्ण कार्य नहीं किया, भारत को हमेशा अपने सबसे बड़े व्यापारिक व्यवसायी, 15 सदस्यीय यूरोपीय संघ (ईयू) और अमेरिका से मिलने वाली चुनौतियों का सामना करना पड़ता है। डब्ल्यू.टी.ओ. के सभी उत्तरदायित्वों से उद्योग तथा व्यापार जगत से जुड़े सभी लोग अवगत हों। ऐसा न कर पाना ही आज उत्पन्न संकट का मुख्य कारण है। इसके अलावा कुछ अधिकारियों को छोड़ इस सम्बन्ध में जनता का अनजान होने का परिणाम है। हालाँकि यह जन सम्पर्क के महत्त्वपूर्ण अभियान की सीमा में है पर भारत के डब्ल्यू.टी.ओ में अपने लिए विशेष स्थान बनाने, सीमा शुल्क में कटौती के लिए दस वर्षों की अवधि हासिल करने,

उत्पाद के पेटेंटीकरण की इजाजत और परिमाणात्मक प्रतिबन्ध के बावजूद प्रतिलाभ मौके छोड़ने से कर्ज का बोझ बढ़ा है। सरकार घरेलू उद्योग के सन्दर्भ में शीघ्रता और चतुरतापूर्वक अपनी गति में परिवर्तन नहीं किया। इसके अलावा वाणिज्य मन्त्रालय ने ऐसा एक भी विभाग नहीं बनाया है जो विशेष तौर पर व्यापार सम्बन्धी विवादों को निपटाए और डब्ल्यू.टी.ओ. या दूसरे मंचों पर भारत की स्थिति स्पष्ट करे। इसके स्थान पर वह प्रतिक्रियाएँ करता है जैसा कि आई.पी.आर. पर किया। यहाँ भी एक समस्या है—दो सदस्यों ने पहले ही पैनल से इस्तीफा दे दिया। इससे भी बढ़ कर विशेष बात यह है कि गुणवत्ता निर्धारण के लिए एक केन्द्रीय एजेन्सी नहीं है, इसके बावजूद बहुत सी कम्पनियों ने I.S.O को अपनाया फिर भी भारतीय वस्तुएँ मना कर दी जाती हैं। विभिन्न प्रयासों के बाद भी 1992 में प्रस्तावित 'राष्ट्रीय गुणवत्ता परिषद् का गठन सम्भव नहीं हो सका। इसके साथ यह सोचनीय विषय है कि भारत में निर्णय लेने की प्रक्रिया बहुत धीमी गति से चल रही है। उदाहरण के रूप में 1996 में इण्डोनेशिया को एस्सार पर भण्डारण विरोधी कानून लागू करने में केवल सात दिन लगे। एस्सार वहाँ अपनी ही इकाई में इस्पात भेज रही थी। दक्षिण पूर्व एशियाई कम्पनी के विरुद्ध वाणिज्य मन्त्रालय में एस्सार की शिकायत पर नौ महीने बाद भी कोई सुनवाई नहीं हो पाई। भारत में डब्ल्यू.टी.ओ के अन्तर्गत प्रावधानों से लाभ नहीं प्राप्त किया, जिसे वह बहुत आसानी से हासिल कर सकता। यदि आईपीआर को देखा जाए तो अमेरिका और यूरोपीय यूनियन पेटेंट आवदेनों का विशेष विपणन अधिकारों से जोड़ना चाहते हैं। पेटेंट आवेदन 2005 तक जमा होंगे और भारत ने इसी के लिए समझौता किया है। उत्पादों को विशेष प्राथमिकता दी गई है। भारतीय पक्षधर विशेषज्ञों का कहना है कि कुछ नियमों की पूर्ति की शर्त रख कर आवेदन करना और इनको मंजूरी देना सीधा-साधा उपाय है। इसी में वर्षों का समय बीत सकता है। या फिर क्यू.आर.एस. को ही लें, जिसमें चाहे भुगतान सन्तुलन की समस्या बेबुनियाद हो, लेकिन यह तय करने के लिए समझौते किए जाते हैं कि विकसित देश की सूची में जिन सत्ताइसों वस्तुओं को वह शामिल करना चाहता है, वे बहुत क्षति न पहुँचाएँ। अन्य वस्तुओं के अलावा अमेरिका आलू चिप्स और अनाज, ब्रिटेन स्काच व्हिस्की, इटली काँच का सामान, फ्रांस ब्रांडी और शराब तथा आस्ट्रेलिया मक्खन लाना चाहता है। भारत इनमें से कुछ को दूसरी सूची में शामिल करने के लिए जोड़-तोड़ कर सकता है या फिर रोक हटा कर सीमा शुल्क में बढ़ोत्तरी कर टेक्नालॉजी कानून के माध्यम से आयात किया जा सकता है।

ऐसे प्रयास से जहाँ एक दूसरे में होड़ की स्थिति रहती है वहाँ पर प्रभावशीलता कम रहती है, जहाँ भारत, उड़ीसा से इस्पात लाने में कुल 25 डॉलर खर्च करता है वहीं ब्राजील इस पर मात्र 10 डॉलर ही खर्च करता है। अतः डब्ल्यू.टी.ओ में किसी भी तरह की बातचीत धोखाधड़ी होगी। इसीलिए इस सन्दर्भ में वीडियोकोन के सलाहकार **एस.के. शेलमीर** कहते हैं कि "यह मृत्यु जितना ही अवश्यंभावी है। कम पैसे में सर्वोत्तम का प्रस्ताव

रख कर ही आप टिके रह सकते हैं।" अभी डब्ल्यू.टी.ओ. में भारत का प्रयत्न रहेगा किसी तरह से मुश्किलों से बचना।

डब्ल्यू.टी.ओ. और वित्तीय समझौता

प्रतिनिधि वित्तीय पुधारों के विषय में अपने मतभेद को सुलझाने के लिए 1997 में जेनेवा में 70 देशों का विश्व व्यापार संगठन सम्मेलन हुआ। भारत ने सम्मेलन में अपने प्रस्ताव रखने के साथ 1995 में की गई पेशकश में कुछ और बातें जोड़ दीं। पहले प्रत्येक वर्ष 8 विदेशी बैंकों को शाखाएँ खोलने की अनुमति देने की बात मानी थी पर अब वह 12 को अनुमति देगा। अर्थात् भारत में विदेशी बैकों का कारोबार बढ़ेगा, मार्च 1995 में 27 विदेशी बैंक देश में कारोबार कर रहे थे जबकि आज 42 विदेशी बैंकों की 183 शाखाएँ चल रही हैं। बैंक ऑफ न्यूयार्क, यूनियन बैंक ऑफ कैलिफोर्निया, दाइ इची कांग्यो बैंक ऑफ जापान और जर्मनी के वी.एच.एफ. बैंक सहित 26 अन्य बैंकों ने यहाँ प्रतिनिधि कार्यालय खोले हैं और यहाँ पर आने के लिय बहुत बैंक तैयार हैं।

भारत ने अपनी पूर्व व्यावसायिक धारणा को परिवर्तित करके सभी देशों को सामान रूप से अधिकार दिया। पुनर्बीमा नीति में भी अन्त तक बदलाव हो गया। दो वर्ष पहले अंतरिम वित्तीय सेवा समझौते पर हस्ताक्षर करते समय भारत में यह कहा गया था कि क्षेत्रीय बीमा कम्पनियाँ पुनर्बीमा के अपने उद्योग में 10 प्रतिशत बहुराष्ट्रीय कम्पनियों के साथ साझा कर सकेगी। यह न्यूनतम सीमा अब हटा ली जाएगी, फिर भी सामान्य बीमा क्षेत्र में कोई सहमति नहीं हो पाई।

इस सम्बन्ध में सम्पूर्ण देश में व्यापक प्रतिरोध का वातावरण रहा। उस समय की मुख्य विपक्षी पार्टी भाजपा ने जहाँ यह कहा कि "एक लुंजपुंज सरकार को डब्ल्यू.टी.ओ के एक और समझौते को मंजूर करने का अधिकार नहीं", वहीं माकपा पोलित ब्यूरो का कहना कि संयुक्त मोर्चा सरकार ने "भारत को अन्तर्राष्ट्रीय वित्तीय बाजार की दया पर छोड़ दिया है।" इसी तरह कई प्रतिक्रियाएँ हुईं, परन्तु चिंता का विषय है कि इन समझौता से हमने क्या पाया। इन समझौतों से आत्म विश्वास तो प्रबल होगा परंतु विदेशी बैंक केवल अपने देश में ऋण देने के लिये यहाँ से पैसा कमाएँगे फलतः प्रतियोगिता का जन्म होगा। बाजार का 85 प्रतिशत लेन-देन देशी बैंकों के पास ही रहेगा। जब 15 प्रतिशत लाभ केवल दूसरी कम्पनियों को हो तो अधिक से अधिक लाभ इन्हीं बहुराष्ट्रीय कम्पनियों को मिलेगा। जहाँ तक किए गए समझौते पर सहमति का प्रश्न है तो हम पिछले दो वर्ष में हर वर्ष 15 बैंकों को भी यहाँ शाखाएँ खोलने की इजाजत दे सकते थे पर इसकी संख्या फिर घटा कर 11 नहीं की जा सकती थी। इस सन्दर्भ में वाणिज्य मन्त्रालय के सचिव पी.पी. प्रभु का कहना है कि "हम समझौते में शरीक न होते तो पूरी दुनिया में हमारा मजाक बनता। देश की आवश्यकता और अन्तर्राष्ट्रीय विषय को ध्यान में रखकर उच्चतम सुझाव प्राप्त

किए जा सकते थे वह हमने की।" लेकिन यह तो शुरुआत है, विकसित देशों की आकांक्षाएँ तो लम्बी-चौड़ी हैं, बीमा क्षेत्र में विदेशी फर्मों को प्रवेश देने, विदेशी बैंकों की शाखाओं को सीमित न करने, शेयरों की खरीद-फरोख्त सहित गैर-बैंकिंग वित्तीय सेवाओं में विदेशी भागीदारी 51 फीसदी तक बढ़ाया जाए और विदेशी बैंकों के लेन-देन में भागीदारी 15 फीसदी तक ही सीमित न करें।

इस प्रकार के प्रस्ताव को भारत के लिए आवश्यक बताकर उसे गुमराह करने का प्रयास किया गया 1995 में विकासशील देशों के संतोषजनक रियायतों की पेशकश न करने पर डब्ल्यू.टी.ओ में अमेरिकी प्रतिनिधि बीच वार्ता से उठकर चले गए थे। आर्थिक मंदी से परेशान दक्षिण पूर्व एशियाई देश झुक गए। तकनीकी रूप से थाईलैण्ड, मलेशिया और भारत के बैंक विकसित देशों में अपनी शाखाएँ खोल सकते हैं पर उनके पास इतनी पूँजी कहाँ है? पूर्व वाणिज्य सचिव **ए.वी. गणेशन** के अनुसार, "विकासशील देश तो वित्तीय सेवाओं के आय तक निर्भर हैं। हमें इसका ज्ञान रखना चाहिए कि सेवा क्षेत्र में बढ़ोत्तरी करने व अपनी क्षमता का विकास करने के लिये इसका किस सीमा तक उपयोग हो सकता है। इसलिए दूसरे देशों की तरह हमारे लिए भी कई चिंताएँ हैं। हमारा 20 प्रतिशत निर्यात अमेरिका, 30 प्रतिशत यूरोपीय संघ और 10 प्रतिशत से कम जापान को होता है। साथ ही हमारी मृतप्राय, अर्थव्यवस्था को जीवन देने के लिए विदेशी रकम की जरूरत है। आधारभूत स्वरूप के क्षेत्र में मौजूदा जरूरतों को देखते हुए सड़कों, बन्दरगाहों और बिजली परियोजनाओं के लिए करीब 150 अरब डॉलर चाहिएँ। सम्भव ही बाजार खोलना हमारे लिए अपरिहार्य हो जाए, पर इसके लिए हमें बहुत सजग रहने की जरूरत है। दक्षिण पूर्व एशिया के कई देशों ने तुरन्त अपने व्यापारिक प्रतिबन्ध हटा कर बड़े पैमाने पर विदेशी निवेश को आकर्षित कर लिया पर इस प्रक्रिया में वित्तीय क्षेत्र में कई कमियाँ रह जाने से आज वे परेशानी में हैं। हमारी व्यवस्था भी कोई बहुत अच्छी नहीं है। अनुपयोगी सम्पत्तियों के संग्रह के मामले में सरकारी बैंक आज भी निजी बैंकों से काफी आगे लेकिन लाभ प्राप्त करने में पीछे। इस स्थिति में यह अच्छा होगा कि किसी अन्तर्राष्ट्रीय फोरम के ऊपर दबाव डालने से पहले स्वयं ही कार्य सूची तैयार कर सुधार करें। यह सही है कि हमारी वित्तीय प्रणाली में काफी शिथिलता आ गई है। **बैंकों और वित्तीय** संस्थाओं को ज्यादा सक्षम बनाने के लिए उन्हें विदेशी संस्थाओं के साथ प्रतियोगिता में रखना तो ठीक है, लेकिन यदि इसमें वित्तीय अराजकता और असुरक्षा हुई तो जनता इसके विपरीत जाने में कोई समय नहीं लगाएगी। इस प्रकार एक निश्चित स्वरूप तैयार करने से न मात्र हमारे आंतरिक स्थिति में बदलाव आयेगा बल्कि W.T.O के सम्बन्ध भी मजबूत होंगे, लेकिन यह आश्चर्यजनक है कि इस मामले पर विशेष अध्ययन करने के लिए विशेषज्ञों की कोई समिति तक नहीं बनाई गई है। मराकेश समझौते पर भारत के दस्तखत के 3 वर्ष बाद दो संघ, बहुराष्ट्रीय निवेश और प्रतियोगिता नीति पर गठित किए गए। यदि कथित

तौर पर इसका विशेष महत्त्व न स्थापित हो सकता तो वित्तीय क्षेत्र प्रतियोगिता में भारत कोई न कोई रास्ता अपनायेगा जिसमें राजनीतिक अस्थिरता के बाद भी विकल्प ढूँढ़ना पड़ेगा।

अन्तर्राष्ट्रीय पुनर्निर्माण एवं विकास बैंक (आई.बी.आर.डी.)

अन्तर्राष्ट्रीय पुनर्निर्माण एवं विकास बैंक के क्षेत्र में ब्रेटनवुडूस का सम्मेलन अत्यन्त उपयोगी रहा। इस सम्मेलन में यह भी फैसला किया गया कि अन्तर्राष्ट्रीय पुनर्निर्माण और विकास बैंक की स्थापना की जाय। इस संस्था को इसकी सहायक संस्था अन्तर्राष्ट्रीय विकास संघ के साथ मिलाकर विश्व बैंक भी कहा जाता है। साधारण भाषा में, अन्तर्राष्ट्रीय पुनर्निर्माण एवं विकास बैंक तथा विश्व बैंक में कोई अन्तर नहीं किया जाता है। अन्तर्राष्ट्रीय वित्त निगम तथा बहुपक्षीय निवेश गारण्टी एजेन्सी को भी साथ मिला लेने पर इसे विश्व बैंक समूह कहते हैं। मुद्रा-कोष की एक पूरक संस्था के रूप में अन्तर्राष्ट्रीय पुनर्निर्माण तथा विकास बैंक की स्थापना 27 दिसम्बर, 1945 को हुई और 25 जून, 1946 से इसने अपना कार्य आरम्भ कर दिया।

युद्ध की वजह से अर्थव्यवस्था डगमगा गयी। निवेशों में घाटे के भय से व्यक्तिगत पूँजी का अभाव था। इसे प्राप्त करने के लिये गारण्टी की अति आवश्यकता थी। अन्तर्राष्ट्रीय मुद्रा-कोष से दीर्घकालीन पूँजी प्राप्त करने की आशा नहीं की जा सकती है, क्योंकि यह संस्था अपने साधनों में तरलता बनाये रखकर ही अपने उद्देश्यों की पूर्ति कर सकती है। यह सब ध्यान में रखते हुए 'ब्रेटनवुडूस सम्मेलन' में भाग लेने वाले राष्ट्रों ने एक ऐसी अन्तर्राष्ट्रीय संस्था की स्थापना के लिए राय दी जो न केवल दीर्घकालीन पूँजी की स्वयं व्यवस्था करे, स्वयं की पूँजी को अपनी गारन्टी देकर अन्तर्राष्ट्रीय क्षेत्र गति प्रदान करे जिससे लक्ष्य की प्राप्ति हो सके। इस उद्देश्य की पूर्ति हेतु I.B.R.D. की स्थापना की गयी।

आई.बी.आर.डी. के उद्देश्य—आई.बी.आर.डी. के लक्ष्यों को निम्नवत् रूप में स्पष्ट कर सकते हैं—

1. आई.बी.आर.डी. का उद्देश्य विदेशी पूँजी के निवेश में वृद्धि करना है। व्यक्तिगत तथा संस्थागत निवेशों को उन ऋणों के भुगतानों की गारण्टी देकर अथवा उनके साथ निवेशकों के रूप में सम्मिलित होकर सदस्य राष्ट्रों मे विदेशी निवेशों को प्रोत्साहित करना है।
2. आई.बी.आर.डी. उन कार्यों के लिये ऋण देता है या ऋण के लिए गारण्टी देता है जो अतिआवश्यक है।
3. आई.बी.आर.डी. का उद्देश्य युद्ध से विध्वंसित अर्थ-व्यवस्थाओं के पुनर्निर्माण

तथा अविकसित एवं अर्द्ध-विकसित सदस्य राष्ट्रों के आर्थिक विकास के कार्यों में सहायता प्रदान करना है।

4. बैंक का प्रमुख उद्देश्य दीर्घकालीन अन्तर्राष्ट्रीय निवेशों के माध्यम से उत्पादन क्षमता में वृद्धि, जीवन-स्तर तथा श्रम-स्थितियों में सुधार के द्वारा अन्तर्राष्ट्रीय व्यापार के स्थायी सन्तुलित विकास में सहायता प्रदान करना तथा सदस्य देशों के भुगतानावशेषों में स्थायी सन्तुलन स्थापित करना है।
5. आई.बी.आर.डी. का उद्देश्य सदस्य देशों की युद्धकालीन अर्थ-व्यवस्थाओं को शान्तिकालीन अर्थ-व्यवस्थाओं में परिवर्तित करने के लिए उचित दशाएँ उत्पन्न करना है।

आई.बी.आर.डी. की सदस्यता—मुद्रा कोष के सभी सदस्य स्वयं ही आई. बी. आर. डी. के सदस्य बन जाते हैं। ये तब तक इस संस्था से जुड़े रहते हैं जब तक मुद्रा कोष के सदस्य हैं। एक की सदस्यता का परित्याग करने पर दूसरे की सदस्यता भी सामान्यतः समाप्त हो जाती है। मुद्रा कोष की संस्था से सदस्यता समाप्त हो जाने पर कोई देश इसका सदस्य तभी तक बना रहता है जब उसे बैंक की 75 प्रतिशत मत-शक्ति का समर्थन प्राप्त न हो जाय। 1944 में जिन राष्ट्रों ने मुद्रा-कोष की सदस्यता स्वीकार की थी, वही आई.बी.आर.डी. के भी मौलिक सदस्य हैं। सदस्यों की संख्या में वृद्धि के कारण इसकी संख्या 84 तक हो गयी है।

किसी भी देश को बैंक की सदस्यता छोड़ने के लिये धारा 6 के अन्तर्गत बोर्ड ऑफ गवर्नर्स को एक लिखित प्रार्थना-प्रत्र भेजना पड़ता है। सदस्यता का परित्याग करने के पूर्व उस देश को आई.बी.आर.डी. के प्रति अपने समस्त दायित्वों को पूरा करना पड़ता है। अगर इन अधिनियमों का कोई देश पालन नहीं करता है या उसमें रुकावट की स्थिति उत्पन्न करता है तो उसकी सदस्यता भी छीनी जा सकती है।

आई.बी.आर.डी. की पूँजी—जब आई.बी.आर.डी. की स्थापना हुई तो उस समय इसकी मूल सम्पत्ति 1000 करोड़ डॉलर अर्थात् 10 बिलियन डॉलर थी, जो 1 लाख डॉलर के एक लाख अंशों (shares) में विभाजित थी। इन अंशों को विभिन्न देशों के बीच उनके मुद्रा-कोष के कोटे के आधार पर बाँटा गया। यह व्यवस्था की गयी कि प्रत्येक सदस्य राष्ट्र को अपने अंश का 20 प्रतिशत तुरन्त जमा कराना होगा, जिसमें 2 प्रतिशत भाग स्वर्ण में परिवर्तित मुद्रा (डॉलर) में तथा शेष भाग अपनी वैधानिक मुद्रा में चुकाया जाना था। कुल धन का 80 प्रतिशत भाग बैंक द्वारा माँगे जाने पर जमा करना होता था। इस प्रकार यह कहा जा सकता है कि बैंक द्वारा तुरन्त ऋण देने के लिए किसी देश के अंशदान का केवल 2 प्रतिशत भाग उपलब्ध होता था। इसके अतिरिक्त शेष 18 प्रतिशत जिस देश की मुद्रा हो उसकी अनुमति से ऋण दिया जा सकता था। बाकी का 80 प्रतिशत जो सदस्य देशों के पास ही रहता था, ऋण देने के लिए उपलब्ध नहीं हो पाता था।

इसमें इतनी वृद्धि हुई कि सितम्बर 1959 में यह धनराशि 21 बिलियन डॉलर पर पहुँच गयी। सदस्य देशों के अंशदानों में 100% की वृद्धि कर दी गयी। कनाडा, पश्चिमी जर्मनी, जापान आदि 17 देशों ने 100 प्रतिशत से अधिक वृद्धि स्वीकार की। यहाँ यह याद रखना आवश्यक है कि जब देशों में 100 प्रतिशत की वृद्धि हुई उन्हें आई.बी.आर.डी. के पास कुछ भी जमा नहीं करना पड़ा। इसके लिए व्यवस्था यह की गयी कि प्रत्येक सदस्य देश द्वारा अंशदान का चुकाया गया भाग 20 प्रतिशत से घटाकर 10 प्रतिशत कर दिया गया। शेष 90 प्रतिशत सदस्य देशों से नहीं लिया गया। इसकी माँग केवल उस स्थिति में की जा सकती है जब आई.बी.आर.डी. को अपने दायित्वों का भुगतान करना हो। जिन देशों के अंशदान इससे अधिक बढ़े उन्हें ही अतिरिक्त राशि जमा करनी पड़ी। इस बढ़ोत्तरी से बैंक के साधनों में नाममात्र की बढ़ोत्तरी हुई। इस प्रकार की व्यवस्था पूँजी को मजबूत व उपयोगी बनाने हेतु की गयी।

आई.बी.आर.डी. की अधिकृत पूँजी सन् 1963 में 21 बिलियन डॉलर से बढ़कर 22 बिलियन डॉलर तथा 1965 में 24 बिलियन डॉलर तक पहुँच गयी। 31 दिसम्बर, 1970 से बैंक की पूँजी में पुनः वृद्धि कर दी गयी और अधिकृत पूँजी 24 बिलियन डॉलर से बढ़ाकर 27 बिलियन डॉलर कर दी गयी। बैंक की पूँजी में 8.3 बिलियन डॉलर की और वृद्धि करने का प्रस्ताव मई 1976 में स्वीकार किया गया। जनवरी 1980 में आई.बी.आर.डी. के गवर्नर-मण्डल द्वारा बैंक की अधिकृत पूँजी 45 बिलियन डॉलर से बढ़ाकर 85 बिलियन डॉलर कर दी गयी। अभिदत्त पूँजी का 7.5 प्रतिशत भाग बैंक के पास जमा करना था। इस प्रकार बैंक को लगभग 3,000 मिलियन डॉलर की पूँजी के अभिदान 30 सितम्बर, 1981 से जुलाई 1986 के बीच प्राप्त होने थे।

बैंकों की पूँजी दर निरन्तर बढ़ने के बाद भी सन् 1998 में इसमें वृद्धि करने की जरूरत पड़ी। अभिदान की अवधि 30 सितम्बर, 1993 को समाप्त हो गयी। इसके अन्तर्गत 74.8 बिलियन डॉलर की सामान्य वृद्धि की गयी। बढ़े हुए अंशदान का 3 प्रतिशत चुकाया गया है। 30 जून, 1998 को बैंक की चुकता पूँजी 1886.4 बिलियन डॉलर थी जो इसकी 190.8 बिलियन डॉलर की कुल अधिकृत पूँजी का 97.7 प्रतिशत भाग थी। चुकता पूँजी में से चुकायी गयी राशि 11.3 बिलियन डॉलर थी। अतः शेष 175.1 बिलियन डॉलर की राशि माँगी जा सकती (Callable) थी। 2001 में बैंक की चुकता पूँजी 189.5 बिलियन डॉलर थी।

आई.बी.आर.डी. के नियमानुसार राष्ट्र की मताधिकार क्षमता उसके अंशदान के मूल्य राशि पर निर्भर करती है। प्रत्येक सदस्य राष्ट्र के 250 वोट होते हैं। इसके अतिरिक्त 1,00,000 डॉलर के अंशदान पर एक अतिरिक्त वोट प्राप्त होता है। अंशदान में अमेरिका का प्रथम स्थान है इसलिये इसकी स्थिति ठीक है। जापान, ब्रिटेन, फ्रान्स, जर्मनी, भारत तथा चीन का क्रमिक स्थान है। आई.बी.आर.डी. द्वारा दिये जाने वाले ऋणों की बकाया

राशि इसकी अधिकृत पूँजी का केवल एक निश्चित भाग है, इसलिए आई.बी.आर.डी. अपने साधन ऋणों के रूप में प्राप्त करता है। ये ऋण सरकारों, केन्द्रीय बैंकों तथा निजी निवेश बाजारों से प्राप्त किये जाते हैं। सितम्बर 1982 से विश्व बैंक अल्पकालीन मुद्रा-बाजार से भी ऋण लेने लगा है। ये ऋण अल्पकालीन प्रतिभूतियों के आधार पर लिये जा रहे है। यहाँ यह जानना आवश्यक है ये सभी मध्यावधि व दीर्घावधि ऋणों की सीमा में नहीं आते।

आई.बी.आर.डी. का संगठन—मुद्रा कोष के संगठन की तरह आई.बी.आर.डी. भी इसी प्रकार का संगठन है। बैंक के संगठन में, गवर्नरों का बोर्ड, प्रशासनिक संचालक बोर्ड, सलाहकार समिति तथा ऋण समिति विशेष रूप से महत्त्वपूर्ण हैं। गवर्नरों के बोर्ड में प्रत्येक सदस्य देश एक गर्वनर की नियुक्ति करता है जो सामान्यतः उस देश का वित्तमन्त्री होता है। एक स्थानापन्न (alternate) गवर्नर की भी नियुक्ति की जाती है जो गवर्नर की अनुपस्थिति में कार्य करता है। इनका कार्यकाल 5 वर्ष का होता है, परन्तु इसके पूर्व भी इन्हें बदला जा सकता है। मुद्रा कोष की वार्षिक बैठक के साथ गर्वनर के बोर्ड की बैठक सम्पन्न होती है। इस बैठक में आवश्यक है कि वर्ष में कम से कम एक बैठक अवश्य होनी चाहिए। वार्षिक बैठक का काफी महत्त्व होता है। इसके तहत महत्त्वपूर्ण विषयों पर विचार-विमर्श किये जाते हैं।

संचालक बोर्ड में बीस सदस्य होते हैं, जिनमें से पाँच सदस्यों को पूँजी में सर्वाधिक योगदान देने वाले देश नियुक्त करते हैं। शेष 15 संचालक अन्य सदस्यों द्वारा चुने जाते हैं। प्रत्येक संचालक का कार्यकाल 2 वर्ष का होता है। प्रत्येक संचालक को उसके देश के अंशदान की राशि के अनुसार मताधिकार प्राप्त होते हैं। सलाहकार समिति तथा ऋण समिति की नियुक्ति संचालक बोर्ड द्वारा होती है। संचालक बोर्ड की मीटिंग प्रत्येक महीने में कम से कम एक बार होना जरूरी होता है। संचालक समिति का अध्यक्ष बैंक का प्रधान अधिकारी होता है और वह बैंक के सभी साधारण कार्यों की देखभाल करता है। अध्यक्ष को केवल अपना निर्णायक मत (casting vote) देने का अधिकार होता है, टेक्नीकल, विपणन, कानूनी तथा प्रशासकीय मामलों के विभागों के अतिरिक्त अलग-अलग क्षेत्रों के लिए भी अनेक विभाग स्थापित किये गये हैं। प्रत्येक विभाग का प्रमुख एक डायरेक्टर होता है जो इनके कार्य पर नजर रखता है।

संचालक मण्डल कम से कम सात सदस्यों की एक सलाहकार परिषद् नियुक्त करती है जो विभिन्न आर्थिक क्षेत्रों के विशेषज्ञ होते हैं। इस परिषद् की प्रत्येक वर्ष एक बैठक संचालित होती है। संचालक मण्डल द्वारा समय-समय पर ऋण समितियाँ भी नियुक्ति की जाती हैं, जो किसी सदस्य देश द्वारा माँगे गये ऋण की उपयुक्तता के सम्बन्ध में जाँच करती हैं।

आई.बी.आर.डी. के कार्य—आई.बी.आर.डी. कई महत्त्वपूर्ण कार्यों को अन्जाम देता है। कुछ निम्नवत् बिन्दुओं के माध्यम से इसे स्पष्ट कर सकते हैं—

1. ऋण देना—सदस्य देशों के लिये ऋण लेने के लिये हमेशा दरवाजा खुला रहता है। आई.बी.आर.डी. द्वारा दिये गये ऋण के दो उद्देश्य होते हैं—पुनर्निर्माण तथा विकास। यह ऋण कम विकसित क्षेत्रों को दिए जाते है यह ऋण सदस्य देश की सरकार को या किसी निजी उद्योग को सरकार की गारण्टी पर दिये जा सकते हैं। ये ऋण मध्यकालीन तथा दीर्घकालीन होते हैं। अधिकांश ऋण 20 वर्ष अथवा कम अवधि के लिए दिये जाते हैं। इस ऋण को अदा करने के लिए कोई कड़ी शर्त नहीं है जिससे ब्याज अदा करने में कोई परेशानी न हो। आई.बी.आर.डी. द्वारा केवल उत्पादक उद्देश्य के लिए ऋण दिये जाते हैं। इससे विकासशील देशों में आर्थिक वृद्धि प्रोत्साहित होती है। साथ ही ऋण की वसूली की सम्भावनाओं पर विचार करना भी आवश्यक होता है। प्रत्येक ऋण साकार रूप से सरकार को ब्याज प्राप्त करने वाले राष्ट्र को सरकार की विश्वसनींयता पर दिया जाता है। ऋण देने का प्रमुख उद्देश्य आर्थिक व्यवस्था को मजबूत बनाना है।

ऋण के क्षेत्र में प्रमाण पत्र पर अधिकृत संख्या का होना आवश्यक है। चूँकि बैंक ऋणी तथा ऋणदाता दोनों के हितों को ध्यान में रखता है, इसलिए ऋण की स्वीकृति देने कें पूर्व एक मिशन से प्रस्तावित परियोजना की स्थिति, ऋण चाहने वाले देश की अर्थव्यवस्था की स्थिति तथा अन्य सम्बन्धित बातों का निरीक्षण कर लेता है। मिशन की अनुकूल सिफारिशों तथा शर्तों की पूर्ति होने पर बैंक ऋण प्रदान करने हेतु ऋण समिति की सिफारिश प्राप्त करता है। यह सब कार्यवाही पूरी हो जाने पर ऋण की राशि उस देश के केन्द्रीय बैंक में जमा करा दी जाती है—स्मरण रहे कि आई.बी.आर.डी. पर यह प्रतिबन्ध है कि वह अपने कुल साधनों से अधिक न तो स्वयं ऋण दे सकता है और न ही उसकी गारण्टी कर सकता है। आई.बी.आर.डी. के माध्यम से ऋण के लिये मान्य योजना का भाग दूसरे देशों में माल का आयात करने के लिये खर्च किया जाता है। यह प्रायः ऋण के रूप में दिया जाता है, परन्तु वह भाग भी कुल लागत के 50 प्रतिशत से अधिक नहीं होना चाहिए। ऋणों की मात्रा सदस्य देश के अंशदान की मात्रा पर निर्भर न रहकर उसकी आवश्यकता पर निर्भर करती है। ऋणी देश को ऋण का भुगतान उस मुद्रा में करना होता है जिसमें वह ऋण लिया गया था। अर्थजगत में आई.बी.आर.डी. का एक विशेष अतुलनीय स्थान है।

जो ब्याज आई.बी.आर.डी. देती है, उस पर ब्याज की कीमत 6 महीने के लिये तय की जाती है। बैंक द्वारा दिये गये ऋणों पर औसत ब्याज-दर से 0.5 प्रतिशत अधिक होती है। आई.बी.आर.डी. का एक अन्य कार्य निजी निवेशकों को गारण्टी देकर उनकी पूँजी अन्य देशों को दिलाना है। परन्तु पिछले कुछ वर्षों से विश्व बैंक का गारण्टी कार्य सर्वथा समाप्त हो गया है। इसके दो कारण हैं, एक तो आई.बी.आर.डी. की सहयोगी संस्थाएँ

पर्याप्त मात्रा में दीर्घकालीन ऋण देने लगी हैं; और दूसरा विदेशों से ब्याज प्राप्त करना आई.बी.आर.डी. की जिम्मेदारी के बिना ही मिलना सम्भव हो गया है।

2. प्रशिक्षण—प्रशिक्षण में सभी सदस्य देशों के अधिकारियों को वित्त, मुद्रा-व्यवस्था, कर-प्रणाली, प्राविधिक कुशलता, औद्योगिक व बैंकिंग संगठन आदि के सम्बन्ध में प्रशिक्षण की आवश्यकता होती है, जिसकी व्यवस्था आई.बी.आर.डी. स्वयं करती है। सदस्य देशों के अधिकारियों को विकास योजनाओं के निर्माण तथा प्रबन्ध से सम्बन्धित प्रशिक्षण की सुविधाएँ प्रदान करने के उद्देश्य से 1955 में वाशिंगटन में आर्थिक विकास संस्थान (Economic Development Institute) स्थापित किया गया है, जो संसार की प्रमुख भाषाओं में अल्पकालीन प्रशिक्षण की सुविधाएँ देता है।

3. तकनीकी सहायता—आई.बी.आर.डी के सदस्य देश इससे तकनीकी सहयोग भी प्राप्त कर सकते हैं। आई.बी.आर.डी. के सदस्य देशों को तकनीकी मदद देना आई.बी.आर.डी. का मुख्य कार्य है। आई.बी.आर.डी. ने सर्वप्रथम 1949 में कोलम्बिया की अर्थव्यवस्था का सामान्य पर्यवेक्षण कराया था, तब से यह सुविधा अनेक देश प्राप्त कर चुके हैं। विकास सम्बन्धी परियोजनाएँ तैयार करने में सदस्य देशों को आई.बी.आर.डी. से तकनीकी तथा प्रबन्धकीय मामलों पर सलाह मिली है और विभिन्न परियोजनाओं के प्रबन्ध तथा संगठन सम्बन्धी प्राथमिकताएँ निर्धारित करने में सहायता प्राप्त होती है। विकास सम्बन्धी निवेश का आकार तथा रचना निर्धारित करने में सदस्य देश आई.बी.आर.डी. से सहायता प्राप्त करते हैं। विकास सम्बन्धी मामलों पर सलाह देने के लिए आई.बी.आर.डी. विशेषज्ञों को सदस्य देशों में भेजता है। पूर्वी तथा पश्चिमी अफ्रीका के देशों को तकनीकी सहायता प्रदान करने के उद्देश्य से बैंक ने नैरोबी तथा अबिदजान में स्थायी क्षेत्रीय मिशन नियुक्त कर रखे हैं जो कृषि तथा यातायात के विकास की दिशा में प्रयासरत हैं।

4. अन्तर्राष्ट्रीय समस्याओं का हल—प्रत्येक सदस्य देश में अनेक प्रकार की अन्तर्राष्ट्रीय आर्थिक समस्याएँ होती रहती हैं, जिसको सुलझाने के लिए आई.बी.आर.डी. मध्यस्थ के रूप में कार्य कर सकता है। भारत और पाकिस्तान के बीच पंजाब की नदियों के जल-विभाजन सम्बन्धी विवाद का निपटारा 1960 में इसकी मध्यस्थता से ही हुआ था। सन् 1956 में जब मिस्र द्वारा स्वेज नहर का राष्ट्रीयकरण कर लिया गया तो स्वेज नहर कम्पनी में ब्रिटेन के अंशों का हर्जाना देने से सम्बन्धित विवाद को हल करने की जिम्मेदारी आई.बी.आर.डी. के सामंजस्य से संभव हुआ। इस प्रकार आई.बी.आर.डी. ने संसार में शान्ति बनाये रखने में भी महत्त्वपूर्ण भूमिका निभाई है।

आई.बी.आर.डी. का विकास—आई.बी.आर.डी. की प्रगति धीरे-धीरे लेकिन व्यविस्थत ढंग से हुई है। प्रारम्भिक तीन वर्ष इसके लिये परीक्षा के समान थे। 1947 में आई.बी.आर.डी. यूरोप के चार देशों—फ्रांस, लक्जमबर्ग, डेनमार्क तथा नीदरलैण्ड—को 496.8 मिलियन डॉलर का ऋण पुनर्निर्माण के लिए प्रदान किये गये। 1948 में मार्शल प्लान

(Marshall Plan) की स्वीकृत्ति के बाद यूरोपीय देशों की समस्याएँ कुछ हल हुईं और बैंक ने विकासशील देशों की ओर ध्यान दिया। जून, 1947 से 1956 के बीच बैंक ने कुल 2667 मिलियन डॉलर के 150 ऋण दिये, जिनमें पुनर्निर्माण के लिए केवल 497 मिलियन डॉलर थे जिसकी शेष राशि विकास के लिए थी। इसके बाद के समय में बैंक द्वारा ऋणों की संख्या तथा धन में तथा ब्याज लेने वाले देश की संख्या में भी वृद्धि हुई है।

1947 से 1968 के दौरान बैंक द्वारा स्वीकृत किये गये बैंकों की वार्षिक औसत 9.0 मिलियन डॉलर थी। 1969 से 1973 तक की अवधि में वार्षिक औसत 1.8 मिलियन डॉलर हो गयी। 1947 से 1978 तक की अवधि में काफी वृद्धि हुई और वार्षिक औसत 4.9 मिलियन डॉलर हो गयी। इस प्रकार वार्षिक औसत 8.9 मिलियन डॉलर हो गयी। 1984 से 1988 तक के पाँच वर्षों में 65.5 मिलियन डॉलर थी। 1990 से 1994 तक के पाँच वर्षों में बैंक द्वारा कुल 78.0 मिलियन डॉलर के ऋण स्वीकृत किये गये। इस प्रकार इस अवधि में वार्षिक औसत 15.6 मिलियन डॉलर थी। जुलाई 1994 में बैंक ने अपनी 50वीं वर्षगांठ तक 140 देशों को 6000 परियोजनाओं को पूर्ण करने हेतु 300 मिलियन डॉलर ऋण दिया था। 1995 से 1997 तक के तीन वित्तीय वर्षों में बैंक द्वारा स्वीकृत किये गये ऋणों की वार्षिक औसत आय 15.3 मिलियन डॉलर थी। इस प्रकार यह कह सकते हैं कि आई.बी.आर.डी. ने अपनी प्रगति के साथ अपने सदस्य राष्ट्रों के विकास में सहयोग किया है।

आई.बी.आर.डी. ने जून व जुलाई के दो माह में (1998 में) जिन ऋणों को स्वीकृति प्रदान की उसकी सीमा 21 मिलियन डॉलर थी। 1999 के वित्तीय वर्ष में आई.बी.आर.डी. द्वारा 131 परियोजनाओं के लिए 22.2 मिलियन डॉलर के ऋण स्वीकृत किये गये। 2000 के वित्तीय वर्ष में कुल 97 परियोजनाओं के लिए केवल 10.9 मिलियन डॉलर के ऋण स्वीकृत किये गये। 2001 में 36 देशों में 91 परियोजनाओं के लिए 10.5 मिलियन डॉलर के ऋण स्वीकृत किये गये। जून, 2001 के अन्त में अन्तर्राष्ट्रीय बैंक द्वारा स्वीकृत किये गये कुल ऋणों की संचयी राशि 360 मिलियन डॉलर थी। 1997 में सबसे अधिक ऋण प्राप्त करने वाले देशों में चीन, रूस तथा अर्जेंटाइना, 1998 में दक्षिण कोरिया सबसे बड़ा ऋण प्राप्तकर्ता था और चीन का दूसरा स्थान था। 1999 में पूर्वी एशिया के देशों के लिए सर्वाधिक ऋण स्वीकृत किये गये। 2000 में लैटिन अमेरिका तथा कैरेबियन देशों ने अधिकत्तम ऋण लिया। 2001 में दस बड़े ऋण प्राप्त करने वाले देशों में चीन, भारत, रूस, इण्डोनेशिया, अर्जेंटाइना, टर्की तथा फिलीपींस शामिल थे।

विमान सेवा के विकास हेतु भी आई.बी.आर.डी. ने ऋण प्रदान किया। इनमें प्रमुख क्षेत्र हैं– परिवहन, संचार एवं शक्ति के साधन आदि। पिछले कुछ वर्षों से इसने विकासशील देशों में गरीबी उन्मूलन पर ध्यान दिया है। बैंक द्वारा स्थापित गरीबी में कमी तथा आर्थिक प्रबन्धन व्यवस्था के अन्तर्गत गरीबी क्षेत्र और गरीबी से सम्बन्धित नीति

को निर्देशित करता है। इस नीति के अन्तर्गत कृषि तथा ग्रामीण विकास के लिए अधिक सहायता दी जाने लगी है। आई.बी.आर.डी. ने शिक्षा, परिवार नियोजन, पोषाहार (nutrition), शहरी विकास, जलापूर्ति, मल-व्यवस्था (severage), गृह-निर्माण तथा लघु उद्योगों के विकास के लिए भी ऋण दिये हैं। 1977 के बाद ऊर्जा विकास के कार्यक्रमों को विशेष महत्त्व दिया जाने लगा है तथा ऊर्जा विकास के लिए सर्वाधिक ऋण प्रदान किया जाने लगा है। आने वाले समय में आई.बी.आर.डी. ने इस क्षेत्र में बढ़ोत्तरी करने के लक्ष्य का निर्धारण किया है। 1988 से विकासशील देशों को संरचनात्मक समायोजन के लिए ऋण दिया जाने लगा है। इनका उद्देश्य विकासशील देशों के अपनी अर्थव्यवस्थाओं के स्वरूप में दीर्घकालीन परिवर्तन करने में सहायता देना है। 1988 में बैंक द्वारा एक नया विभाग स्थापित किया गया है जिसका उद्देश्य बैंक द्वारा सहायता-प्राप्त परियोजनाओं के क्षेत्र में पर्यावरण की रक्षा करना है। 1992 में आई.बी.आर.डी. ने 'विश्व पर्यावरण सुविधा' (Global Environmental Facility—GEF) प्रारम्भ की है जिसके अन्तर्गत पर्यावरण सुधार हेतु ऐसे देशों को अनुदान दिया जाता है जिनकी प्रति व्यक्ति आय 4000 डॉलर से कम है। हाल के वर्षों में आई.बी.आर.डी. ने कुछ ऐसे उपाय किये हैं जिनका उद्देश्य विकास को प्रभावी बनाना और गरीबी के विरुद्ध लड़ना है। विकासशील देशों में निवेशों को प्रोत्साहन देने के उद्देश्य से (Multilateral Investment Guarantee Agency—MIGA) नामक एक नयी संस्था स्थापित की गयी है।

आई.बी.आर.डी. जो ब्याज प्रदान करती है उसके परिव्यय में काफी धीमी गति पायी गयी है। इसके कई कारण हैं। ऋण लेने वाले देश, मुद्रा-स्फीति, भुगतान-सन्तुलन की कठिनाइयाँ और बढ़ते हुए वित्तीय घाटों के कारण परियोजनाओं के लिए पर्याप्त साधन जुटाने में अनेक कठिनाइयाँ अनुभव कर रहे हैं। नवीन कार्य के लिय ब्याज देने में कुछ व्यावहारिक परेशानी भी आती है। परियोजनाएँ पूरी करने हेतु पर्याप्त अनुभव प्राप्त होने पर परिव्यय के विलम्ब में कमी हो सकती है।

1983 से विशेष कार्य योजना (Special Action Programme – SAD) प्रारम्भ किया गया जिसके मुख्य उद्देश्य निम्नलिखित हैं–

1. ऋणों का विस्तार ऊँची प्राथमिकता वाले कार्यों के लिए करना, जिनका सम्बन्ध संरचनात्मक समायोजन, नीति परिवर्तन, निर्यात संवर्द्धन और प्रतिस्थापित क्षमता के पूर्ण उपयोग तथा अवस्थापन के रख-रखाव से है।
2. अन्य ऋणदाता देशों से भी शीघ्र सहायता प्राप्त करने के लिए सहयोग प्राप्त करने के उपाय करना।
3. संवितरण में गति लाना ताकि परियोजनाएँ शीघ्र पूरी हो सकें।
4. परामर्श सेवाओं का विस्तार करना।

भारत तथा आई.बी.आर.डी.–भारत आई.बी.आर.डी. का मूल सदस्य है यह

बैंक पूँजी में पाँचवाँ स्थान रखता है। 1950 में पेरिस मे हुई बैंक की वार्षिक बैठक का सभापतित्व भारत ने किया था। इसकी सदस्यता भारत के लिये लाभदायक रही है। आर्थिक विकास के क्षेत्र में आई.बी.आर.डी. ने भारत का पूर्ण सहयोग किया। सर्वप्रथम, अगस्त, 1949 में भारत को रेलों के पुनर्निर्माण के लिए 34 मिलियन डॉलर का ऋण स्वीकार किया गया था। आई.बी.आर.डी. द्वारा परिवहन, कृषि एवं ग्रामीण विकास, विद्युत तथा औद्योगिक विकास, संचार, शहरी विकास तथा परिवहन नियोजन जैसे उद्देश्यों के लिए ऋण दिये गये हैं। 1981 के पूर्व भारत को आई.बी.आर.डी. की सहायक संस्था अन्तर्राष्ट्रीय विकास संघ से रियायती शर्तों पर अधिक सहायता मिलती थी। इसमें कमी हो जाने पर भारत को आई. बी.आर.डी. अधिक सहायता देने लगा है। 30 जून, 119 परियोजनाओं की पूर्ति के लिये सन् 1989 में भारत ने 15.4 विलियन डॉलर का ऋण प्राप्त किया। 1988, 1989 तथा 1990 के वित्तीय वर्षों में भारत को स्वीकृत किये गये ऋणों की राशि आई.बी.आर.डी. द्वारा, स्वीकृत किये गये कुल ऋणों के प्रतिशत के रूप में क्रमशः 15.3, 13.0 तथा 7.3 प्रतिशत भाग थी। 1991 से 1996 तक भारत को 1898 मिलियन डॉलर के ऋण स्वीकृत किये गये जिसमें से संवितरण (disbursement) की राशि 10893 मिलियन डॉलर थी। इस अवधि में मूल ऋण तथा ब्याज आदि का भुगतान करने के बाद 609 मिलियन डॉलर की राशि भारत के लिए शेष बची।

1997 तथा 1998 के वित्तीय वर्षों में स्वीकृत किये गये ऋणों की राशि क्रमशः 626. 5 मिलियन डॉलर तथा 1068 मिलियन डॉलर थी जो कि कुल स्वीकृतियों का क्रमशः 4. 3 प्रतिशत तथा 5.1 प्रतिशत भाग थी। सन् 1999 में पोखरण परमाणु परीक्षण के बाद अमेरिका और उसके गुट राष्ट्रों ने ऋण में कमी कर दी, यही नहीं सहायक संस्थाओं ने भी सहयोग कम कर दिया। इससे यह स्पष्ट होता है कि सैद्धान्तिक रूप में गैर-राजनीतिक होते हुए भी व्यावहारिक रूप में आई.बी.आर.डी. राजनीतिक दबाव के अधीन कार्य करता है। 2000 के वित्तीय वर्ष में भारत के लिये स्वीकृत ऋणों की राशि में कुछ वृद्धि हुई और यह 934.3 मिलियन डॉलर हो गयी। 2001 के वित्तीय वर्ष में भारत के लिए स्वीकृत ऋणों की राशि 6.9 बिलियन डॉलर थी, जबकि चीन को 11.2 बिलियन डॉलर के ऋण स्वीकृत किये गये और इसका ऋण प्राप्त करने वाले देशों में दूसरा स्थान था। ऋण लेने वाले देशों में 1999 के पहले भारत पाँचवें नम्बर पर था जो दो वर्ष के अन्तराल पर सन् 2001 में वृद्धि के साथ सातवें स्थान पर हो गया। कुल बकाया ऋणों की राशि में भारत की भागीदारी कम हो गयी जो 6.7% से घटकर 5.8% पर आ गयी।

2002-03 तथा 2003-04 में अन्तर्राष्ट्रीय बैंक द्वारा भारत के लिए अधिकृत की गयी ऋण की राशि क्रमशः 5836 तथा 2207 करोड़ रुपये थी। इन वर्षों में उपयोग की गयी राशि क्रमशः 3123 करोड़ रुपये तथा 4033 करोड़ रुपये थी।

भारत में भ्रष्टाचार के कारण जो ऋण लिया जाता है उसका सही उपयोग नहीं होता

है। किसी योजना के लिये निर्धारित धन पूरी मात्रा में योजना तक नहीं पहुँच पाता है। अनुमान है कि मार्च, 1997 के अन्त में 3251 मिलियन डॉलर (11675 करोड़ रुपये) के आई.बी.आर.डी. द्वारा दिये गये ऋणों का संवितरण (disbursement) नहीं हुआ था। नियमों के अनुसार, संवितरित न की गयी राशि पर भी भारत को शुल्क देना पड़ता है। अनुमान है कि शुल्क की राशि 50 करोड़ रुपये वार्षिक के लगभग है। आई.बी.आर.डी. चाहता है कि स्वीकृत किये गये ऋणों का संवितरण अधिक हो। इस क्षेत्र में उठाये गये प्रयासों में योजनाएँ प्रारम्भ करना, ऋण जारी करने की प्रक्रिया को दुरुस्त करना तथा परियोजनाओं पर बैंक की निगरानी शमिल हैं।

आई.बी.आर.डी. की सहायक संस्थाओं में अन्तर्राष्ट्रीय विकास संघ (IDA) तथा अन्तर्राष्ट्रीय वित्त निगम (IFC) ने भारत को काफी सहयोग दिये हैं। विकास संघ द्वारा दी गयी राशि से काफी लाभ व मजबूती मिली।

आई.बी.आर.डी. ने भारत की विकास प्रक्रिया को सफल बनाने पर विशेष ध्यान दिया है। उसने इसके लिये 1958 में कनाडा, जर्मनी, जापान, इंग्लैण्ड तथा अमेरिका का एक सम्मेलन वाशिंगटन में बुलाया। इस सम्मेलन में विचार-विमर्श करने के बाद आई.बी. आर.डी. के नेतृत्व में इन देशों ने एक संघ की स्थापना की, जिसको 'Aid India Consortium' के नाम से पुकारा गया है। बाद में बेल्जियम, इटली, फ्रान्स, आस्ट्रेलिया तथा नीदरलैण्ड भी इसमें सम्मिलित हो गये। 1994 में इसका नाम बदलकर 'India Development Forum' कर दिया गया है। आई.बी.आर.डी. के नेतृत्व में ही भारत सहायता संघ ने गत वर्षों में भारत को ऋण-राहत सहायता (debt-relief), परियोजना विहीन सहायता (non-project aid) तथा विशेष परियोजनाओं के लिए सहायता (project aid) दी है तथा इसकी आवश्यकता अनुभव की है। इधर कुछ वर्षों में इसके द्वारा दिये गये आश्वासनों (pledges) की राशि प्रतिवर्ष बढ़ रही है।

आई.बी.आर.डी.ने भारत को तकनीकी क्षेत्र में विकास हेतु सहयोग प्रदान किया है। इसके सहयोग से भारत ने तकनीकी क्षेत्र में काफी विकास किया है। समय-समय पर भारत में भेजे गये विशेषज्ञों ने विभिन्न परियोजनाओं का अध्ययन करके उनसे सम्बन्धित महत्त्वपूर्ण सुझाव लिये हैं। इन अध्ययनों के आधार पर भारत को न केवल आई.बी.आर. डी. से सहायता मिली है, बल्कि विकास की योजनाओं के कुशल संचालन के लिए यथेष्ट मार्गदर्शन भी मिला है।

सन् 1947 में भारत-पाकिस्तान विभाजन के समय जल विभाजन का विवाद उठा। आई.बी.आर.डी. की मध्यस्थता से 1952 में दोनों के बीच वार्ता आरम्भ हुई तथा 1954 में बैंक ने सिन्धु-घाटी के जल-विभाजन सम्बन्धी योजना प्रस्तुत की। अन्ततः 19 जनवरी, 1960 को दोनों देशों के बीच समझौता हो गया। इस झगड़े को समाप्त करने के लिए आई. बी.आर.डी. को स्वयं 80 मिलियन डॉलर का ऋण देने के अतिरिक्त आस्ट्रेलिया, अमेरिका,

इंग्लैण्ड, न्यूजीलैण्ड, कनाडा तथा जर्मनी से सिन्धु-घाटी विकास कोष (Indus Basin Development Fund) की स्थापना करने के लिए 640 मिलियन डॉलर की सहायता देने के लिए प्रार्थना करनी पड़ी थी। इस विवाद का समाधान बैंक ने कई बार भारत में अपने विशेषज्ञों की टीम भेजकर आर्थिक विकास की विभिन्न योजनाओं का अध्ययन किया है और सुझाव भी प्रस्तुत किये हैं।

भारत की अर्थव्यवस्था को सुदृढ़ बनाने के लिये आई.बी.आर.डी. पूर्ण रूप से सहयोगी रहा है। इसने केवल सहायक के रूप में बल्कि मार्गदर्शक के रूप में महत्त्वपूर्ण भूमिका छोड़ी है।

विभिन्न कार्यों में आई.बी.आर.डी. का योगदान—आई.बी.आर.डी. ने भारत ही नहीं सभी विकासशील देशों के साथ सहयोगात्मक भूमिका निभायी है। बैंक ने विभिन्न उद्देश्यों की पूर्ति के लिए अन्तर्राष्ट्रीय स्तर पर कितनी ही संस्थाओं की स्थापना की। अमीर देशों ने इस भावना को जागृत किया है कि गरीब देशों के विकास में हाथ बँटाना उनका उत्तरदायित्व है और स्थायी विश्व-शान्ति की स्थापना के लिए आवश्यक है। 1968 में कनाडा के पूर्व प्रधानमन्त्री श्री **पीयर्सन** की अध्यक्षता में एक आयोग की नियुक्ति गरीब देश को अमीर देश से प्राप्त होने वाली आर्थिक मदद की जाँच करने के लिए हुई। सितम्बर, 1969 में पीयर्सन कमीशन ने अपनी रिपोर्ट प्रस्तुत कर यह सुझाव दिया कि विकास के लिए दी जाने वाली सहायता (Official Development Assistance) में विकसित देशों की सरकारें वृद्धि करें, ताकि 1975 (अधिक से अधिक 1980) तक वे अपनी कुल राष्ट्रीय आय (Gross National Product) का कम से कम औसत 0.70 प्रतिशत सहायता के रूप में देने लगें। कमीशन ने सुझाव दिया था कि सहायता कम से कम तीन वर्ष के लिए दी जाय और ऋणी देशों को अनेक सुविधाएँ दी जायें। अन्तर्राष्ट्रीय विकास संघ द्वारा दी जाने वाली सहायता में भी वृद्धि हो। इसके लिए विकसित देश प्राप्त होने वाले SDRs का एक भाग विकास संघ को दें।

इस प्रकार संयुक्त राष्ट्र संघ ने भी द्वितीय तथा तृतीय विकास दशकों (Development Decades) की आवृत्ति (1971-80 तथा 1981-90) के लिए भी 0.70 प्रतिशत सरकारी विकास सहायता का उद्देश्य बनाया था। इतना सब होने के बाद भी धनी देशों द्वारा अपने कुल राष्ट्रीय उत्पादन (GNP) का 0.70 प्रतिशत गरीब देशों को सहायता देने के बाद यह गिरकर 1995 में 0.24 प्रतिशत ही रह गया है। आवश्यकता इस बात की है कि विकासशील देशों को दी जाने वाली सहायता में वृद्धि की जाय। जो देश विकसित नहीं हैं या अभी विकास कर रहे हैं उनको आर्थिक मदद की व्यापार में वृद्धि की जरूरत है। विकसित देशों द्वारा विकासशील देशों को वास्तविक साधनों के शुद्ध हस्तान्तरण में वृद्धि करना आवश्यक है। परन्तु अभी तक प्रतिकूल व्यापार-शर्तों तथा विदेशी ऋणों के अत्यधिक भार के कारण विकासशील देशों की स्थिति काफी चिन्ताजनक रही है।

आई.बी.आर.डी. और इसकी सहायक संस्थाओं ने जो मदद की है वह केवल विकासशील देश से जुड़ी है विकसित देशों से नहीं। इसका उद्देश्य यह रहा है कि आर्थिक विकास के लिए गरीब देशों को अधिक साधन उपलब्ध कराये जायें और उन्हें आगे बढ़ने में सहायता दी जाये। इसने अपने उद्देश्य में सफलता भी पायी है। **डी कॉक के अनुसार** आई.बी.आर.डी. ने अपने विशिष्ट क्षेत्र में काफी मात्रा में सफलता प्राप्त कर ली है और यह स्पष्ट कर दिया है कि अब वह अन्तर्राष्ट्रीय निवेश तंत्र में एक महत्त्वपूर्ण तत्त्व है। **कुरीहारा** ने लिखा है—"आई.बी.आर.डी. ने अन्तर्राष्ट्रीय रोजगार स्थिरता की दिशा में आशावादी प्रगति की है।" केवल यही नहीं, विश्व-शांति के हितों को सुरक्षित रखने की दिशा में भी आई.बी.आर.डी. ने देशों में आपसी झगड़े के समाधान में उपयोगी भूमिका का निर्वहन किया है।

आई.बी.आर.डी. ने इस क्षेत्र में बहुत का सहयोग दिया है। इसके विकास ऋणों के सहारे अँधेरी झोंपड़ियों तक प्रकाश पहुँचा है, मशीनों के पहियों में गति आयी है, नये कल-कारखानों का निर्माण हुआ है, सूखे खेतों को पानी मिला है और रेगिस्तान नखलिस्तान में परिणत हुए हैं। नये जल, थल तथा वायु मार्गों के लिए यातायात एवं सन्देशवाहनों की सुविधा मिली है, और विश्व की दूरियाँ समाप्त होने लगी हैं। इन सब सफलताओं से भी अधिक महत्त्वपूर्ण हैं वे भावनाएँ जिनसे विश्व बैंक के इन कार्यों का महत्त्व पोषण, इस्पात तथा कंकरीट से निर्मित जड़ स्मारकों के रूप में नहीं आँकना चाहिए। उनके उद्देश्य व्यापक और गहन हैं—पृथ्वी की साधन-सम्पन्नता का विस्तार करना, मानव को प्रकाश एवं उष्णता प्रदान करना, अकर्मण्यता तथा निराशावाद से उनका उद्धार करना तथा उस दिवस की प्राप्ति के लिए, जब विपुलता दूर-स्थित स्वप्न न रहकर एक सम्भावना बन सकेगी, विचारों को जन्म देना, और उनके लिए क्रियाशील संगठनों और रीतियों को समझाने की रुचि उत्पन्न करना।" जिससे उनको मजबूती प्रदान हो सके।

आई.बी.आर.डी. के कार्यों की आलोचना—यद्यपि विभिन्न देशों की यह धारणा है कि आई.बी.आर.डी. का सहयोग विकासशील देशों के लिए सकारात्मक रहा फिर भी कुछ लोगों ने इसकी आलोचनायें की हैं, जो अग्रलिखित हैं—

1. ऋणी देश यह मानते हैं कि अन्तर्राष्ट्रीय बैंक का ऋण देने से पूर्व 'ऋण चुकाने की शक्ति' पर आवश्यकता से अधिक जोर दिया जाता है। बैंक के ऋण विशिष्ट परियोजनाओं से बँधे होने के कारण ऋणी देश विभिन्न प्रकार के प्रतिबन्धों से जकड़ा रहता है। परिणामस्वरूप, प्राप्त की गयी कर्ज का उपयोग काफी समय के बाद मिल पाता है।
2. एक तथ्य यह है कि आई.बी.आर.डी. के कार्य पूर्णतया निष्पक्ष नहीं रहे हैं। ऋणदाता देश ऐसा सोचते हैं कि बैंक संगठन में ऋण लेने वाले देशों को बहुमत प्राप्त है, इसलिए शर्तों का निर्धारण उन्हीं के पक्ष में होता है। दूसरी ओर ऋणी

देश बैंक के संगठन तथा नीति- निर्धारण में अमेरिका तथा अन्य बड़े देशों का प्रभाव बहुत अधिक पाते हैं।

3. अन्तर्राष्ट्रीय बैंक की तुलना में व्यक्तिगत देशों द्वारा दिये गये अन्तर्राष्ट्रीय ऋण अधिक उपयुक्त होते हैं, परन्तु अन्तर्राष्ट्रीय बैंक व्यक्तिगत देशों तथा व्यक्तिगत निवेशकों का कार्य-क्षेत्र सीमित कर देता है।
4. ब्याज की दर अधिक होने के कारण गरीब देश अथवा अर्द्ध-विकसित देशों के लिय अधिक ऊँची है किन्तु बैंक इसी ब्याज से लाभ कमाकर आर्थिक संकटों का सामना करता हैं।
5. तेल के आयातकर्ता देशों में ऊर्जा विकास के कार्यक्रमों को प्राथमिकता देना चाहिए। अब इस दिशा में आई.बी.आर.डी. द्वारा ध्यान दिया जाने लगा है, परन्तु पर्याप्त मात्रा में साधन उपलब्ध कराये जा सकते हैं। ऊर्जा विकास के क्षेत्र में आई.बी.आर.डी. द्वारा एक अलग से संस्था की स्थापना होने से यह समस्या दूर हो सकती है।
6. आई.बी.आर.डी. द्वारा सावधानी अपनाने के बाद भी एक-तिहाई से अधिक बैंक परियोजनाओं का कार्य असन्तोषजनक रहा है। इससे यह पता चलता है कि बैंक द्वारा परियोजनाओं के चयन तथा प्रबन्ध भी त्रुटियों से वंचित नहीं रहा।
7. एशिया एवं अफ्रीका महाद्वीप के निर्धन देशों को आई.बी.आर.डी. जो सहयोग देता है उससे उनकी प्रगति सम्भव नहीं है। इस सहयोग से उनकी मूल आवश्यकताएँ ही मुश्किल से पूरी होती हैं। आई.बी.आर.डी. द्वारा दिये जाने वाले ऋणों की शर्तें होती हैं। यही कारण है कि इन देशों के प्रतिनिधियों ने आई.बी.आर.डी. की वार्षिक बैठकों में बैंक की ऋण-नीति की आलोचना की है। आवश्यकता इस बात की है कि आई.बी.आर.डी. अविकसित तथा अर्द्ध-विकसित देशों के लिए अधिकाधिक विदेशी पूँजी के साधनों को जुटाने के प्रयास को तीव्र करे। विकसित देशों का विकासशील देशों की ओर वास्तविक साधनों के शुद्ध हस्तान्तरण को प्रभावपूर्ण बनाने में आई.बी.आर.डी. बैंक से और अधिक सहयोग की आशा की जा सकती है।
8. कुछ परिस्थितियों में आई.बी.आर.डी. ने ऋण प्राप्त करने वाले देशों की आन्तरिक अर्थ-व्यवस्था में हस्तक्षेप करने के प्रयास किये हैं। आई.बी.आर.डी. बैंक को संकुचित बैंक के राष्ट्रीय दबाबों से मुक्त होकर कार्य करना चाहिए।

सामान्यतः यह देखा जा रहा है कि आई.बी.आर.डी. विगत वर्षों की अपेक्षा अब अधिक प्रभावपूर्ण हो रहा है। इसके महत्त्व का अनुमान इसी से हो जाता है कि इसके द्वारा दी गयी सहायता की राशि तथा इससे सहायता-प्राप्त करने वाले देशों की संख्या में निरन्तर वृद्धि हुई है। आई.बी.आर.डी. ने अपने कार्यों से यह सिद्ध कर दिया है कि

अन्तर्राष्ट्रीय सहयोग एक कल्पना मात्र नहीं बल्कि यथार्थ और प्रभावपूर्ण है परन्तु विश्व के अधिकांश देशों में गरीबी की जड़ें इतनी गहरी हैं कि आई.बी.आर.डी. के लिए अभी बहुत कार्य करना बाकी है। आगे आने वाले वर्षों में आई.बी.आर.डी. की सफलता इसके प्रबन्धकों की कुशलता एवं निष्पक्षता, बैंक ऋण सम्बन्धी नीति, ऋणी देशों के ऋण लौटाने की क्षमता तथा इस सम्बन्ध में उनके दृष्टिकोण और अन्तर्राष्ट्रीय राजनीतिक व आर्थिक सहयोग की स्थिति पर निर्भर करेगी आई.बी.आर.डी. को एक ऐसे मजबूत पुल का का कार्य करना है जिसके सहारे संसार के तीन चौथाई गरीब देशों के जान को व्यवस्थित ढंग से निरन्तर विकास मिल सके तथा ताकि अन्तर्राष्ट्रीय आर्थिक सन्तुलन की स्थापना हो सके।

अन्तर्राष्ट्रीय विकास संघ

सर्वप्रथम अमेरिका के सिनेटरी मौनरेनो ने यह अनुभव किया कि वर्तमान परिवेश में यह अनिवार्य है कि अंतर्राष्ट्रीय विकास संघ की स्थापना की जाय। इसकी स्थापना का प्रमुख लक्ष्य विकासशील देशों को सहायता प्रदान करना था। 1 अक्टूबर, 1956 आई.बी. आर.डी. के गवर्नर-मण्डल ने बैंक के प्रशासनिक संचालकों को प्रस्तावित संघ का समझौता-पत्र तैयार करने का आदेश किया। समझौता-पत्र 26 जनवरी, 1960 को तैयार हुआ और सदस्यों की निर्धारित संख्या द्वारा स्वीकृत होने पर 24 सितम्बर, 1960 को लागू कर दिया गया। अन्तर्राष्ट्रीय विकास संघ ने इस पर विधिवत् कार्य 8 नवम्बर, 1966 से करना प्रारम्भ कर दिया था।

अन्तर्राष्ट्रीय विकास संघ के उद्देश्य

विकास बैकों की पूरक संस्था के रूप में कार्य करने के कारण इस संघ को 'सुलभ ऋण खिड़की' की संज्ञा देते हैं और यह संघ लम्बी अवधि हेतु ऋण उपलब्ध कराने में सहयोग करता है ताकि उन देशों के भुगतान-सन्तुलनों पर अधिक दबाव पड़े बिना उनके आर्थिक विकास के लिए पूँजी की आवश्यकताएँ पूरी हो सकें। विकास संघ का उद्देश्य सुलभ ऋणों (soft loans) की व्यवस्था करना है; यह ऋण रास्ते तथा दीर्घकालीन होते हैं, जिनका लाभ केवल गरीब देश ही उठा सकते हैं। आई.बी.आर.डी. की भाँति इसकी भी शर्तें तथा उद्देश्य होते हैं इसलिये इसे ऋण न कहकर साख कहते हैं।

आई.बी.आर.डी. ने यह विचार प्रस्तुत किया कि "यह आर्थिक विकास को प्रोत्साहित करेगा ताकि विश्व के कम विकसित क्षेत्रों में जीवन-स्तर ऊँचा उठ सके। विशेषतः यह ऐसे वित्त का प्रबन्ध करेगा जो अधिक लचीली शर्तों पर उन्हें विकास की आवश्यकताओं की पूर्ति के लिए उपलब्ध हो सकेगा। ये ऋण ऋणी देश के भुगतान-सन्तुलनों

पर परम्परागत ऋणों की अपेक्षा कम भार डालते हुए आई.बी.आर.डी. की विकास-क्रियाओं को पूरक के रूप में आगे बढ़ायेंगे।''

अन्तर्राष्ट्रीय विकास संघ की सदस्यता, प्रबन्ध व्यवस्था एवं पूँजी भरण

आई.बी.आर.डी. का कोई भी सदस्य अन्तर्राष्ट्रीय विकास संघ की सदस्यता ग्रहण कर सकता है। 1961 में संघ के सदस्यों की संख्या 51 थी जो जून 2001 तक 162 हो गयी। संघ की प्रबन्ध-व्यवस्था उन्हीं अधिकारियों के हाथ में है जो आई.बी.आर.डी. का संचालन करते हैं। प्रबंध व्यवस्था का संचालन आई.बी.आर.डी के अधिकारियों द्वारा होता है। इसके गवर्नर मण्डल प्रशासनिक संचालक मण्डल पदेन (ex-officio) स्थिति में संघ में कार्य करते हैं। बैंक के शेष कर्मचारी संघ के कार्यों की देखभाल करते हैं, परन्तु यह अलग कर्मचारी अथवा अधिकारी भी नियुक्त कर सकता है।

अन्तर्राष्ट्रीय विकास संघ की स्थापना के बाद यह निश्चित किया गया कि इस संघ की अधिकृत पूँजी 1,000 मिलियन डॉलर होगी। सदस्य देशों के प्रारम्भिक अंशदानों का निर्धारण आई.बी.आर.डी. की पूँजी में अंशदानों के आधार पर किया गया। अंशदानों के आधार पर सदस्य देशों को दो भागों में वर्गीकृत किया गया है। प्रथम भाग की सूची में वे विकसित देश हैं जिन्हें अपने अंशदान की सम्पूर्ण राशि स्वर्ण अथवा परिवर्तनशील मुद्रा में देनी पड़ती है। दूसरे भाग की सूची में विकासशील देश है, जिन्हें अपने अंशदान की राशि का 10 प्रतिशत परिवर्तनशील साधनों में तथा शेष 90 प्रतिशत भाग अपनी मुद्रा में देना पड़ता है। प्रारम्भिक अंशदानों की अदायगी एक बार में उपलब्ध न कराकर किस्तों के माध्यम से अदा की जा सकती है।

यदि अतिरिक्त कोष प्राप्त करना हो तो उसके लिए विकास संघ सदस्य राष्ट्रों से उनके निर्धारित अंशदान के अतिरिक्त पूरक साधन भी प्राप्त कर सकता है। 1965 के बाद 30 जून, 1977 तक चार बार पुनर्भरण किये गये, जिनमें प्रत्येक की अवधि 3 वर्ष थी। 1965 में संघ के कोषों में प्रथम भाग में सदस्यों के पूरक अंशदानों में 750 मिलियन डॉलर की वृद्धि करने का निर्णय लागू किया गया। ऐसा ही एक निर्णय जुलाई 1969 में प्रवर्तित हुआ, जिसके अन्तर्गत विकसित देशों से 1,200 मिलियन डॉलर के अतिरिक्त साधन प्राप्त करने की व्यवस्था की गयी। सितम्बर 1964 में यह निश्चित किया गया कि आई.बी.आर.डी. अपने लाभ का एक भाग विकास संघ को हस्तान्तरित कर दे। तदनुसार, आई.बी.आर.डी. अपने वार्षिक लाभ का एक भाग संघ को हस्तान्तरित करता रहा है। 1972 से 1974 तक की अवधि में विकास संघ को तृतीय पुर्नभरण के अन्तर्गत 2,410 मिलियन डॉलर पूँजी प्राप्त हुई। विकास संघ की पूँजी में चौथे पुनर्भरण का निर्णय 1973 में नैरोबी में हुए आई.बी.आर.डी. के वार्षिक सम्मेलन में किया गया। यह तय हुआ कि

1975 से 1977 तक 4.5 बिलियन डॉलर (प्रति वर्ष 1.5 बिलियन डॉलर) का पुर्नभरण किया जायेगा। पाँचवाँ पुनर्भरण नवम्बर 1977 से लागू हुआ और 1980 तक के तीन वर्षों में 26 देशों ने 7.6 बिलियन डॉलर देना स्वीकार किया। किसी देश की मुद्रा के मूल्य बदलने से उसके विकास संघ में अंशदान की पूँजी में भी परिवर्तन करना होता था ताकि अंशदान का वास्तविक मूल्य स्थिर बना रहे। पाँचवें पुनर्भरण के समस्त अंशदानों का मूल्य 8.7 बिलियन डॉलर आँका गया है। अंशदानों की अदायगी सदस्य देशों की राशि वर्ष में तीन किस्तों के माध्यम से किया जाता है।

जुलाई 1981 से जून 1983 तक का समय छठे पुनर्भरण हेतु था। इस अवधि में संघ के 33 सदस्यों ने 12 बिलियन डॉलर के साधन उपलब्ध करना स्वीकार किया था, परन्तु अमेरिका द्वारा अपने अंशदानों का निर्धारित क्रम में भुगतान न करने के कारण पुनर्भरण की अवधि एक वर्ष और बढ़ानी पड़ी है।

सन् 1985-87 तक 7वें पुर्नभरण का समय था। इसके लिए 16 बिलियन डॉलर की राशि की आवश्यकता अनुभव की गयी थी। कम से कम 12 बिलियन डॉलर की राशि जुटाना तो अति आवश्यक समझा गया था, परन्तु अमेरिका इस पुनर्भरण के लिए अपना अंशदान 25 प्रतिशत से अधिक तथा वार्षिक अनुदान 750 मिलियन डॉलर से अधिक देने के लिए तैयार नहीं था। परिणामस्वरूप, IDA-VII की राशि 9 बिलियन डॉलर ही निश्चित हुई। सन् 1987 में सातवें पुनर्भरण की अवधि समाप्त हो जाने के बाद सन् 1988 में 8वाँ पुनर्भरण शुरू हुआ जो सन् 1990 तक रहा। इसमें 12.6 बिलियन डॉलर के साधन प्राप्त हुए। नवें पुनर्भरण (IDA-IX) की अवधि 1 जुलाई, 1990 से 30 जून, 1993 तक की थी। इसके लिए 31 अंशदाता-देशों तथा स्विट्जरलैण्ड ने मिलकर 11.68 बिलियन SDR (15 बिलियन डॉलर) की राशि उपलब्ध की थी, परन्तु इस अवधि की सम्पूर्ण राशि प्राप्त नहीं की जा सकी। इसके लिये प्रमुखतः अमेरिका को जिम्मेदार ठहराया गया, क्योंकि उसने अपने हिस्से के अंशदान का भुगतान पूरा नहीं किया था। चूँकि अमेरिका प्रमुख अंशदाता है, इसलिये अमेरिका द्वारा कटौती करने पर अन्य अंशदाता देश भी उसी अनुपात में अपने अंशदान में कटौती कर देते हैं। ग्यारहवें पुनर्भरण (IDA-XI) की अवधि (1997-99) में 30 देशों ने 14.4 बिलियन डॉलर के पुनर्भरण की स्वीकृति दी। 1997-99 के अवधि में गरीब देशों को 22 बिलियन डॉलर के रियायती ऋण दिये जाने का अनुमान लगाया गया। इसमें नये अंशदान 11 बिलियन डॉलर के ही थे। शेष भाग बकाया अंशदानों, ऋणों की वसूली और अन्तर्राष्ट्रीय से मिला।

अन्तर्राष्ट्रीय विकास संघ के कार्य का मूल्यांकन

विश्व के अल्पविकसित व गत देशों के प्रयास से अंतर्राष्ट्रीय विकास संघ की

स्थापना की गयी। इसका उद्देश्य विकासशील देशों को उन कार्यों के लिए ऋण (soft credits) दिलाना है जिन्हें आई.बी.आर.डी. अथवा अन्य किसी साधन से प्राप्त नहीं किया जा सकता। अन्तर्राष्ट्रीय विकास संघ से सभी देशों को सहायता नहीं मिलती, इसमें केवल गरीब देश को ही सहायता प्रदान की जाती है। सरकारी अथवा निजी, क्षेत्रीय अथवा अन्तर्राष्ट्रीय संगठनों को संघ द्वारा ऋण दिया जा सकता है। अन्तर्राष्ट्रीय विकास संघ से राज्य सरकार ऋण ले सकती है। यथासम्भव, संघ द्वारा विकासशील देशों को सरल शर्तों पर सस्ते ऋण दिये जाते हैं। ऋणों की अवधि, ब्याज की दर तथा भुगतान की पद्धति के सम्बन्ध में संघ ऋणप्रार्थी देश की आर्थिक स्थिति एवं ऋण के आकार-प्रकार के आधार पर ही निर्णय करता है। सदस्य देशों को यह छूट दी जा सकती है कि वे संघ से लिये गये ऋणों को अपनी ही मुद्रा में अंशतः या पूर्णतः लौटा सकते हैं। यह संघ सदस्य देशों की राजनीति से कोई ताल्लुक नहीं रखता है।

इस संघ द्वारा प्रदान किए जाने वाले ऋण को विद्युत शक्ति ऊर्जा, परिवहन, शिक्षा, चिकित्सा और कृषि इत्यादि के क्षेत्र में खर्च किया जाता है। कृषि तथा ग्रामीण विकास के लिए सबसे अधिक सहायता दी गयी है। एशिया के देशों को सबसे ज्यादा ऋण दिये गये हैं, इसमें अकेले भारत का हिस्सा 1981 में 40% पाया गया।

अन्तर्राष्ट्रीय विकास संघ द्वारा दी गयी साख की वार्षिक औसत 1964-68 की अवधि में 0.3 बिलियन डॉलर थी, जो 1969-73 तथा 1974-78 में क्रमशः 0.8 बिलियन डॉलर तथा 1.6 बिलियन डॉलर हो गयी। 1979-83 की अवधि में कुल 16.3 बिलियन डॉलर की सहायता दी गयी है। इस तरह इस सहयोग की वार्षिक औसत 3.27 बिलियन डॉलर थी। 1984 से 1988 तक के पाँच वर्षों में दी गयी साख की राशि 17.6 बिलियन डॉलर थी। इस अवधि में वार्षिक औसत 3.53 बिलियन डॉलर रही है। 1989 में 4,934 मिलियन डॉलर की स्वीकृतियाँ दी गयीं। 1990 के वित्तीय वर्ष में स्वीकृत किये गये ऋणों की राशि 5.522 मिलियन डॉलर थी। 1990 से 1994 तक के पाँच वर्षों की अवधि में कुल 31.9 बिलियन डॉलर के ऋण स्वीकृत किये गये। इस प्रकार, वार्षिक औसत 6.4 बिलियन डॉलर थी।

विकासशील देशों की श्रेणी में होने के कारण भारत इस विकास संघ द्वारा प्रदान किए जाने वाली सुविधाओं की प्रथम श्रेणी में है, इसलिये सन् 2001 में 57 देशों में 134 नये कार्यों के लिए संघ द्वारा 6.8 बिलियन डॉलर के ऋण स्वीकृत किये गये जिसका लगभग आधा अफ्रीकी देशों को प्राप्त हुआ। 1960 से 2001 के बीच विकास संघ द्वारा 162 सदस्य देशों को स्वीकृत किये गये ऋणों की संचयी राशि 127 बिलियन डॉलर थी। विकास संघ द्वारा दिये जाने वाले ऋणों की अवधि प्रायः 50 वर्ष की है। इन माँगों पर प्रारम्भ में 10 वर्ष की छूट दी गयी है। इन ऋणों पर ब्याज नहीं ली जाती है। केवल 0.75 प्रतिशत वार्षिक

सेवा शुल्क (service charge) के रूप में लिया जाता है। विश्व बैंक के ऋण विशिष्ट परियोजनाओं से ही सम्बद्ध होते हैं परन्तु विकास संघ गैर-परियोजना साख भी देता है।

अन्तर्राष्ट्रीय विकास संघ को भारत का योगदान

भारत को 1980 में संघ द्वारा स्वीकृत कुल ऋण का 40 प्रतिशत भाग (1,535 मिलियन डॉलर) विकास कार्यों हेतु ऋण के रूप में प्राप्त हुआ। 1980 के बाद से विकास संघ के ऋणों में भारत का हिस्सा गिरने लगा है। 1980 में साम्यवादी चीन आई.बी.आर. डी. तथा विकास संघ का सदस्य हो गया है। सातवाँ पुनर्भरण आरम्भ होने पर चीन को नियमित रूप से सहायता दी जाने लगी है। इससे भी हमारे देश को मिलने वाले आपसी सहयोग में अन्तर की स्थिति उत्पन्न हुई। 1990 में भारत को 832 मिलियन डॉलर साख के रूप में मिला जो अन्य देशों की तुलना में सर्वाधिक था, परन्तु कुल साख का यह केवल 15 प्रतिशत भाग था। जिससे ज्ञात होता है कि विकास संघ की साख में भारत का हिस्सा अब पहले की अपेक्षा काफी गिर गया है। इसके विपरीत, जैसा कि पहले बताया गया है, आई.बी.आर.डी. अब भारत को ऋण देने लगा है। चूँकि विश्व बैंकों के ऋणों पर ऊँची ब्याज देनी पड़ती है ब्याज का बढ़ता भार तथा बढ़ती जनसंख्या को देखते हुए विकास सम्बन्धी आवश्यकता को ध्यान में रखकर विकास संघ द्वारा दी जानी अनुदान राशि में भारत के हिस्से में वृद्धि की जानी चाहिए।

सन् 1990 से लेकर तीन वर्षों में भारत को प्रति वर्ष लगभग 1.2 बिलियन डॉलर की सहायता मिलती रही है, जो कि विकास संघ द्वारा दी जाने वाली सहायता का 15 से 20 प्रतिशत तक रही है। आगामी तीन वर्षों (1993-96) में अनुमान था कि भारत को 3 बिलियन डॉलर ऋण दिये जाने थे, परन्तु दसवें पुनर्भरण की सम्पूर्ण राशि प्राप्त होने में विलम्ब के कारण भारत का ऋणों में हिस्सा कम हुआ है। 1994, 1995 तथा 1996 के वित्तीय वर्षों में भारत को विकास संघ द्वारा स्वीकृत की गयी सहायता की राशियाँ क्रमशः 834.8, 944.7 तथा 1,301.1 मिलियन डॉलर थीं। इन वर्षों में विकास संघ द्वारा दी गयी कुल सहायता में भारत का हिस्सा क्रमशः 12.7,16.7 तथा 19.0 प्रतिशत था।

सन् 1997 में भारत को 903 मिलियन डॉलर ऋण स्वीकृति की गयी!, जो पहले से कम थी, परन्तु कुल ऋणों में भारत का हिस्सा 19.5 प्रतिशत था। 1998 में भारत को विकास संघ द्वारा स्वीकृत किये गये ऋणों की राशि (1,073.6 मिलियन डॉलर) पिछले वर्ष की तुलना में अधिक थी परन्तु विकास संघ द्वारा इस वर्ष दी गयी कुल सहायता में भारत के हिस्से में कमी आयी और यह घटकर 14.4% पर आ गया। 1998 की तुलना में इस वर्ष संघ द्वारा प्रदत्त राशि में कमी आयी।

इसके बाद सन् 1999 में विकास संघ ने भारत को कुल सहायता राशि की केवल

9.6% राशि प्रदान की। ऋण में यह कमी परमाणु परीक्षण के कारण हुई थी। 2000 के वित्तीय वर्ष में विकास संघ द्वारा भारत को 866.5 मिलियन डॉलर की सहायता स्वीकृत की गयी। 2001 के वित्तीय वर्ष में भारत को स्वीकृत की गयी सहायता की राशि 520 मिलियन डॉलर थी, जो कि इस वर्ष स्वीकृत की गयी कुल सहायता का 13 प्रतिशत थी। संघ द्वारा प्राप्त सहायता में इथोपिया का प्रथम, वियतनाम का द्वितीय तथा भारत का तृतीय स्थान है। 2002 में विकास संघ द्वारा भारत को दिये गये ऋणों की बकाया राशि (outstanding) 19,269 मिलियन डॉलर थी।

भारत में विकास संघ द्वारा प्राप्त ऋणों का उपयोग सन् 2001-02 में 1184.6 मिलियन डॉलर, सन् 2002-3 में 905.8 मिलियन डॉलर और सन् 2003-4 में 934.7 मिलियन डॉलर किया गया था।

यह सत्य है कि विकास संघ द्वारा जो सहायता राशि या ऋण दी जाती है वह विकासशील देशों के लिए बहुत ही महत्त्वपूर्ण है। विकसित देशों ने इसकी आलोचना की है कि ये ऋण सुलभ एवं सस्ते होने के कारण निजी पूँजी के बाजार के लिए घातक हो सकते हैं। इनमें अधिक लोच होना भी अच्छा नहीं समझा जाता, चूँकि ऋणी देशों को अपनी मुद्राओं में ही ऋण लौटाने की सुविधा दी जाती है, इसलिए यह आशंका प्रकट की जाती है कि आगे चलकर परिवर्तनशील मुद्राओं की कमी की समस्या बढ़ सकती है। इन सब आलोचनाओं के उत्तर में केवल इतना कहना पर्याप्त होगा कि अन्तर्राष्ट्रीय मौद्रिक सहयोग न केवल कम विकसित देशों के लिए हितकर है, बल्कि विकसित देशों के लिए भी उतना ही महत्त्वपूर्ण है। संसार का भविष्य बहुत कुछ इस बात पर निर्भर करता है कि क्षेत्रीय आधार पर धन के वितरण की असमानताओं को किस सीमा तक हल किया जा सकता है। अन्तर्राष्ट्रीय विकास संघ के सामने असीमित कार्यक्षेत्र है और अभी तक जो कुछ इसने किया है वह महत्त्वपूर्ण होते हुए भी अपर्याप्त है, क्योंकि इसके आर्थिक विकास में हर स्रोत में सार्थक नहीं है। अतः आर्थिक विकास के कार्य में अन्तर्राष्ट्रीय सहयोग की भावना को व्यावहारिक रूप देने हेतु अपने साधनों का विकास करना है। इसका कार्य क्षेत्र बड़ा होने के कारण व्यावहारिक रूप से उपयुक्त नहीं है।

अन्तर्राष्ट्रीय वित्त निगम
(International Finance Corporation)

ब्रेटनवुड्स सम्मेलन सन् 1954 के दिसम्बर महीने में यह निश्चित किया गया है कि संयुक्त राष्ट्र संघ की महासभा में शेयर के आधार पर अविकसित देशों में पूँजी लगाने की व्यवस्था की जाये, परन्तु **लॉर्ड केन्स तथा वारेन पीयरसन** आदि विशेषज्ञों ने इसका विरोध किया और अन्ततः यह तय हुआ कि आई.बी.आर.डी. बिना सरकार की गारण्टी

के निजी उपक्रमों को ऋण न दे। 1951 में अमेरिकी सरकार के एक सलाहकार बोर्ड ने एक ऐसी अन्तर्राष्ट्रीय संस्था के निर्माण का सुझाव दिया जो निजी उद्योगों के लिए धन की व्यवस्था करे और ऋण प्रदान करने के साथ-साथ पूँजी निवेश द्वारा उनकी सहायता करे। इसके पश्चात् इस सुझाव पर विभिन्न स्तरों पर विचार होता रहा। एक प्रस्ताव में आई.बी.आर.डी. से प्रार्थना की कि वह इस प्रकार की संस्था के लिए एक चार्टर (Charter) तैयार करे। 11 अप्रैल, 1955 को आई.बी.आर.डी. ने **अन्तर्राष्ट्रीय वित्त निगम** (International Finance Corporation) की व्यवस्था सम्बन्धी मसौदा अपने सदस्यों के सामने रखा। जुलाई 1956 में इसके सदस्यों की संख्या 31 हो जाने पर इसकी विधिवत् स्थापना कर दी गयी। जून 2001 में इसके 175 सदस्य थे।

अन्तर्राष्ट्रीय वित्त निगम के कार्य

निगम के कार्यों को निम्न प्रकार स्पष्ट किया गया है—सदस्य राष्ट्रों में घरेलू तथा विदेशी व्यक्तिगत पूँजी को उत्पादनशील निवेशों में प्रवाहित कर उन परिस्थितियों को जन्म देना जो विकास में सहायक हों। निवेश के अवसरों, देशी और विदेशी निजी पूँजी तथा अनुभवी प्रबन्धन को परस्पर मिलाना और उनमें समन्वय स्थापित करना। निजी उद्देश्यों के विकास, सुधार और विस्तार को प्रोत्साहित करना और इसके लिए बिना सरकार की गारण्टी के सदस्य देशों में स्थित निजी उद्योगों में निवेश करना।

अतः वित्त निगम समाशोधन गृह की तरह कार्य करता है जो सरकार की गारण्टी के बिना उद्योगों में पूँजी का निवेश करता है।

अन्तर्राष्ट्रीय वित्त निगम की सदस्यता एवं व्यवस्था

अन्तर्राष्ट्रीय निगम के सदस्य ही अन्तर्राष्ट्रीय वित्त निगम के सदस्य होते हैं क्योंकि ये ही आई.बी.आर.डी. के सदस्य होते हैं। परन्तु आई.बी.आर.डी. के सदस्य अपनी इच्छानुसार इसकी सदस्यता ग्रहण करते हैं। निगम का प्रबन्ध भी आई.बी.आर.डी. के प्रबन्ध की भाँति है। इसका भी एक गवर्नर मण्डल होता है जिसमें वित्त निगम के सदस्य देशों द्वारा जो गवर्नर आई.बी.आर.डी. में मनोनीत किये गये हैं, वे वित्त नगम के भी गवर्नर होते हैं। अन्तर्राष्ट्रीय वित्त निगम के कार्य के संचालन के लिए एक संचालक बोर्ड होता है। जिसमें आई.बी.आर.डी. के संचालक बोर्ड के वे सदस्य जो वित्त निगम के भी सदस्य हैं, सम्मिलित होते हैं। आई.बी.आर.डी. का अध्यक्ष वित्त निगम के संचालक बोर्ड का पदेन (ex-officio) चेयरमैन होता है। उसकी सहमति से निगम द्वारा अध्यक्ष चुना जाता है जो निगम के नियमित कार्य-संचालन के लिए उत्तरदायी होता है। विश्व बैंक की भाँति ही निगम के प्रत्येक सदस्य को 250 मत प्राप्त होते हैं और प्रति 1,000 डॉलर के अंशदान पर एक अतिरिक्त मत प्राप्त होता है। वित्त निगम आई.बी.आर.डी. की एक सम्बद्ध इकाई के रूप

में कार्य करता है परन्तु इसका अस्तित्त्व आई.बी.आर.डी. से सर्वथा अलग है। अन्तर्राष्ट्रीय वित्त निगम के कोष का लेखा जोखा बैंक से अलग रखे जाते हैं, बैंक में नहीं। आई.बी.आर.डी. के अधिकारियों की सेवाओं को प्राप्त करने पर उनका शुल्क बैंकों को दिया जाता है।

अन्तर्राष्ट्रीय निगम की पूँजी

प्रारम्भ में अंतर्राष्ट्रीय निगम पूँजी की अधिकृत पूँजी 100 मिलियन डॉलर थी जिसे 100 डॉलर मूल्य के 1 लाख शेयरों में विभक्त किया गया था। अन्तर्राष्ट्रीय निगम की पूँजी प्राप्त करने वाले सदस्य देशों को यह स्वतन्त्रता रहती है कि वे अपने ऋण को डालर या स्वर्ण में भुगतान कर सकते हैं। 1963 में निगम की अधिकृत पूँजी में 10 मिलियन डॉलर की वृद्धि की गयी। समय के साथ-साथ इसके सदस्यों की संख्या बढ़ती गयी, परिणामतः पूँजी में भी वृद्धि हुई। नवम्बर 1977 में निगम की अधिकृत पूँजी में 540 मिलियन डॉलर की वृद्धि की गयी थी। यह एक व्यापक वृद्धि थी। निगम की अधिकृत पूँजी 110 मिलियन डॉलर से बढ़कर 650 मिलियन डॉलर हो गयी। जून 1984 में निगम के संचालक-मण्डल द्वारा यह प्रस्ताव स्वीकृत किया गया कि निगम की अधिकृत पूँजी में 650 मिलियन डॉलर की वृद्धि की जाय। दिसम्बर 1985 में सदस्य देशों द्वारा स्वीकृति मिल जाने पर निगम की अधिकृत पूँजी 650 मिलियन डॉलर से बढ़कर 1,300 मिलियन डॉलर हो गयी। जून 1991 में वित्त निगम के संचालक-मण्डल ने निगम की अधिकृत पूँजी में 1 बिलियन डॉलर की और वृद्धि करने का प्रस्ताव गवर्नरों के बोर्ड के सामने रखा था। 5 मई, 1992 से यह वृद्धि लागू होने पर निगम की अधिकृत पूँजी 2.3 बिलियन डॉलर हो गयी। 2001 में निगम की अधिकृत पूँजी 2.45 बिलियन डॉलर थी। इसके अतिरिक्त रोके गये लाभ (retained earnings) की राशि 3.7 बिलियन डॉलर थी। 1963 से लेकर 2001 तक निगम की पूंजी में क्रमशः वृद्धि पायी गयी है।

अन्तर्राष्ट्रीय निगम, पूँजी में वृद्धि करने के लिए आई.बी.आर.डी. से कर्ज ले सकता है। आई.बी.आर.डी. से लिये गये ऋण की राशि निगम की पूँजी के चौगुने तक हो सकती है। आई.बी.आर.डी. से ऋण लेने का अधिकार इसे 1965 से प्राप्त हुआ है। निगम द्वारा अपने सदस्य देशों से भी ऋण प्राप्त किये जा सकते हैं। अधिकृत पूँजी में वृद्धि करने से निगम द्वारा ऋण प्राप्त करने की क्षमता बढ़ी है। निगम द्वारा निजी पूँजी बाजारों से भी अपनी अंश पूँजी के 2.5 गुना तक ऋण लिये जा सकते हैं।

अन्तर्राष्ट्रीय वित निगम की कार्यविधि

अन्तर्राष्ट्रीय वित्त निगम की कार्य प्रणाली को निम्नलिखित रूप में स्पष्ट कर सकते हैं—

1. यह निगम व्यक्तिगत निवेशकों के साथ साझेदारी में निवेश करता है, परन्तु निवेशित पूँजी किसी उपक्रम में लगी कुल पूँजी के 50 प्रतिशत से अधिक नहीं हो सकती। निगम द्वारा यह पूँजी देशी, विदेशी अथवा दोनों के सहयोग से स्थापित उपक्रमों में लगायी जा सकती है और इसका प्रमुख उद्देश्य व्यक्तिगत पूँजी निवेश को बढ़ावा देना है।
2. निगम द्वारा किए गए निवेश की भी कुछ सीमा है। यह औद्योगिक क्षेत्रों के लिए 1 लाख से 30 लाख डॉलर तक खर्च कर सकती है।
3. यह निगम केवल निजी क्षेत्र के उपक्रमों में ही निवेश कर सकता है, सहायता देते समय अर्द्ध-विकसित देशों को प्राथामिकता दी जाती है। निवेशों के लिए सरकारी गारण्टी की आवश्यकता नहीं है।
4. यह निगम, परम्परागत निश्चित ब्याज वाले ऋणों के अलावा किसी भी प्रकार व रूप में निवेश कर सकता है। सितम्बर 1961 से उद्योगों में अंश-पूँजी लगाने का अधिकार मिल जाने के बाद निगम ने साधारण अंशों के रूप में पूँजी का निवेश किया है। इसके अतिरिक्त अब यह अंश-पूँजी का अभिगोपन भी करने लगा है। इसके निवेशों का कार्य-क्षेत्र काफी विस्तृत है। इसके द्वारा निवेश हेतु धन डॉलर के रूप में दिया जाता है जिसे ऋण प्राप्तकर्ता एक साथ या किश्तों में ले सकते हैं।
5. यह मुख्य रूप से औद्योगिक कार्यों के लिये धन देता है सार्वजनिक कार्यों के लिए नहीं देता है।
6. वित्त निगम, उद्योग की केवल व्यक्तिगत जमानत पर ही, बिना कोई गारण्टी लिये अथवा सम्पत्ति बन्धक में रखे, ऋण दे सकता है।
7. निगम द्वारा दिये गये ऋणों की ब्याज-दरें भिन्न-भिन्न होती हैं जिनका निर्धारण निवेश की प्रकृति व उससे सम्बन्धित जोखिम आदि को ध्यान में रखते हुए निगम तथा ऋणी व्यवसाय के बीच किये गये समझौते के आधार पर होता है। कभी-कभी ऋण देते समय निगम लाभ में हिस्सा प्राप्त करने की शर्त भी लगा देता है। वित्त निगम ऋणों को अंश-पूँजी में बदलने का भी अधिकार रखता है।
8. आम तौर पर निगम के ऋणों के भुगतान की अवधि 5 वर्ष से 15 वर्ष तक होती है।
9. किसी व्यवसाय में निवेश करने के पूर्व वित्त निगम उसके प्रबन्ध एवं कार्य-व्यवस्था की जानकारी प्राप्त कर लेता है। वैसे निगम ऋणी व्यवसाय के संचालन में सामान्यतया हस्तक्षेप नहीं करना चाहता, परन्तु उससे निरन्तर सम्पर्क बनाये रखता है और उसके लिए आवश्यक कर देता है ताकि वह अपने खाते निर्धारित

ढंग से रखे, उनका नियमित अंकेक्षण (audit) करवाये और प्रगति-विवरण यथासमय निगम के पास भेजता रहे।

10. अन्तर्राष्ट्रीय वित्त निगम सबसे ज्यादा पूँजी का निवेश लैटिन अमेरिका के देशों में किया गया है।
11. निगम के तकनीकी सहायता ट्रस्ट फण्ड (Technical Assistance Trust Fund—TATF) कार्यक्रम में कई तरह की सहायता दी जाती है, जैसे—सम्भाव्यता तथा इसके पूर्व के अध्ययन (feasibility and pre-feasibility studies), परियोजना पहचान (project identification) अध्ययन निजी क्षेत्र के विकास के लिए अनुकूल वातावरण तैयार करना, निजी व्यवसाय तथा निजीकरण के लिए क्षमता निर्माण करना, इत्यादि।

अन्तर्राष्ट्रीय वित्त निगम के कार्य का विकास—सन् 1965 में अन्तर्राष्ट्रीय वित्त निगम की स्थापना हुई। स्थापना के बाद इसकी सदस्य संख्या में लगातार बढ़ोत्तरी हो रही है। निगम के कार्यों का विस्तार सितम्बर 1961 में किये इसके नियमों तथा अधिकारों में संशोधन के बाद हुआ है। निगम ने साधारण अंशों (equity capital) के रूप में संसार के विभिन्न देशों मैं निजी क्षेत्र के उद्योगों में पूँजी का निवेश किया है अथवा अंश-पूँजी का अभिगोपन (underwriting) किया है, जिससे पूँजी-बाजारों के विकास में सहयोग प्राप्त होता है। 1962 के बाद निगम निजी विकास वित्त कम्पनियाँ (Development Finance Companies) के अंश भी खरीदता रहा है जिससे औद्योगिक वित्त-व्यवस्था को बल मिला है। ऋणों के अतिरिक्त वित्त निगम ने निजी उद्योगों में साधारण अंशों के रूप में पूँजी (equity capital) लगायी है तथा निजी विकास वित्त कम्पनियों के अंश भी खरीदे हैं।

1956 से लेकर 30 जून, 1978 तक अन्तर्राष्ट्रीय वित्त निगम ने 62 विकासशील देशों में 300 उपक्रमों (enterprises) के लिए 1,800 मिलियन डॉलर के ऋण तथा निवेश स्वीकृत किये थे। 1978 से आगामी 5 वर्षों में निगम ने अपने कार्यों का विस्तार करने की योजना तैयार की थी। 1978 से 1982 तक किये गये निवेशों की राशि 2,867 मिलियन डॉलर थी। 1983 तथा 1984 में निवेशों की राशि क्रमशः 845 मिलियन डॉलर तथा 629 मिलियन डॉलर थी। 1985 से 1990 तक के पाँच वर्षों में निगम ने 7 प्रतिशत वार्षिक की दर से अपने निवेशों में वृद्धि करने का लक्ष्य निर्धारित किया था। इस अवधि में निगम की औसत वृद्धि-दर 20 प्रतिशत रही है। नये स्वीकृति ऋण 1985 में 609 मिलियन डॉलर से बढ़कर 1990 में 1.5 बिलियन डॉलर हो गये। इनसे अतिरिक्त निजी निवेश प्रेरित हुए हैं। ये निवेश 1985 में 2.2 बिलियन से बढ़कर 1990 में 7.9 बिलियन डॉलर तक पहुँच गये।

1991 में पूँजी के अभाव के कारण निगम का निवेश 41% था। पूँजी में बढ़ोत्तरी होने पर यह आशा थी कि 1990 के दशक में निगम के निवेशों में 11 प्रतिशत की दर से विस्तार होगा। दशक के अन्त में निगम के निवेश 4 बिलियन डॉलर वार्षिक तक हो सकते हैं। इनसे लगभग 29 बिलियन डॉलर वार्षिक के व्यक्तिगत निवेशों को प्रेरणा मिलेगी।

अन्तर्राष्ट्रीय वित्त निगम ने स्वयं के वित्तीय खाते से 1991 में भारत को जो साधन उपलब्ध कराए उसकी दर 15 प्रतिशत वार्षिक थी। 1997 में वित्त निगम ने अपने खाते से 3.3 बिलियन डॉलर के 84 देशों में 276 परियोजनाओं में किये गये। अन्य साधनों द्वारा एकत्रित 2.4 बिलियन डॉलर की राशि इसके अतिरिक्त थी। इस प्रकार स्वीकृत निवेशों की राशि 5.1 बिलियन डॉलर थी। इन परियोजनाओं की कुल निवेश लागत 17.5 बिलियन डॉलर थी। इस प्रकार, वित्त निगम द्वारा स्वीकृत प्रत्येक डॉलर के लिए अन्य ऋणदाताओं तथा निवेशकों द्वारा 3.4 डॉलर लगाये गये।

जून 2001 के उत्तरार्द्ध में वित्त निगम ने अपने साधनों में से 14.3 बिलियन डॉलर के निवेशों की स्वीकृति दी थी और अन्य साधनों से 7.5 बिलियन डॉलर दिलाने की व्यवस्था की थी। इस प्रकार कुल आश्वासनों की राशि 21.8 बिलियन डॉलर थी।

इससे यह स्पष्ट होता है कि वित्त निगम में जो पूँजी लगायी गयी उसमें न केवल वृद्धि हुई बल्कि निवेशों में विभिन्नता आयी। निगम के द्वारा लगायी गयी पूंजी अन्य निवेशों से प्राप्त होती है।

भारत अन्तर्राष्ट्रीय वित्त निगम का मूल सदस्य है। निगम की पूँजी में भारत ने 4.43 मिलियन डॉलर के अपने हिस्से की अदायगी सितम्बर 1958 में की थी। इस देश में जून 1986 तक 43 कम्पनियों में कुल 400 मिलियन डॉलर की पूँजी का निवेश किया गया। 152 बिलियन डॉलर की बकाया राशि 24 कम्पनियों में लगी हुई थी। इसके द्वारा निवेश की गयी पूँजी सम्पूर्ण विश्व की निवेश दर की 6% थी। 1985 से 1990 तक के 5 वर्षों में 7.4 बिलियन डॉलर के प्रस्तावित निवेशों में भारत का हिस्सा 12 प्रतिशत निर्धारित किया गया था। वित्त निगम ने 1956 से 1991 तक भारत में लगभग 60 कम्पनियों की 6 बिलियन डॉलर से अधिक की परियोजनाओं में 1 बिलियन डॉलर से अधिक के निवेश किये थे। इनमें 520 मिलियन डॉलर के ऋण थे तथा 80 मिलियन डॉलर इक्विटी के रूप में लगाये गये थे। 1991 में निगम द्वारा भारतीय कम्पनियों में 209 मिलियन डॉलर के 8 निवेश स्वीकृत किये गये। 30 जून, 1993 को निगम का भारत में 672.5 मिलियन डॉलर के निवेश था जो अन्य देशों की अपेक्षा अधिक था। पिछले वर्षों में निवेशों की औसत राशि लगभग 200 मिलियन डॉलर थी जिसकी आगामी वर्षों में दुगुनी होने की सम्भावना थी। 1996 के वित्तीय वर्ष में भारत में 11 परियोजनाओं के लिए 48.1 मिलियन

डॉलर के निवेश स्वीकृत किये गये। इनमें 25.4 मिलियन डॉलर के ऋण तथा 22.7 मिलियन डॉलर इक्विटी के रूप में सम्मिलित थे। इस वर्ष हुई कमी के कारण अन्तर्राष्ट्रीय वित्त निगम का कहना कि भारत प्रशासनिक व्यवस्था और निवेश स्तर में ह्रास के लिए स्वयं जिम्मेदार है। 1997 के वित्तीय वर्ष में वित्त निगम ने कुल 212.31 मिलियन डॉलर के परियोजना वित्त की व्यवस्था की थी। इन परियोजनाओं की कुल लागत 539.1 मिलियन डॉलर थी।

सन् 1998 के वित्तीय वर्ष के अन्त में अमेरिकी प्रतिबन्धों के कारण स्वीकृतियाँ स्थगित करने से पहले वित्त निगम ने भारत में विभिन्न परियोजनाओं के लिए 54.09 मिलियन डॉलर के वित्त की व्यवस्था की थी। जून 1998 के अन्त तक वित्त निगम के भारत में संचयी निवेशों की राशि 801.7 मिलियन डॉलर थी जिसमें 569.1 मिलियन डॉलर के ऋण तथा 232.6 मिलियन डॉलर की पूँजी में साझेदारी थी। 2003 में निगम का भारत में निवेश लगभग 1 बिलियन डॉलर हो गया था। इनका लगभग 80 प्रतिशत भाग ऋण के रूप में तथा 20 प्रतिशत भाग भारतीय कम्पनियों की पूँजी सहभागिता के रूप में लगाया गया है। निगम के निवेशों की राशि के आधार पर भारत का दूसरा स्थान है। ब्राजील, भारत, मैक्सिको, रूस तथा अर्जेण्टीना पाँच प्रमुख देश हैं जिनका निगम के निवेशों के आकार में क्रमशः प्रमुख स्थान है।

निगम ने वर्तमान वर्षों में, निर्माण-उद्योग, पूँजी बाजार, बिजली, जहाजरानी जैसे परियोजनाओं में धन का निवेश किया है। निगम ने भारत में लीजिंग कम्पनियाँ स्थापित करने में सहायता दी है तथा वित्तीय संस्थाओं को ऋण दिया है। इसकी सहायता से विविध कार्यों के लिए साधन उपलब्ध हुए हैं। वित्त निगम ने भारतीय कम्पनियों को विदेशों में बैंकों तथा वित्तीय संस्थाओं से ऋण दिलवाने में सहायता की है। इस समय वित्त निगम के कार्यालय दिल्ली और मुम्बई में भी स्थापित हैं।

भारत के लिए निगम का उद्देश्य चार कार्यों की ओर अधिक आकृष्ट हो रहा है, जो निम्न प्रकार हैं– 1. विशेष रूप में मध्यम आकार की कम्पनियों में इक्विटी के रूप में पूँजी-निवेश बढ़ाना भारत सरकार की नयी औद्योगिक नीति वित्त निगम के कार्यों के विस्तार में बाधाओं को हटाने की दिशा में महत्त्वपूर्ण कदम है। 2. वित्तीय क्षेत्र का विकास करना, 3. भारतीय कम्पनियों के विदेशी कम्पनियों के साथ सहयोग को प्रोत्साहित करना, 4. भारतीय कम्पनियों को विदेशी बाजारों में ले जाने तथा विश्व की पूँजी प्राप्त कराने में सहायक होना।

अन्तर्राष्ट्रीय वित्त निगम की आलोचना

यद्यपि कि अंतर्राष्ट्रीय वित्त निगम ने देश को विविध प्रकार से सहयोग प्रदान कर

रहा है परंतु ऐसी दशा में भी अभी बहुत कुछ शेष है, जिसे लक्ष्य करते हुए विशेषज्ञों ने कुछ निम्नलिखित बिन्दुओं के आधार पर आलोचना की—

1. असन्तोषजनक प्रगति—निगम केवल गरीब देशों की सहायता करता है इससे स्पष्ट होता है कि विकसित एवं अर्द्ध विकसित देशों के प्रति इसकी सोच नकारात्मक है। निगम के पास साधनों की कमी के कारण एक सीमित क्षेत्र तथा सीमित मात्रा में ही धन की व्यवस्था हो पाती है।

सूक्ष्मता से अध्ययन करने के पश्चात् यह स्पष्ट होता है कि निगम ने विगत कुछ वर्षों से अपने क्षेत्र में उत्तरोत्तर वृद्धि कर रहा है। आने वाले वर्षों में इसके साधनों तथा इससे प्राप्त सहायता की मात्रा में और अधिक वृद्धि होने की सम्भावना है। 1970 के बाद निगम के संगठन में भी सुधार हुआ है। निगम के भूतपूर्व अध्यक्ष रॉबर्ट गार्नर के शब्दों में, ''यदि अन्तर्राष्ट्रीय वित्त निगम का विचार अच्छा था तो आज वह और भी अधिक अच्छा है।'' निगम के विकास से निजी पूँजी को अधिक लाभ प्राप्त होगा और दूसरी ओर इसके निवेश से अधिक रोजगार, ऊँची श्रम-उत्पादकता तथा विदेशी विनिमय की बचत सम्भव होगी और वास्तविक राष्ट्रीय आय भी बढ़ेगी।

2. ब्याज की ऊँची दरें—आलोचनाकर्ताओं का मानना है कि इस निगम की ब्याज दर बहुत ज्यादा है। ब्याज के साथ-साथ व्यवसाय के लाभ में भी हिस्सा लेता है। अर्द्ध-विकसित देशों के लिए निगम की उपयोगिता को बढ़ाने के उद्देश्य से निगम को यह अधिकार दिया गया है कि वह व्यवसाय के अंशों को खरीदकर अंशदारी के रूप में व्यवसायों को जोखिम पूँजी प्रदान करे। विगत साल में अन्तर्राष्ट्रीय वित्त निगम ने सामान्य निवेश के ढंग में वित्तीय सहायता उपलब्ध की है। निगम के भूतपूर्व अध्यक्ष रॉबर्ट गार्नर ने ब्याज की ऊँची दर सम्बन्धी आलोचना का उत्तर देते हुए कहा था कि चूँकि वित्त निगम द्वारा दिये गये ऋण दीर्घकालीन और असुरक्षित हैं, और निगम को एक व्यापारिक संस्था के रूप में कार्य करना है, इसलिए ब्याज की दर ऊँची नहीं की जा सकती है। **रॉबर्ट गार्नर** के शब्दों, ''यदि एक निजी उद्योग आधार रूप से दृढ़ है तो उसे सस्ती मुद्रा की सहायता नहीं चाहिए।'' सच्चाई यह है कि वित्त निगम अपने द्वारा प्रदान ऋणों पर जो ब्याज लेता है उसमें भी ज्यादा ब्याज दर वाणिज्यिक बैंकों द्वारा ली जाती है।

3. भेदपूर्ण व्यवहार—निगम भेदभावपूर्ण व्यवहार करके आलोचना का पात्र बना। यह कुछ देशों को कम तथा कुछ को ज्यादा सहायता देता है। अमेरिकी गुट के राष्ट्रों का पक्ष लिया गया है जिसके कारण सभी सदस्य देश समान रूप से सहायता नहीं प्राप्त कर सके हैं। पिछले कुछ वर्षों से निगम ने एशिया तथा अफ्रीका के देशों की ओर कुछ अधिक ध्यान देना आरम्भ किया है, जो सन्तोष का विषय है।

4. कठोर शर्तें—लोगों का मानना है कि यह निगम ऋण के लिये बहुत ही जटिल

शर्तें लगाता है। ऋण के मूलधन तथा ब्याज का भुगतान डॉलरों में करना होता है और इसके लिए यह आवश्यक हो जाता है कि ऋणी उद्योग डॉलरों का उपार्जन करें। विकासशील तथा अल्पविकसित देशों के लिए यह शर्त बहुत कठिन है, क्योंकि डॉलरों का अभाव तो उनकी पहले से ही एक जटिल समस्या है। एक अन्य कठिनाई यह है कि ऋणी उद्योगों पर निगम कठोर नियन्त्रण रखता है जिससे इनके स्वतन्त्र रूप से कार्य करने में बाधाएँ उत्पन्न होती हैं।

बहुपक्षीय निवेश गारण्टी संस्था (Multiform Investment Guarantee Association)

बहुपक्षीय निवेश गारण्टी संस्था को संक्षेप में एम. आई. जी. ए. कहते हैं। इसकी स्थापना अप्रैल 1998 में की गई। इसका उद्देश्य अपने सदस्य देशों में, विशेषतः विकासशील देशों में, उत्पादक कार्यों के लिए निवेश के प्रवाह को प्रोत्साहित करना है। निवेश प्राप्त करने वाले देश की सरकार तथा विदेशी निवेशकों के बीच परस्पर विश्वास उत्पन्न करना तथा निवेश के अवसरों की जानकारी दिलाना इसके मुख्य कार्य हैं। व्यक्तिगत निवेश को प्रोत्साहित करने के उद्देश्य से यह संस्था विकासशील सदस्य देशों की निवेश संवर्द्धन क्रियाओं को प्रत्यक्ष समर्थन देती है तथा दूसरी ओर निवेश के अवसरों से सम्बन्धित जानकारी का विस्तार करती है। यह निवेश प्रोत्साहन के लिए संस्थाओं के निर्माण में सहायता देती है। अनेक देशों के बीच अलग-अलग क्षेत्रों से सम्बन्धित क्रियाओं में सहायता देती है। निवेश हेतु यह संस्था अनुसंधान सम्बन्धी कार्यों को सहयोग देने के साथ-साथ व्यावसायिक खतरे से उत्पन्न घाटे की सुरक्षा की गारण्टी निम्नानुसार देती है। विषयों से संबंधित होते हैं जो अग्रलिखित (क) युद्ध अथवा गृह अशान्ति; (ख) निवेश प्राप्त करने वाले देश की सरकार द्वारा समझौते के उल्लंघन से हो सकता है। (ग) मुद्राओं के अन्तरण पर प्रतिबंध; (घ) निवेश प्राप्त करने वाले देश में कानून द्वारा सम्पत्ति सुरक्षा। बीमा द्वारा मान्यता प्राप्त निवेशकों का बीमा किया जा सकता है। मीगा की निवेश विपणन सेवाएँ तथा विधि विभाग इस प्रकार के परामर्श तथा सेवाएँ उपलब्ध करते हैं। इससे उत्पादन निवेशों के वृद्धि में आसानी होती है।

सन् 2001 में इस संस्था के सदस्य देश 157 थे। विश्व बैंक के सभी देश इस संस्था की सदस्यता प्राप्त कर सकते हैं। मीगा की पूँजी 1 बिलियन SDR है। मार्च 1999 में मीगा के गवर्नरों की परिषद् ने पूँजी में 850 मिलियन डॉलर की वृद्धि का प्रस्ताव पारित किया। आई.बी.आर.डी. से 150 मिलियन डॉलर की कार्यशील पूँजी प्राप्त की गई। मीगा की गारण्टी परियोजनाओं से जून 2001 तक 78 विकासशील देश लाभ उठा चुके थे। इस संस्था का अधिकांश लाभ लैटिन अमेरिका के विकास कर रहे देशों को प्राप्त हुआ। मीगा

ने भारतीय निर्यात-आयात बैंक (EXM Bank) के साथ प्राप्त-पत्र (Memorandom of Understanding) पर हस्ताक्षर किए हैं जिसका प्रमुख प्रयोजन निवेशकों के सहयोग का संवर्द्धन था।

एशियाई विकास बैंक—यह बैंक लगभग आई.बी.आर.डी. के समान बैंक है। इसकी स्थापना का सुझाव सर्वप्रथम 1963 में एशिया एवं सुदूर पूर्व के लिए आर्थिक आयोग ने दिया था। 1966 को एशियाई विकास बैंक की स्थापना मनीला में हुई।

एशियाई विकास बैंक के उद्देश्य एवं कार्य—द्वितीय विश्व युद्ध के समाप्त होने पर सन् 1945 में लैटिन अमेरिकी तथा अफ्रीका में क्षेत्रीय मदद से इसका विकास हुआ। एशिया के गरीब देशों के लिए यह स्वाभाविक ही था कि अपने आर्थिक विकास की आवश्यकताओं को पूरा करने के उद्देश्य से क्षेत्रीय आर्थिक सहयोग करें। एशियाई विकास बैंक में इसका उद्देश्य यह बताया गया था कि "एशियाई विकास बैंक एशिया तथा सुदूरपूर्व के देशों में आर्थिक सहयोग को जन्म देगा और क्षेत्र के विकासशील सदस्य देशों की व्यक्तिगत तथा सामूहिक आर्थिक विकास की गति बढ़ाने में योगदान देगा। अपने लक्ष्य को पूरा करने हेतु इस बैंक द्वारा निश्चित किए गए कार्यों की व्याख्या इस प्रकार है—

1. अपने साधनों का विकास कार्यों के लिए अपने सदस्य देशों में इस प्रकार वितरण करना कि क्षेत्रीय उपक्षेत्रीय तथा राष्ट्रीय परियोजनाएँ और कार्यक्रम प्रभावी ढंग से सम्पूर्ण क्षेत्र के आर्थिक विकास में सहयोग दें, और साथ ही छोटे तथा कम विकसित सदस्य देशों की आवश्यकताओं का विशेष ध्यान रखकर इनके विकास पर ध्यान दिया जाए।
2. सदस्य देशों की विकास नीतियों तथा योजनाओं के समायोजन को सहायता देना ताकि उनके साधनों का अपेक्षाकृत अच्छा उपयोग हो, जिससे उनकी व्यवस्था, विशेषतः अन्तर्क्षेत्रीय व्यापार क्रमिक तथा व्यवस्थित विस्तार को प्रोत्साहित कर सके।
3. विकास परियोजनाओं तथा कार्यक्रमों को बनाने, क्रियान्वित करने तथा वित्तीय प्रबंध से सम्बन्धित मामलों पर तकनीकी सहायता देना।
4. संयुक्त राष्ट्र तथा उसके अंग, सहायक संस्थाएँ, एशिया तथा सुदूरपूर्व के देशों के लिए आर्थिक आयोग, अन्तर्राष्ट्रीय संगठन, निजी तथा सार्वजनिक राष्ट्रीय इकाइयाँ जिनसे क्षेत्रीय विकास के लिए विनियोग के लिए पूँजी प्राप्त हो सकती हो, उनके साथ सहयोग करना तथा उन्हें अधिक विनियोग तथा सहायता देने के लिए प्रेरित करना।
5. ऐसे समस्त कार्य करना तथा सेवाएँ प्राप्त करना जो संस्था के उद्देश्य की पूर्ति में सहायक हों।

6. विकास कार्य के लिए क्षेत्र में निजी तथा सार्वजनिक पूँजी के निवेश को प्रोत्साहन देना।

एशियाई विकास बैंक के लिए निश्चित उपरोक्त कार्यों के आलोक में यह कहा जा सकता है कि इसका कार्यक्षेत्र काफी व्यापक है। बैंक ऐसे सभी निवेशों में अभिरुचि रखता है जो कृषि, उद्योग, यातायात, संचारवाहन तथा खनिज उद्योगों को प्रोत्साहित करके उन्नत रोजगार, ऊँची आय तथा ऊँचे जीवन-स्तर की प्राप्ति में सहायक होते हैं। यह संस्था उनको ज्यादा महत्त्व देती है जो देश पिछड़े तथा विकास कर रहे हैं क्योंकि संसार की अधिकतम जनसंख्या इन्हीं क्षेत्रों में बसी है। इसका उद्देश्य इन गरीब देशों को विदेशी सहायता प्रदान करना है।

एशियाई विकास बैंक की सदस्यता, प्रबंध एवं पूँजी—ऐसा नहीं है कि इस बैंक के नामकरण की वजह से सिर्फ एशियाई देश ही इसके सदस्य हों बल्कि अन्य महाद्वीपों के देशों के लिए भी इसकी सदस्यता ग्रहण करने के लिए पुरानी आजादी है। सदस्यों के अतिरिक्त अन्य क्षेत्रीय देश तथा क्षेत्र के बाहर के विकसित देश जो संयुक्त राष्ट्र अथवा इसके सम्बद्ध संगठनों के सदस्य हों, एशियाई विकास बैंक के सदस्य हो सकते हैं। अमेरिका, ब्रिटेन, आस्ट्रेलिया, बेल्जियम, कनाडा, डेनमार्क, पश्चिमी जर्मनी, फिनलैण्ड, इटली, नीदरलैण्ड, नार्वे तथा स्वीडन इसमें आरम्भ से ही सम्मिलित हो गए थे। स्विट्जरलैण्ड तथा फ्रान्स इसमें बाद में सम्मिलित हुए हैं। स्पेन ने भी अब सदस्यता प्राप्त कर ली है। एशियाई विकास बैंक के सदस्य देशों की संख्या 1996 के अन्त में 56 थी जिसमें एशियाई क्षेत्र से बाहर के 16 विकसित देश सम्मिलित थे।

इस बैंक की व्यवस्था हेतु एक गवर्नर-मण्डल है। इसमें शामिल सभी सदस्य देश एक गवर्नर तथा स्थानापन्न गवर्नर की नियुक्ति करते हैं। यह बोर्ड 10 सदस्यों का एक संचालक-मण्डल चुनता है, जिसमें सात सदस्य क्षेत्रीय देशों के तथा तीन क्षेत्र के बाहर के देशों के होते हैं। गवर्नर-मण्डल ही बैंक के अध्यक्ष का चुनाव करता है, जो किसी क्षेत्रीय देश का ही नागरिक होता है। वह न तो बैंक के गवर्नरों में से हो सकता है और न डायरेक्टरों में से। अध्यक्ष होने के नाते वह बोर्ड ऑफ डायरेक्टर्स का चेयरमैन, बैंक का कानूनी प्रतिनिधि तथा प्रशासन का प्रमुख होता है।

कुल मतों के 20 प्रतिशत मतों का वितरण सदस्य देशों में समान रूप से किया गया है तथा शेष बाकी के 80 प्रतिशत मत सदस्य देशों के अंशों के आधार पर विभाजित किये गये हैं।

1,000 मिलियन डॉलर की प्रारम्भिक पूँजी का निर्धारण करते समय यह उद्देश्य बनाया गया था कि, 40 प्रतिशत गैर एशियाई तथा 60 प्रतिशत एशियाई देशों से प्राप्त किया जायेगा। अपने हिस्से का 50 प्रतिशत तत्काल जमा करना था। इस राशि में से आधा

(अर्थात् 250 मिलियन डॉलर) स्वर्ण अथवा परिवर्तनीय मुद्राओं में और शेष आधा सदस्य देशों की अपनी मुद्राओं में पाँच वार्षिक किस्तों में चुकाने के लिए कहा गया। बैंक की शेष 50 प्रतिशत माँग सुलभ पूँजी सदस्य देशों के पास ही रहेगी जिसकी अदायगी माँग होने पर ही होगी। बैंक की स्थापना के साथ ही प्रारम्भिक पूँजी में 100 मिलियन डॉलर की वृद्धि कर दी गई। इस प्रकार बैंक की अधिकृत पूँजी 1,100 मिलियन डॉलर हो गई जिसमें से 19 एशियाई देशों में जापान, भारत, फिलीपीन्स, पाकिस्तान तथा इण्डोनेशिया प्रमुख भागीदार हैं। गैर-एशियाई देशों में मुख्य अंशदान अमेरिका, पश्चिमी जर्मनी तथा ब्रिटेन का है। 1972 में एशियन विकास बैंक द्वारा अपनी पूँजी 1,100 मिलियन डॉलर से बढ़ाकर, 2,750 मिलियन डॉलर करने का निर्णय किया गया। यह निश्चित हुआ कि नई अधिकृत पूँजी का 20 प्रतिशत तुरन्त माँग लिया जाएगा और शेष बची पूँजी की माँग बाद में की जायेगी।

इस प्रकार बैंक की पूँजी में 135 प्रतिशत की वृद्धि हुई। यह निर्णय हुआ कि नई पूँजी का 10 प्रतिशत प्रदत्त होगा जिसका भुगतान चार समान किस्तों में किया जाएगा। प्रत्येक किस्त का 40 प्रतिशत परिवर्तनशील मुद्राओं तथा 60 प्रतिशत राष्ट्रीय मुद्राओं में देय होगा। नई पूँजी का 90 प्रतिशत अभी नहीं चुकाया जाएगा, परन्तु बाद में माँग सम्भव है। पूँजी में वृद्धि का यह निर्णय 1977 में लागू किया गया। अप्रैल 1983 में बैंक की पूँजी को 105% बढ़ाया गया। इसके परिणामस्वरूप बैंक की पूँजी 7.9 बिलियन डॉलर से बढ़कर 16.3 बिलियन डॉलर हो गई। 1995 में एशियाई विकास बैंक की अधिकृत पूँजी 51,893 मिलियन डॉलर थी जिसमें से 43,078 मिलियन डॉलर भुगतान पूँजी के रूप में प्राप्त हुआ।

अंशदान की राशि के अतिरिक्त बैंक को यह अधिकार दिया गया है कि वह पूँजी बाजार से ऋण लेकर तथा अपनी स्वयं की प्रतिभूतियाँ बेचकर भी पूँजी इकट्ठी कर सकेगा लेकिन इससे संबंधित सरकार ऐसा करने के लिए अगर आज्ञा दे। 1992 में बैंक द्वारा 3,049.7 मिलियन डॉलर के ऋण लिए गए। 1991 में लिए गए ऋणों की राशि 1,298 मिलियन डॉलर थी। बैंक के विशेष कोषों के विकसित देशों से अनुदान प्राप्त किए जा सकते हैं। ये विशेष कोष Agricultural Special Fund, Multi-purpose Special Fund, और Technical Assistance Special Fund हैं। निजी क्षेत्र के उद्योगों को सहायता देने के लिए एशियन विकास बैंक तथा 25 अन्य बैंकों तथा वित्तीय संस्थाओं ने मिलकर Asian Finance and Investment Corporation स्थापित किया है। इसकी पूँजी 115.5 मिलियन डॉलर है। इस निवेश में 35 मिलियन डॉलर विकास बैंक द्वारा किया गया।

1974 में एक फैसला दिया गया जिसमें यह कहा गया कि छोटे तथा अल्प विकसित देशों को कम दरों पर ऋण मुहैया करायी जाय जिसके लिए विकसित देश 525 मिलियन

डॉलर की पूँजी देंगे। इस कोष में से दिए गए सुलभ ऋणों पर ब्याज-दर 1 प्रतिशत होगी और इसकी अवधि 40 वर्ष होगी जिसमें 10 वर्ष की और वृद्धि की जा सकती है। इस कोष के लिए पहले 1974 से 1976 तक के तीन वर्षों में धनवान देशों से पूँजी प्राप्त की गई जो 1976 से 1981 तक थी। इस कोष की पूँजी 3.2 बिलियन डॉलर हो गई। चौथे पुनर्भरण के बाद अप्रैल 1986 में विकास बैंक के ऋणदाता देशों ने पाँचवें पुनर्भरण के अन्तर्गत 3.6 बिलियन डॉलर की राशि उपलब्ध करना स्वीकार किया था। इस राशि का उपयोग 1987-90 की अवधि में रियायती ऋण के लिए किया जाना था, परन्तु इसके साधन 1992 तक ही प्राप्त किए जा सके थे। इस विलम्ब के कारण छठे पुनर्भरण की अवधि एक वर्ष बढ़ाने का निर्णय किया गया। दिसम्बर 1991 में हुए निर्णय के अनुसार छठे पुनर्भरण के अन्तर्गत 4.2 बिलियन डॉलर की राशि प्राप्त होनी थी। इसके प्रयोग हेतु सन् 1992-95 तक की समय सीमा निश्चित की गई। इसी अवधि में पाँचवें पुनर्भरण से बची हुई 1.5 बिलियन डॉलर की राशि भी प्राप्त हुई। इस प्रकार कुल 5.7 बिलियन डॉलर की राशि प्राप्त हुई। इसे बैंक की आवश्यकताओं से कम समझा गया है, परन्तु इससे अधिक साधन जुटाना सम्भव नहीं था। एशियाई विकास कोष के बैंक द्वारा साधन उपलब्ध कराना एक बड़ी समस्या है इसका सामना उसे लगातार करना पड़ता है।

एशियाई विकास बैंक की कार्य-प्रणाली—विकास सम्बन्धी समस्त कार्यों को एशियाई विकास बैंक वित्तीय सहायता प्रदान करने के लिए कटिबद्ध है, एशियाई विकास बैंक द्वारा सार्वजनिक क्षेत्र तथा निजी क्षेत्र दोनों के लिए सहायता प्राप्त की जा सकती है। बैंक अपने साधनों में से प्रत्येक ऋण देने के अतिरिक्त पूँजी-बाजार से प्राप्त ऋणों में शामिल हो सकता है और सदस्य देशों द्वारा प्राप्त किए गए विकास ऋणों पर गारण्टी भी दे सकता है। बैंक प्रायः किसी परियोजना के लिए विदेशी विनिमय की आवश्यकता की पूर्ति के लिए सहायता प्रदान करता है। ऋणों का भुगतान उसी देश की मुद्रा में करना होता है जिसमें उन्हें प्राप्त किया जाता है। दूसरी मुद्रा में ऋण का भुगतान नहीं किया जाता। जब कोई सदस्य देश इस बैंक से ऋण प्राप्त करना चाहता है तो बैंक द्वारा उसके देश के सामने निम्नलिखित सिद्धांत प्रस्तुत किए जाते हैं—

1. जो देश ऋण लेता है उसे उचित शर्त पर ऋण प्राप्ति की क्षमता को ध्यान में रखकर ऋण दिया जायेगा।
2. बैंक अपने कार्यों में ठोस बैंकिंग सिद्धान्तों का पालन करेगा।
3. बैंक से ऋण, निवेश अथवा अन्य राशियों का उपयोग सदस्य देशों में उत्पादित वस्तुओं और सेवाओं की प्राप्ति के लिए ही किया जाएगा। दो-तिहाई डायरेक्टरों के बहुमत से इनका उपयोग गैर-सदस्य देशों से वस्तुओं और सेवाओं की प्राप्ति के लिए किया जा सकता है।

4. परियोजनाओं को चुनते समय बैंक सदा ध्यान रखेगा कि वह क्षेत्रीय विकास में सहायक हो तथा छोटे राष्ट्रों की आवश्यकताओं की पूर्ति कर सके।
5. एशियाई बैंक सिद्धान्ततः विशिष्ट परियोजना के लिए ही वित्त प्रदान करेगा। ये परियोजनाएँ क्षेत्रीय अथवा उपक्षेत्रीय विकास-कार्यक्रम का अंग भी हो सकती हैं।
6. ऋणों के लिए प्रस्तुत किए गए ऋण-पत्रों बैंक का अध्यक्ष अपनी रिपोर्ट देगा।
7. सदस्य राष्ट्रों की सीमाओं में बैंक इस बात को हमेशा ध्यान रखेगा कि वह क्षेत्रीय विकास में सहायता नहीं देगा यदि उस सदस्य को इस उपक्रम अथवा योजना के लिए कुछ आपत्ति हो।
8. बैंक इस बात पर ध्यान देगा कि ऋणी देश ऋण समझौते में वर्णित शर्तों का पालन करने योग्य है अथवा नहीं।

विश्व स्तर के पूँजी बाजार में स्वयं को स्थापित करने के उद्देश्य से ही एशियाई विकास बैंक कठोर शर्तों पर ऋण देता है। बैंक द्वारा स्थापित किए गए विशेष कोषों का उद्देश्य विकासशील देशों को रियायती शर्तों पर ऋण देना है। एशियाई विकास बैंक दो प्रकार के ऋण देता है। पहला सामान्य ऋण, जो बैंक के सामान्य पूँजी साधनों में से दिए जाते हैं; और दूसरा विशेष ऋण, जो विशेष कोषों में से दिए जाते हैं, जिन पर ब्याज-दर उनकी अपेक्षा कम होगी।

वास्तविक स्थिति

यदि स्पष्ट रूप से देखा जाए तो एशियाई बैंक में अमेरिका का हिस्सा सर्वाधिक है, परन्तु यह मात्र विकसित देशों से संबंधित है, परन्तु विकासशील देशों में जापान प्रथम है और भारत द्वितीय स्थान पर है। इस बैंक के संचालन में भी अमेरिका तथा जापान का प्रभाव बहुत अधिक है। बैंक की स्थापना के प्रारम्भ में अमेरिका और जापान के दृष्टिकोण बैंक के उद्देश्य की दृष्टि से सही नहीं होने के कारण रूस ने इसकी सदस्यता स्वीकार नहीं की। लेकिन एशियाई देशों को उम्मीद थी कि शायद कुछ लाभ प्राप्त हो।

इस बैंक ने सबसे पहले जनवरी 1968 ऋण स्वीकार किया था। तब से 1996 तक बैंक द्वारा 62.17 बिलियन डॉलर के ऋण स्वीकृत किए गए। इन ऋणों का अधिकांश भाग सार्वजनिक क्षेत्र में शक्ति, बन्दरगाह, सड़क, रेल तथा संचार के विकास के लिए दिया गया है। 1995 के अन्त तक बैंक की सामान्य पूँजी में से 39.2 बिलियन डॉलर के निवेश किए गए। एशियाई विकास कोष (ADF) से दिए गए ऋणों की राशि 17.5 बिलियन डॉलर थी। एशियाई विकास बैंक से सहायता प्राप्त करने वाले देशों में प्रमुख देश इण्डोनेशिया, फिलीपीन्स, श्रीलंका, पाकिस्तान, थाईलैण्ड तथा बांग्लादेश है।

भारत इस बैंक का मूल सदस्य है और पूँजी उपलब्ध कराने वाले देशों में इसका चौथा स्थान रहा है। इस बैंक से भारत ने 1981 तक कोई सहायता नहीं ली थी क्योंकि

वह चाहता था कि इसका लाभ पिछड़े तथा विकासशील देशों को मिल सके। मई 1981 में प्रथम बार भारत ने एशियाई विकास बैंक से 2 बिलियन डॉलर का विकास ऋण प्राप्त करने का प्रस्ताव प्रस्तुत किया था। यह ऋण 1983 से 1987 तक के 5 वर्षों की अवधि में दिए जाने की माँग की गई थी, परन्तु मुख्य रूप से अमेरिका के विरोध के कारण नवम्बर 1984 में भारत ने ऋण की माँग वापस ले ली।

भारत ने इस बैंक से सर्वप्रथम 20 मई 1986 को कर्ज लिया था। इससे उसने 100 मिलियन डॉलर की धनराशि प्राप्त की। यह ऋण भारत को भारतीय औद्योगिक साख एवं विनियोग निगम के लिए दिया किया गया। 1986 से 1999 तक भारत को कुल 47 ऋण प्राप्त हुए जिनकी कुल राशि 7.7 बिलियन डॉलर थी। 2003 तक भारत ने बैंक से 76 ऋण प्राप्त किए हैं जिनकी कुल राशि 11,636.9 मिलियन डॉलर है। इसमें ऊर्जा क्षेत्र के लिए 3891.8 मिलियन डॉलर, परिवहन तथा संचार के लिए 3419.2 मिलियन डॉलर, सामाजिक क्षेत्र के लिए 1,420 मिलियन डॉलर, वित्तीय क्षेत्र के लिए 1,330 मिलियन डॉलर तथा शेष उद्योग एवं अन्य क्षेत्र के लिए ऋण सम्मिलित हैं। 2002 को 6 परियोजनाओं के लिए 7 ऋण दिए गए जिनकी राशि 1,183.6 मिलियन डॉलर थी। एशियाई विकास बैंक ने आस्ट्रेलिया के AMP Capital Investors के साथ मिलकर एक कोष स्थापित किया है जो भारत में बुनियादी (infrastructure) विकास के लिए कम्पनियों में निवेश करेगा।

हमारे देश में विदेशी विनिमय कोष की स्थिति अच्छी है। इसके इसी स्थिति को देखते हुए सरकार ने फरवरी 2004 में निर्णय किया कि एशियाई बैंक के 1.3 बिलियन डॉलर के ऋणों का समय से पूर्व ही भुगतान कर दिया जाएगा।

1986 के आरम्भ से 30 जून, 2004 तक एशियाई विकास बैंक ने अपने सामान्य पूँजी खाते में से भारत को कुल 78 ऋण स्वीकृत किए हैं जो कि 12.9 बिलियन डॉलर के बराबर है। इसके अतिरिक्त, निजी क्षेत्र को 247.7 मिलियन डॉलर के 13 गारण्टी रहित ऋण, 126 मिलियन डॉलर की 20 इक्विटी सुविधाएँ और 65 मिलियन डॉलर की एक आंशिक साख गारण्टी सुविधा है। वर्तमान में 27 चालू (On going) ऋण हैं जिसकी शुद्ध राशि 5.2 बिलियन डॉलर है। इसमें से 1 बिलियन डॉलर का संवितरण हुआ है और शेष (लगभग 80 प्रतिशत) संवितरित नहीं हुई हैं। चालू ऋणों में 46.6% परिवहन क्षेत्र 20.2% ऊर्जा क्षेत्र, 20.7% सामाजिक अवस्थापना क्षेत्र के लिए हैं। शेष 12.5% अन्य क्षेत्रों के लिए है।

इस बैंक से भारत ने जो कर्ज लिया वह उसे सामान्य धन के माध्यम से ही प्राप्त हुआ। विकास कोष से रियायती ऋण अभी तक नहीं मिला है। भारत को दिए गए ऋणों की मुख्य समस्या यह रही है कि भारत इन ऋणों में से अधिकांश का उपयोग नहीं कर पाया है। 1986 से विकास बैंक ने बिना सरकारी गारण्टी के निजी साहसियों तथा वित्तीय

संस्थाओं को ऋण देना आरम्भ कर दिया है। इसका कुछ लाभ भारतीय कम्पनियों को भी मिला है। कम्पनियों को और अधिक सहायता देने की सम्भावनाओं पर विचार किया जा रहा है। विभिन्न देशों में ऐसी परियोजनाएँ जिनके लिए एशियाई विकास बैंक से वित्तीय सहायता प्राप्त की गई हैं, विकसित देशों द्वारा पूरी की जा रही हैं। इनमें से कुछ परियोजनाओं को पूरा करने का कार्य भारत ने प्राप्त किया है। यह योजना शक्ति, परिवहन, रेलवे, कृषि तथा सिंचाई के विकास-कार्यों से है। भविष्य में भारत द्वारा और कुछ ठेके प्राप्त करने की सम्भावना है। इन ठेकों में इण्डोनेशिया, फिलीपीन्स, थाईलैण्ड जैसे छोटे देशों की भी भारत से ज्यादा भागीदारी है।

इस बैंक के द्वारा अधिकतर आर्थिक विकास की नीति में जो देश अमेरिका के समर्थित थे उन्हीं देशों को ज्यादा लाभ मिला। वास्तव में एशियाई बैंक आई.बी.आर.डी. का ही एक प्रकार है, जो बहुत बड़ी मात्रा में ऋण देने के पश्चात् भी विकासशील देशों को यह विश्वास नहीं दिला पाया है कि वह उनके हितों की रक्षा करता है तथा उनके लिए अत्यधिक उपयोगी है। आई.बी.आर.डी. के ऋणों के समान ही एशियाई बैंक के ऋणों पर ब्याज की दर ऊँची है और ऋणों की शर्तें कठोर हैं। इनके उपयोग पर अनेक प्रतिबन्ध है। इनका उपयोग साधारणतया सदस्य देशों द्वारा उत्पादित वस्तुओं और सेवाओं के प्राप्त करने के लिए किया जा सकता है। एशियाई बैंक के अधिकतर कर्ज निश्चित परियोजनाओं के साथ जुड़े थे और उनमें लचीलेपन का अभाव होता है। बैंक का प्रशासन इस प्रकार का है कि पूँजी में अधिक हिस्सा होने के कारण अमेरिका, जापान तथा अमेरिका गुट के देशों को बहुत अधिक मताधिकार प्राप्त हैं और एशिया के गरीब देशों का प्रतिनिधित्व नहीं हो पाता है। परिणामस्वरूप, इस बैंक द्वारा आम नागरिक को सार्वजनिक क्षेत्र की आवश्यकताओं को अनदेखी कर दिया गया केवल वैयक्तिक आवश्यकताओं पर ध्यान केन्द्रित किया गया है।

7

भारतीय विदेश नीति की चुनौतियाँ
(The Challanges of India Foreign Policy)

भारत की विदेश नीति में पूर्व अनुमानित किसी मौलिक धारा को सम्मिलित नहीं किए जा सकता है। जब हम इस नीति की समस्याओं एवं चुनौतियों और विदेशी सम्बन्धों का आधार राष्ट्र की उन्नति, अवनति, राजनीति अर्थव्यवस्था, समाज तथा उसकी भावनाएँ हैं। विदेश नीति की आंतरिक चुनौती को अंतर्राज्य तथा अंतर-सामाजिक सम्बन्धों की अनिश्चितता को दूर करके सुलझाना है। अन्तर्राष्ट्रीय सम्बन्ध में परिवर्तन का कारण आपसी मतभेद हैं। यही कारण है कि भारत जिन विदेश नीति की चुनौती का सामना करने वाला है उस पर पूर्व विचार-विमर्श हो रहा है। मनुष्य के जटिल, जिद्दी व्यवहार के अनुसार बदलते रहेंगे। इस सन्दर्भ में यहाँ इक्कीसवीं सदी में भारत की विदेश नीति से जुड़े कार्यों तथा सामने आनेवाली चुनौतियों पर विचार-विमर्श किया जा रहा है।

मौलिक आधार पर भारत और पाश्चात्य वर्ग के किसी दूसरे सदस्यों को मनुष्य वर्ग उत्तरजीविता की सम्भावनाओं पर प्रभाव डालने वाले अंतर्विरोधों को दूर करने की चुनौती का सामना करना है। मानव जाति की सम्पूर्णता के बारे में दार्शनिकों और सामाजिक-आर्थिक विचारकों के बीच वाद-विवाद से यह अंतर्विरोध स्पष्ट हुआ है। 18वीं शताब्दी के अन्तिम चरण में इस संदर्भ पर तर्क-वितर्क और इसके घातों की अत्यधिक चर्चा की गयी है। जहाँ एक तरफ थॉमस रॉबर्ट माल्थस यह मानते थे कि मनुष्यों के अस्तित्त्व बनाए रखने की दृष्टि से देखा जाए तो स्पष्ट हो जाएगा कि विश्व की जनसंख्या पृथ्वी पर विद्यमान संसाधनों की दृष्टि से कहीं ज्यादा है। थॉमस रॉबर्ट माल्थस की अवधारणा के अनुसार

यदि शनैः-शनैः आबादी की वृद्धि होती है फिर भी उत्पादक क्षमताएँ मात्र गणितीय आरोह-अवरोह में बढ़ती हैं। इसीलिए सामाजिक उथल-पुथल और अस्थिरता मानव जाति के भविष्य में पूर्व निर्धारित है। इस सिद्धान्त के विरुद्ध एंटोनी कांडोर्सेट तथा विलियम गॉडविन ने यह तर्क प्रस्तुत किए हैं कि मनुष्य के बोध की बुद्धि, आत्म-उन्नयन की क्षमता तथा प्रौद्योगिकी ज्ञान में प्राप्त उपलब्धियों से ही अधिक समानतावादी विश्व व्यवस्था का अभ्युदय होगा, जहाँ लोग अपराध, रोग, युद्ध और अभावों से मुक्त होकर जीवन-यापन करेंगे। दो सौ वर्षों से चले आ रहे घटनाक्रम से जनसंख्या तथा उत्पादकता के बीच अनुपात के सम्बन्ध के माल्थस का विश्लेषण सही प्रमाणित होता है, लेकिन उसकी भीषण, दारुण, भविष्यवाणी गलत है। इसी प्रकार से गॉडविन तथा कांडोर्सेट के पूर्वानुमान सही निकले हैं, परन्तु जनसंख्या वृद्धि तथा उत्पादकता के बीच असन्तुलन सम्बन्धी माल्थस के सिद्धान्त पर उनके द्वारा उठाई गई आपत्तियाँ गलत हैं। ज्यामितीय क्रमानुसार जनसंख्या बढ़ी है, परन्तु न्यूनतम दर उत्पादक क्षमता में वृद्धि हो रही है। लेकिन इसके बावजूद आत्म-उन्नयन, ज्ञान तथा प्रौद्योगिकी में आशातीत सफलता के कारण विश्व धीरे-धीरे अधिक साम्य तथा सुविधाजनक स्थिति की ओर उन्मुख हुआ है।

हालाँकि प्राचीन अवधारणाओं में से आधुनिक अवधारणाओं का जन्म होता है। आज सूचना तकनीकी दिनोंदिन विकसित होती जा रही है राजनीतिक उपनिवेशवादी का अन्त हो गया इसी कारण दास प्रथा का भी उन्मूलन हो गया। राष्ट्र-राज्य की अवधारणा सन् 1648 की वेस्टफेलिया सन्धियों के कारण ही उत्पन्न हुई।

विभिन्न देशों के बीच सामाजिक-आर्थिक निर्भरता, अन्तर्राष्ट्रीय राजनीति को लोकतान्त्रिक बनाने की प्रक्रिया, शीतयुद्ध सम्बन्धी प्रतिरोध का विलोपन तथा अलग-अलग विचारों और सूचना के प्रवाह के सम्बन्ध में राष्ट्रीय सीमाओं की अक्षमता-इन सभी पक्षों के कारण यह जरूरी हो गया है कि राष्ट्र-राज्य अपनी पहचान दोबारा सुनिश्चित करें। विदेश नीति के अंतर्गत एक-दूसरे की बुद्धिमता के संकेत भी परिलक्षित हो रहे हैं। लेकिन इसका तर्क और वैधता की तब परख की जानी चाहिए, जब हम बाह्य सम्बन्ध स्थापित करने, विदेश नीति तैयार करने में भारत के सामने आने वाली चुनौतियों और समस्याओं का पता लगाते हैं। इस सिद्धान्त में पहला पक्ष यह है कि अब पूरे विश्व में 'एक ध्रुव' व्यवस्था आ रही है तथा अगले सैकड़ों वर्षों तक 'पैक्स अमेरिकाना' चलता रहेगा। इस तथ्य पर प्रश्न नहीं उठाया जाता कि संयुक्त राज्य आने वाले समय में विश्व की राजनीति में प्रमुख कारक बना रहेगा, लेकिन तकनीकी शक्ति, नैसर्गिक माध्यमों तक पहुँच तथा नियमित, आबादी और निवेश अवसरों तथा मण्डी के आर्थिक निर्धारकों की दृष्टि से विश्व बहुध्रुवीय बनता जा रहा है, जहाँ पश्चिम यूरोप, रूस संघ, चीन, जापान, भारत, दक्षिण अमेरिका तथा अफ्रीका जैसी अन्य शक्तिशाली ताकतें भी सत्ता का केन्द्र बनती जा रही हैं। भारत का

मुख्य कार्य अपनी आर्थिक और प्रौद्योगिकीय क्षमताओं को मजबूत बनाना तथा राजनीतिक स्थिरता और सैन्य क्षमता के स्तर को बढ़ाना है, जहाँ बहुध्रुवीय विश्व के नए सत्ता केन्द्रों के साथ सन्तुलन रखते हुए स्वयं ताकतवर बना जा सके। ये संकेत भी मिल रहे हैं कि इस प्रकार के नेटवर्क के लिए उचित माहौल तथा अवर पहले से ही मौजूद हैं।

इसके अतिरिक्त यह भावना भी है कि अनेक सामाजिक, अध्यात्मिक तथा सांस्कृतिक एवं सभ्यता से संबंधित पहचान पर निर्भर विरोध का विश्व को सामना करना है। मैं यहाँ सभ्यताओं के बीच टकराव के बारे में सैमुअल हंटिंगटन के विचारों का हवाला दे रहा हूँ। अंतर्राज्य सम्बन्धों के भविष्य में विचार करते समय इस विचारधारा का सन्दर्भ देने का प्रचलन हो गया है। भारत के लिए यह सिद्धांत काफी महत्त्वपूर्ण है, क्योंकि भारत के विषय में हंटिंगटन ने पृथकवाद की भावना सोची देखी थी, क्योंकि यह देश न तो मुस्लिम है और न ही क्रिश्चियन। उन्होंने यह विचार रखा कि भारत किसी भी गुट में या प्राकृतिक बाह्य राजनीति सहयोग सम्बन्धी किसी व्यवस्था में शामिल नहीं होगा, क्योंकि इसका सिद्धान्त अस्पष्ट रहा है। यद्यपि सैमुअल हंटिंगटन भारत के सम्भावित अलगाव की बात करते हैं, परन्तु वे यह भी भविष्यवाणी करते हैं कि कंफ्यूशियन तथा इस्लामिक सभ्यताओं के बीच पश्चिमी, क्रिश्चियन तथा विदेश नीति सम्बन्धी चुनौतियों पर विचार करने से पूर्व हंटिंगटन की इस भावना गहन एवं विस्तृत तौर पर आलोचनात्मक विश्लेषण करना बहुत जरूरी है।

यदि हंटिंगटन को, पाश्चात्य राष्ट्र का समसामयिक बुद्धिजीवी और जिम्मेदार वैज्ञानिक कहा जाता है तो केवल मानव स्थितियों के आधारों के बारे में इतिहास की जानकारी रखने वाले तथा संवेदनशील व्यक्ति ही इनकी विचारधारा का अध्ययन कर सकते हैं। इनकी मूलभूत विचारधारा यह है कि आर्थिक और प्रौद्योगिकीय अर्थ में आधुनिकीकरण की ताकतें तथा इनके फलस्वरूप ग्लोबल नीतियों में उत्पन्न प्रवृत्तियों के कारण सामूहिक पहचान के रूप में लोगों तथा देशों के पुनर्गठन की प्रक्रिया चलती है। समान धार्मिक और संस्कृति के लोग तथा देश परस्पर निकट आते हैं। विभिन्न संस्कृतियों के लोग और देश दूर-दूर रहते हैं। विचारधारा और बड़ी ताकतों के साथ सम्बन्धों पर आधारित गुटों का स्थान अब संस्कृति और सभ्यता के आधार पर बने गुट ले रहे हैं। सांस्कृतिक, जातिगत, धार्मिक और सभ्यता से जुड़ी पहचान के अनुरूप राजनीतिक सीमाएँ पुनः बनाई जा रही हैं। सभ्यताओं के बीच त्रुटिपूर्ण रेखाएँ ग्लोबल राजनीति में संघर्षों की जड़ बनती जा रही हैं।

हंटिंगटन की यह भी एक प्रमुख अवधारणा थी कि मुस्लिम तथा क्रिश्चियन सांस्कृतियों एवं सभ्यताओं के मध्य युद्ध होगा। ये अफ्रीका के बुल्गे से लेकर मध्य एशिया तक इस्लामिक गुट के सन्दर्भ में प्रकाश डालते हैं। यदि पश्चिमोत्तर कंफ्यूशियन विचारधारा

तथा 'इस्लामिक' देश (गुट) पश्चिमीकरण तथा समान तकनीकी तथा औद्योगीकीय शक्ति संग्रहण किए बिना नवीन होते हैं तो यह पाश्चात्य क्रिश्चियन सभ्यता के हित में उपयोगी साबित नहीं होगा। इसी कारण इसलिए पश्चिम को ऐसी आधुनिक सभ्यताओं वाले देशों के साथ सामंजस्य करना होगा, जिनके मूल्य और हित पश्चिम से पर्याप्त रूप में अलग हैं। अतएव पश्चिम को अपने हितों की रक्षा के लिए पश्चिमोत्तर सभ्यताओं की तुलना में आर्थिक तथा सैन्य प्रमुखता बनाए रखनी है। ओस्वाल्ड स्पेंगलर ने पश्चिमी क्रिश्चियन सभ्यता के पतन की भविष्यवाणी की थी, क्योंकि 18वीं के उत्तरार्द्ध और 20वीं सदी के शुरू में सुसंगठित की कमी होगी। हंटिंगटन तथा स्पेंगलर का विश्व दर्शन में काफी मिलते-जुलते हैं।

हंटिंगटन के दृष्टिकोणों की सबसे पहले यह आलोचना की गयी है कि—मौलिक के विषय में किया गया उनका तर्क अत्यधिक छोटा है। इन्होंने सभ्यता की दृष्टि से समाज और राज्य के जीवनचक्र पर विचार किया है तथा भावनात्मक कालक्रमानुसार और आर्थिक प्रक्रिया की प्रौद्योगिकीय विशेषताओं तथा गति के आधार पर ऐतिहासिक प्रक्रियाओं और अंतःसामाजिक सम्बन्धों को अलग करके समन्वयीकरण की कोशिश की है। इनसे पहले इतिहासकार जी. वाइसो तथा प्रोफेसर ऑर्नोल्ड टायनबी भी इसी आधार पर अपने मत प्रस्तुत कर चुके हैं। इन्हीं के समान हंटिंगटन ने भी पैनी ऐतिहासिक अंतर्दृष्टि प्रस्तुत की है, परन्तु इनके समान हंटिंगटन राष्ट्रीय पहचान या धार्मिक अथवा सांस्कृतिक स्वीकृति से आगे बढ़ते हुए मानव समाजों की विशेषताओं को बनाए रखने की इच्छा शक्ति को समाविष्ट नहीं कर पाए। कोई भी व्यक्ति यह जानने के लिए उत्सुक हो सकता है कि हंटिंगटन ने किस प्रकार से विषम जेहाद को परिभाषित किया है, जो 1095 से 1444 तक बने रहे। क्या यूरोप के राज्यों, सामंतवादी सिद्धान्तों तथा मध्यपूर्व और निकटपूर्व की सलतनत के सिद्धान्तों के बीच टकराव था या सभ्यताओं के बीच भी टकराव था? इसलिए हंटिंगटन की विचारधारा में नया क्या है?

हंटिंगटन की विचारधारा की दूसरी अवहेलना के बारे में यह था कि सभ्यताओं एवं संस्कृतियों से संघर्ष को निर्धारित करना था। इन्होंने धर्म के आधार पर लिए निर्णय से सभ्यता को परिभाषित किया है। तार्किक प्रश्न यह है कि क्या सभ्यता की घटनाओं को लोगों, समाज या राज्यों की धार्मिक स्वीकृति के साथ कौशल के रूप में सभ्यता पर विचार करके प्रारूप दिया जा सकता है? हम संस्कृतियों एवं सभ्यताओं को मात्र आध्यात्मिक परया के मुखौटे से ही नहीं देख सकते। संस्कृति अथवा सभ्यता एक ऐसा कारक है जिसके अंतर्गत सामाजिक परम्पराओं, प्रौद्योगिकीय, आर्थिक, सांस्कृतिक, सौंदर्यपरक तथा सर्जनात्मक क्षमताओं के माध्यम से किसी अत्यधिक विकसित राज्य या समाज की झलक मिलती है। किसी सभ्यता के ये तत्त्व और विशेषताएँ धार्मिक स्वीकृति तथा सैद्धान्तिक पहचान से

कहीं आगे बढ़ कर हैं। विश्व के सभी प्रमुख धर्मों में उन लोगों की सभ्यता की पहचान सम्मिलित नहीं होती, जो किसी एक धर्म या किसी अन्य धर्म की स्वीकृति का दावा करते हैं। इसीलिए हंटिंगटन ने शुरू से ही सभ्यता के संकीर्ण और गलत धारणा के आधार पर टकरावों के गलत पूर्वानुमान किए हैं।

हंटिंगटन के सिद्धांत की अवहेलना का तृतीय पक्ष इनका यह अवैध तर्क था कि सभ्यताओं के बीच त्रुटिपूर्ण रेखाएं, ग्लोबल राजनीति के टकरावों की नियन्त्रण रेखाएँ बनती जा रही हैं तथा वैचारिक और सत्ता सम्बन्धी समीकरणों की अब प्रासंगिकता नहीं रही है। यह बौद्धिक दृष्टि से गलत निर्वचन है तथा अंततः एक गलत धारणा है। शीतयुद्ध के पश्चात् यह कई बार सिद्ध हुआ है कि विदेश नीति पर अभी भी भू-सामरिक प्रभुत्व, प्राकृतिक संसाधन प्राप्त करने की इच्छा, समुन्नत प्रौद्योगिकीय क्षमताओं के विकास या इन्हें प्राप्त करने तथा अधिक ताकतवर देशों के विशिष्ट हितों की पूर्ति न करने वाली युद्ध की दशाओं को नियंत्रण करने की भावनाएँ अत्यधिक मजबूत हैं।

हंटिंगटन के सिद्धांत के संदर्भ में अन्य आपत्ति विश्व के प्रमुख धर्मों के अखंडित अस्तित्त्व से सम्बन्धित हैं, जहाँ समाज और राज्यों के राजनीतिक तथा आर्थिक घोषणाओं और कार्यकलापों पर विचार किया जाता है। इनकी विचारधारा में उन वस्तु-स्थितियों की उपेक्षा की गई है, जो राजनीतिक तथा आर्थिक स्तर पर नहीं, बल्कि भावनात्मक और सैद्धान्तिक स्तरों पर भी विश्व के प्रमुख धर्मों को प्रभावित करने वाले आंतरिक मतभेदों के बारे में हमारे सामने खड़ी हैं। यह सोच निर्णायक तर्कशक्ति पर आधारित विचारधारा के बजाय कोरी कल्पना मात्र है कि अनेक लोग धार्मिक, मनोवैज्ञानिक तथा बौद्धिक विभिन्नताओं से ऊपर उठ जाएंगे, जिनके कारण धार्मिक पहचान की वजह से सभ्यता के टकराव के कारण लोग जुड़ नहीं पाते।

हंटिंगटन की विचारधारा की अवहेलना पाँचवाँ बिन्दु विश्व के ऐसे बहुल समाज तथा देशों के पूर्णतः विलोपन की भविष्यवाणी से सम्बन्धित है, जहाँ लम्बे समय से भिन्नता पाई जाती है। इस परिस्थिति में सभ्यताओं के मध्य आपसी टकराव से संयुक्त राज्य, कनाडा, ब्रिटेन और रूस संघ तथा भारत जैसे देश नष्ट नहीं हो जाएँगे? चीन मुस्लिम वर्ग को शंका की दृष्टि से देखता है।

यदि सांस्कृतियों के संघर्ष के सन्दर्भ में हंटिंगटन सिद्धान्त के आधारों तथा विस्तृत ब्यौरे से असहमत हो सकते हैं, लेकिन यह मानना पड़ेगा कि इस सिद्धान्त में इक्कीसवीं सदी में उदीयमान ग्लोबल चुनौतियों का मूल्यांकन करने के लिए चुनौतीपूर्ण रूपरेखा प्रस्तुत करने की कोशिश की गई।

हंटिंगटन के मत का गहन अवहेलनात्मक मूल्यांकन करने के पीछे प्रमुख कारण यह है कि इस सिद्धान्त में मूलभूत तथा ऐसी चुनौतियाँ अंतर्निहित है, जिनका भारत को विदेश

नीति के क्षेत्र में आगामी समय में सामना करना पड़ेगा। यद्यपि हंटिंगटन का सिद्धान्त निश्चित रूप से त्रुटिपूर्ण है तथा यह बड़ी ताकतों के विरोध की अभिप्रेरणाओं पर आधारित है, फिर भी इस तथ्य से काफी राहत मिलती हैं कि भारत, दक्षिण-पूर्व एशियाई देश (जैसे थाईलैंड, म्यांमार, वियतनाम, लाओस तथा कंबोडिया), चीन और जापान उन व्यापक धार्मिक-सांस्कृतिक श्रेणियों में नहीं आते हैं, जिनका सत्ता समीकरणों पर प्रभुत्व हो सकता है। विविधता और विश्व के सभी प्रमुख धर्मों की सामासिक संस्कृति होने के कारण भारत न तो क्रिश्चियन गुट में आएगा, न ही इस्लामिक कैंप में। इसलिए यदि हंटिंगटन की विचारधारा सही है तो भारत की विदेश नीति में देश की अखण्डता को देखते हुए किसी एक कैंप का सहयोग करना होगा। यह कोई आसान कार्य नहीं है, क्योंकि भारत की हिन्दू जनता (बहुमत) इस सम्बन्ध में बहुत अधिक विशिष्ट दृष्टिकोण रखती है। आज भारत की एक सौ बीस मिलियन मुस्लिम जनता, जो आगामी शती में ढाई सौ या तीन सौ मिलियन हो जाएगी, इस्लामिक देशों से समीकरण बनाने के लिए दबाव डालेंगी। भारत के अन्य धार्मिक-जातीय वर्ग भी दूसरे कैंप की ओर जाने के लिए प्रभाव डालेंगे। अब हमें इस तथ्य पर कड़ी दृष्टि रखनी है कि इस तरह के दबाव पैदा न हों, जातीय तथा धार्मिक आधार पर यूगोस्लाविया के विभाजन से इस सम्भावना को बल मिला है। यद्यपि सोवियत संघ का विभाजन भी अन्य दबावों का परिणाम है, परन्तु रूसी संघ तथा जॉर्जिया में सक्रिय जातिगत-धार्मिक अलगाववाद की घटना ऐसे चौंकाने वाले संकेत हैं, जिनका भारत को ध्यान रखना है।

इस समस्या का द्वितीय पक्ष यह है कि सोवियत संघ और यूगोस्लाविया के बिखराव से बहुल-समाज की संरचना बनाए रखने की सम्भावनाएँ बहुत कम हो गई हैं। यदि समाज के भीतर अनुशासन नहीं है तथा सामाजिक न्याय के साथ आर्थिक और प्रौद्योगिकीय विकास के अपेक्षित स्तर नहीं है और स्वयं की रक्षा करने की क्षमता नहीं है, तो विश्व के अन्य सत्ता-केन्द्र एकता तथा अखण्डता का समर्थन नहीं करेंगे। वस्तुतः ऐसी संरचना के बिखराव को अन्तर्राष्ट्रीय समुदाय में अधिक ताकतवर, स्थिर और आर्थिक दृष्टि से उन्नत देशों द्वारा विश्व को अधिक व्यवस्थित बनाने की प्रक्रिया समझा जा सकता है। भारत की विदेश, राजनीतिक, आर्थिक तथा राष्ट्रीय सुरक्षा सम्बन्धी नीतियों में इस चुनौती के प्रति सर्वाधिक ध्यान दिया जाना चाहिए।

भारतीय विदेश नीति की प्रमुख प्रक्रिया क्षेत्रों पर विचार-विमर्श करने से पहले उन विशेष विचारधाराओं का अध्ययन करना अनिवार्य होगा, जो आने वाले वर्षों में विदेशी साहचर्यों तथा विश्व की महत्त्वपूर्ण ताकतों की अभिप्रेरणाओं को निश्चित आकार देंगे। ये सम्बन्ध तथा प्रेरणाएँ मुख्य आधार होंगी।

परिवर्तित हो रही विचारधाराओं से यह ज्ञात होता है कि विदेशी सम्बन्धों पर 21वीं

शताब्दी में औद्योगिक तथा प्रौद्योगिक की दृष्टि से उन्नत देशों का दबदबा होगा। इन देशों की प्रमुख शक्ति संयुक्त राज्य होगा। इन देशों का पहला लक्ष्य अन्तर्राष्ट्रीय राजनीतिक व्यवस्था तैयार करना होगा, जहाँ संयुक्त राज्य द्वारा स्वीकार्य राजनीतिक और आर्थिक शर्तों पर राज्य तथा सिविल समाज की संरचना करनी होगी, जो संयुक्त राज्य तथा विश्व की बड़ी ताकतों के हितों के अनुकूल हों। लोकतान्त्रिक ट्रांस-अटलांटिक शर्तों पर नियन्त्रित 'राज्य' प्रणालियाँ स्थापित करने की कोशिश की जाएगी। अफ्रीकी और एशिया के राष्ट्रों की सामाजिक अपेक्षाओं, परम्पराओं तथा संस्कृतियों पर प्रश्न उठाए जाएँगे और इनके समारत होने की भी उम्मीद है। इस प्रयोजन के अन्तर्गत राजनीतिक तथा आर्थिक दबाव, यहाँ तक कि बाध्यकारी दबाव भी डाले जाएँगे। दूसरे, उदीयमान साम्य तथा निष्पक्ष अर्थव्यवस्था से सम्बन्धित दावों पर गौर किए बिना इस प्रकार से ग्लोबीकृत संयुक्त बाजार व्यवस्था बनाई जाएगी, जिसमें विकसित औद्योगिक राष्ट्रों का बोलबाला होगा। मार्च, 1995 में मरकाश करारनामे पर हस्ताक्षर के बाद डब्ल्यू. टी. ओ. निर्यात और आयात व्यवस्था के कार्यान्वयन में गति लाने की समय सीमा तथा सामाजिक खण्डों, बौद्धिक सम्पत्ति के अधिकारों से सम्बन्ध-बदलाव से इस आशंका की पुष्टि होती है। विश्व की राजनीति को स्वरूप देने वाली तीसरी घटना कच्चे माल तथा विश्व के प्राकृतिक संसाधनों, मुख्य रूप से आधारभूत संरचनात्मक, आर्थिक तथा सामरिक महत्ता वाले तेल, प्राकृतिक गैस तथा खनिज पदार्थ जैसे संसाधनों पर नियन्त्रण रखने के लिए प्रमुख राष्ट्रों की विदेश नीतियों में की गई विशिष्ट व्यवस्था है। इस उद्देश्य की तरफ तीव्रगति से वृद्धि होने का संकेत तब देखने को प्राप्त हुआ, जब संयुक्त राज्य के स्टेट सचिव जेम्स बेकर ने कजाक अर्थव्यवस्था में अपने देश के प्रवेश के सम्बन्ध में बातचीत करने के लिए कजाकिस्तान की यात्रा की। सोवियत संघ के टूटने के बाद सी. आई. एस. (कॉमनवैल्थ ऑफ इंडिपेंडेंट स्टेट्स) के बीच सम्बन्धों के संशोधित समझौतों से भी पहले यह यात्रा की गई थी। अन्य उदाहरण तब देखने को मिलता है, जब सैन्य विद्रोह द्वारा मोबुतु को राष्ट्रपति पद से वंचित कर दिया गया था, तब अत्यन्त फुरती से संयुक्त राज्य अमेरिका के व्यावसायिकों का संघ कांसोर्टियम कांगो गया था। इस दल ने मोबुतु विरोधी ताकतों के नेताओं के साथ समझौता किया और कांगो के प्राकृतिक संसाधन प्राप्त करने के लिए दीर्घकालीन समझौते के सम्बन्ध में तीन बिलियन डॉलर पेशगी भी दे दी थी। इसका मुख्य लक्ष्य स्पष्ट था—ये उन्नत देश चाहते थे कि उनके पास न तो आवश्यक कच्चे माल की कमी होनी चाहिए और उनकी प्रधान आर्थिक स्थिति मजबूत होनी चाहिए।

विदेशी सम्बन्धों में हमारे देश को इस समस्या का सामना करना होगा कि औद्योगिक दृष्टि से उन्नत पश्चिमी देश परिष्कृत और आधुनिकतम प्रौद्योगिकी पर दीर्घकालिक रूप से नियन्त्रण रखना चाहते हैं। आठवें दशक की शुरुआत में में स्पष्ट संकेत मिलने लगा

था कि औद्योगिक दृष्टि से उन्नत अर्थव्यवस्था में विकासशील देशों को निर्बाध रूप से प्रौद्योगिकी अंतरण करने से उन्नत देशों की समूचे विश्व पर नियन्त्रण रखने की क्षमता पर प्रतिकूल प्रभाव पड़ेगा, इसलिए उच्चतर प्रौद्योगिकी के अंतरण से सम्बन्धित नियामक व्यवस्थाएँ भी तैयार की गईं। उच्च प्रकार की तकनीकी के अन्तरण से जुड़ी नियम व्यस्वस्थाएँ भी निर्मित की गयी हैं तकनीकी के वैध उपयोग की प्राकल्पना पर अत्यधिक बल प्रदान किया जा रहा है और यह चिन्ता प्रस्तुत की जा रही है कि प्रतिबन्धित एवं पक्षपातपूर्ण नियमों तथा कड़े सुरक्षा उपायों के तहत ऐसी प्रौद्योगिकी विकासशील देशों को अंतरित की जाएगी। इससे यहाँ पहले वर्णित महत्त्वपूर्ण ताकतों के इरादों के सम्बन्ध में किए गए आंकलन की पुष्टि होती है। सुपर कम्प्यूटर, कम्प्यूटर हार्डवेयर, उच्च इलैक्ट्रॉनिक सामान, लेजर्स, रोबोट विज्ञान, आनुवंशिकी इंजीनियरिंग तथा जैव-विविधता के प्रबन्धन तथा प्रयोग में आने से सम्बन्धित प्रौद्योगिकी के बारे में उन्नत देशों की निर्यात नीतियों से भी यही सीमित दृष्टिकोण स्पष्ट है। यह होड़ इन देशों में प्रौद्योगिकी अंतरण से परे भी दिखाई देती है।

जिस तरह से बौद्धिक सम्पत्ति अधिकार तथा पेटेंट खण्ड के अन्तर्राष्ट्रीय मानकों को तैयार किया गया है, यह विकासशील देशों की पारम्परिक क्षमता तथा आत्मनिर्भरता के विरुद्ध है। नीम तथा हल्दी के चिकित्सा तथा स्वास्थ्य सम्बन्धी प्रयोग के पेटेंट के सम्बन्ध में पश्चिमी उद्यमियों के साथ भारत का संघर्ष इसका प्रमुख उदाहरण है। हमारा देश भारत सैकड़ों वर्षों से स्वास्थ्य सम्बन्धी देख-रेख में नीम और हल्दी का प्रयोग करता आ रहा है। पश्चिम द्वारा नए नाम तथा नई पैकिंग में पेटेंट की गई उन वस्तुओं के प्रयोग की रॉयल्टी के अधिकार तथा आर्थिक लाभ लेने का दावा करना सीधे-सीधे जबरदस्ती शोषण करना है। यह कोई न्यून घटना नहीं है। ऐसे प्रयोजनों की आड़ में ग्लोबलाइजेशन की प्रक्रिया का 'इस्तेमाल' किया जाएगा। प्रौद्योगिकी-अंतरण से सम्बन्धित पक्षपातपूर्ण तथा सीमित दृष्टिकोण मूलतः विकासशील देशों की आत्मनिर्भरता, उत्पादन क्षमता तथा उच्च कोटि के उत्पाद तैयार करने की क्षमता पर प्रभाव डालेंगे। यदि अन्तर्राष्ट्रीय आर्थिक लेन-देन में निष्पक्ष, साम्य और न्यायपूर्ण व्यवहार किया जाएगा, केवल तभी मुक्त बाजार अर्थव्यवस्था से उत्पन्न प्रतियोगिता लाभदायक तथा सुसंगत साबित होगी। हालांकि कुछ आयामों में अन्तर्राष्ट्रीय आर्थिक प्रवृत्तियों की मुख्यधारा में यह तर्काधार है, फिर भी वास्तविक घटनाक्रमों से प्रतिकूल आशय सामने आते हैं।

सामूहिक स्तर पर उपर्युक्त वर्णित राजनीतिक, आर्थिक और प्रौद्योगिकीय लक्ष्यों की प्राप्ति के लिए यह आवश्यक हो जाता है कि सयुक्त राज्य और विश्व की बड़ी ताकतें विश्व के अधिकतर देशों पर अपनी सैन्य तथा प्रौद्योगिकीय श्रेष्ठता कायम रखें। यह अप्रत्यक्ष उद्देश्य नहीं है, बल्कि राष्ट्रपति जॉर्ज बुश और बिल क्लिण्टन तथा यूरोपीय संघ

के नेताओं और एक सीमा तक रूसी संघ 1991 के अन्त तथा 1992 की शुरुआत से ही अपने ये उद्देश्य व्यक्त करने लगे। इन्होंने अपने वक्तव्यों में इस प्रकार के विचार प्रस्तुत किए–

नवीन विश्व व्यवस्था के अंतर्गत क्षेत्रीय अथवा उपक्षेत्रीय प्रभुत्व के तौर पर सैन्य बल की दृष्टिकोण से शक्तिशाली राष्ट्रों के अभ्युदय को नियमित किया जाना चाहिए। (पूर्ववर्ती विचार का परिणाम रूप सिद्धान्त यह है कि जनसंहारक अस्त्रों का विभिन्न किस्मों के अप्रसार तथा पारस्परिक सेनाओं और आयुधभण्डारों में कमी पर जोर दिया जाए)।

विदेश नीति में 'लापरवाह' तथा 'अवांछित' राज्य की प्राकल्पना का समावेश इसी का भाग है। विश्व के शक्तिशाली राष्ट्र कुछ नीति बनाकर दूसरों पर नियंत्रण चाहते है जो किसी भी पुष्टि से उचित नहीं है। संयुक्त राज्य अमेरिका द्वारा इराक पर हमला हेनरी किसिंजनर द्वारा पाकिस्तान के जुल्फिकार अली भुट्टो को दी गई चेतावनी से यह विचारधारा साबित हो जाती है।

संयुक्त राज्य अमेरिका के अधिकारियों ने कहा कि जो राष्ट्र अप्रसार नियमों का पालन नहीं करेगा तो उस पर सैनिक हमला कर बर्बाद कर दिया जाएगा।

यह उम्मीद जतायी जा रही है कि सोवियत संघ के विघटन और शीतयुद्ध के अन्त में संयुक्त राष्ट्र अधिक मजबूत बन जाएगा। यह अधिक लोकतान्त्रिक ढंग से कार्य करेगा तथा विश्व शान्ति और स्थिरता सुनिश्चित करने में अधिक प्रभावशाली और निष्पक्ष भूमिका निभाएगा, परन्तु यह आशा पूरी नहीं हो पाई। नौवें दशक के दौरान संयुक्त राष्ट्र अपनी सुरक्षा परिषद् के पाँच स्थायी सदस्यों, विशेषतः संयुक्त राज्य की विदेश नीति से सम्बन्धित लक्ष्यों की पूर्ति में खिलौना मात्र बन कर रह गया था। संयुक्त राष्ट्र का या तो दिखावा मात्र या अन्य बड़ी ताकतों के समर्थन से विश्व में संयुक्त राज्य की राजनीतिक तथा सैन्य गतिविधियों को बढ़ावा देने के रूप में प्रयोग किया गया है। यूगोस्लाविया, सोमालिया तथा इराक के संकट को हल करने के लिए अपनाई गई प्रक्रिया को देखकर हम इसी नतीजे पर पहुँचते हैं। यदि पश्चिमी उन्नत देशों की नीतिगत व्यवस्थाओं पर चल रही बहुपक्षीय वित्तीय संस्थाओं की सूची को देखें, तो स्पष्ट हो जाएगा कि बदलती हुई विश्व व्यवस्था पर संयुक्त राज्य का प्रभाव रहेगा तथा इस व्यवस्था में और अधिक पाने की होड़ लगी रहेगी। हालांकि रूसी संघ, जापान, चीन तथा किसी सीमा तक फ्रांस और जर्मनी जैसे राष्ट्र अपने राष्ट्रीय कल्याण से संबंधित प्रमुख मामलों पर उपर्युक्त वर्णित विचारधाराओं का मुकाबला करने में सक्षम है। परन्तु शेष विश्व को तब तक दबना पड़ेगा तथा सामंजस्य लाना पड़ेगा, जब तक इन कुछ ताकतवर देशों के विरुद्ध भारत जैसे अधिक महत्त्वपूर्ण विकासशील देश सामरिक समझबूझ के नए पैर्टन नहीं बनाते तथा नए सत्ता समीकरण सामने नहीं लाते हैं।

यहाँ संयुक्त राष्ट्र के अंतर्गत हुए बदलावों से संबंधित संरचना को भी प्रमुख रूप से वर्णन किया जा सकता है। यद्यपि सुरक्षा परिषद् में और अधिक सदस्य शामिल किए जा सकते हैं, फिर भी इस पर यूरोपीय ताकतों का दबदबा रहेगा। विद्यमान पाँच सदस्य वीटो अधिकार बनाए रखेंगे, जबकि नए स्थायी सदस्यों के पास यह अधिकार नहीं होगा। वीटो हटाने के सम्बन्ध में सकारात्मक जबाव नहीं मिलेगा। संयुक्त राष्ट्र की विकासात्मक और आर्थिक भूमिका मौजूदा मुद्दों से हट कर इंटरनेशनल मॉनीटरी फंड एवं अन्तर्राष्ट्रीय पुनर्निमाण तथा विकास बैंक पर सारा ध्यान रखा जाएगा।

विदेशी व्यापार भारत प्रौद्योगिकीय समझौते तकनीकी दृष्टि से ही नहीं, बल्कि राजनीतिक दृष्टि से भी डब्ल्यू.टी.ओ. के क्षेत्राधिकार में आते हैं। फिर भी यदि डब्ल्यू. टी. ओ. में पूर्णतः का अनुसरण किया जाता है, तो कुछ मामलों में लाभप्रद होने के बावजूद यह नुकसानदायक हो सकता है।

वास्तविक रूप से सूचना उपलब्ध करने की सुविधा के साथ प्रजातांत्रिक राजनीतिक दबाव उत्पन्न करते हुए विश्वव्यापी स्तर पर लोगों को ज्यादा-से-ज्यादा समर्थ बनाने से ऐसे समाज में अपसारी ताकतें उत्पन्न हो जाएँगी, जहाँ लोगों की सामाजिक और आर्थिक आकांक्षाओं पर गौर नहीं किया जाता है। ये अपसारी ताकतें राज्य की संरचना के भीतर जातिगत, धार्मिक या भाषाई आन्दोलनों में व्यक्त होती हैं, जिनसे देश की एकता और स्थिरता के लिए खतरा उत्पन्न हो जाता है। दूसरी ओर, जहाँ आर्थिक प्रबन्धन सफलतापूर्वक किया जा रहा है तथा जीवनयापन का स्तर संतोषप्रद है वहाँ यूरोपीय संघ तथा नाफ्टा में मिसाल के तौर पर केन्द्राभिमुख व्यवस्थाएँ आंतरिक भाग बन जाती हैं। मैं ए.बी.ई.सी. तथा एशियन (एसोसियशन ऑफ साउथ-ईस्ट एशियन नेशंस) का उल्लेख कर चुका हूँ, परन्तु 1997 के मध्य से हुई उथल-पुथल का एशिया पर प्रभाव पड़ा है। मैं फिलहाल इन केन्द्राभिमुख व्यवस्थाओं को इसमें जोड़ना नहीं चाहता।

स्वतंत्रता प्राप्ति के इतने दशक बीत जाने के बाद भी भारत लोकतंत्र की मजबूती के लिए काम कर रहा है। विभिन्न प्रकार की अखण्डता और एकता बरकरार रखी है भारत का विदेश नीति हमेशा से पड़ोसी देशों के साथ मैत्री सम्बंध तथा विश्वशांति के लिए रहा है।

नकारात्मक दृष्टिकोण यह था कि सबसे पहले हमने यह मान लिया है कि हमारे देश की राजनीति का स्तर विभिन्न स्तरों पर गिरता जा रहा है। दूसरे, राष्ट्रीय सुदृढ़ीकरण तथा पुनर्गठन के प्रयासों की गति बहुत धीमी है। हम शिक्षा, लोक स्वास्थ्य और आधारभूत आर्थिक क्षमताओं के क्षेत्र में अपेक्षित न्यूनतम स्तर भी प्राप्त नहीं कर पाए हैं। यदि हम अन्तर्राष्ट्रीय 'जीवन-स्तर' की अनुक्रमणिका में अपने समाज का स्थान देखें, तो भारत का स्तर बहुत नीचे है। हम जातिगत, भाषाई और धार्मिक विखण्डनकारी तथा अलगाववादी

प्रवृत्तियों से ग्रस्त हैं। राष्ट्रीय सुरक्षा की अनिवार्य अपेक्षा से अवगत होने के बावजूद भी हमारी रक्षा सम्बन्धी क्षमताएँ अपर्याप्त हैं। सबसे ऊपर हम अपनी बढ़ती आबादी पर काबू पाने में सक्षम नहीं हैं। सर्वाधिक आशावादी अनुमान यही है कि 2050 तक भारत की आबादी 1.5 बिलियन के आस-पास आकर रुक जाएगी। यदि हम इन आंकड़ों में जनसंख्या सम्बन्धी दबावों को जोड़ दें, तो बांग्लादेश में तीन सौ मिलियन आबादी तथा पाकिस्तान में दो सौ बीस तथा तीन सौ बीस मिलियन के मध्य जनसंख्या की वृद्धि हो जायेगी। ऐसी परिस्थिति के परिणामस्वरूप राजनीतिक प्रसार भी भयावह है।

वस्तुतः भारत अधिकतर पड़ोसी राष्ट्रों के साथ अपने मधुर सम्बन्ध सामान्य बनाए रखने में थोड़ी-बहुत सफलता हासिल की है, परन्तु हमारे इरादों के सम्बन्ध में पड़ोसी देशों के हमारे बारे में विचार या विशिष्ट मुद्दों से जुड़े तनाव हम पर हावी रहे। हम अनुशासहीनता के माहौल और राष्ट्रीय प्रयोजन के अभाव से ग्रस्त हैं। सामान्यतः हमारे बारे में सोचा जाता है कि हम अंह भाव के अलावा समस्या से ग्रस्त हैं तथा हम चाहते हैं कि हमें अग्रणी राष्ट्र में समझा जाए, जबकि यह इच्छा राजनीतिक स्थिरता के बोध से असंबद्ध है अथवा हमारी आर्थिक, प्रौद्योगिकीय तथा सैन्य शक्ति के सार तत्त्व से जुड़ी नहीं है। इन कमियों पर विचार करना जरूरी है क्योंकि ये विद्यमान चुनौतियों को पूरा करने में सक्षम विदेश नीति बनाने के लिए हमारी क्षमता को सीमित या बाधित करती हैं। हमारे भावी कार्य कौनसे हैं? इस दिशा में हम क्या कर सकते हैं?

सबसे पहले हमें अल्पावधि तथा मध्यम लक्ष्यों पर दृष्टिपात करना होगा। भारतीय गणराज्य की अविछिन्नता, एकता और क्षेत्रीय अखण्डता सुनिश्चित करने के लिए सर्वाधिक प्राथमिकता दी जानी चाहिए। हमारे स्वतन्त्रता संग्राम को अनुप्रमाणित करने वाली निश्चितताएँ तथा भारत की राष्ट्रीय एकता के बारे में आदर्शवाद का समय गुजरने के साथ ही लुप्त होते जा रहे हैं। जातिगत-अपसारी, भाषाई तथा धार्मिक अपसारी प्रवृत्तियाँ भारत की एकता के लिए प्रमुख चुनौतियाँ हैं। चाहे जम्मू और कश्मीर हो, पंजाब हो या पूर्वोत्तर राज्य। इन प्रवृत्तियों के साथ-साथ पाकिस्तान और चीन जैसे निकट पड़ोसी देशों के भू-क्षेत्र से सम्बन्धित दावे भी भारत की एकता के लिए खतरे बने हुए हैं। यदि भारत सामान्य रूप से अपनी अखण्डता को नहीं गवाता है और क्षेत्रीय पृथकवाद, और विखण्डनकारी आदि शक्तियों से दूर रहने हेतु इन दोनों राष्ट्रों के साथ समीकरण बनाने की प्रक्रिया में जुटे हैं। विदेश नीति में अन्य समस्या यह है कि ऐसी ताकतों को विदेशों तथा विदेशी स्रोतों से सहायता मिल रही है। चीन या पाकिस्तान जैसे पड़ोसी देशों द्वारा किए गए दावों तक ही खतरा सीमित नहीं है, बल्कि संयुक्त राज्य और राष्ट्र-राज्य तथा क्षेत्रीय वर्गों की सामरिक नीतियों में विद्यमान व्यवस्थाओं से भी खतरा है। सत्ता समीकरण में स्थायी शान्ति और सन्तुलन कायम रखना जब आसान होगा, जब अन्तर्राष्ट्रीय राज्य व्यवस्था, आर्थिक ताकत

तथा सैन्य क्षमता से सम्पन्न राज्य या बड़े भू-राजनीतिक देशों में परस्पर होड़ नहीं होगी।

किसी भी प्रकार का कोई भी तर्क यूगोस्लाविया और सोवियत संघ के पृथकवाद के विषय में क्यों न दिया जाए, इस पृथकवाद अथवा अलगाव का प्रमुख आयाम संयुक्त राज्य के नेतृत्व में पश्चिमी देशों की प्रतिक्रिया से सम्बन्धित सामरिक योजना तथा राजनीतिक प्रोत्साहन भी शामिल था। इन दो बहुलतावादी देशों का अलगाव पश्चिमी ग्रुप के राजनीतिक-सामरिक प्रभुत्व या अत्यधिक प्रभावित करने से सम्बन्धित उद्देश्य का व्यावहारिक रूप है; जबकि इन दो में से एक देश विश्व की सबसे बड़ी ताकत थी। चीन को रोकने तथा बहुपक्षीय अन्तर्राष्ट्रीय क्षेत्रों तथा व्यवस्थाओं के तहत लाने के लिए भी संयुक्त राज्य और रूस के विदेश नीति सम्बन्धी दृष्टिकोण में यही प्रेरणाशक्ति झलकती है। इराक पर दबाव डालने तथा उसे अलग करने एवं भारत की एकता की दीर्घकालिक क्षमता पर प्रश्न उठाने के मूल में भी यही पक्ष है। अपनी विदेश नीति में हमें कर्मठ होकर विश्व के सत्ता-केन्द्रों के साथ समीकरण बनाने होंगे और क्षेत्रीय माहौल तैयार करना होगा, ताकि हमारी राजनीतिक व्यवस्था को प्रभावित करने वाली अंतर्निहित केन्द्र अपसारी प्रवृत्तियों को रोका जा सके। इस प्रयास में हमें भारतीय जनता के विभिन्न वर्गों की आकांक्षाओं के अनुकूल कार्रवाई करनी होगी तथा यदि मैत्रीपूर्ण नहीं, तो अपने पड़ोसी देशों के साथ अनुकूल सम्बन्ध स्थापित करने होंगे और ऐसी रूपरेखा के भीतर विश्व के सत्ता-केन्द्रों के साथ सम्बन्धों के पैटर्न बनाने होंगे, जिससे वे संगठित भारत को अपने व्यापक आर्थिक और सामरिक हितों की पूर्ति में सहायक समझें। अन्य देशों तथा विदेशी एजेंसियों से उत्पन्न अलगाववादी ताकतों का निर्णायक, बलपूर्वक विरोध करना होगा। यह किसी मठाधीश का कथन नहीं है कि भारत को अन्तर्राष्ट्रीय समुदाय में प्रतिकूल स्थिति का निरन्तर सामना करना होगा। यहाँ केवल इस बात पर जोर दिया जा रहा है कि हमें बदलते अन्तर्राष्ट्रीय समीकरणों में राजनीतिक वस्तु-स्थितियों से परिचित होना है।

भारतीय जनता के विभिन्न वर्गों की आशाओं के अनुकूल कार्य करने होंगे। अपने साथी देशों से व्यापक संबंध बनाकर आर्थिक और सामरिक हितों की पूर्ति करनी होगी। ऐसी विदेश एजेंसियों का विरोध करना होगा जो इस ताकत को क्षीण करती हैं। इस नीति का प्रमुख लक्ष्य देश में शांति तथा इसका स्थायित्व है। इसे यह निष्कर्ष निकलेगा कि भारत आर्थिक व्यवस्था को मजबूत बना सकेगा एवं जनता का हित कर सके। अपनी आत्मनिर्भरता तथा क्षमता को बढ़ाने के लिए भारत को प्रतिवर्ष 80 बिलियन अमेरिकी डॉलर परिवहन एवं संचार में पावर उत्पादन इत्यादि निवेश करने होंगे।

भारतीय विदेश नीति का तीसरा महत्त्वपूर्ण लक्ष्य भारत की एकता और अखण्डता के बचाव के लिए ऐसी राष्ट्रीय रक्षा क्षमता उत्पन्न करना होगा, जो हमारे अपने संसाधनों तथा प्रौद्योगिकी पर निर्भर हो और इसके साथ-साथ यह सन्तुलित और पर्याप्त रूप से

विविध बाह्य निवेशों के पैटर्न पर आधारित हो, जिसमें भारत किसी एक देश पर सतत् निर्भर न हो, इस एहतियाती उपाय में हमारे परमाणु अस्त्रीकरण, मिसाइल और ऐसी नीतियों का मापन भी शामिल होगा, जो हमारी तीनों सेनाओं के गठन से सम्बन्धित है। इनका गठन इस प्रकार से होना चाहिए कि ये बदलते हुए सत्ता समीकरणों और प्रौद्योगिकीय घटनाक्रम के अनुरूप हों। सम्पूर्ण रूप से हमारा उद्देश्य यथासम्भव रूप से किसी प्रकार का विरोध किए बिना या अलग हुए बिना विकास करना तथा अपनी शक्ति बढ़ाना है। इस कार्य में विकसित हो रही ऐसी अन्तर्राष्ट्रीय स्थिति के सन्दर्भ में सर्वोच्च स्तर पर कूटनीति कौशल, चतुराई तथा लचीलेपन की आवश्यकता है, जहाँ अधिक महत्त्वपूर्ण ताकतों का लक्ष्य ऐसी विश्व व्यवस्था तैयार करना है, जिससे राष्ट्र सर्वोच्च स्थिति को प्राप्त कर सके।

भारत की विदेश नीति का चौथा उद्देश्य, क्षेत्रीय सहयोग में विकास करना तथा दक्षिण एशियाई और अन्य क्षेत्रीय ग्रुपों तथा संगठनों के बीच परस्पर लाभप्रद समीकरण बनाने के लिए कार्य करना है, ताकि क्षेत्रीय सहयोग केवल शान्ति और स्थिरता लाने का ही साधन न बने बल्कि, इससे दीर्घकालिक सुरक्षा और आर्थिक उन्नति भी सुनिश्चित हो सके।

भारत की अंतर्राष्ट्रीय नीति के पाँचवें उद्देश्य के अंतर्गत यह सम्मिलित है कि संयुक्त राष्ट्र इसके संगठन तथा संघ का कार्य एजेंसियों को मजबूत बनाना है। ऐसा करते समय इन दो उद्देश्यों का ध्यान रखना है—पहला, संयुक्त राष्ट्र के अधिकांश सदस्यों की आकांक्षाओं और हितों को वास्तव में प्रतिबिंबित करने के लिए इस अन्तर्राष्ट्रीय संगठन को मजबूत बनाना। दूसरा, यथासम्भव सीमा तक संयुक्त राष्ट्र को बड़ी शक्तियों की नीतियों का खिलौना बनने से रोकना। संयुक्त राष्ट्र में सुधार सम्बन्धी मुद्दों पर इन दो प्रमुख उद्देश्यों को ध्यान में रखते हुए विचार करना होगा। यह कोई आसान कार्य नहीं है क्योंकि, वर्तमान समय में अधिक प्रभावी ताकतों के दृष्टिकोणों के आधार पर चुनिंदा तथा विशिष्ट तरीके से संयुक्त राष्ट्र में सुधार करने के संकेत मिल रहे हैं। भारत द्वारा सुरक्षा परिषद् में सीट स्थायी होने से कोई हल नहीं निकल सकता। भारत को सम्पूर्ण रूप से समृद्ध एवं सुदृढ़ बनना चाहिए और इसे संयुक्त राष्ट्र के आम सदस्यों से समर्थन जुटाना चाहिए तथा अपनी ताकत के बलबूते पर संयुक्त राष्ट्र में आवाज उठानी चाहिए। चूँकि इस प्रक्रिया में बहुत समय लगेगा, इसलिए अस्थायी रूप से भारत को संयुक्त राष्ट्र के महत्त्वपूर्ण संगठनों और इसकी एजेंसियों में छोटे देशों के हितों का सहयोग करते हुए संयुक्त राष्ट्र में लोकतान्त्रिक व्यवस्था लाने की कोशिश अधिक करनी चाहिए।

भारत की विदेश नीति को एक संगठन या संस्था के निर्माण की जरूरत है जो सलाहकार व कार्यकर्ता के रूप में भूमिका निभा सके। जो भर्ती को आधुनिक तरीकों इत्यादि

पर ध्यान दे सकें। इसका अन्य कार्य चीन एवं पाकिस्तान से हुई संधि पर ध्यान देना है जो इस राष्ट्रों से उत्पन्न तनाव को दूर कर सकें।

इस व्यवस्था से यह दोनों (रूस और चीन) सहमत नहीं होंगे और यह हो सकता है कि विदेशी गतिविधियों में संयुक्त राज्य के एक-आयामी प्रभाव का सामना करने के लिए ये नए सामरिक समीकरण की खोज में हों। संयुक्त राज्य चीन को रोकने के लिए रूस तथा भारत सभी समीकरण बनाने के लिए बाध्य हो सकता है, जबकि चीन और रूस भी संयुक्त राज्य अमेरिका की सामरिक श्रेष्ठता का सामना करने के लिए भारत के साथ समीकरण बनाना चाहेंगे।

अगर हमारा देश सम्पूर्ण रूप से संगठित रहता है, राजनीतिक रूप से स्थिर रहता है और आर्थिक तथा तकनीकी दृष्टि से सुदृढ़ होता है, तो वह विदेशी सम्बन्धों में प्रमुख योगदान देते हुए एक विशिष्ट दर्जा हासिल कर सकता है। पूर्व सेनाध्यक्ष जनरल के. सुन्दरजी ने अक्टूबर-दिसम्बर 1997 में यूनाइटेड सर्विस इंस्टीट्यूशन ऑफ इण्डिया की पत्रिका में प्रकाशित एक लेख में पूर्वानुमानित दृष्टिकोण रखे हैं, इनसे मैं पूर्णतः समहत हूं। इसलिए मैं उनकी प्रयोजनाओं को उद्धृत करना चाहूंगा, जो उन चुनौतियों पर प्रकाश डालती हैं, जिनका भारत को उपयुक्त ढंग से जबाव देना होगा।

पूर्व सेना के अध्यक्ष जनरल सुन्दर जी का कहना है कि संयुक्त राज्य के विभिन्न उद्देश्य होंगे, जो इस प्रकार हैं—

(क) जहाँ तक सम्भव हो, सार्वभौमिक स्तर पर परमाणु निरस्त्रीकरण को रोका जाए। संयुक्त राज्य के परमाणु जखीरे का स्तर ऊँचा रखा जाए, ताकि संयुक्त राज्य की मात्र सुरक्षा ही सुनिश्चित न हो, बल्कि उसे देश के भीतर भी आम सम्मति मिले।

रूस को छोड़ कर अन्य किसी भी देश को कॉन्टीनेंटल यूनाइटेड स्टेट्स के बराबर जमीन पर आधारित प्रक्षेपास्त्र के साथ लम्बी दूरी की मिसाइल क्षमता प्राप्त करने से रोकना।

जहाँ तक सम्भव हो, चीन, फ्रांस तथा ब्रिटेन में अधुनातन एस.एस.बी.एन. की संख्या कम हो। एस.एस.बी.एन. क्लब में और अधिक वृद्धि पर रोक लगा दी जाए।

जहाँ तक सम्भव हो, चीन के पास अधुनातन आई.सी.बी.एम. की संख्या कम-से-कम हो।

ऐसी कोई अन्तर्राष्ट्रीय वचनबद्धता स्वीकार न की जाए, जिससे संयुक्त राज्य की प्रौद्योगिंकीय सर्वश्रेष्ठ स्थिति पर प्रतिकूल प्रभाव पड़ता हो।

जनसंहारक अस्त्रों के प्रसार, स्थानीय स्तर पर अस्त्रों की होड़ और क्षेत्रीय युद्धों को नियंत्रण किया जाए।

जनसंहारक अस्त्रों या क्षेत्रीय ताकतों से संयुक्त राज्य द्वारा तैनात सेनाओं को किसी

प्रकार के खतरे के बिना संयुक्त राज्य के हितों की रक्षा के लिए क्षेत्रीय हालात पर प्रभाव डालने के लिए पारम्परिक बलों के प्रयोग की स्वतन्त्रता को बनाए रखना। यह उद्देश्य प्रमुख रूप से तीन माध्यमों से हासिल किया जा सकता है, जो इस प्रकार हैं—

(1) नई क्षेत्रीय परमाणु ताकतों के अभ्युदय को रोक कर,

(2) ग्लोबल प्रोटेक्शन अगेंस्ट स्ट्राइक की तैनाती द्वारा क्षेत्रीय परमाणु हमले से फारवर्ड तैनात सेनाओं को बचाते हुए परमाणु अवरोध,

(3) परमाणु अस्त्रों के प्रतिकार का अधिकार प्राप्त करके क्षेत्रीय ताकतों के रासायनिक हमलों को रोकना।

उपर्युक्त वर्णित तीसरे व अन्तिम उद्देश्य हेतु यह जरूरी होगा कि संयुक्त राज्य को 'पहले प्रयोग नहीं' सिद्धान्त का समर्थन नहीं करना चाहिए।

सोवियत साम्राज्य के पूर्व यूरोपीय सदस्यों को शामिल करके तथा उक्रेन के सहयोग से नाटो को बढ़ा कर पश्चिम की ओर से यूरोप में रूस के विस्तार की सम्भावना से बचाव करना।

आगामी शताब्दी तक संयुक्त राज्य तथा जापान के बीच सुरक्षा समझौतों के द्वारा तथा इसके बाद चीन पर नियन्त्रण के लिए भारत को भी शामिल करके एशिया और पैसिफिक क्षेत्र में चीन के पुनरुत्थान से बचना।

(ख) जनरल सुन्दर जी के अनुसार चीन के प्रमुख उद्देश्य निम्नलिखित होंगे—

व्यापक स्तर पर प्राचीन सभ्यता तथा घनी आबादी वाला देश चीन, विश्व की ताकतों के प्रमुख 'लीग' में आना चाहेगा। यह बेमन से आगे बढ़ना स्वीकार नहीं करेगा। स्वैच्छिक रूप से रूस और संयुक्त राज्य द्वारा अपने अस्त्रों के भण्डार को कम करने तथा चीन की अर्थव्यवस्था में तेजी से सुधार आने से परमाणु अस्त्रागारों की दृष्टि में समानता आ जाएगी।

सम्पूर्ण विश्व के अंतर्गत मात्र पाँच सीमित राष्ट्रों को ही परमाणु बम रखने की इजाजत होनी चाहिए, परन्तु यदि संयुक्त राज्य चीन के समकक्ष आने की इच्छा का विरोध करता है, तो इस सम्बन्ध में संयुक्त राज्य की परवाह नहीं की जाएगी। परमाणु क्लब की संख्या बढ़ाने से चीन के सैन्य लक्ष्यों की पूर्ति के साथ-साथ उसे संयुक्त राज्य के बराबर विशेष स्थान भी मिल सकता है। भारत और जापान के परमाणु रुख पर भी इस सम्बन्ध में महत्त्व दिया जाएगा। जापान की उत्तर कोरियाई या संयुक्त कोरियाई परमाणु अस्त्र क्षमता से सम्बन्धित शर्त होगी। इससे उत्तर कोरियाई परमाणु आकांक्षाओं के प्रति चीन के दृष्टिकोण पर भी प्रभाव पड़ेगा।

अगर संयुक्त राज्य मानवीय अधिकारों, समुचित व्यवसाय नियमों अथवा विश्व द्वारा संयुक्त राज्य के आंतरिक विधानों के अनुपालन आदि मुद्दों पर चीन पर दबाव

डालेगा, तो चीन का लक्ष्य पश्चिम यूरोपीय ताकतों के साथ निकट व्यापारिक सम्बन्ध स्थापित करके संयुक्त राज्य के बराबर विशेष स्थान पाना होगा। इसी प्रकार से भू-राजनीतिक क्षेत्र में एशिया के पक्ष में सत्ता सन्तुलन लाने की दृष्टि से चीन संयुक्त राज्य के प्रति सन्तुलन की दृष्टि से रूस और भारत के साथ सम्बन्ध स्थापित करना चाहेगा।

(ग) जनरल सुन्दर जी के अनुसार पाकिस्तान के प्रमुख उद्देश्य निम्नलिखित होंगे—

भारत की उच्च पारम्परिक शक्ति की सम्भावना का मुकाबला करने हेतु अवैध शस्त्र तथा अनियोजित न्यूनतम परमाणु अवरोध कायम रखना;

एन.पी.ओ. पर हस्ताक्षर करने या झुक कर स्वीकार करने के लिए सभी प्रयासों को कायम रखना, यह दावा किया जा सकता है कि ऐसा तभी होगा, जब भारत भी हस्ताक्षर करने को तैयार हो जाएगा; यह सौदा करना होगा कि भारत तब तक ऐसी सन्धि स्वीकार नहीं करेगा, जब तक निष्पक्ष सार्वभौम विधान नहीं बनाया जाता। (यदि यह मान लिया जाए कि भारत द्विपक्षीय भारत-पाक परमाणु अस्त्र क्षमता नष्ट करने पर राजी हो जाता है तथा पाकिस्तान भी ऐसा करता है, तो पाकिस्तान को मैदान छोड़ना पड़ेगा तथा भारत की पारम्परिक ताकतों के साथ सन्तुलन रखना मुश्किल हो जाएगा। ऐसे समझौते से भारत-चीन की दया पर भी आश्रित हो जाएगा; इसीलिए परमाणु नियन्त्रण के प्रति द्विपक्षीय दृष्टिकोण को भारत स्वीकार नहीं करता तथा पाकिस्तान का भी यही राय है।

भारत के खिलाफ प्रतिकूल अवधारणा कायम रखना और अत्यधिक विदेशी दबाव डालकर कश्मीर समस्या का पाकिस्तान के पक्ष में हल ढूंढ़ने का प्रयास करना। और अगर दीर्घावधि तक सम्पूर्ण प्रयत्न करने के अलावा पाकिस्तान अपने लक्ष्य तक प्रवेश करने में विफल होता है तथा आर्थिक निष्पादन समुचित नहीं है, व आंतरिक राजनीतिक अशान्ति बनी रहती है, तो भारत के साथ सहयोगपूर्ण समझौता करने पर विचार किया जाएगा।

इन प्राचीन धारणाओं के साथ हमारे देश भारत की किस प्रकार की गतिविधि हो? पहले भारत को जनसंख्या नियन्त्रण, पर्यावरण प्रबन्धन तथा आर्थिक विकास जैसी समस्याओं पर ध्यान देना चाहिए। अन्तर्राष्ट्रीय आर्थिक नीतियों की मुख्य धारा में मजबूत भारतीय अर्थव्यवस्था अन्तर्राष्ट्रीय दबाव या होड़ का सामना करने का मूलाधार है। भारत को सीमित परमाणु अस्त्र और आई.आर.बी.एम. क्षमताओं को सीमित स्तर तक प्राप्त करना है, जहाँ क्षेत्रीय या ग्लोबल ताकतें यह स्वीकार करेंगी कि भारत पर दबाव डालना अच्छा नहीं होगा। भारत की थल सेना, वायुसेना और नौसेना, आधुनिक, दृढ़ तथा पर्याप्त रूप से उन्नत अस्त्र प्रणालियों से युक्त होनी चाहिए। इससे आठवें तथा नौवें दशक के दौरान ईरान और इराक जैसी सैन्य कार्यवाहियों से बचा जा सकेगा। भारत को बाह्य सामरिक खतरों तथा हमारे हितों के प्रतिकूल आर्थिक चुनौतियों के अनुरूप अपने विकल्प की स्वतन्त्रता बनाए रखनी चाहिए।

इसी कारण हमारे देश को 21वीं शताब्दी में एक समस्यात्मक एवं जटिलतात्मक विश्व का मुकाबला करना होगा, जबकि आधुनिक राष्ट्र-राज्य के रूप में इसका मात्र पैंसठ वर्षों का अनुभव है। अन्तर्राष्ट्रीय सम्बन्धों में बाध्यकारी वस्तु-स्थिति के सन्दर्भ में यह सुनिश्चित करना होगा कि अधिक प्रभावशाली ताकतों का संसाधनों तथा सैन्य क्षमता पर नियन्त्रण है तथा वे अपने हितों की पूर्ति में इनका उपयोग करते हैं। जहाँ तक संस्थागत शक्ति, आर्थिक संसाधनों तथा प्रौद्योगिकीय क्षमताओं से सम्पन्न अन्तर्राष्ट्रीय व्यवस्था में शामिल राष्ट्र-राज्यों का सम्बन्ध है, विदेश सम्बन्ध प्रतियोगी तत्त्व बने रहेंगे तथा विरोध उत्पन्न होने की भी प्रवृत्ति भी बनी रहेगी, इसलिए भारत की विदेश नीति में शुद्धतः नैतिक विचारों या आदर्शवादी दृष्टिकोण के बजाए यथार्थ की राजनीति प्रतिपादित होनी चाहिए। 20वीं शताब्दी के अंतिम दौर में अन्तर्राष्ट्रीय नीति के विशेषज्ञों का यह कहना था कि विदेश सम्बन्धों का भविष्य इस पर निर्भर करता है कि देश तथा उनके नेता अन्तर्राष्ट्रीय स्थिति में पाँच नई अनिवार्यताओं का किस प्रकार से सामना करेंगे। जैसे—

1. परमाणु युद्ध अविचारणीय है।

2. वैमनस्य या आमूल अंतर्विरोधों के बावजूद संदेह दूर किया जाय तथा अन्तर्राष्ट्रीय स्तर पर विश्वास व सुरक्षा को बढ़ावा दिया जाय। इसमें परस्पर बातचीत तथा हर सम्भव स्तर पर सहयोग की भावना बनाए रखना भी शामिल है।

3. यथार्थ की राजनीति में समायोजन की अपेक्षा के बावजूद राज्यों को नैतिक मूल्यों में पर्याप्त विश्वास होना चाहिए। उन्हें यह समझ लेना चाहिए कि, उनके जीवित रहने तथा समृद्धि प्राप्त करने के लिए युद्ध की कोई जरूरत नहीं है।

4. अवरोध या भय से अस्थायी शान्ति तथा स्थिरता आ सकती है, परन्तु मूलभूत दृष्टि से यह व्यवस्था आपत्तिजनक है।

5. अन्तर्राष्ट्रीय मनोवृत्ति विकसित करने के लिए सामूहिक प्रतिबद्धता होनी चाहिए, जिसमें निष्पक्ष और न्यायपूर्ण विश्व व्यवस्था तैयार करने के लिए सभी देशों की विदेश नीतियाँ अनुप्राणित होनी चाहिए। 21वीं शताब्दी में भारत की विदेश नीति का प्रयोजन यही अनिवार्यताएँ होनी चाहिएँ, जबकि ऐसा करना सम्भव नहीं है। इसलिए आंतरिक रूप से भारत की विदेश नीति में विश्व की राजनीति के आधारभूत यथार्थ तथा नैतिक मूल्यों के बीच निरन्तर अंतर्विरोधों पर विचार करना होगा। हमारा तथा अन्तर्राष्ट्रीय समुदाय का यही लक्ष्य है तथा इस लक्ष्य की प्राप्ति के लिए हमें अपने सभी पड़ोसी देशों से विविध सामाजिक, सांस्कृतिक सम्बन्धों के साथ-साथ, आर्थिक सम्बन्ध भी स्थापित करने को प्राथमिकता देना होगा, ताकि आर्थिक लाभों का न्यायपूर्ण विभाजन किया जा सके।

8

भारत एवं समकालीन अन्तर्राष्ट्रीय समस्या—आतंकवाद

(India and Contemporary International Problem—Terrorism)

वर्तमान समय में अधिकतर 'राज्य' राष्ट्र राज्य हो गये हैं द्वितीय विश्व युद्ध के पश्चात् निरन्तर बदलती वैश्विक परिस्थितियों ने उनकी भूमिका को और भी, बढ़ा दिया फिर भी वे बहुसंख्यक जनता की इच्छाओं एवं आशाओं की पूर्ति करने में सफल नहीं हो सके हैं, जिसके परिणामस्वरूप राज्येत्तर अभिकर्ताओं का भी आगमन विश्व के धरातल पर दृष्टिगोचर हो रहा है जिनमें बहुराष्ट्रीय निगम, धार्मिक आन्दोलन, रंगभेद समूह एवं आतंकवादी संगठन मुख्य हैं, जिनमें आतंकवादी संगठनों ने अपने उद्देश्यों की प्राप्ति के लिए हिंसा का रास्ता अपना लिया है।

प्रस्तुत अध्याय में, न केवल आतंकवादी समूहों का अभिप्राय, स्वरूप और संक्रिया समझाने का प्रयास किया गया है, अपितु आतंकवादी क्रियाकलाप एक देश से अन्य देशों या अन्य धर्मों के लोगों के विरुद्ध संचालित किए जाते हैं। सीमा-पार आतंकवाद, जैसे सीमापार से पाकिस्तान में प्राधिकारियों द्वारा प्रशिक्षित और उनकी सहायता से कई आतंकवादी समूहों द्वारा भारत में आतंक तथा निर्दोष लोगों की हत्या कर भारत की स्थिरता के लिए खतरा उत्पन्न कर दिया गया है। इंग्लैण्ड में कुछ आयरिश समूहों द्वारा या इजरायल में सीमा पार से हत्याएँ की जाती हैं। अफगानिस्तान में स्थित संगठन, अल कायदा द्वारा तथाकथित रूप से सितम्बर, 2001 में संयुक्त राज्य अमेरिका में की गई आतंकवादी

कार्यवाही से विश्व के सभी देश ऐसी संभावित हमले की कार्यवाही के प्रति सचेत हो गए हैं।

प्रस्तुत अध्याय में आतंकवाद के उद्भव, प्रक्रिया एवं प्रभाव आदि का बृहद विश्लेषण किया गया है। इनमें परम्परागत शस्त्रों द्वारा निर्दोष लोगों की हत्याएँ, मानव बम, आत्मघाती दस्तों, यहाँ तक कि रासायनिक हथियारों, मारक गैसों का प्रयोग या प्रयोग करने की धमकी और आतंकवादी आक्रमणों के प्रक्षेपास्त्रों के रूप में विमानों का प्रयोग भी शामिल है।

आतंकवाद से अभिप्राय

(Meaning of Terrorism)

आतंकवाद का अंग्रेजी रूपान्तरण Terrorism है जो लैटिन भाषा के "deterre" शब्द से बना है। "terrere" शब्द का अर्थ है tremble" अर्थात् भय से काँपना, थरथराना, भयभीत होना और "deterre" शब्द का अर्थ है भयभीत होना। इस प्रकार terrorism का अर्थ है, लोगों को हानि पहुँचाना, ताकि वे इतने भयभीत व आतंकित हो जाएँ कि वे काँपना शुरू कर दें। यह विधि सम्मत सरकार व उसके निवासियों में हिंसा फैलाकर अपना उद्देश्य प्राप्त करने के लिए अपनाई जाती है, पहले हिंसा का सहारा तब लिया जाता था, जब शासक लोगों की तकलीफों को दूर करने में विफल होते थे और वे लोगों के अधिकारों का दमन और अतिक्रमण का सहारा लेते थे। आतंकवाद की राजनीतिक पृष्ठभूमि होती है और हिंसा एक मात्र तरीका होता है जिसका वे सहारा लेते हैं।

कोलम्बस एवं वुल्फ ने आतंकवादी संगठनों को राज्येत्तर अभिकर्ता कहा है जो कतिपय राजनीतिक उद्देश्यों को प्राप्त करने के लिए गैर-परम्परागत और हिंसा की रूढ़िगत तकनीकें प्रयोग करते हैं।' वास्तव में आतंकवाद राजनीतिक उद्देश्यों को प्राप्त करने के लिए हिंसा का संगठित प्रयोग है अर्थात् मुख्यतया यह निर्देष लोगों या आसान लक्ष्यों के लिए किया जाता है। युद्ध के समान आतंकवाद में राजनीतिक लक्ष्य प्राप्त करने के लिए संगठित बल का प्रयोग अंतर्निहित है। राजनीतिक हथियार के रूप में अत्याचारी और पीड़ित दोनों ने आतंक अपनाया है। साधारणतया एक के मित्र को स्वतंत्रता सेनानी तथा दूसरे के दुश्मन को आतंकवादी करार दिया जाता है।

आतंकवाद को परिभाषित करते हुए **वाल्टर लेक्वे** ने कहा है—'कुछ उद्देश्यों को प्राप्त करने के लिए संघर्ष की विधि या युक्ति हिंसा का प्रयोग या धमकी; इसका लक्ष्य जनता में भय की स्थिति उत्पन्न करना है, यह बेरहम होता है और मानवीय मानदंडों के अनुरूप तो कदापि नहीं होता है और प्रचार आतंकवादी रणनीति में महत्त्वपूर्ण कारक है।'

यह परिभाषा स्पष्ट होने के कारण पाठकों के मस्तिष्क में आतंकवादी की एक स्पष्ट छवि निर्मित हो जाती है।

इस प्रकार आतंकवाद जनसामान्य में हिंसा फैलाकर भय व्याप्त करना सोची समझी नीति का हिस्सा है। आतंकवादी समूहों का यह निश्चित लक्ष्य हो सकता है और नहीं भी हो सकता है। कभी-कभी उनका लक्ष्य अस्पष्ट होता है। आयरिश रिपब्लिकन आर्मी उत्तरी आयरलैंड में ब्रिटिश शासन का अंत चाहती है और आयरिश रिपब्लिक से इसका विलय चाहती है। भारत के आन्ध्र प्रदेश या झारखण्ड में पीपुल्स वार ग्रुप, उनके कथनानुसार, पूँजीपति नियंत्रित राज्य द्वारा किए गए दमन के विरुद्ध लड़ रहा है। इसी प्रकार इस्लामिक राज्य स्थापित करने के लिए सशस्त्र इस्लामिक ग्रुप धर्मनिरपेक्ष अल्जीरियाई सरकार में भय व्याप्त करना चाहता है। हमास (Hamas) या इस्लामिक प्रतिरोध आन्दोलन (Islamic Resistance Movement) का उद्भव 1987 में मुस्लिम ब्रदरहुड की फिलिस्तीन शाखा से हुआ। इसका लक्ष्य इजराइल के स्थान फिलिस्तीन राज्य स्थापित करना है। दूसरी ओर, अल कायदा का कोई सीमित लक्ष्य नहीं है। यह खासतौर पर, अमेरिकियों और सामान्य रूप से तथाकथित इस्लाम विरोधियों को नष्ट करना चाहता है। पूरे विश्व में यह संगठन फैला हुआ है।

वाल्टर लेक्वे की उपरोक्त परिभाषा से स्पष्ट है कि आतंकवाद का मानवीय चेहरा नहीं होता यह क्रूर होता है। इसका दृष्टिकोण मानवतावाद से बहुत दूर है। आतंकवादी केवल भय और आतंक फैलाने के लिए कितने भी लोगों को मार सकते हैं और कितनी भी सम्पत्ति को नष्ट कर सकते हैं। अच्छाई से उनका कोई सम्बन्ध नहीं है। अंत में, आतंकवाद प्रचार पर विश्वास करता है। ये अधिक से अधकि आंतकवादी घटनाओं को अंजाम देकर अपना प्रचार करते हैं।

आतंकवादी संगठन ज्यादातर अपनी कार्यवाहियों से राजनीतिक संस्थाओं को अस्थिर करने की कोशिश करते हैं। विश्व स्तर पर आतंकवाद को उपनिवेश विरोधी संघर्ष के लिए प्रयोग किया गया था, चाहे वह दोनों पक्षों द्वारा हो या एक ही पक्ष द्वारा हो इसका प्रयोग विवादास्पद स्वदेश (फिलिस्तीन और इजरायल) के अधिपत्य पर दो राष्ट्रीय समूहों के बीच संघर्ष में भिन्न-भिन्न धार्मिक वर्गों द्वारा प्रयुक्त किया जाता है और क्रान्तिकारी शक्तियों और सुस्थापित सरकारों (ईरान, इण्डोनेशिया, अर्जेन्टाइना आदि) के बीच विवाद में भी प्रयुक्त किया जाता है।

सीमापार आतंकवाद

(Outside Terrorism)

आतंकवादी कार्यवाहियों को देखते हुए हम इसे दो भागों में बांट सकते हैं प्रथम

आतंकवाद एक देश में उत्पन्न होता है और वही कार्रवाई करता है, जैसे नेपाल में माओवादी और भारत में पीपुल्स वार ग्रुप (पी.डब्ल्यू.जी.), यू. के. में आइरिश रिपब्लिकन आर्मी (आई.आर.ए.) उस आतंकवाद से भिन्न हैं जिनकी जड़ें एक देश में हैं और वे अपनी उत्पत्ति के देश की सहायता करता है परन्तु यह दूसरे देश में आतंक पैदा करने के लिए हिंसा का प्रयोग करता है। दूसरे किस्म के आतंकवाद को सीमापार आतंकवाद की संज्ञा दी जाती है क्योंकि इसके सक्रिय कार्यकर्ताओं को उनके अपने देश से भिन्न दूसरे देश हेतु प्रायोजित और प्रशिक्षित किया जाता है, जिस आतंकवाद का भारत 1980 के दशक से सामना कर रहा है, उसकी उत्पत्ति, प्रशिक्षण और पूरी सहायता दी जाती है। इसके लिए युवकों को बहकाकर ले जाया जाता है, नकदी दी जाती है और अस्त्रों-शस्त्रों से लैस किया जाता है। इस सीमा पर आतंकवाद के परिणामस्वरूप भारत में हजारों निर्दोष लोग मारे जा चुके हैं। इसी प्रकार इजरायल के विरूद्ध आतंकवादी कार्यवाहियाँ उसकी सीमाओं के पार से की जाती हैं। रूस में चेचेन्या का आतंकवाद तथा पाकिस्तान का भारत में आतंकवाद सीमापार आतंकवाद के उदाहरण हैं।

अन्तर्राष्ट्रीय समूहों के उद्देश्य

(Aims of Terrorist Groups)

शक्तिहीन का शक्तिशाली के विरुद्ध आतंकवाद एक हथियार है इसलिए कभी-कभी राजनीतिक या सामाजिक अल्पसंख्यक आतंकवाद अपनाते हैं। आतंकवादी समूह की पहचान करना बहुत कठिन है क्योंकि उनके उद्देश्य, रणनीति और सदस्ता बहुत भिन्न होती है। साधारणतया आतंकवादियों को ऐसे समूहों के रूप में परिभाषित किया जाता है जो अपने राजनीतिक उद्देश्यों की प्राप्ति के लिए संबंधित सरकार को धमकी देते हैं।

केग्ले जूनियर और **विट्टफोक** ने आतंकवाद का ऐतिहासिक विश्लेषण करते हुए बतलाया है कि—'आतंकवाद प्राचीन काल में भी व्याप्त था, जैसा कि प्राचीन यूनान और रोम में तानाशाहों की हत्या में और पॅलेस्टाइन कट्टरपंथियों तथा मध्ययुगीन इस्लाम के कट्टरपंथियों द्वारा हत्याओं में देखा गया है। उन्नीसवीं शताब्दी में आतंकवाद अराजकतावादियों की बमबारी से और हत्याओं से तथा राष्ट्रवादी समूहों, जैसे अर्मेनियनों तथा तुर्कों द्वारा सम्पत्ति नष्ट करने से जुड़ा हुआ था' उपर्युक्त लेखकों ने विचार व्यक्त किया है कि वर्तमान आतंकवाद इस वैज्ञानिक युग का परिवर्तित रूप है वे कहते हैं—'धार्मिक, जातीय या राजनीतिक आन्दोलन और अल्पसंख्यक जो आतंकवाद अपना रहे हैं, वे बहुसंख्यक को मिली हुई सुविधाएँ प्राप्त करना चाहते हैं वे सोचते हैं, जो अत्याचार के कारण नहीं मिलते हैं' तथापि उनके दमन को हमेशा सही नहीं ठहराया जा सकता है।

सन् 1995 के एक सर्वेक्षण द्वारा स्पष्ट किया गया है कि राष्ट्र का 20 प्रतिशत अन्तर्राष्ट्रीय आतंकवादी घटनाएँ धार्मिक कट्टरता के कारण होती हैं। फिर भी, अधिकांश आतंकवादी समूहों के मुख्य उद्ददेश्य स्वतंत्रता और राज्यत्व था। बहुत से आतंकवादी 'अन्तर्राष्ट्रीय राज्यकीय हैं।' परन्तु सभी समूहों के लक्ष्यों और प्रयोजनों की पहचान एक समान रूप में करना उचित नहीं होगा। यद्यपि वे राष्ट्रीय सीमाओं को पार कर हिंसात्मक गतिविधियाँ चलाते हैं, फिर भी, आतंकवादी आन्दोलन का स्वरूप देश एवं उनके उद्देश्य के साथ-साथ बदलता रहता है।

देश एवं परिस्थिति के अनुसार आतंकवादियों के उद्देश्यों में विविधता है उदाहरण के लिए, भारत में बोडो भारतीय संघ के अंदर कम से कम पृथक् बोडो लैण्ड की माँग कर रहे हैं। भारत में पृथकतावादी मणिपुर पीपुल्स आर्मी या पीपुल्स वार ग्रुप है, वे तथाकथित उत्पीड़न समाप्त करने की माँग कर रहे हैं, उनमें लिबरेशन टाइगर्स ऑफ तमिल ईलम (एल.टी.टी.ई.) शामिल है जो अब तक श्रीलंका का विभाजन कर पृथक् राज्य चाहते हैं जब उन्होंने 2002 के प्रारंभ के अधिकतम स्वायत्तता की अपनी इच्छा व्यक्त की थी। प्रभुत्वसम्पन्न राजत्व की माँग करने वालों में स्पेन में बास्केस और रूस में चेचेन विद्रोही भी शामिल हैं। यदा-कदा धर्म भी आतंकवादी कार्यवाहियों का संगठन करता है, उदाहरण के लिए, जैसा कि पूर्ववर्ती पृथकतावादी समूहों का मामला था जो स्वतंत्र खालिस्तान की माँग कर रहे थे। चूँकि इन समूहों को मुख्य रूप से सीमा पार से प्रायोजित किया जाता था और देश के अंदर से सिख समुदाय से अधिक समर्थन नहीं था, इसलिए वे सफल नहीं हो सके। हामास (Hamas) ने धर्म के नाम पर इजरायल को अस्थिर करने का प्रयास किया और नवम्बर, 1995 में कांस धार्मिक आतंकवाद समूह में दक्षिणपंथी यहूदी कट्टरपंथी ने इजरायली प्रधानमंत्री राबिन की हत्या की थी।

आय की विसंगतियों के कारण भी औद्योगिक क्षेत्रों में आतंकवाद पनपता है और वहाँ भी जहाँ अल्पसंख्यक यह महसूस करते हैं कि उन्हें राजनीतिक स्वतंत्रता और अधिकारों से वंचित किया गया है। परन्तु जैसा कि केग्ले जूनियर और विट्टफाक का कथन है, आतंकवादी के उद्देश्यों का तर्क आतंकवाद को रोग के रूप में नहीं मानता है। एक व्यक्ति का आतंकवादी दूसरे के लिए मुक्तिदाता हो सकता है। आश्चर्य की बात है कि सरकार के समर्थक और सरकार विरोधी दोनों स्वतंत्रता के प्रयास का दावा करते हैं।" इसी कारण तथ्यों और तर्कों के सहयोग से बुद्धिजीवी दोनों की ही आलोचना करते हैं।

वर्तमान समय में दुनिया में आतंकवाद का प्रतीक बन चुके संगठन का भी उल्लेख जरूरी है जो ओसामा-बिन-लादेन के नेतृत्व में अल कायदा के नाम से जाना जाता है। यह संगठन मूलतः अफगानिस्तान में पाकिस्तान प्रशिक्षित तालिबान कट्टरपंथियों की सहायता

करने के लिए तैयार किया गया था, परन्तु उसने संयुक्त राज्य और उसके मित्रों के विरुद्ध आग उगलना शुरू कर दिया। संयुक्त राज्य और मित्रों को मुस्लिमों का संहारक समझा जाता है और इसलिए वे मौत की सजा पाने के पात्र हैं। अल कायदा का पृथक् भाग इस कार्य के लिये नियत किया जाता है। सभी आतंकवादी समूह हैं। आज आतंकवादी संगठनों ने विज्ञान द्वारा विकसित लगभग सभी जटिल हथियारों का संकलन कर लिया है। उन्होंने साधारण हथियारों, जैसे देशी कट्टों या अपरिष्कृत बमों का प्रयोग किया और कभी-कभी ही प्रयोग करते हैं। विगत आतंकवादियों ने प्रचार पाने का प्रयास किया और साधारणतया लोग नहीं मारे गए, केवल उन्हें भयभीत किया गया। कभी-कभी ध्यान आकर्षित करने के लिए बम फेंके जाते थे जिसका स्पष्ट उद्देश्य निर्दोष लोगों की हत्या करना नहीं था। परन्तु 1968 से पश्चिम एशिया में आतंकवांद की समकालीन लहर ने अधिकतर आतंकवादी संगठनों को अत्याधुनिक जटिल हथियारों से लैस कर दिया है।

पिछली शताब्दी में आतंकवादी कार्यवाहियों की तकनीकी में बहुआयामी परिवर्तन हुआ है। प्रौद्योगिकी उन्नति ने आतंकवादियों को नई गतिशीलता और मारक क्षमता प्रदान की है। सभी प्रकार के राजनीतिक आन्दोलन, चाहे उनका राजनीतिक अभिप्राय कुछ भी हो, उन्होंने इसी प्रकार की रणनीति का प्रयोग करना आरंभ किया। वास्तव में, अडोल्फ हिल्टर के अधीन नाजी जर्मनी और स्टालिन के अधीन सोवियत संघ के सर्वाधिकार शासन ने अपनी राज्य नीति के रूप में वास्तविक आतंकवाद अपनाया था, हालाँकि वे इसे सार्वजनिक रूप से स्वीकार नहीं करते थे। इन राज्यों में यातना और प्राणदंड जैसी तकनीकें किसी कानून प्रतिबंधों के बिना अपनाई जाती थीं ताकि, लोग भयवश उनकी नीतियों और विचारधाराओं का पालन करें। स्टालिन की तुलना में माओ ने आतंक का साम्राज्य अधिक व्यापक रूप से फैलाया। ईरान ने भी खुमैनी के शासन काल के दौरान अधिकतर हिंसक घटनाओं को झेला जो वामपंथियों व राज्य द्वारा आयोजित थीं।

अपने साधनों के अनुसार आतंकवादी संगठन अपने लक्ष्यों का निर्धारण करते हैं। कुछ मामलों में भीड़-भाड़ वाले स्थानों जैसे—बाजारों व पूजा स्थलों पर अन्धाधुन्ध गोलियाँ चलाई जाती हैं। उदाहरण के लिए, खालिस्तान आन्दोलन के दौरान एक एक करके विरोधियों को मारना आम बात थी। कभी-कभी ए.के.47 आदि जैसे आधुनिक हथियारों से लोगों के समूहों पर अन्धाधुन्ध गोलियाँ चलाई जाती थीं, इससे बड़ी संख्या में निर्दोष लोग मारे जाते थे।

आजकल आतंकवादी, मुख्य हथियार के रूप में बमों व विस्फोटकों का प्रयोग करने लगे हैं। उदाहरण के लिए, 1033 में वर्ल्ड ट्रेड सेंटर के पार्किंग क्षेत्र में कार बम का असफल प्रयोग किया था। इससे केवल आतंकवादियों द्वारा वांछित प्रचार हुआ। 1993 में बम्बई में भयँकर आर.डी.एक्स. के प्रयोग और मुम्बई के विभिन्न स्थानों पर प्रायः साथ-साथ

क्रमिक बम विस्फोटों ने सैकड़ों निर्दोष लोगों की जानें लीं और इसका बहाना था, अयोध्या में उस विवादग्रत स्थान का ध्वस्त किया जाना जिस पर कुछ लोगों द्वारा प्राचीन राम मंदिर होने का दावा किया गया था और अन्य द्वारा सम्राट बाबर द्वारा बनाई गई मस्जिद होने का दावा किया गया था। कारण चाहे जो भी रहा हो, बमों का प्रयोग एक आतंकवादी कार्यवाही माना जायेगा।

सन् 1978 में कैम्प डेविड शिखर सम्मेलन में शान्ति प्रक्रिया के विरोधियों द्वारा इजरायल से शान्ति प्रक्रिया से सहमत होने के लिए मिस्र के राष्ट्रपति, अनवर की हत्या आतंक फैलाने के लिए बड़े-बड़े राजनीतिज्ञों का अपना निशाना बनाना गया साइकिल से लेकर बस तक में बम बिस्फोट करके आम जनता को भी अपने कुकृत्य का ग्रास बनाया गया। भारत, श्रीलंका, इजरायल का नाम यहां विशेष रूप से लिया जा सकता है सड़क पर चलते यात्रियों का नहीं विमान से सवाए लोगों का अपहरण किया गया जिसका उद्देश्य गिरफ्त में आये आतंकवादियों को रिहा कराना था। इन घटनाओं में आम जनता के साथ-साथ कितने ही सुरक्षाकर्मियों को शहीद होना पड़ा। इन सभी कुकृत्यों के पीछे आतंकवादी संगठनों का हाथि हैं। जो सम्पूर्ण विश्व में अपना शासन फैलाना चाहते है।

11 सितम्बर, 2001 को आत्मघाती आक्रमण द्वारा वर्ल्ड ट्रेड सेंटर का विनाश एक निकृष्ट उदाहरण है। आत्मघाती आतंकवादियों द्वारा अपहृत विमानों को ट्रिवन टावरों पर टकराने के लिए बाध्य किया था, इस प्रकार उन्होंने अपने आपको मारते हुए विमान के कर्मचारियों और यात्रियों सहित ट्रेड सेन्टर में कार्यरत् हजारों निर्दोष लोगों को भी मार डाला। विमानों के विनाश के अलावा, आत्मघाती दस्तों ने अपने साथ हजारों की जिन्दगी समाप्त की। बाद में अक्टूबर, 2001 में एक कार कश्मीर विधान सभा भवन के एक भाग से टकराई गई। यह आर. डी. एक्स. विस्फोटक से भरी हुई थी और इससे जान और माल की क्षति हुई। दिसम्बर, 2001 में पाँच आतंकवादियों ने नई दिल्ली में भारत के संसद पर आक्रमण का प्रयास किया। वे विदेशी भाड़े के आतंकवादी संसद पर आक्रमण करने में असफल रहे, हजारों सुरक्षा बलों ने उन्हें मार गिराया और यह पता लगाा कि उनमें एक आतंकवादी ने अपने शरीर पर उच्च शक्ति का विस्फोटक बाँधे हुए था। इस प्रकार मारने और आतंक फैलाने में आतंकवादी तरीकों में न केवल परम्परागत हथियार शामिल होते हैं, बल्कि नई तकनीकों द्वारा वे अनेक सामूहिक हत्याओं को प्रायोजित करते हैं।

इसी प्रकार नवम्बर, 2002 में फिलिस्तीनी आत्मघाती दस्ते ने इजराइल की राजधानी के स्कूली बच्चों के बस को स्वयं सहित विस्फोट से उड़ा दिया। आत्मघाती आक्रमण में ग्यारह व्यक्ति मारे गए थे और 45 से अधिक घायल हुए। इस प्रकार आतंकवादी निर्दोष

बच्चों की भी हत्या करने में संकोच नहीं करते हैं। फिदायीन (आत्मघाती) आक्रमण के एक अन्य मामले में दो आतंकवादी कश्मीर में सी.आर.पी.एफ. शिविर पर टूट पड़े। जब केन्द्रीय रिजर्व पुलिस बल के कान्स्टेबल द्वारा ललकारा गया तो एक आतंकवादी ने ग्रेनेड का विस्फोट किया, जिसमें आत्मघाती कान्सटेबल मारे गए। दूसरे फिदायीनों ने ग्रेनेड से छः जवानों को मारा और कइयों को घायल कर दिया।

अल कायदा और उसका नेटवर्क

अलकायदा के प्रशिक्षित आतंकी ने विमानों को वर्ल्ड ट्रेड टावर से टकराकर ध्वस्त कर दिया। इस आतंकी घटना से पूरी दुनिया स्तब्ध एवं भयभीत हो गई इसके बाद अमेरिकी नेतृत्व ने अफगानिस्तान में सैनिक कारवाई की जिससे अलकायदा के मुखिया ओसामा बिन लादेन को पकड़ा जा सके लेकिन अमेरिका इसमें असफल रहा परन्तु अफगानिस्तान से तालिबान को उखाड़ने में कामयाब हो गया।

अल-कायदा अल-सुलबाह की स्थापना सन् 1987 में समाज में कट्टर इस्लामी सिद्धांतों की स्थापना के लिए अब्दुल्ला अज्जाम द्वारा की गयी। ओसाबा-बिन-लादेन अपने पिता की 52 संतानों में एक था, वह अज्जाम का विश्वस्त साथी था लेकिन ओसामा उसे मरवाकर खुद सर्वोच्च नेता बन गया। अलकायदा का नेटवर्क 35 देशों में सक्रिय है। इसने सोवियत विरोधी अफगान जेहाद को आश्रय दिया, प्रशिक्षित किया और वित्तीय सहायता दी।' अपने गहन अनुसंधान कार्य 'इनसाइड अल कायदा' में रोहन गुणरत्र ने ओसामा-बिन-लादेन और अल कायदा के स्वरूप और गतिविधियों को संक्षेप में बताया। उसके अनुसार अलकायदा की बौद्धिक शांति और संरचना के पीछे हठधर्मी ओसामा-बिन-लादेन का ही हाथ है। उसने संगठन को अपने अधिकार में लेने के लिए अपने परामर्शदाता और अल कायदा के संस्थापक अज्जाम की हत्या की और अल कायदा के अन्य अधिकारियों की हत्या करवाई जो उसके मार्ग में बाधक थे। वह कहता है कि अल कायदा ने 11 सितम्बर, 2001 को ब्रिटिश संसद नष्ट करने और यूरोपीय संसद पर स्नायु गैस का प्रयोग करने की योजना बनाई थी। इरान के संगठन हिजीबुल्लाह का भी अलकायदा से गहरा सम्बन्ध होने के कारण वे दोनों मिलकर कई आतंकवादी घटनाओं को अंजाम देते थे इसमें लांस एन्जिलिस अन्तर्राष्ट्रीय एयर पोर्ट, संयुक्त राज्य जहाज दी सुलिवन्स, जार्डन में रेडियन होटल और प्रशान्त महासागर पर 11 यू. एस. कमर्शियल एयरलाइन्स नष्ट करने के विफल योजना भी शामिल है। गुरत्म के अनुसार अल कायदा हेतु इस्लामी दान और एन जी ओ का पाँचवाँ भाग घुसपैठ के लिए होता है। उसका विचार है कि संयुक्त राज्य की प्रतिक्रिया सैनिक कार्यवाही के रूप में केवल थोड़े समय के लिए प्रभावकारी है परन्तु लम्बे समय के लिए अल कायदा की विचारधारा और रणनीति का सामना करने के लिए अपर्याप्त

है। इस प्रकार विश्व के सभी राष्ट्रीय राज्य व संगठन आपसी सहयोग से ही अलकायदा को नष्ट कर सकते हैं।

अलकायदा अपने क्रियाकलापों से आतंकवाद और जिहाद की प्रतिनिधि संस्था के नाम से प्रसिद्ध है, तथापि यह विश्वास किया जाता है कि वह आतंकवाद जो असैनिकों, निर्दोषों की हत्या करता है, कुरान के विरुद्ध है जब तक कि वे षड्यंत्रकारियों की श्रेणी में न आते हों। ओसामा द्वारा अधिकतर उद्धृत धार्मिक विद्वान इस्न टेमियाह का कथन है कि 'उनके लिए जो प्रतिरोध नहीं कर सकते हैं या लड़ाई नहीं कर सकते हैं, जैसे महिलाएँ, बच्चे, मठवासी, वृद्ध लोग, अंधे, विक्लांग और ऐसे ही अन्य को नहीं मारा जाना चाहिए।' इसके बावजूद इस बुनियादी सिद्धांत को निरन्तर विस्तृत और परिवर्तित किया जा रहा है।

अलकायदा अपने सदस्यों को इस्लामिक सिद्धांतों की स्थापना हेतु किसी की जान लेने या खुद की जान दे देने को प्रेरित करता है। अल कायदा के आधारभूत प्रलेख में नियम निर्धारित किए गए थे। इनमें से पहला नियम कहता है कि इसके कार्यकर्ताओं (Volunteers) को कठोर से कठोर परीक्षा की आग की लपटों में कूदना चाहिए। उनसे पूरी-पूरी वफादारी और निष्ठा की आशा की जाती है। इसके साथ-साथ दुनिया भर के जिहादियों से विश्व की सभी इस्लाम विरोधी कार्यों की पूरी जानकारी रखने की उम्मीद की जाती है।

अलकायदा का मुख्य सैनिक प्रशिक्षण केन्द्र अफगानिस्तान में था। यह सूडान, यमन, चेचन्या, तजाकिस्तान और फिलीपींस में भी आतंकवादियों को प्रशिक्षण देता था। अल कायदा का विशाल नेटवर्क था। गुणारत्ना के अनुसार 'अल कायदा अपने उद्देश्यों की कोष्ठिकाएँ सहयोगी आतंकवादियों और गुरिल्ला समूहों तथा अन्य सम्बन्ध संगठनों के माध्यम से संचालित करता था। यद्यपि अल कायदा के छोटे-छोटे समूह अधिकांशतः पश्चिम में कार्यवाही करते हैं परन्तु इसके सहयोगी समूह दक्षिणी में और विकासशील देशों में बहुत बड़ी संख्या में हैं। 'कुछ देश जहाँ अल कायदा का अपना नेटवर्क है, उनमें फ्रान्स, ब्रिटेन, नीदरलैण्ड, इटली, बेल्जियम, स्पेन, मिस्र, जर्मनी, यमन, इराक, अल्जीरिया, सूडान और काकेसस सम्मिलित हैं। इसके नए केन्द्र अब दक्षिण-पूर्वी एशिया, चीन, इंडोनेशिया, थाइलैण्ड म्यांमार, कोरिया, जापान, सिंगापुर, भारत, पाकिस्तान और बांग्लादेश में कार्यरत हैं। अपने लक्ष्यों को पूरा करने के लिए विश्व स्तर पर अलकायदा ने अपना जाल बिछा रहा है।

4 सितम्बर, 2001 को वर्ल्ड ट्रेड सेंटर पर हमला इसके पश्चात् भारतीय संसद पर हमला एवं स्पष्ट में बालों में हमला परोक्ष अथवा अपरोक्ष रूप से आतंकवादी नेटवर्क से सम्बन्धित है। संयुक्त राज्य के नेतृत्व में गठबंधन ने अल कायदा नेटवर्क को नष्ट करने

का प्रयास किया, परन्तु इसकी अल्पकालिक सफलता केवल अफगानिस्तान तक ही सीमित रही। नवम्बर, 2002 के अंत में यह रिपोर्ट आई थी कि लंदन में भूमिगत रेल में सामूहिक विनाश की विषैली गैस का प्रयोग किया जा सकता है। भय फैलाने वाली ये योजना लोगों को मानसिक तौर पर बीमार बना रही हैं।

राज्य प्रायोजित आतंकवाद

अधिकांश व्यक्तियों का मत है कि उत्पीड़ित और वंचित लोगों द्वारा न्याय पाने की यह सामूहिक कार्यवाही ही आतंकवाद है। इस प्रक्रिया में वे हिंसा का सहारा लेते हैं। परन्तु कुछ मामलों में राज्य प्रत्यक्ष या अप्रत्यक्ष रूप से आतंकवाद का समर्थन ही नहीं करता है अपितु प्रोत्साहन भी देता है। आतंकवादियों का संगठित समूह राज्येत्तर अभिकर्ता के रूप में कार्य करता है। इस संदर्भ में **केग्जली** और **विट्टकॉफ** का कहना है कि—"राज्य आतंकवाद को भी किसी भी उद्देश्य के मूल्यांकन में शामिल किया जाना चाहिए क्योंकि, हिंसात्मक आतंकवाद के कुछ सर्वाधिक निष्ठुर कार्य राज्य द्वारा उनके विरुद्ध किए जाते हैं जो उनका विरोध करते हैं।" राज्य आतंकवाद को फ्रासिंसी क्रान्तिकारी सरकार द्वारा प्रतिपक्ष क्रान्तिकारी विपक्ष के विरुद्ध आतंक या 1917 के बाद रूसी बोल्शेविक द्वारा अपने विरोधियों के विरूद्ध की गई हिंसा या लाखों यहूदियों की हत्याएँ करने पर जर्मनी में अडॉल्फ हिटलर की नाजी सरकार द्वारा नर-संहार की कार्यवाही के रूप में देखा जा सकता है।

अचिन विनायक राज्य आतंकवाद को स्पष्ट करते हुए ने आतंकवाद और राज्य आतंकवाद में दो अंतर बताए हैं। पहला, सामान्यतः आतंकवादी संगठन भले ही वे सकारात्मक रूप स्वीकार करते हों, अपने हिंसा की जिम्मेदारी लेते हैं परन्तु जैसे लश्कर-ए-ताइबा ने जम्मू (2002) में रघुनाथ मंदिर पर आतंकवादी आक्रमण की जिम्मेदारी ली और 'आर्मी ऑफ फिलीस्टीन' नाम के नए संगठन के केन्या (नवम्बर, 2002) में मोम्बासा में होटल पर आत्मघाती बम से आक्रमण के लिए अल कायदा को दोषी माना। दूसरी तरफ राज्य द्वारा हिंसा अपने नीतिगत उद्देश्यों की प्राप्ति के लिए जरूरी है। दूसरा, आतंकवादी समूह अत्याचार के लिए प्रचार करते हैं, परन्तु राज्य ऐसा नहीं करता है। वास्तव में, दोनों अंतर एक-दूसरे से जुड़े हैं और हिंसा के अपने प्रयोग का प्रचार भी करते हैं।' इसलिए वैचारिक दृष्टि से आतंकवाद और राज्य आतंकवाद स्वरूप में बहुत भिन्नता नहीं है, भले ही उनमें भिन्नता दिखती हो।

इस समय दुनिया के कई देश एक-दूसरे के विरुद्ध आतंकवादी गतिविधियों को अंजाम दे रहे हैं। भारत के विरूद्ध छिड़ा युद्ध लम्बे समय से चल रहा है। 1980 के दशक से भारत के विरूद्ध सैनिक किस्म की कार्यवाही को विदेशी शक्ति द्वारा 'स्वतंत्रता संघर्ष'

कहकर प्रशंसा की गई है। परन्तु अब, सम्पूर्ण विश्व जानता है कि यह आतंकवाद और उग्रवाद के रूप में भारत के लोगों के विरुद्ध है जिसमें सभी समुदायों के हजारों निर्दोष लोग मारे गए हैं। हमारे पड़ोसी देश ने अपने सशस्त्र सैनिकों द्वारा 1999 में कारगिल की पहाड़ियों पर किए गए कब्जे को वहाँ के लोगों द्वारा किया जा रहा स्वतंत्रता संघर्ष का नाम दिया गया जिस पर दुनिया ने विश्वास नहीं किया।

सर्बों ने जिस तरीके से बोस्निया हर्जेगोविना में जातियों की सफाई की, उसमें बोस्निया के हजारों मुसलमानों को मारा गया तथा उन्हें अपने घरों से वंचित किया गया। निःस्संदेह यह राज्य आतंकवाद का कार्य था। अमेरिकी कुछ देशों के बारे में कहते है, जैसे, लीबिया, जो राज्य आतंकवाद को तथाकथित रूप से प्रोत्साहन दे रहा है पाकिस्तान को भारत एक आतंकवादी राज्य के रूप में स्वीकर करता है।

आतंकवाद के विरुद्ध अन्तर्राष्ट्रीय गठबंधन (International Allign against Terrorism)

पिछले कई वर्षों से भारत सहित कई देश आतंकवादियों की हिंसक कार्यवाही झेल रहे हैं, परन्तु संयुक्त राज्य ने सितम्बर, 2001 में अपनी भूमि पर सामूहिक विनाश का अनुभव किया। उसने विश्व की आत्मा को हिलाकर रख दिया। इसके फलस्वरूप, वह अन्तर्राष्ट्रीय आतंकवाद समाप्त करने के लिए अन्तर्राष्ट्रीय सहयोग जुटाकर आगे बढ़ा। 1980 के दशक में कोलम्बिस और वोल्फे ने यह आशंका व्यक्त की कि हमने अभी तक विश्व में जो कुछ झेला है, उससे और अधिक विनाश हो सकता है। वे कहते हैं, "अपहरणों, पत्रबमों, विस्फोटों और हवाई अड्डों पर रक्तपात की घटनाओं की श्रृंखलाओं ने जिसमें दर्जनों लोग हताहत हुए, बहुत सी सरकारों ने आतंकवादी गतिविधियों के लिए अन्तर्राष्ट्रीय विनिमय बनाने के लिए आवाज उठाई। अभी तक विभिन्न आतंकवादियों द्वारा क्या किया गया यह एक प्रश्न है। दाव पर क्या है? व भावी दशकों में आतंकवादी गतिविधियों की संभावना कितनी विस्मयकारी और भयानक है।" कुछ ही समय बाद ये बातें भारत, इजराइल व अमेरिका जैसे कई देशों के लिए अनिवार्य साबित हुईं।

11 सितम्बर, 2001 की घटना के पूर्व और बाद में भी आतंकवाद के विरुद्ध लड़ाई में भारत का रूस, ब्रिटेन फ्रांस सहित कई देशों ने समर्थन किया है, फिर भी आतंकवाद का भुक्तभोगी, इजरायल, भारत में आतंकवाद के इस संकट से लड़ने के लिए संगठन का भाग होने का इच्छुक है। रूस जो चेचन्या विद्रोहियों से जूझ रहा है, अब आतंकवाद के विरूद्ध लड़ने के लिए भारत के साथ है। संयुक्त राज्य में 11 सितम्बर के आक्रमण के साथ बुश प्रशासन ने अन्तर्राष्ट्रीय आतंकवाद के विरूद्ध बहुत कठोर रुख अपनाया और सभी रूपों में आतंकवाद को समाप्त करने के लिए संगठन को एक साथ रखा। किंतु दो

महीने की सैनिक कार्यवाही के बाद भी अफगानिस्तान से तालिबान व अलकायदा को विनष्ट करने में उसे सफलता नहीं मिली। न तो अमेरिका ओसामा-बिन-लादेन को पकड़ पाया और न ही स्पष्ट रूप से समाप्त कर सका। केवल यही नहीं, यह बुराई कई देशों को तंग कर रही है। भारत में समय-समय पर हत्याएँ, मास्को थियेटर में चचेन आतंकवादियों द्वारा बहुत से उपकरणों में से कुछ ऐसे हैं जो अफगानिस्तान में संयुक्त राज्य की सफलता के बाद भी प्रयुक्त हुए हैं। सन् 2002 के आखिरी महीनों में पाकिस्तान में अल-कायदा के कई सैनिक प्रशिक्षण के कार्य करने की पुष्टि हुई है।

आज लगभग विश्व के सभी देश आतंकवाद को मानवता के विरुद्ध बहुत बड़ा खतरा स्वीकार करने लगे हैं। 2002 के अंत में एशियान ने इस संकट से लड़ने के लिए अपनी वचनबद्धता की घोषणा की। चीन, जापान और दक्षिण कोरिया ने एशियान के प्रयासों का पूरा-पूरा समर्थन किया। भारत ने वस्तुतः इस वचनबद्धता का स्वागत किया। इसी दौरान एशिया-प्रशासन के देशों, जापान से ऑस्ट्रेलिया तक के देशों ने संयुक्त राज्य के साथ आतंकवाद समाप्त करने का बिगुल बजाया। परन्तु यह बहुत ही नवीन कार्य है। उदाहरणार्थ; पाकिस्तानी नागरिक **ऐमाल कांसी** ने 1993 में संयुक्त राज्य में सी. आई. ए. के दो जासूस को गोली से मार डाला और अंततः उसे संयुक्त राज्य सरकार द्वारा 2002 में फाँसी दी गई, परन्तु उसे आतंकवादी युवकों के एक वर्ग ने नायक के रूप में केवल इसलिए माना कि दिसम्बर, 1999 में इंडियन एयरलाइन्स के विमान के अपहरणकर्ता के रूप में उसे पाकिस्तान ने स्वतंत्र रूप में घूमने-फिरने दिया तथा भारत के विरुद्ध दुष्प्रचार का प्रतिरोध नहीं किया।

संयुक्त राष्ट्र और आतंकवाद के विरुद्ध संघर्ष

अन्तर्राष्ट्रीय आतंकवाद संयुक्त राष्ट्र के लिए भी एक चिन्ता का विषय है। इस चिन्ता को दूर करने के उद्देश्य से सितम्बर 2001 में संयुक्त राष्ट्रसंघ के वर्ल्ड ट्रेड सेन्टर पर आक्रमण के परिणामस्वरूप स्वीकृत सुरक्षा परिषद संकल्प संख्या 1373 में व्यक्त किया गया था। संकल्प ने अन्तर्राष्ट्रीय सहयोग द्वारा आतंकवाद के विरुद्ध आवश्यक कदम उठाने का एलान किया उसी दौरान संयुक्त राष्ट्र महासभा ने मानव जाति को संगठित होने को इस अभिशाप से मुक्ति का रास्ता बताया किंतु साथ में यह भी कहा कि इस लड़ने की प्रक्रिया में मानव अधिकारों का भी ध्यान दिया जायेगा।

संयुक्त राष्ट्र के प्राधिकार से अक्टूबर, 2001 में आतंकवाद के खिलाफ विशेष रूप से कदम उछाया गया। शान्ति के लिए नोबल पुरस्कार स्वीकार करते हुए संयुक्त राष्ट्र महासचिव कोफी अन्नान ने दिसम्बर, 2001 में कहा कि संयुक्त राष्ट्र महासभा और सुरक्षा परिषद ने आतंकवाद के विरुद्ध संघर्ष के लिए ठोस आधार प्रदान किया है। कोफी अन्नान